CHANGE FOR THE BETTER
Self-help through practical psychotherapy, 4th edition

認知分析療法（CAT）による自己変革のためのマインドフルネス

あなたはなぜ「わな」や「ジレンマ」にはまってしまうのか？

エリザベス・W・マコーミック 著
古川 聡 訳

福村出版

CHANGE FOR THE BETTER :
Self-Help through Practical Psychotherapy
by Elizabeth Wilde McCormick
English language edition published by Sage Publications of
London, Thousand Oaks and New Delhi and Singapore,
©Elizabeth Wilde McCormick, 2012
Japanese translation published by arrangement
with Sage Publications Ltd.
through The English Agency (Japan) Ltd.

トニー、そしてすべての認知分析療法家に贈る

目 次

第4版に寄せて　アンソニー・ライル博士　6
謝辞　8
はじめに　11
　本書の理論的な枠組み　15
　　認知分析療法とは　15
　　マインドフルネスとは　17

PART 1　自分は誰だろう？——自分を形づくっているものは何？　変化するとはどういうこと？
第1章　あなたも変われるのだ　20

PART 2　自分を形づくっているもの——自分自身や他者、それに問題となっている症状を感じよう
第2章　人間関係を理解する——相反的役割という考え方　54
第3章　人間関係の中で生じるさまざまな問題やジレンマ　67

PART 3　名前をつけることで問題となっている症状を取り除く
第4章　わな　96
第5章　ジレンマ　124
第6章　予期せぬ障害と自分で自分をだめにしてしまう障害　161

PART 4　氷山の一角をなす感情——感情の状態と抑うつと具体的な症状
第7章　耐えることもできずどうすることもできない感情　172
第8章　どうすることもできない感情や信念がどのようにして具体的な症状になるか　185

PART 5　激変する感情のジェットコースター
第9章　不安定な精神状態への挑戦　212
第10章　境界線上で生きる　220

PART 6 自分に関する情報を集める
　第11章　人生最初の衝撃を調べてみよう　234

PART 7 自分を変える
　第12章　生い立ちを書く　278
　第13章　問題を起こす対処法自体に目を向け、それを変えることを目的にしよう　300
　第14章　ポケットの中にダイアグラムを入れておこう　311
　第15章　変化していくための方法　322

PART 8 他者との関係の中で変わってみよう
　第16章　愛は決して満たされない　348

PART 9 変化を持続させる
　第17章　実践を繰り返しながら変化を持続させる創造的な方法　374

PART 10 学生、セラピスト、そしてコ・カウンセラーのために
　第18章　認知分析療法（CAT）の理論と実践　386

付録
　付録1　心理療法ファイル──自分をより深く理解するための援助　403
　付録2　マインドフルネスにもとづいたエクササイズと黙想　414
　付録3　関連するウェブサイトのリスト　417

　　参考文献　418
　　訳者あとがき　421
　　索引　423

第4版に寄せて

アンソニー・ライル博士
(Dr. Anthony Ryle)

　本書は、より良くなった改訂版である。第3版までと同様にわかりやすい筆致で書かれ、効果的なエクササイズが含まれているが、これまで以上に自己をより深く探求しようとするものとなっている。問題を抱えたことで心理療法を求めてやってくる人々が主な読者であるが、必ずしも問題解決を求めているわけではなくとも、どのようにして今の自分ができあがったのかについて興味を持つ多くの人々にとっても、良い手引書となるであろう。

　心の問題やその解決策に、指針となるようなものはない。私が知る限り、それはたんなる道案内、あるいは私たちを無力にさせたりむしろ混乱させたりしてしまうようなコンピュータのヘルプ機能などではない。終わり良ければすべて良しとして私たちを納得させるようなものでもないし、歩行が困難な人たちがいつも微笑んでいるような車いすや歩行器の広告を思い起こさせるような代物でもない。本書を読むと、ひとりひとりが認められ尊敬されていると感じるはずだ。

　本書は、自分の人生について考える時の思慮に満ちた入口となる。数多くの事例が挙げられており、ひとりひとりの問題を考えていくための道しるべとなる。リズ・マコーミック（Liz McCormick）博士は、専門家として豊かな経験を持ち、自分自身を批判せずにありのままを考える術を教えてくれる。とりわけ、マインドフルネスの手法と認知分析療法において発展してきたアイデアや手続きとをわかりやすい説明で関連づけてくれた。その結果、自分が社会的な影響を受けながらどのように形づくられてきたのか、他者との多様な関係の中で自分がいかに宙ぶらりんの状態であったのかが、手に取るようにわかる。自己啓発本に限界があるとはいえ、自分が豊かな知識を持つ賢明な他者と対話することの意味を文章そのものが伝えるという点では多いに役立つ。じっくり、そしてゆっくり読み進めていくと、実際に会話をしているのと同じくらい多くの驚きを持ち、洞察も得られる。本書を通してこれまでの体験を仲間と共

有できれば、さらに多くのことが学べるであろう。セラピストとしての訓練を受けている人からは、この点ですでに第3版が大いに価値のあるものであったという声を耳にしている。さらに多くの人々が「感情を理解する力」を高めていくのに、本書は重要な役割を果たすに違いない。

謝　辞

　本書は、ガイ＆セントトーマス病院に勤めていたアンソニー・ライル博士が創始した、認知分析療法（CAT：Cognitive Analytic Therapy）という時間制限心理療法に基づいて構成したものである。1984年以来、CATは発展を遂げ、このフォーカシング技法は今では実践に向けた教育もなされるようになり、イギリス国民健康保険の適用も受けてさまざまな場面で用いられている。さらには、フィンランド、スペイン、ギリシャ、イタリア、オーストラリア、ニュージーランド、それに香港でも実践されている。

　本書の第1版は1990年、第2版は1997年、第3版は2008年にそれぞれ出版され、今回この第4版はCATが国際的に発展する中で本書の21回目の誕生日を祝うものとなった。

　アンソニー・ライル博士は、すべての版に密接に関わり、版を重ねるたびにその発展に尽力してくれた。彼が編集を手助けしてくれたことは、きわめて貴重であった。彼には、複雑な理論や研究をふるいにかける力があり、人間同士の関係、CATの中核をなす部分の具体例を常に念頭に置いていた。彼は執筆に際して常に私を励ましてくれた。私は彼とともに執筆できたことに深く感謝しており、加えて私のセラピストとしての長年の実践に対する彼のスーパービジョンと臨床的なサポートに心から敬服している。ライル博士は現在では80歳代のご高齢になり、退職してサセックス州に住んでいる。この第4版でCATの最新の発展状況を正確に述べる必要があったことから、電子メールで連絡を取り合うだけでなく、数日間を共に過ごした。この新しい第4版では大きく変えたところが2箇所ある。PART 4とPART 5の、それぞれ耐え難い感情とその症状および境界性パーソナリティ障害について述べた部分で、そこでは健康な自己をつくっていく統合的な方法であるマインドフルネスの実践法を述べた。さらに、新しくPART10を加えた。ここでは、CATの理論、実践、研究について詳しく述べた。

　CATを実践している数多くの仲間たちがCATに関する研究成果を集めてくれたことによって自己啓発に関する本書ができあがり、さらにCATが絶えず

発展し続けるのに大いに貢献してくれた。第3版と第4版では出版元のセージ社はさまざまな場面で本書を活用し、広範囲にわたるリーダー的な心理学者からのフィードバックを集めてくれた。私がいただいたコメントのほぼすべてをこの第4版の中で生かすことができた。心から感謝する次第である。

1980年代、1990年代、それについ最近も原稿の草稿を読んでくれたアンナリー・キュラン（Annalee Curran）とシャキール・アンサリ（Shakir Ansari）、CATの仲間、とくにディアドラ・ハスラム（Deirdre Haslam）、ジャッキー・ベーカー（Jackie Baker）、ジュリア・クラーク（Julia Clark）博士、リズ・フォークス（Liz Fawkes）、ジョン・スローパー（Jon Sloper）、故アンジェラ・ウィルトン（Angela Wilton）、マーク・ダン（Mark Dunn）は本書のアイデアをつくるのに力を貸してくれた。この第4版では、アリソン・ジナウェイ（Alison Jenaway）、ステファン・ホワイト（Stephen White）、スーザン・ミッツマン（Susan Mitzman）、ミシェル・ハミル（Michelle Hamill）、クレア・タナー（Claire Tanner）の協力に感謝する。カップルについての章の編集を手伝ってくれたスーザン・ニーダム（Susan Needham）、表紙のアイデアを考えてくれた私のパートナーであるキース・モーンダー（Keith Maunder）にも感謝したい。

マインドフルネスを実践している多くの師にも感謝したい。ベトナムの仏教徒であるベン・ティック・ニャット・ハン（Ven Thich Nhat Hanh）、チベット仏教の尼僧であるペマ・コドロン（Pema Chodron）、仏教徒で心理学者でもあるデール・アスラエル（Dale Asrael）、イギリスのバンゴールにある北ウェールズマインドフルネスセンターのベッカ・クレイン（Becca Crane）、私の親友であり研究仲間でもあるニジェール・ウェリングス（Nigel Wellings）とフィリップ・ヴィック（Philippa Vick）である。とくに最後のふたりとは考え方の根本にある微妙な相違について議論を戦わせた。また、私の出身であるサフォーク州の僧団も含めて、お名前は出さないものの数多くの人々の著作や実践から多くのことを学んだ。

本書を執筆するにあたり、生い立ちや生育歴、手紙などを使わせていただくことに同意してくれたすべての患者のみなさんにはとくに感謝したい。名前と詳細については、プライバシー保護の観点から変えてある。このような事例は、どのような困難に立ち向かっているか、どのようにして人生を変化させたかを私たちに教えてくれるものだ。

本書は、1990年にアンウィン・ハイマン社から初版が出版されて以来、さまざまな紆余曲折を経てきた。出版の2週間後にはハイマン社がハーパーコリンズ社によって買収され、それ以後は店頭で購入不能な絶版となってしまった。しかしながらCATへの関心が高まり、認知分析療法学会に所属しているセラピストへの訓練プログラムの必要性が求められるようになったことから、奇跡的に復活を遂げた。1997年にカッセル社から第2版が出されたが、ここもすぐにコンティニュアム・ブックス社と合併した。そして2002年、販売実績の良かった本書の版権がセージ社に譲渡された。これによって、本書が今ここにある。セージ社には新しく第4版を出版する機会を与えてくれたこと、さらには出版するだけではなく内容も完全に新しくすることを了承してくれたことに心から感謝する。20年近く本書は出版界の荒波の中で生き続け、多様な状況で自己変革や自己啓発の重要性に焦点を当て、大学、デイケアセンター、産業カウンセリング、心理療法家の訓練などで使われてきた。患者には自己援助の仕方を提案するとともに、心理療法、とりわけCATを学んでいる学生にも有益な本である。読みやすく使い勝手のよい本でもある。心理療法の研究や実践から生まれた複雑な考えを取り上げつつ、それを一般読者向けにわかりやすく表現している。

　また本書の読者のみなさんから貴重な助言をいただいたことにも感謝している。とりわけ認知分析療法学会の支援にはとくに感謝する。

　以下の引用を許諾して下さった著者ならびに出版社に感謝する。ヴィガロプレス発行のシルビア・フレイザー（Sylvia Fraser）著（1989）『父の家（*My Father's House*）』、ペンギンブックス発行のルイーズ・アイケンバウム（Louise Eichenbaum）とスージー・オルバッハ（Susie Orbach）著（1985）『女性を理解する（*Understanding Women*）』、クノップ発行のマイヤー・フリードマン（Meyer Friedman）とダイアン・ウルマー（Diane Ulmer）著（1984）『タイプA行動の治療と患者の心臓（*Treating Type A Behavior and Your Heart*）』である。さらにコロラド州ボルダーにある感覚運動研究所のJ・フィッシャー（Dr. J. Fisher）博士とパット・オグデン（Pat Ogden）には図1.3の覚醒図式の使用を許可してもらった。

はじめに

　私たちの誰もが生き、何かを知り、感じ、学び、変わり、癒す、今はまさにその時である。

ジョン・カバート・ジン（Jon Kabat-Zinn）著（1990）
（『マインドフルネスストレス低減法（<i>Full Catastrophe Living</i>）』
春木豊訳、北大路書房）

　一日に何回、自分を変えたいと考えるだろう。事態が芳しくない方向に向かっている時には、ちょっと違うのではないか、こんなはずではないと思ってしまう。魔法使いの持っている杖の力を借りさえすればかなう夢のように、突拍子もないそれらの願いはどれくらい私たちの中に残っているものだろうか。

　そのような時は、たぶん何かに没頭するだろう。知りうるすべての知識を総動員して、がんばろうとする。仕事をしたり、誰かと会ったり、人間関係づくりをしたり、趣味に励んだり、何か新しいことをしようとする。しかし、それでも何か心の内で満足がいかない。あるいは、幸福感を感じなかったり、喪失感を抱いたり、望みを失ったり、運が尽きたように思ったりする。自分の周りでも悪いことが起こる。何となくうまくいかない、失業する、離婚するなどして、絶望感をぬぐい去ることができない。そのような時には、新しいことをしてみることが必要だ。新しい洋服、新しいパートナー、新しい家。そうするとしばらくは喜びが勝り、事態も変わる。とはいえ、またすぐに元の悪いことが起こり、変化への期待がしぼみ始めるためにますます落ち込んでしまう。そうなると望みは打ち砕かれ、けちをつけられたように感じ、怒りと絶望感がわき起こり始める。おそらく自分は本当に不幸なんだと考え、毎朝鏡に映して見る自分自身に怒りの矛先が向くようになる。

　本書は、自分が変わること、自分を変えることについて述べたものである。自分自身、すなわち、自分の態度や反応の仕方、行動のようなものを変えられることを確信できる方法を示すことにする。さらに、自分への気づきをより高

め、自分のことをより深く内省できるような実践方法を示す。それによって変化に向けた力を確固なものとし、自分の支配の及ぶ範囲内で力を維持し続けることが可能になる。いったん自分への気づきが高まれば、自意識もより高まり、自己や他者への古い捉え方を葬り去る力が増して、新しい何かにチャレンジできるようになる。さらに、いったん古い考え方や行動様式へのこだわりがなくなると、余裕も生まれて柔軟性も高まる。余裕ができると、健康な自己がよりたくましさを発揮できるようになり、自分自身を良い悪いと評価せずにしっかりとありのままを見つめる力を大きくしていくことができる。**私たちはみな、ひとりひとりが健康な自己を成長させられるだけの能力を持っているのだ**。これは、私たち自身が持っている基本的な善良さを示しており、たとえ小さくても肯定的な経験をしたことから生まれてくる能力で、そこには自分自身の健康感覚が反映される。この健康な自己は、問題を抱えたことによって存在が見えにくくなってしまうために、たとえ自分ではわからず気づかなかったとしても、潜在的な可能性を常に持っている。自己を振り返る力を豊かにさせ成長させると、健康な自己は、私たちが態度を変え、より効果的な方法で自己を表現する手助けをしてくれる。さらには、私たちが自分自身に優しさを示し、そして自己を受容する手助けもしてくれるはずだ。

　私たちが誰かに抵抗されたり避けられたりした時、自らの態度を変えたり、他者に優しさを表そうとするのは簡単なことのように聞こえるが、実際には繰り返し練習しなければできるものではない。だから、常に変化している自分の体験を安心して確実に見つめることができれば、人生は私たちを究極の自由に導いてくれるだろうし、それが可能になるに違いない。

　では、どのような変化が起こるか。具体的で実現可能なものを挙げてみよう。

・自分の身の回りで起こっていることをしっかりと見つめることが<ruby>できる<rt>・・・</rt></ruby>ようになる。
・これまでに身についてしまい、行動の仕方を支配してしまっている処世術がどのようなものかを明確にすることが<ruby>できる<rt>・・・</rt></ruby>。
・当たり前と思っているものの、ともすると余計でもある古い処世術を改めることが<ruby>できる<rt>・・・</rt></ruby>。
・見たり感じたりすることはできないものの、常に私たちの中にある健康な自己を保つことが<ruby>できる<rt>・・・</rt></ruby>。

・今までとは違うやり方で自分を表現することが可能になると、健康な自己をますます健康にすることができる。
・誤った考えに支配されている古い処世術と健康な自己が持っているエネルギーの相違に気づくことによって、自分自身を変えることができる。

　問題となるような行動パターンに対する自らの態度を変えられれば、生活自体も変わるといえよう。
　しかしながら、自分をつくる核となるような部分、いわば生まれた時から持っている自分の根源となるような部分は変わらない。このことは第１章で詳しく論じよう。私たちが変えられるのは、生き延びようとする自己が自らの選択の範囲を狭めてしまい、それが事態を悪化させてしまっている場合だ。だが私たちは、そのような見えない過程が日常生活のさまざまな選択に影響を及ぼしていることなど気づいていない。そのような行動パターンをあまりにも幼い頃に学んでしまったからであり、それしか知らないからである。しかし、人間には進化した脳があるように、ただ生き延びるだけではなく、それ以上のことができる力を持っている。もし、過酷な幼少期を過ごしたために不安定な対処しかできない自己を発達させてしまうと、同じように自分が打ちのめされそうになった時にも辛い時間を体験することとなる。しかし、他者と親しくなって人生を彩るさまざまな喜びに触れるのを困難にさせてしまうような面が、大人になってから現れてくるかもしれない。厄介な感情や習慣を変えようとしたり、事態が自分にとってあまりにも悪化してしまった時になってはじめて、以前は当然と思っていた自分のある面に立ち向かおうとする。数千年にもわたる精神的な鍛錬、百年以上の心理学の研究によって、私たちは人間の精神世界がいかに広範囲にわたるものかを知った。より最近では、神経科学的研究によってヒトの脳の特異性、ヒトという種がどのような領域に反応し瞑想による内省を行うのか、さらにはその妥当性と可塑性が明らかになってきている。
　本書は、自分の人生を生き生きとしたものにしたいと考える人、「変わりたいのだがどうすればいいのか」というような人々の手助けとなることを目指している。自己診断し、問題となる行動パターンを浮き彫りにし、それを自ら振り返り、自分をわなにかけてしまうような思考がどのように連鎖しているかを視覚的に理解する方法を示そう。その上で、不適切な行動パターンを変える方法を教えよう。

では、どのように変えていくか。

1．問題点を明らかにし、それと結びついた思考、感情、さらにはそれにともなう相反的役割（関係パターン）を明確にしよう。
2．安易に頼りがちであるものの、実際には選択の幅を狭めてしまっている一連の流れに名前をつけてみよう。
3．生まれてからの自分はどうだったかという自分自身の生い立ちを書いてみよう。わなやジレンマ、不安定な精神状態を引き起こしたできごとも結びつけておこう。
4．日常生活の中で起こっている一連の不適切な流れに注意してみよう。そして、それを書き留めておこう。
5．ダイアグラムを書いてみよう。そうすると、日頃の生活のどのような所でそれが起こっているかがわかるはずだ。
6．どのように変わるか、現実的で達成可能な目標を立てよう。
7．内面にある健康な自己、より「現実的」な自分自身を少しだけ体験してみよう。ただし、初めてのことだから、時間も労力もかかってしまうに違いない。
8．自分が変わったことにともなって起こったできごとに対処しよう。
9．変わり続けていくために、手助けとなるような方法を見つけよう。

　本書を読めば、加えて強い意思と努力があれば、変化を起こし、古い行動パターンを消し去ることができる。いったんこのステップを始めたら、どうすればうまくいくかを積極的に考えるために意思はさらに強固となり、それまではたいして考えていなかった面にも目が向き、変化が起きるようになる。多くの人は自分自身の改革に積極的にかかわるようになり、それ自体が驚きにも喜びにもなる。そして、さらに自分が考えていた以上に、内面に多くのものが存在することがわかる。いろいろな糸口が最初は混沌としているように思えたものが、徐々に意味をなしていく。事態がうまく運ばなかった頃には考えられないような視野の広がりが起こる。自分の存在、他者の存在に関してほんの些細なことにも意識が高まるに違いない。
　私たちはみな、どこか傷ついた自分を持ち続けながら生きている。どのように持ち続けるかは、「誰も助けてくれない」というような受け身的な態度と、「落

ち込んでいるのは自分自身だから、それを誰かに話して、乗り越えられるように手を貸してもらおう」というような能動的な態度の差になる。後者のように、いったん自分を解放してしまうと、それが楽しみにもなり、想像したり夢をみたり洞察したりという内面の世界に目が向き、そして自分を肯定できるようになる。

　私たちの誰もが、新たな自分自身を探し求められるだけの力を持っている。どこが変えられるのかがわかり、受け入れられなかった部分を受け入れられ、違いを知る力といえよう。何が変えられるかを考えることは脇に置いて、まずは変化できるように自ら積極的に動いてみよう。それは、過去のしがらみから自分自身を解き放ち、変化がさらにより良い変化を生み出すことにつながっていくはずだ。

本書の理論的な枠組み

　本書の主要な枠組みは、**認知分析療法（CAT）** を基礎としている。CATの理論的枠組みがあることにより、用いる技法や扱う問題を一定範囲に留めることができる。このCATの土台があるからこそ、多様な問題に対するさまざまなアプローチが可能になる。考え方や反応の仕方の習慣を「どのように変化させるか」を示すにあたり、トランスパーソナル心理学、人間性心理学、分析心理学、神経科学、さらにはマインドフルネス、身体面や感覚運動面に着目した心理療法の研究や考え方を示そう。

　本書はこの20年間で、自己啓発の仕方を探し求めていた一般の読者のみならず、意外にも心理療法を実践している人々にとっても価値のある本となった。セラピスト向けに本書に新しく加えたPART 10では、CATの考え方や理論的支え、研究結果を示しており、変化の過程に向けた思慮深いそして実践的な働きについても述べた。

認知分析療法とは

　認知分析療法（CAT）は、1980年代初め、12年間ほど一般的なセラピストとして活躍していたアンソニー・ライル博士によって創始された。彼自身が、自らが担当していた患者が抱えていた多くの問題に心理学が役立っていな

いことに気がついたことが背景にあった。一般的なカウンセリングのスキルを用いていた彼は、CATの効果がどのようなものかを調べることに興味を抱いた。これを調べるために、患者たちがどのような変化を目指しているかを知る必要性があり、この幼かった頃の再構成化の過程が治療上大きな意味を持つことがわかった。すなわち、幼かった頃の体験を記述しながら再構成化を試みることが、CATというアプローチ法が持つ重要な特徴となったのである。彼は、広く普及している心理療法や精神分析療法、さらには行動主義との統合を試みた。そのことが、研究に際してさまざまな技法を関連づけるのに役立つとともに、CATを統合的で国民健康保険の中で活用しうる時間制限心理療法のひとつのモデルとして示すのに貢献したのである。

提案されたモデルは精神分析学における対象関係論の影響を受けたもので、認知的ならびに性格的な構成概念を用いることによって修正され、形づくられた。対象関係論は、幼少期における養育者との関係をもとにつくられてきた相反的役割法、他者との相互関係パターン、自己管理のパターンとして表すことが可能だ。さらに、フィンランドのミカエル・ライマン（Mikael Leiman）によって紹介されたヴィゴツキーとバフチンの考えを知ることで、人間関係を通してこれが形づくられることがわかった。バフチンの詩的な言葉はこうだ。「からだは、まさに母親の子宮（からだ）の中でつくられ、他者の多様な意識に包まれながら、人間としての意識が目覚めさせられていく」(1986, p.138)。

　　CATは、治療者が患者とコラボレートすることを前提としており、患者たちが自ら抱いた困難な問題を語り、その図式化を通して再構成させることを目的としている。ここでは、問題と結びついた一連の外的、精神的、さらには行動的な要因を書き出すことを重視している。もっとも重要なことは、これらの一連の流れに従えば不適切な処世術も改められることを知ってもらう点にある。CATは、幼少期に体験したことと現在の問題との関係、それが今の人間関係やセルフ・マネージメントに繰り返し現れていることに気づくこととともいえる。(Ryle and Kerr, 2002, p.6)

CATは非常に合理的な心理療法であり、乳児が他者に強い興味を抱き(Trevarthen, 2001)、安心感を与えてくれる者へのアタッチメントを形成しながら社会的な存在になっていくのと同じように、人間を進化する社会的な存在

だとみなす。ひとりひとりの発達は、生まれながらの特徴を伝える子どもの活動と、特定の社会的文脈の中で形づくられた性格を持つ養育者とが相互に関わることで成し遂げられる。相反的役割のレパートリーは幼少期の人間関係の中で獲得される。とくに養育者との関係が重要であるが、自分の子ども、他者の子ども、ペットや広い意味での家族、学校の教師や隣人の影響も重要である。相反的役割には他者に対する反応が含まれている。加えて、これと同じパターンが内面化されて自己管理を促し、それにともなって生じる対話も内面化されて思考の道具となる。

　CATは、1980年代にロンドンにあるガイ＆セントトーマス病院において、アンソニー・ライル博士によりイギリス国民健康保険の対象に組み入れられた。それで関心が急速に高まり、1992年には認知分析療法学会が設立された。さまざまなレベルの訓練法と同様に入門コースがイギリス中で提案され、多くの精神衛生の権威者たちがCATに資金を提供した。この10年ほどCATのスキルの向上を目指した訓練がなされ、心理療法を行う人々の水準が高まり、今ではイギリス、スコットランド、アイルランドの大部分で用いられている。CATは、フィンランドやポーランド、スペイン、イタリア、オーストラリア、ニュージーランド、さらには香港でも指導がなされている。国際的な連盟も設立され、ICATA（国際認知分析療法協会）と呼ばれている。

マインドフルネスとは

　マインドフルネスの基本的な定義は、「瞬間瞬間での自分への気づき」である。これは、その瞬間に起こっていること、それにあるがままに気づくようになることである。マインドフルネスの目的は、息を吸ってその息を吐くということかもしれない。それは、私たちの魂が両足を通して大地に触れ合っているという感覚であり、食べようとしている食物そのもの、ふたりの人間の間でキャッチボールをしているボールそのものへの感覚といえる。心理療法を行う上でもっとも重要な点は、実践によって身体感覚や感情、情動状態に対してマインドフルネスの練習ができることである。自分が体験したことをひとつひとつ個別にとらえられると同時に、自分が今、からだや心で感じていることが何であるかを知ろうとする手助けにもなる。本書には、変化を目指した時に起こりうる危険性と同時に、マインドフルネスを持続する際の困難さや苦痛に対して

どうすればよいかの示唆も含まれている。

　マインドフルネスの実践は現在ではさまざまな心理療法の中に見つけることができるが、その源はすべて東洋の瞑想にあり、そこでは瞑想の実践そのものを重視している。慢性的な苦痛に悩んでいた人々の心理療法に対して、1980年代にアメリカのボストンでこの瞑想法を導入させたのがジョン・カバート・ジンであり、ほぼ同時期にアンソニー・ライルがCATを発展させ始めたのである。

　マインドフルネスによって自己への気づきが力を得ると、何が起ころうとも今のままでいることが可能になり、その結果、起こったことをしっかりと体験できることにつながる。マインドフルネスの力を発展させれば、私たちが自己の内面を洞察する助けになる。ものごとがより明白に見えるようになり、心の平静さも増大する。ありのままを受容しマインドフルネスを高めれば、さらに困難な事態であっても深く見つめることが可能になり、その根本にある友愛と思いやりが高まってくる。内省が可能になる前に、安心感を抱けることが必要である。このことは、安心できる基盤をつくり上げていくために、からだを通したマインドフルネスが重要になることを意味している。安心できる基盤ができあがると、今の人間関係と変化を理解し、そこをうまく切り抜けていくためのCATの枠組みと、ありのままの自分を受け入れるのに必要な友愛の組み合わせが、自己への思いやりが持つ癒しの効果を高める良い出発点となる。

　2006年6月にオランダのアーネムにおいて開かれた会合で、禅仏教徒であるティック・ニャット・ハン（Thich Nhat Hanh）が語ったことを記しておこう。

　　マインドフルネスを実践するというのは、変化しようとしたり避けたりすることなしに、今という瞬間のままでいることだ。太陽がすべてを等しく照らすように、あれこれ選択することなしにすべてを見つめる、そういった注意の払い方が求められる。マインドフルネスのエネルギーは、集中力を高め、今ここでの自分を形づくることに使われる。だからこそ、内面にある自分というものに触れあえるのだ。マインドフルネスが達成できて初めて、私たちには今という瞬間に起こっているものごとが見えてくる。

PART 1

自分は誰だろう？
自分を形づくっているものは何？
変化するとはどういうこと？

科学者がここ10年ほどの間に明らかにしてきた新しい事柄は、多くの社会的問題や精神衛生の問題の明らかな軽減につながっている。

スー・ゲルハルト（Sue Gerhardt）『愛の問題（*Why Love Matters*）』
(2004, p.217)

第1章　あなたも変われるのだ

　人生において確実なものはふたつしかない。ひとつは死である。いつか私たちは亡くなる。もうひとつは「すべてが変化している」ということだ。とはいえこの確実なふたつのことが意味するのは、喜びや苦痛を意のままに操ろうとして逃げ道を探すか、それとも逆に満足感を得ようとするかのどちらかである。私たちは苦難を経験すると変化を強く求め始め、自分なら何ができるかを考えるようになるのが常である。その次には、変化が必要とされるものが何かを正確に把握する必要が生まれる。つまり、変化を目指すものが自己の内なるものか、それとも自己以外のものかである。この章では、自分を振り返る準備をする。変化に向けたさまざまな手法を見つめ、何が変えられ、何が変えられないかを見極めよう。読み進めながら、自分自身や日常生活にともなった不可思議な内的世界の探索の旅に出ている自分を想像してみよう。自己の内面で起こっているものとの関連がつきやすいように、ノートやテープレコーダーを使おう。新しい冒険の旅に出た自分を考えてみてほしい。

なぜ変わろうとするのか

　誰もが、理由は人それぞれであっても変化を求めている。それは、おそらく不安を和らげたり、うつ病や恐怖症のような病気に打ち勝ったり、人生をもっとうまくコントロールしようとしたり、嫌な人間関係を断ち切ろうとするからだろう。あるいはまた、哀しみや不幸せ、さらにはむなしさを感じるから変わろうとしているのかもしれない。事態は悪い方向に進んでいるけれど、それがなぜなのかがわからないからかもしれない。自分や家族の行動がどうだったかをじっと振り返ってみて初めて、自分自身が変化を望んでいることにようやく気がつく。別の視点から自分を見つめようとした時には、すでに本気で変わろうとしているのだ。

私たちには、遺伝的な行動様式と同じように、ひとりひとり異なった性格や気質がある。無限の可能性を秘めた幼い頃の自分は、家庭菜園に植えられた種のようなものだ。種の成長は土壌や環境で決まってくる。私たちも、文化や言語、家族、それに己の生い立ちや遺伝と無関係な存在ではない。さらに、人々があちらこちらを旅するように行動範囲が広がり、その中で私たちがつくってきた文化は、最後に私たちがたどりつくはずの環境と対立するようなメッセージを発するかもしれない。私たちの多くは、生きていくためにこの生まれて間もない頃の体験を自分にどう納得させるか、その手段を見つけなければならなくなる。私たちはみな、自分が生きていくために幼少期に経験した嫌なことを、自分の中でどう処理するかを考えなければならない。私たちが何かに打ちのめされると、その後には自分のことを考え、自分には何ができるかを考える機会がくる。これは、相手に合わせた行動パターンを取るのではなく、本来の自分らしさが発揮できるように変わろうとするきっかけとなる。

　変わることを求める理由には次の6つがある。

1. 自分が犠牲者であるかのように感じることに嫌気がさしているから。
2. 混沌とした危機的状況の中で、自分を見つめ理解したいと思っているから。
3. 自分自身が変わりたいと強く願っていることに気がついたから。
4. 自分を「守る」ことよりもっと重要なことがあることに気がついたから。
5. 「今のまま」であり続けることを強く願っているから。ここで言う「今のまま」とは、かつては貧弱でたいした存在ではないと思っていた自分自身の本質を受け入れて生きることであり、自分自身を抱きしめることである。
6. より大きな意味を見いだし、「自分は誰か」という疑問に答えたいから。

対話をする自己：健康な自己と生き延びようとする自己

　長い間、心理学は「自己」の特質について論議してきたが、それは今でも続いている。人生のさまざまな段階を通して絶え間なく起こる変化にどのように対処するか。私たちの多くは、頑丈で他者から十分な評価を得ている自己をちらっと見て、自分に自信を抱く。だが、このような自分自身を常に体験できるわけではない。成熟の程度も表情の豊かさも違っているさまざまな部分の自己

があり、時には他者と有意義な相互交渉ができるが、またある時にはまったく別個のものとしか感じられないようなことがあることも私たちは知っている。口論したり対話したりする中から自己に対して柔軟さを感じようとも、あるいは頑さを感じようとも、私たちは他者や環境との関わりを失うことはできない。神経科学者たちは、生まれた時から乳児の脳がどのようにして社会的な約束事に自らを合わせていっているかを明らかにしてきた。つまり、象徴、言葉、あるいは他者から受ける感覚を通した会話によって「自分」という感覚が生まれてくるのである（Schore, 2003 ; Parges, 2005）。

　乳幼児期から子ども時代にかけて、私たちの脳は反応性と適応力を驚異的に発達させ、脳神経の結びつきが密になることで他者との関係も発展させてきた。精神科の教授でマインドサイト研究所所長を務めているダニエル・シーゲル（Daniel Seigel）博士は、心理療法がどのように神経活動を刺激して効果を発揮し、自己がより統合された状態へとどのように成長していくのかについて包括的な研究を行ってきた（Seigel, 2010a, b）。神経生物学的研究の多くは、私たちの脳には社会的な機能を果たす器官が埋め込まれており、他者との関係が豊かになるに従って私たちの神経系を支配している神経回路が発達することを示唆している。神経学者であり音楽学者でもあるトレヴァーセン（Trevarthen, 1993）は、幼児と他者とが言語を用いずに音楽を媒介として触れ合っていることを指摘している。つまり、乳児は親が発する声に反応し、その後にどのような反応が来るのか期待を持って見守り、親が声の特徴を変えるのと同じように乳児も声の特徴を変えている。こうして未完成状態の乳児の脳神経は、オーケストラ全体がコンサートピッチに合わせるように、反応性を着実に高めていく。

　もし私が、新生児は人生という庭に植えられた種のようだという考えを受け入れると、それぞれの種は決して理想的ではない状況下で「生き延びようとする自己」を発達させなければならないことは容易に想像できる。理想的な土壌が与えられる種はほとんどなく、石ばかりの地面に植えられてしまっていることに気づくこともあるだろう。困難や敵意、ありえないような環境に適応するための対処方略とともに、生き延びようとする自己を発達させることが常に必要である。これこそが、私たち人間が持っている適応力である。人間は創造力に満ちた存在なのだ。

　生き延びようとする自己は生き方も他者との関係のつくり方もわずかしか持

っていないのに対して、健康な自己は外からの攻撃を受け止め、見極め、それを超越するだけの可能性を持っている。このふたつの部分の力強さと柔軟性の違いを知ることこそが、心理療法で体験することの核心といえるだろう。

　この本を読み通すと、私たちが自分自身や他者のことを考え感じるために、どのような方法を使ってきたのかがわかるはずだ。どのようなパターンで対処し、どのような選択をしてきたかを振り返るために自らの心に敏感になろうと訓練すると、もはや有効でなくかえって事態を悪化させてしまっているような手段であっても、それを変えることができる。そうすることで、私たちは自分を観察し見えてきたことを実生活に反映させる目を養うために、健康な自己をつくり出すしっかりした地盤を用意することが可能になる。そうなれば、健康な自己がさらに成長しうる可能性が高められる。私たちはみな、自分を観察し、見きわめ、理解し、受容する健康な自己の潜在力を持って生まれてきているのだ。

関係を示すさまざまなパターン：
自分と他者との関係における相反的役割

　ひとつひとつの種は、自らが植えられた土壌と相反的関係を持っている。私たちは結局のところ、「他者」という存在に縛られており、脳のネットワークや神経系の発達も「他者」との相互関係をもとに発達する。ここで言う「他者」にはモデルが存在する。たとえばそれは母親や父母の祖先、きょうだいや世話をしてくれた人、さらにはこれからの人生で出会う友人、結婚相手、雇い主、政府であるかもしれない。こうして学んだ「他者」というものを内面に保ちつつ成長する。生後の初期にこれらの「他者」がどのように反応するかの経験を通して相互学習が始まり、他者あるいは外界、さらには自分自身とどのような関係をつくるかが決まる。

　どのようにして関係づくりが始まるかを見てみよう。子どもが空腹ならミルクを与え、寒ければ温め、不安そうなら抱きしめる。これは私たちが非言語的な信号の有効性を知っているからできることで、私たちはその意味を理解し適切な対応をとる。模倣や意思の交換はコミュニケーションの基礎となる。他者と似たようなことをしていれば安全であることを学び、自分自身がどのような価値を持っているかを知る、つまり自分は価値のある愛すべき存在であると感

じ他者をどのように愛するかを知ることになる。このようなアタッチメントを確実に形成すると、本来の自分らしさを自由に表せるようになり、言葉で自分を表現できる子ども時代から、さらには豊かな表現力を備えた青年期へと自然に移行していく。自分は他者とは違う別個の存在であり、自分らしく自由に振る舞うために自分を肯定することを学ぶのである。

　私たちの多くは、「他者」を善と悪を併せ持った存在としてとらえ、ある時はその「他者」に無関心でいるのに、また別の時には大いに関心を持って見つめたりする。「他者」が誰であろうとも、自分自身の日頃の行動パターンや期待に基づいて反応し、行動するだろう。私たちはみな、自分が頼っている関係をこれからも維持していくため、それに従わなければならない。気遣ってもらい受け入れてもらえたために、その後は他者に気に入られようと常に下手に出るようになる。これは従順さを求めるわなだ。一方、権威に逆らう行動様式を発展させたら、言いなりにならないように他者との関係づくりを拒否するだろう。「他者」への従順に不安の念を抱いたら、非難され見捨てられてしまうことに恐れおののき、依存心が強く愛に飢えた関係ができあがってしまう。このような関係が生涯にわたって続くことになる。

　もし、「他者」と安全な関係がつくれなかったら、どうだろう。「存在しているという感覚を抱けなかったり」、絶えず反応の仕方が違っていたり、予想できなかったり、拒否されていたりしたら、当然ながら不安が高まる。未熟な自律神経系はアドレナリンとコルチゾールでいっぱいになって、そこから脱出することができなくなる。「戦うか逃げるか」のメカニズムはまだできあがっていない。だから、「立ちすくんで」強い不安を抱かないようにしてしまうか、逆に、何か想定外で困難なことが起こらないかどうか周囲に目配りをして過剰に覚醒した状態になってしまったりする。このような行動パターンは、発達途上の神経系を対処不能な恐怖から守るのに効果的で、意味のあるものといえる。しかしながら、「他者」がどう反応するかを予想するのは、内面の心の動きを支配することにつながる。つまり、内面を振り返り、外部で起こっていることを受け止め、そこからどのような関係をつくっていくかである。多種多様な行動パターンの中には不適切なものもあり、それに自分自身が気づいて変えたり置き換えたりするまでは繰り返されてしまう。

　人間関係上の問題は、「他者」から見捨てられたり拒否されそうになった時に起こるもので、ほんのわずかな差であってもそれに無理矢理合わせたり、あ

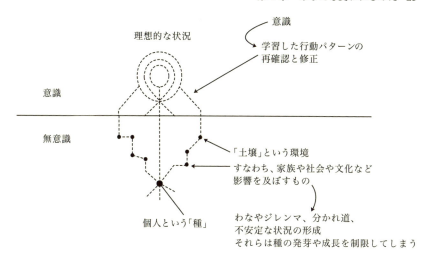

図1.1　種と土壌の相反的役割を示した図

たかも最終的な結論が得られたかのように振る舞っているからである。幼児期に助けてもらえなかった経験をしたので、見捨てられないようにあらゆる対処をしようとする。外面的には非常に良く見えるが、内面的には最悪の感情を抱くことになる。つまり、人間関係を維持することに強迫的になっているが、ひとたび積極的に事態に立ち向かって過去の行動パターンに戻ることをやめると、そこから逃げ出してこれまでの関係を断ち切ろうとするに違いない。

　建物の外側と内側の基礎的な部分、つまり相反的な構造を理解し、それらが感情や行動をどのように規定しているかが理解できれば、本書の基本的な考えがわかったも同然である。以下の章ではさまざまな状況をもとに、この考え方を検討していこう。

タブーである話題

　ここまで読み進めてきて、自分との関連が少し見えてきたかも知れない。ノートやテープレコーダーに記録しておくと、後で役に立つであろう。次の節では、自分が抱いている問題点を挙げ、さらに深く自己理解を進めていく。

　私たちは幼少期を乗り切るために困難な環境に適応しようとすると、結果として「タブーである話題」と関わらざるをえないことになる。見捨てられたと

いう感情は、自分には価値がないという思いを引き起こす。というのも、親しい人との死別や自らの病気のような苦痛に満ちたできごとは、説明しようがないからである。人生の中で最悪だと感じ、安心感だけを求めて投げやりな状態で気分を変えようとする。このような今の気持ちを違うようにとらえ、「捕まえられるものなら捕えてごらん」というような他力本願によって今の気持ちを変えようとする人もいる。もし、自分の人生を過ちの寄せ集めとかひどい人生と感じるなら、それを断ち切り、投げ飛ばし、麻痺させてしまうのは、無視したり、ののしったり、いじめたり、罰せられたり、それに追い出されたりすることに対する、適応的な反応である。

「タブーである話題」は、予測不能な困難さや恐怖に満ちあふれている。人生で必要にせまられないと、自分から近づいていって観察しようとはしない。人間関係の破綻によって、未解決のまま残っていた幼い頃の喪失感が首をもたげてくる。知らなければよいものの知っているために、かつての経験が自分自身を低く評価してしまい、結果として自分のことを罰することにつながる。

私たちが自分自身を見つめようとするまで、この「タブーである話題」は健康な自己の動きを制限してしまい、選択可能な対処反応の範囲を狭め、本来の成長を妨げる。自分が学んだ対処法を理解しながらどのようなことがあったのかをきちんと書き記すと、それは変化を始める手助けになる。私たちの邪魔をして制約を加えていた古い行動パターンを修正すれば、自分がどうすべきかの選択肢が広がっていく。

慢性的に続く痛みこそが核心をなす

自分自身の問題を深刻にとらえて人生を変えたいと思い始めた場合、もっとも重要な第1のステップは、私たちを煩わせている症状を実質的に消し去ることである。その症状には、抑うつ症や人間関係の失敗、解離、摂食にまつわる問題、さらに依存などがあるだろう。まずは**これらの症状を引き起こしている留め金を外し**、どのようなパターンによって症状が現れているかを理解することが必要になる。症状のもっとも深い部分にたどりつき、これまで悩んできた慢性的な苦痛を表現できる最適な言葉やイメージが見つかれば最高である。なくそうとしたけれども悪化したので対応をあきらめてしまった苦痛を表現できれば申し分ない。

次の節では、重大な苦痛を表す最適な言葉を探そう。そのような苦痛を表す言葉は、自己のとらえ方をあまりにも防御的にしてしまうため、自分では当たり前だと思いがちである。だから、このような態度で色づけされたレンズで自分の人生を見てしまう。つまり、自分の経験を通したレンズに頼りがちである。どのようなレンズで見ているかを明らかにするためには、レンズの特徴を調べ、そのレンズが適切かどうかを自問自答することが必要だ。その次には、そのようなレンズの限界が自分の人生にどのように影響するかを考えることだ。一般的に経験するような重大な苦痛について、以下の例を読み、自分自身の場合にはどのような言葉で表せるかを考えてみよう。苦痛を和らげたいという自分と、反対に苦痛を維持しようとする自分がいるかどうかを見てみよう。たとえば、自分自身の価値を判断したり自分自身を非難したりするような自分は、自分こそ非難されるばかりで価値のない人間だと思いこんでいるのではないだろうか。

「何をやっても、決して完璧にはできない」

どんなに困難であっても、努力して、善行をなし、仕事に励み、他者に分け与えたとしても、認められたりずっと愛されたりすることは決してない。これらは、私たちがすでに体験したことである。そのような時、いつも以上に活発に動いたり、仕事依存症と呼ばれるほど仕事をしたり、逆に現状をあきらめたり、抑うつ状態に陥ったりする。完璧主義をめざし、多くのことを成し遂げようとするかもしれない。しかし、何かしら満足が得られるようなことを表面的にしたとしても、内面では決して満足は得られず、もうこれ以上は無理だという感覚で身動きがとれなくなってしまう。そしてついには、へとへとになって喘ぎ、燃え尽き、場合によっては自殺に駆り立てられる。

必死に努力するか、条件つきで厳しい要求をするかという相反的役割を学んでしまうと、自分は拒否され価値のないものだという重大な苦痛は持続されることになる。

「私がやろうとしていることは、何もかもが難しいに違いない」

「そうだね。……でもね、」という表現が後に続くように、この言葉は自分を

身動きできなくさせてしまう。考え方も否定的になり、どのような改善が可能かも考えられなくさせる。苦痛はむなしさへとつながる。自分はもう限界だと感じたり挫折感を味わったりする中で、悲観的な思考しかできなくなる。

もしもこのような思考パターンになっていることがわかったら、次のような考え方にとらわれていないか検討してみよう。

- 自分は一生懸命に仕事をしており、少なくともそれが持続できている。もしやることがなければ、もっと落ち込んでしまうに違いない。
- もし物事が順調に運んでいて、何か起こらないかと考えるほどに人生を楽しんでいたら、図に乗ってしまうだろう。
- 親が「捕らぬたぬきの皮算用をするな」と言った。だから、何もかもが当たり前のことだとは決して思わないし、最悪の事態にいつでも備えている。物事を楽観的にとらえた時はいつも失望させられていた。だから、それはもうやめた。
- 私には能力があるのだから賞賛されて当然だ。そうでなければ、自分はたんなる弱虫に過ぎない。

もし、怖くて動けなかったり、落ち込んだり、弱虫と見られていることがわかったら、自分がやっていることをシシュフォス（貪欲な王で、地獄で重い岩を丘の上に上げる仕事を課せられたが、岩は必ず転げ落ちるので、その苦役は果てることがなかったというギリシャ神話の登場人物）の神話と同じだと見なせばよい。本書の PART 6 では、幼かった頃のできごと、どのようにして今の行動様式が身についたかの情報を集める。もしかしたら、自分自身にとっての巨岩の特徴を理解できるかもしれない。それは、自分自身の特徴ではまったくないのだ。

エクササイズ

少し立ち止まって考えてみよう。もしも巨岩、つまり大きな困難がそこになかったと仮定したら、あなたはどう感じるだろうか。事態を困難にさせているレンズがあれば、それを変えてみたらどうだろう。このレンズが事態のとらえ方を左右させていることに気がつき始めたら、この仮定を少し横にどけて、先入観なしに事態と向き合ってみよう。

「誰も私の手助けをしてくれない。だから、全部自分でやらなければだめ。でも、やらなくたって何も起こらない」

このようなもがきは、援助を求めることが困難であったり不可能であったりした幼少期の環境から生まれたもので、あらゆることを自分でやろうとしてしまう。絶えず悩んでいるシングルマザーや超多忙な親たちは、子どもが自立してくれることを喜ぶ。両親が病気がちであったり、長期間にわたって不在であったり、子どもの養育者がころころ変わり続けてきたような家庭では、自立は生きていくための唯一の手段である。幼かった頃、両親が誰からの援助もなく無力感にさいなまれていたり、精神的に安定していなかったりした場合、それは子どもにとっても過酷な状況である。冷酷で不誠実な人間をつくり出すことを助長してしまい、私たち自身が持っている無力さや恐怖感、孤独さなどを覆い隠すことになる。私たちが無視し続けてきた心の中に潜む弱い者いじめをする者と自分との対話によって、重大な苦痛が維持されてきたのかもしれない。

このような仮定は受け入れられてきたものの、私たち自身の欲求や感情などを受容しようという考え方は生まれなかった。人生で経験した多くの危機を通して骨抜きになった形だけの独立により、私たちは生きている。孤独や疲労が極限に達した時に問題が起こる。そうなると、自分は何でもでき、正確に成し遂げ、きつい仕事もできるという信念は、頭から冷笑され、嘲笑されることになる。あたかも見ず知らずの人に家を貸してしまうかのような恐怖から、誰かからの援助を受け入れるか、さもなければ冷淡な人にさせてしまう。

それでは、以下のエクササイズを試してみよう。

エクササイズ：「誰も私のことなんか助けてくれない」

自分自身がこれまでに何度となく何気なくやって心を落ち着かせていること、つけこまれていると感じたり本当は腹が立ったり不機嫌になったりしたこと、それらのことを振り返ってみよう。「なぜいつも私ばかりなの」と思うようなことを見つけよう。このような作業を1週間続ける。週の終わりになれば、このようなことが毎日数多く起こっているかがわかるはずだ。では、質問をしてみよう。それは、どのような時にも必要なものなのか。やらなければならない課題を自分が我慢できるだけ先延ばしにして、そ

> の時にわき起こった感情を書き留めてみよう。
> 　自分がやらなければ課題は処理されないだろうという思いは、不安感をどれくらい高めるか。
> 　自分自身の中で起こった気持ちを誰かに話そう。他者にわかってもらうのがどれほど困難であるか、たとえ困難でもどうにかして理解してほしいと考えるのはなぜか。
> 　自分がふだん考えているように必ずしも事態が進まなかったら、どれほど深刻な結果になるか。他者の力不足によるものだと言い切れるか。
> 　心の内面との対話を通して、過酷で要求の厳しいもの、あるいは満足できず価値もないと考えてしまうものが何であるかを明らかにできるか。

　数年前、私自身もこのパターンに陥っていることに気づいた。最初は、あるチームの一員となって働かなければならない時に起こった。私はいつも自分ひとりで物事をこなしてきた。だから私以外のメンバーは、私のことを自信過剰で無神経だとみなしていた。そこで、私は上のようなパターンに陥っていないかどうかを考え、自分自身の奥深くを見つめることを始めてみた。そうしたところ、他のメンバーに援助や別の考えや意見交換を求めようとしていなかったことがわかった。自分ですべてやらなければいけないと思い込んでいたのだ。そこで、「愛に飢えた奴」とみなされるかもしれないが、質問したり援助を求めたりしてみた。その結果、チームとして課題を処理すればよく、何もかも自分でする必要はないことがわかった。さらには、自分たちのチームで自分自身が好感を持たれながら仕事ができるためには、他者を信頼しなければならないこと、自分と他者を厳格に分け隔てる必要がないこともわかった。そう思えば、気が楽になるだろう。

「いつも貧乏くじを引いてしまう」

　すばらしい人に出会ったり興奮するようなできごとを体験すると、我を忘れてしまうことがある。自分の理想の姿をその人に投影し、魅了されてしまう。そして、これまで抱いたことがないような安心感や愛情、満足感をもたらしてくれる人だと考え、受け身になり、流されやすくなって、まさに餌食となる。とはいえ遅かれ早かれ、事態を見誤らせていた色つきメガネがはずされ、その

ような人、そのような考え方、あるいはその集団は、ごく普通でたいして良くないものであることがわかり、一気に価値が低下してしまい、自分たちの期待を裏切るものだとののしるようにさえなる。ついには、怒りを感じ、恥をかかされたと思い、フラストレーションに陥り、失望する。その結果、何もかも本当は同じたぐいのものに過ぎないと、冷笑的で辛辣な見方をするようになる。

　私たちがとらわれがちな相反的役割とは、完璧な支援を求めるのか、それとも、自己を無視するかだ。一日中、さまざまな極端な考えが頭に浮かぶが、その考えからどうすれば離れられるかがわからないということは誰もが知っているではないか。

　このようなパターンに自分が陥っていることに気づこう。PART 7の「自分を変える」では、自分自身の中のこれまで無視してきた部分に光を当てるには、どうすればよいかを中心に見ていく。

「もしも許されるなら、自分自身が今ここに存在すると感じられるように、自分らしい表現をしたい」

　このような言葉が発せられる背景となっている苦痛には、消滅への恐れがある。生きていたいという唯一の望みを達成するには、あらゆる相互交渉を意のままに操る必要がある。それが可能になると、しっかりと完璧に支配できたと感じるはずだ。自分らしい表現ができないと、抑うつ状態に陥り、自分が消え失せてしまうかのような感覚を抱く。

　変わろうとする動きは、内面にあるむなしさを段階的になくす方法を見つけることである。本書の最後には恐れと仲良くなるためのエクササイズがあり、さまざまな危機を乗り越えることによって相互交渉の在り方を改められる。第14章にはアリステアが陥ったむなしさのスキーマがあり、自分自身でどのように段階を追って乗り越えたかが示されている。

「やれば良いことがあっても、それは自分とは関係のないことと思ってしまう」

　重大な苦痛のひとつに、耐えきれないほどの喪失感がある。実際に誰かを亡くす、何かを失うという経験は、幼い時期には深刻な影響をもたらす。無意識

のうちに、やれば良いことをやらなかったということが原因となったのではないかと、非合理的な罪悪感を抱くのだろう。失ったことで、もう自分から何かをしようとは思わなくなってしまう。無理して生きており、孤独で、もう幸せにはなれないかのように思い、重大な苦痛は恐怖症や孤立感、あるいは慢性的な不安となって現れてくる。本書の PART 7 では、このような時にどうすればよいかのエクササイズを用意した。

　これまで述べた例から、悩みの種となっている症状や行動パターンの基礎にある問題を、いかに乗り越えるかが重要であるかがわかったに違いない。日頃は、これまでの人生を振り返り、どのようにして世界観がつくられたかなど考えようともしない。私たちを陥れるような症状や問題は、子どもの頃の経験や自分に影響を及ぼしたできごとが相互に影響しあって生み出されている。このような獲得された相互交渉のパターンを絶対的なものとみなしてしまうため、どのように他者と関わるか、他者との関わりに何を期待するか、さらには自己とどのように対話するかにも影響を及ぼす。自己に関する重要な信念の多くは、ふたつの相反的な働きとその誤った理解からつくられ、私たちが健康に生きるのを妨害するように作用する。

　本書を読み通すと、特定の相反的役割をもとに重大な苦痛がどのように維持されているかについてさまざまな例を知るだろう。もしも、自分にとっての最初の重大な苦痛が何かを知ろうとするなら、大いに役立つはずだ。日常生活で起こるさまざまなわな、ジレンマ、予期せぬ障害、それに不安定な精神状態と同様に、相反的役割がどのようにかかわっているかがわかる。これらについては次の節で扱い、さらに PART 3 で詳しく述べる。第 12 章の「生い立ちを書く」では、自分の人生がどうであったかという面から、ずっと続いている苦痛を書き記していく方法を紹介しよう。第 13 章と第 14 章では、獲得してしまった誤ったパターンからどのようにして脱出し、誤った考え方を変えていくかについて考えよう。

人生曲線を描く

　強固な古い信念や重大な苦痛を振り返ってみると、自分がどのような考え方をしていたのかがわかる。だからこそ振り返り、そのパターンがどのようにして始まったのかを考えるのが有効だ。そこで、白い紙を 1 枚、あるいはノート

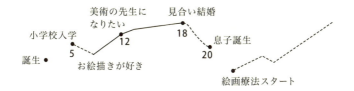

図 1.2　隠れて見えないふたつのエピソードを示したダルパーナ (Darpana) の人生曲線
　生まれてから5歳までと20〜25歳の産後うつ病の時期が見えなくなっている。

の新しいページを用意し、自分ならどのような種を手に取ろうとするかを考えてみよう。リンゴ、洋梨、ドングリ、プラムなど。あるいは自分が好きな物のイメージでもよい。次に、自分の家庭菜園に最初の種を植えたとする。この環境を表す単語、イメージ、あるいは特質を見つけよう。その種から、最初の数年間を示す線を描き、その種が最初に示した方向が変わったら、変換点や変化した内容を書き加える。私たちの多くは、環境に適応するために自然な成長過程から少し離れて、多少は他者に譲歩したり合わせたりしなければならない。これもすべて自分が誰であるかを表す一部となる。自分の人生曲線を描く時には、入学、誕生や死、引っ越し、などによる変換点を見つけ、乳児や子どもの時代から青年や成人の時代へという流れを描こう。起こったできごとや感じたことなども見てみよう。人生曲線を描いたら、そこに、ぴったり合う言葉を書き加えなさい。あてはまる絵やイメージを連想してみよう。描き終えたら、周囲で起こった失敗を補うため、その時自分が何をすべきだったかを考えてみよう。それが何かがわかった時もわからなかった時も、自分の中にいる自分は何をなすべきだと考えただろうか。私たちは、これまで人生をともに歩んで来た自分自身への思いやりを高めていくことは可能だ。できれば、人生において起こったできごとを自分がどのように関連づけていたのかを示す点線を書き加えてみよう。本書を読んですべての体験を探し求めることで自己への非難ではなく気づきが高まり、自己理解とマインドフルネスの実践によって自己への気づきがさらに高められることとなる。

わな、ジレンマ、予期せぬ障害、それに不安定な精神状態

　生きていくためにはある種の行動様式だけを妥当なものだと決めがちであ

る。そのため、自分自身の表現の仕方に関しても、ある限られた範囲内の考えや選択肢しか用いようとしない。本書では、このような限定的な考えに至らせる要素として、わな、ジレンマ、予期せぬ障害、さらには困難で不安定な精神状態を挙げた。

　わなは、有効期限を過ぎた後、いわば自分ではどうしようもなくなってどのように行動すればよいかで悩んでいるような時に起こる。ただ、傷つきやすくなっている時に自分のことを守ってくれるというのではなく、実際にはさらに落ち込ませてしまうように作用する。たとえば、自分自身が傷ついている時でさえ相手に気配りしたり微笑んだりする習慣は、一見すると、他者の怒りや拒絶から自分を守ってくれるように思えるが、自分を価値のないものとみなすことにつながる。自分で立ち向かおうとするスキルが十分に身についていないことに怒り憤慨し、そして打ちひしがれ、自分をなだめるわなにはまってしまう。

　「こっちだ」「そっちだ」というように白黒をつけたがったり、「こうしたら、こうなって……」とあてどなく考えたりしていると、最後は**ジレンマ**に陥る。たとえば「完璧をめざし、常に努力をし、緊張した生活を続けていなければ、かなりひどい状態になったに違いない」と考えてしまう。「もしもこうしたら、こうなるだろう」といった考え方からジレンマが生まれる。たとえば「他者と親しくなれば、その結果として他者に屈することになる」と考える。いわば他者を見下すか、あるいは他者から見下されているととらえるかである。

　予期せぬ障害も、無意識のうちに自分を傷つけるパターンをつくりあげた時に内面に起こる事態である。たとえば新しい仕事に就いたり、新しい人間関係をつくろうとしたその時に起こる。誰かが状況を悪化させ、自分たちの成功や幸せを妨害するような場合である。あるいは、外面的には、あたかも他者を傷つけ剥奪したかのように、自分たちの成功に対する他者の反応に恐れを抱いた時にも起こる。

　時には、自分を変えようとするものの、意識を集中させ一貫性を持たせ続けるのが困難なこともある。子ども時代にも、敗北感を感じないようにと「他者」との接触を避けたりしてきた。このような**不安定な精神状態**には、強くて支配がきかない感情や他者に対する理由なき怒り、周囲からの自己遮断、現実離れした感覚、さらには解離や離人症なども含まれる。**離人症**は、自分のからだから自分という感覚が分離してしまったように感じる現象で、恐怖性不安障害やパニック発作時に起こりやすい。**解離**は、起こっている事態から意識が切

り離され一時的に分離してしまっている状態で、耐えきれないほどの苦痛や恐怖を感じた時の対処法として起こる。

　私たちはこれまで、辛い経験に耐えられなくなると、それを細かい要素に分けようとしてきた。それが今になって自分から切り離した耐え難い感情を引き起こし、知らず知らずのうちに影響を及ぼしている。

さて、まずどこから始めるか？

　ここまで読んでくると、この本があなたの症状や診断、治療に対する疑問、その根底に何があるかに目を向けさせようとしていることに気づくだろう。特有の症状をリストアップすることはできないが、多くの症状や問題については言及し、インデックスに入れてある。問題となっている症状は「氷山の一角」と見なされる。というのは、私たちの内面に存在するのはアイデアや反応が複雑に混ぜ合わさったもので、私たちが知りうる、必要があれば修正が可能な豊かな内的世界である。

　私がセラピストとして初回の面談をすると、大抵のクライエントは自分がどのようにして生きてきたのかを語り、過去に経験した相反的役割を感じとれるようになる。これは、対人関係で起こったできごとから派生している。たとえば、「無力感に苛まれた犠牲者」である自分を助けようと思った時である。あるいはまた、あたかも未解決の問題がきわめて重要なものであると自分では考えているのに、他者は簡単に判断を下してしまうような時である。さもなければ、自分はちっぽけな存在であると思っているのに、私のことを言いなりにさせようと強い欲求を抱いている他者の前に立つような時である。これはみな、わかりやすい例だろう。生き延びるパターンの本質と感情を教えてくれるようなことがらばかりである。

　次の例を考えてみよう。

エクササイズ

　あなたのよく知っている人が腰掛けている場面を想像してみてほしい。あなたの目の前の椅子に座っている。手にはあなたへの招待状があり、そ

こに書かれている言葉に目がいく。あなたが「すばらしい人」「賢い人」「意欲的な人」「幸せそうな人」だと書かれている。その言葉には、あなたとその人物の間でどのような人間関係がつくられてきたのかも表されていることがわかるだろう。その言葉を書きなさい。

恐怖、ストレス、そして自己調節

　タブーである話題を避け、自分たちとは異なる考え方があることを知らずに生活することは、いずれも恐怖を媒介として過去と結びついている。私たちの多くは、からだの中にたくさんの恐怖を抱えて生きている。恐怖とは自分では思っていないものもあるかもしれない。ある時にはまったく恐怖を感じさせないのに、別の時には非常に強い警戒心を抱かせるようなものがあることにも気づくだろう。恐怖によってからだに生じる化学的な変化は際立ったもので、感覚的な経験によって自分自身が圧倒され、事態に反応したり考えたりすることを停止させてしまう。これがいわゆるストレスである。からだが発する声、からだが私たちに言おうとしていることに思いやりを持って優しく耳を傾けられるようになると、他者との関係を修復するような内なる対話も可能になる。そのためには勇気やスキルが必要で、それらは本書を読むことによって学べるだろう。

　図1.3は、私たちが自分の覚醒状態が非常に高まっていたり、逆に非常に低くなっていたりする時、あるいは私たちが闘争するか逃走するか、あるいはまた固着するかというからだの反射によって反応様式が決まってくるような時、自分自身の状態を理解する助けとなる。

　この図をもとに、自分が今どの状態にあるのかを少しの時間考えてみよう。コピーをとって、いつも持ち歩こう。自分が耐えうるストレスの範囲を超えてしまったと感じたら、いったんやめて、本書の関連するウェブサイト（www.uk.sagepub.com/change4）に示したものの中からどれかひとつを試してみよう。それができたら、ストレスを引き起こす原因をよく考えて、それを記録しよう。

　ストレス反応によって自己調節機能が働きにくくなった時に事態をどのように認識するか、耐えられる範囲内にとどめておくにはどうすればよいかを考え

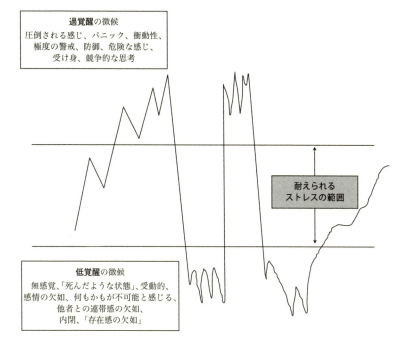

図1.3 自律神経における覚醒モデル

J・フィッシャー（J. Fisher）博士とパット・オグデン（Pat Ogden）博士の好意により、オグデンとミントン（2000）の学術論文（『外傷学（*Traumatology*）』, 第6巻, pp.1-20) をもとに作成した。

ることは、身体的なストレス反応をコントロールし、それを変化させる第一歩となる。ストレスが調節できれば、自分自身のみならず他者にも多くの配慮ができる。

　私たちが内面に抱える苦痛の中できわめて強いものが何かは人によって異なる。それは、子どもの頃に関わった人の特徴、その人に対する私たちの対応、家庭の雰囲気やできごとなどに基づいている。心の内面がどのように形づくられてきたかを見ようと過去をさかのぼったとしても、私たちの責任を分配するわけではない。それはただ私たちに起こったできごとではなく、私たち自身がそうなるように仕向けたのである。これらを認識することが重要だ。

　多くの人たちは、祖先や家族といった自分の「過去」、家族や一族がたどっ

てきた物語や神話、さらには文化を過大評価している。このことが私たちの生活に大きく影響しており、心理学的な分析をする前に、それ自体を受け入れることが必要となる。本書で概要を述べる心理療法的なアプローチに焦点を当てていくことは、自分たちが必要としている修正、調節、治療、さらには許容のための手段を示すことである。

　本書は、私たちがさまざまな感情を引き起こすものにどのように対処し、それをどのように調和させ、場合によって必要であれば何を変化させているかにスポットライトを当てようとしたものである。さらに、いわれのない原因による痛みや苦痛で圧倒されてしまっているような多くの人々にも読んでほしい。明確になるような原因というものはないのだ。私たちにできることは、自分たちだけではなく他者も感じている苦痛の証言者になり、真実は私たちの心の中にのみ存在しうるものとして尊重することであり、原因を具体化し、論理的にとらえようとするものではない。

自分の生い立ちを語ることの必要性

　有史以来、物語はコミュニケーションの重要な形態であった。心理学が生まれるよりもずっと前から、物語作家は「いろいろなことを知っている人」と見なされてきた。物語は、内容だけではなく形を与えることで、たんなる経験を名誉あるものへと変えた。過去、現在、そして未来へと続く流れの中で、日常生活からさまざまなエピソードが集められた。物語は、たとえ恐ろしく苦痛に満ちた状況であったとしても、自分に当てはまるような場合には、ひとりひとりの人生に尊厳を与えることになる。つまり、自分に起こったできごとだと考える。そのため、自分だってそう感じた、まさに自分と同じだ、などと考えてしまう。

　治療を念頭に置いた物語には、私たちが変化を望み、変化を求め、将来に希望を抱くように適応していこうとする記述がある。私たちの生い立ちの中に存在する固定的なパターンを見ると、よく知られた物語と結びついたテーマがあることに気づくだろう。『眠れる森の美女』『青ひげ』『ヘンゼルとグレーテル』。これらの昔話は、賢明さを知ると同様に、人生の再確認によって自分がひとりではないと感じることにもつながる。その一方で、物語やおとぎ話に織り込まれた苦しみとそのパターンも知ることができる。

だが、私たちの人生は物語ではない。物語の中に自分自身を見いだすことはめったにない。毎日のできごとを織り込んだ布地は、ひとりひとりの個性が散りばめられているようなものだ。だから、文脈や物語から逃れることはできないが、自分の人生に役立てることはできる。

CATでは、生い立ちを語り、身につけた対処法と生き方に特別の注意を払うことを**再構成化**と呼ぶ。文章によって再構成化をすると、私たちひとりひとりの生い立ちを組み立て直すことができ、人生の犠牲者ではなくヒーローあるいはヒロインにさせる。これは、自分自身を理解し尊重する手助けとなる。それができれば、自分の思考パターンや自分の人生に立ち向かうことができる。

本書で述べられている物語は、実際の生活から生まれたものだ。現実に基づいたドラマには、実際に生活している人物、情景、空間、生きる術、変化に向けた努力が編み込まれる。物語はすべて現在進行形で、日常生活での振る舞いが描かれている。本書に物語を掲載することを許してくれたとともに、私たちが人生を振り返ることができるように物語のテーマを示してくれたすべての人に感謝する。

変えるものは何か？

人間の思考パターンは非常に硬くて支配的に思えるかもしれないが、柔軟な思考ができないというわけではない。多様な人間関係の中で生活しているために、知覚や感情、それに思考は常に微妙な変化を起こしている。ホメオスタシス（バランス）と統一のとれた全体への要求は非常に強く、ユング派の心理学が指摘するように、健康な自己の中に住んでいる自分が本当の自分になる「個性化」に向けて常に導いてくれる存在となる。

私たちに変えられるものがふたつある。ひとつは態度だ。態度を変えれば、幸せや成功を感じるような体験を活気づかせるだけではなく、今「まさに」失敗したり、不幸に感じたり、過去を後悔したりするようなことにも活力を与えられる。息吹を与えることは、自分がどのように対処してきたかを受け入れ、自分がしたことがその時点では最善の策であったことを受け入れることを意味する。評価したり、そのことで落ち込んだりすることはしない。まずは受容することだ。それを始めるのは今すぐだ。自分自身の内と外で起こったことを新たな視点で見つめ、起こったことすべてに対して優しさを抱くようになるため、

毎日が大切な機会になる。

　もうひとつ変えられることは、すでに習慣となってしまったような役に立たないパターンを修正することだ。すでに、本書を読もうとしているのだから、新しい相反的役割が育ちつつある。相手の話を聴き、相手に聴いてもらうという役割である。これは、相手にわかってもらえるように自己を理解することにつながる。やがては、自己を受容し自分自身を大切にすると同時に、受容と愛情とによって他者をも尊重することにつながる。

　古いパターンは習慣となる。だが、いずれは邪魔になり、ヘビやサナギのように脱皮していく。それまでの融通がきかない自分に立ち向かって自由な判断ができるようになると、本来の自分はどうしたいのかを主張し始める。しかし、もし誤った考えを抱き続けていたら成長はできない。こうしたらどうだろうという考えがあったとしても、心の中でそれに従ってはいけないと思えば、望ましいことであっても実行できない。恐怖に悩んでいれば、リラックスできず自由にもなれない。何も感じなくなってしまったと思えば、自己主張もできない。だから、変化し成長するためには、自分は本当はどのような人間であるかを考えないようにさせてしまうような先入観には、断固として立ち向かわなければならないのだ。

変わらないままのほうが良いことはあるのか

　「わからないのに口出しは無用」という迷信がある。私たちが心の奥にしまい込んでいたことのすべてが白日の下に曝されて大波乱が巻き起こされたかのように、パンドラの箱の神話はその迷信の証拠といえる。また、「さわらぬ神にたたりなし」や「旧知の悪魔はまだ見ぬ悪魔よりまし」という通念がある。これらは、探索をやめ最終的に変わろうとするなという強力なメッセージである。事態から目をそらして、恐れていなさいと言っているに過ぎない。

　私が考えるに、このような悪魔のことを知りたいなら、自分自身がその悪魔に面と向かうことが必要だ。もし正しい理解ができなければ、他の人の中に悪魔がいるかのように考えてしまう。それは私たちの力の及ばないところにいて、まさしく悪魔となる。それが対人関係や夢の中で突然現れ、意識していなかったわなやジレンマにはまらせる。ユング心理学における「影」には光の当てられていない部分、自分自身が恐れていたり嫌っていたりする部分も含まれてい

る。この影も自分自身の一部だと受け入れることは、影なくして光はなく、夜なくして昼はなしというように、それがどのようなものであるかを見極めようとする意思を意味している。外界に投影したり、他者や他のできごとに責任を求めたりするようなことではない。影は私たちの一部であって、私たちが影の一部ではないのだ。

自分自身を見つめることは容易でないし、苦痛をともなうものだ。しかし、そこから得られることは自分自身や自己の選択に対する正直な評価であり、自分で支配できるもので、無意識という重荷の影響を受けることはない。

知ること、そして知り過ぎることに問題はないのか

私たちが自分自身のことをある程度知っているならできることがある。この本を読んでいるという事実は、あなたが自己探求を始め、以前は当然と思っていたことに疑問を持ち始めたことを意味する。自分自身に疑問を持ち正直な探求を通して、これまで慢性的に耐えてきた苦痛が何かを正確に知ることができる。探求によって自分を洞察できる。「あっ、そうだ」という感覚をともなう洞察は、今、何が起こっているかがわかるプロセスでもある。道理にかなった理解をする必要はなく、五感で感じ、直感を抱き、イメージするという他の感覚を使うことが重要になる。そして次に、自分がこれまでに学んできたこととどこが違うかをチェックする。このような他の感覚を受け入れた時、まさに「知る」の適切なタイミングだと確信することにつながる。

感動的な本である『父の家（*My Father's House*）』で著者のシルビア・フレイザー（Sylvia Fraser）（1989）は、自己が秘密の存在であった時代と自己が生きているという実感を伴っている時代のふたつにひきさかれた40歳までの自分の人生を描いた。秘密の自己は、夢や衝動的な行動、道理にかなわない嫌悪感、激怒、悲嘆、空虚感などを介して現れてくる。彼女はこの本の中で次のように書いている。

　　私が取り戻した記憶が恐怖に包まれたものであったとしても、それは子ども時代の恐怖であり、追い出すためには今思い出さなければならないことはわかっている。だから、大人は子どもを慰め、手を握り、苦痛を気の毒に思い、こうなってしまったことを許し、なだめるのだ。私が関連する

できごとを辛く感じずに思い出せるようになるまで待ってくれた。だからこそ信頼や解放感、同情、喜びまでも感じることができた。影に包まれてよく見えない人生の不可思議さが、今、明白なものとなったのである。
(1989, p.252)

「自分を見つめる自分」をつくること

自分が身につけた内面との対話がどの程度刻み込まれ確固なものとなるか、さらには批判し評価しいじめるのか、それとも奮闘し押しつぶされつつ犠牲者となるように感じるかを自分がどの程度まで支配できるかを知ることが、観察するか観察されるかという新しい自己を成長させていく助けとなる。私たちは、内面でなされる対話の基礎にある人間関係が、外の実際の人間関係とどの程度結びついているかを見極めることも必要だ。観察者としての自己を発達させることは、古いパターンを見極めることと、それを変化させ始めることの両方の手助けとなる。

私たちが、「自分に気づき観察可能な自分」をつくっていくことに関心を向けることで、変化に向けた準備ができ、変化の過程の支援が可能になる。

・自分の呼吸やからだの感覚に注意を向ける
・自分の感情や情動に注意を向ける
・考えたことや、それによって起こったことに注意を向ける

では、私たちが訓練して身につけられることは何かというと、

・じっくり観察する
・気をつける
・実際にやってみる
・逆のことをしてみる
・何か新しいことをやってみる
・どのような結果であっても忘れっぽさを含めたすべての努力を受け入れる
・自分自身と他者に対して優しさを示すことを学ぶ

心理療法は自己観察と内省の力を高めるものだ。心理療法によってもたらされる変化もあるし、思考や知覚や態度を変化させることを主眼としたものもある。変化させるのが難しいのは、外に現れてきにくい内省的な反応である。私たちは、その反応「について」おおよそこのようなものだということは知っているが、それらの反応がどのような信号を発するかを学ばなければならない。自分自身を観察し、探索することで、それは可能になる。本書で体験するさまざまなエクササイズがその助けとなるであろう。

変化の方法

変わるための最初の一歩は、成長しようとする自己の特徴、すなわち行動パターンや誤った信念を理解することだ。どのような原因でこのパターンが生じているのか、どのように形成されたのか、どのような問題を持った思考様式であるのか、それが私たちの生活や人間関係の中でどのように作用しているのかを理解することが必要だ。PART 3「名前をつけることで問題となっている症状を取り除く」は、これらの理解の助けとなるだろう。PART 6「自分に関する情報を集める」は、幼い頃の生活を思い出す手助けをすることが目的だ。その頃に何が起こり、当時の経験から私たちの態度がどのようにつくられたのか。重要なポイントは、質問コーナーやエクササイズの助けを借りながらも、内省や自己分析からそれらを得ることだ。生い立ちを書いてみることによって、自分にはどのようなことがあったのか、これからどのようなことが起こるかがわかるだろう。そうすれば、自分自身が必要としていることは何か、変えようと思っていることは何かを考え始めることが可能になる。PART 7「自分を変える」が、それらの理解の助けになるだろう。自分なりのやり方で大きな変化を遂げることができた人の実例が挙げられている。

人間関係をもっと深く理解したいと考える読者にとっては、PART 8「他者との関係の中で変わってみよう」が役に立つ。カップル同士がふたりの間で行っているコミュニケーションを活性化させるために、相反的役割をどのように理解して用いたかの例を挙げる。最後にPART 9「変化を持続させる」では、本書で示しているような意識変化を起こさせるためにすべき実践的な示唆を与える。

自動車を運転するためにエンジニアになる必要はない。人生を生きるために

心理学の専門家になる必要も、当然ながらない。しかしどちらの場合であっても、事態が悪化したら原因をさかのぼり問題点を改善する方法を何かしら知っていれば大いに役立つ。本書の各章では、最初に単純な問題を挙げてそのような方法を整理する。前半の章は、道路脇の案内板のようなものとして考えてくれればよい。問題に関わるプロセスの一部を説明しただけであるが、自動車で再び道路を走れるようになるには十分だ。後半の章は、私たちが自分の人生をどのようにつくっていくか、自分という感覚をどのように維持するか、他者との関係はどのようにして壊れるかを丁寧に説明する。基本的な仮定は、私たちが経験する困難さに打ち勝つためには、自分自身や自分の周囲のとらえ方、関わり方の両方を変える必要があるということだ。

自己援助の限界

すべての困難や症状が必ずしも人生の問題を映し出しているわけではない。これを理解することが重要である。中にはからだの反応によるもので、医学的な治療が必要なものもあるかもしれない。過度の疲労、頭痛、消化不良、嗜好の変化のような多くの問題に共通して見られる症状は、ストレスの結果としてしばしば起こる。だが、中には病気が本当の原因の場合もある。もしも症状に何らかの疑いがあるなら、医者に診察してもらうべきだ。気分がひどく落ち込んだら、医者の治療が必要な神経系の問題が原因、あるいはその可能性が大きいかもしれない。重い抑うつ症状を示している人、顕著な生理的あるいは精神的な嗜眠を患っている人、数時間ごとに目覚めてしまうために常に眠気を抱えているような人の中には、医学的、つまりは精神医学的なアドバイスが必要な場合もある。さらに一般的に考えれば、悲嘆的な感情が強く長く続き、精神的に普通でない状態にあると、適切かつ親愛の情を持って接してくれる専門家の援助を求めるようになる。

もうひとつの問題は、感情的、心理学的、あるいは医学的なところに主な原因がない場合、すなわち社会的あるいは政治的な原因の場合である。アメリカ人の作家ヘンリー・デイヴィッド・ソロー（Henry David Thoreau）は著書『ウォールデン（*Walden*）』(1854) の中で、「大多数の人は、絶望の果てで人生を生きている」と述べている。この絶望の多くは結婚や家族、仕事といった個人的な関わりの中で生じており、本書で述べる方法によって止めることが

できるかもしれない。たとえば、貧しい生活、失業、早期退職、亡命、避難、冤罪、不当な差別、居住環境の悪化、さらには絶望の主たる原因となっている他者から一方的な支配を受けながら退屈な仕事をしなければならないような場合である。もちろんこれらの要因の果たす重大な影響は個人的な感情にもとづくもので、CATの人間関係モデルを用いると、集団とリーダー、国と国力との相互作用を効果的に示すことができる。しかし、そこでの適切な対応は政治的なもので、本書の範囲を超えている。(CATの考え方に関心のある方は、ACATのウェブサイトまたはニューズレターである *Reformulation* を参照)

自分自身のセラピーに向けての準備

本書は、自分が陥っている困難にどのような反応パターンが関係しているのかを見いだすのに有効な手段となり、個人的に心理療法を受けてみようと思わせる手助けになるかもしれない。心理療法は他の人が代わって受けることはできない。心理療法を行う上での人間関係は、個人が過去を振り返る時にきわめて重要な影響をもたらす側面であり、自分自身への意義深い贈り物となる。これは、自分が将来においてどのような感情を持つかにあらかじめ投資するようなものだ。自分自身が日頃行っている反応パターンについて考え始めた時に何が起こったかをよく観察すると、それを自分のノートに記録することが可能になる。その結果、セラピストに会った時に勇気をもらい、これまで体験していなかった領域にも容易に関わろうとする力となる。本書は、個人的な心理療法となるだけではなく、役に立つ関連情報として見なすことも可能だ。また、心理療法を受けている自分と、親しい人のプロセスを理解するのにも役立つであろう。

仮想のセラピストとカウンセリングをする場合

本書は、生身のセラピストの役割を十分に果たすことはできないが、本書の自己啓発のプログラムをやってみようと決めたのなら、私が「仮想のセラピスト」となり、あたかも私のカウンセリングルームに座っているかのようにそれぞれのページを通してあなたと語り合おう。あなたの反対側の真正面からわずかにずれた所に置かれた椅子に、あなた自身、あるいはあなたが経験している

ことの目撃者として私がそこに座っていると想像してほしい。私はあなたに共感する観察者になろう。そして、あなたが自分のこころと行う対話の一部となってその声を聴くものの、過去が訴える声とは与しない。あなたを勇気づけ援助しよう。あなたが自分自身を見いだし変化への旅に出るときの沈黙の同行者であり目撃者として、常にあなたのそばにいる。あなたは、私に向かって叫んだり、不機嫌になったり、一緒に笑ったり、あるいは泣いたり、うめいたり、黙ったり、沈思黙考したりしてよい。

　最初にすべきは、心理療法ファイル（付録１）に回答し、本書にも載せてある関連するウェブサイトに挙げたものを試してみることだ。これにより、あなたが今どのようなことに悩み、本来の自分になるための行動パターンを理解する手助けを得るにはどうすればよいかがわかるに違いない。考えたことやアイデア、各章に載せたエクササイズをやってみて感じたことを書き留めておこう。そのために今までとはまったく違って、自分のための時間を調整する必要が生じてくる。すなわち、日記に時間などを書き込んだり、自己分析を行う日を確保したり、変化に備えて目を養うことだ。各セクションでは、次の段階にはどのように進めばよいかの指示を与え、この方法を用いて自己探求をした経験がある人の例を示してある。

　さて今、仮想のセラピストである私があなたとそこに座ろうとしている場面を想像してみよう。あなたは私に椅子をすすめるだろう。気合いを入れてがんばった時や、逆に圧倒されてしまった時、私にすすめてくれたその椅子に目をやることだ。細心の注意をもって耳を傾けて完璧な聞き役に徹する私に、あなたは自分が不機嫌に陥ったり不幸せになったりしないように、自分自身のことをすべてさらけ出すだろう。再びじっくり考えたり書き留めたりするようになったら、椅子に座っていた身近な仮想のセラピストのことを書いてみることだ。自分自身の血となり肉となっているはずだ。さあ、仮想のセラピストと対話を始めてみよう。

ノート、鉛筆、色鉛筆、それにルーズリーフを用意する

　これまでにも述べてきたように、ポケットに入るほどのノートを持つと、毎日の生活の中で抱いた考えや反応を手早く書き留めておくことが可能になる。夢やアイデアや空想を記録しておくのも有効だ。より大きなノートは、絵やマ

ンガ、思いついたスケッチを書くのに役立つ。さらに、CAT のプログラムを実践していく中で自分に立ち向かってくる人への公開状、自分の生い立ち、抱えている問題と目指している解決の目標、興味を抱いたことなども書ける。自分の好みに本当にあったノートを選びなさい。自分のすべてを表すものだ。自分のノートを持ち、自分が望むことをそこに書く。他者が望むことではない。自分自身のためにノートを持とう。他者のために持つのでは決してないことを忘れないで。

マインドフルネスを通して安全な空間をつくり出そう

　温かくて居心地がよく、座れる場所を見つけよう。そうしたら、目を閉じよう。安心感を抱いたり愛されていると思った時の記憶、そのような体験はあっという間に過ぎ去ってしまうものだが、それをからだの中に再現させてみる。からだの中に自分の思いが広がっていく感覚がする。自分を取り巻く大気、物の色や形、自分と関わりのある人や自然を感じよう。その感覚をからだの中にしっかりと刻み込み、いつでもその感覚に立ち戻れることを知っていてほしい。

　近くにあって安心できる場所のイメージを持つことも有益だ。写真や雑誌の挿絵を冷蔵庫やバスルームの鏡に貼っておくのも、心の助けになる。自分で描いた絵でももちろんよい。考えがまとまらずどうしようもなくなったり、じっと考え込んでしまったりしたら、あるいは 36 ページに示した方法で調和が取れていないような感じがしたら、いつでも安心できる場所のイメージを思い出すとよい。呼吸がもとに戻り、「耐えられるストレスの範囲」（図 1.3）まで回復できたら、調子を狂わせたものが何かを書き留めておこう。ストレスを「引き起こす要因」が何かがわかると、日々の生活の中でストレスを予期し、その準備をすることもできる。

　生き延びようとする自己をどのように操作すればよいかがわかれば、最初にめばえてくる感覚をコントロールしたくなる。だから、感情に名前をつけることが必要になる。「不安」や「怒り」と名づけると感覚を再認識でき、圧倒されていた感情から少しのゆとりが生まれる。次に何を始めればよいかがわかると、感情それ自体への私たちの気づきを通して支えてもらえるようになる。**マインドフルネス**は、今起こっている自分自身の注意をいったん休ませることを目指した練習法である。自らの反応の細かな点への注意の集中を学び、それへ

の気づきを高めさせるには、非常に卓越した方法である。マインドフルネスの実践は、落ち着いた生活を送り洞察力を身につけるのに役立つ。他者との関係においてより落ち着き、より受容されるような関係づくりにも効果的である。付録2ではマインドフルネスを実践するための方法として実践的なエクササイズを提案した。それがエクササイズの基礎訓練、呼吸のマインドフルネス、恐怖体験と仲良くなるエクササイズ、絶対的な親密さと優しさの瞑想である。

最初の5分間

セルフモニタリングのプログラムを毎日始めるようになった時、試してみると非常によいものがある。数分間黙って静かにすることだ。バスルームであれば少なくとも5分間、ひとりになることができるに違いない。最初の数週間は、この5分間、何も「しない」ようにすることだ。自分がどのような感情を持ち、自分のからだがどのように感じているかというような自分自身の状態を静かに見つめていくと、徐々に、最初にどのような感情が芽生えたか、自分自身に対してどのような印象を持っていたのかがわかってくる。自分が受けた印象など何でもよいので、後で書き留めておこう。おもしろかった、いつもとは違っていたというような感情でよい。私たちは大抵、自分がどのような感じを抱き、からだがどのように反応したかをじっくり考えるような時間は、たとえあったとしてもほとんどないのが現実だ。そして問題が生じて初めてそれらを自分から切り離そうとしたり、ほとんど考えずに対処したり、あるいは洪水のような無力感にさいなまれたりする。この最初の5分間は錨を降ろした状態のようなもので、生まれた日の自分と静かに語り合う機会となる。後に人生という物語の持つ困難さや変化することの目的を理解すると、その後は喜んで沈思黙考し瞑想する時間となる。

セルフモニタリング

自分自身の内部で起こったことを考えるもっとも有益な方法のひとつはセルフモニタリングで、変化をどのように達成すべきかの例がPART 7で述べられている。繰り返し自分自身を否定的あるいは薄情な人間ととらえながらモニタリングを始めなければならないことがわかるに違いない。時刻はいつか、何

が起こったか、どのような感情を持ったか、誰と一緒であったかを、小さなノートに書き留めなさい。

　落ち込んだ気分、現れてきた身体症状、パニック発作や恐怖症の発作もモニタリングをしよう。自分の人生に影響を及ぼしたわなやジレンマが起こった状況をモニタリングすると、自分を洞察しコントロールするだけのゆとりが生まれ、これまでとは違った考え方や行動の仕方が選択できるようになる。

コ・カウンセリング*

　もし本書を友人と一緒に読もうと決めたのなら、毎週、どちらかの家でプライバシーが保てる時間をとり、お互いがカウンセラーになってカウンセリングをする。それ以外の時間は、あなた自身が自分との対話をする時間として使ってほしい。熟考するための時間、対話の中でつくられたイメージや印象に色づけをしスケッチをする時間として使うのだ。カウンセラーとクライエントの役割を交換し、互いの心理療法ファイルで得られた結果を一緒に考えてみてほしい。質問コーナーに答えていく中で、お互いの態度や考え方、問題がどのような所にあるのかが徐々に明らかになり、互いの対話がコラボレーションをなしていく。PART 6の「自分に関する情報を集める」では、「カウンセラー」がどのような方法で情報を収集するかを述べる。これによって、「クライエント」の感情を理解することができる。生い立ちを書くことによって他者から得られる援助も重要で、課題に立ち向かう自分を励ましてくれるものとなる。

思いやりを知ることとマイトリー

　私はここまで、私たちの生活の中でつくられた問題となっているパターンを変えることについて多くを述べてきた。私たちが自分で良いと思ってやってきたことは、健康な自己に栄養を与えるようなものだ。この点を尊重することが

＊訳注──コ・カウンセリングとは、アルフレッド・アドラーが考案したものを起源とし、複数のカウンセラーがひとつのケースに対応する方法で、カウンセラー間で効果的な役割分担をすることが可能になる。このひとりひとりのカウンセラーをコ・カウンセラーという。なお、同じ境遇の者同士で悩みを語り合うようなピアカウンセリングの場合、互いがカウンセラー役とクライエント役を交替するが、このような役割交替によるカウンセリングをコ・カウンセリングと呼ぶこともある。

重要である。私たちが生きているというこの事実は、驚くべきことでもある。虐待を受けていた子ども時代を生き抜くこと、さらにはこの世で自分らしい生き方をし、自分にできることをやり、繰り返し人間関係づくりに精を出すことは、勇敢なことである。自分の勇敢さを見つめよう。この忍耐力を讃えよう。

生きていく術と理屈に合わない罪悪感は、喜びや幸せに生きようとする時にしばしば邪魔をする。私がこれまでに出会った中に、死んだ人がうらやましいと言った人がいる。亡くなってしまえば人生でもがくこともなくなり、自分らしくいられるからだというのが理由だ。死ななければ自分らしく生きられないというのは、あまりにも悲しい考え方ではないだろうか。

おそらく私たちは、今というこの時間を幸せに生きるための許可を求めているのだろう。これがどのような影響を持つかを示した良い例が、マイトリーという概念を用いる瞑想の実践家から提起されている。**マイトリー**とは、サンスクリット語で「無条件の」あるいは「優しさ」を意味する。葛藤や心の混乱、困難な事態に出会った時、マイトリーを実践することを思い出せば、凝り固まった態度を柔軟なものに変える手助けとなる。非常に役立つ概念であるが、自尊心が低く、自己批判や自己嫌悪に繰り返し陥っている西洋の人々とはむしろ相容れないものだ。このマイトリーは、瞑想を行うことが日常生活の中に根づいている東洋の国々でも、必ずしも熟知されているわけではない。中国の侵略によって北インドや北アメリカ、それにヨーロッパに逃れたチベットの人々は、自らの土地から追いやられるという問題を皆が抱えているものの、自尊心の低さに悩んではいない。

マイトリーの公式的な実践法はカルナーと呼ばれる。これは、親愛なる哀れみという意味で（付録2の説明文参照）、まずは自分への親愛の思いを実践することから始め、次に身近な人、自分とは関係のない人、そして最後はすべての人、植物、動物へ対象を広げていく。このカルナーという概念は、私たちが他者を愛することができるようになる前に、自分自身を愛し受け入れることを学ぶことが必要だと言っている。

セラピストである私は、臨床の実践において人々にマイトリーを紹介し、これを試してみるように話してきた。第12章で紹介するスザンナは、心理療法を行っていく中で、対人関係を支配する相反的役割に積極的に立ち向かうことを目指して、マイトリーという考え方を用いた。

時々自分の人生に「よし」と言ったり、楽しくなるような選択をすると、い

つもの自分とは違ってくる。じっとしているのではなく、街を歩き、何が起きているかを見てみよう。苦手な人から自分を守ろうとしているのではなく、その人に感謝し、その人が何を考えているのかを思い描いてみよう。詩人たちが私たちの前にいる。彼らの言葉は、心の助けになるに違いない。

優しさ

心のもっとも奥深くにある優しさを知ろうとする前に
心のもっとも奥深くにある哀しみを知ることが必要だ
哀しみを感じながら目覚めることが必要だ
その哀しみを言葉にすることが必要だ
心の奥深くで絡み合っている哀しみをひとつ残らず拾い集め
その哀しみの大きさを知ろう
もはや意味をなすものは優しさだけ
優しさがあるから靴ひもを結べる
優しさがあるから手紙を出しパンを買える
優しさがあるから私が前を見つめられる
優しさがあるから人があふれるこの世から声を発することができる
それはあなたが探し続けていた私そのもの
あなたとともにあらゆる所に出かけよう
影のように友のように

> ナオミ・シハブ・ニィ（Naomi Shihab Nye）による
> 『言葉の下にある言葉：詩集（*Words Under The Words: Selected Poems*）』
> より「優しさ（Kindness）」（1995）

PART 2

自分を形づくっているもの
自分自身や他者、それに問題となっている症状を感じよう

私たちは人生というものから離れられない。「人は、他者がいるからこそ、人として存在できる」と言う。「我思う、ゆえに我あり」ではない。「我は人間なり、ゆえに我は社会の一部なり」なのだ。

デズモンド・ツツ (Desmond Tutu)『許しなくして未来なし (*No Future without Forgiveness*)』(1999, p.34-5)

第2章 人間関係を理解する
——相反的役割という考え方

自分の中のさまざまな部分を知る

エクササイズ

　大きな紙を1枚、それに色鉛筆を何本か用意しなさい。そして付録1の心理療法ファイルを行い、これまでに自分がしてきたことを書き留めなさい。それを持って床に座り、自宅でくつろいでいる時の自分自身のことを振り返ってみなさい。

　その自分を表すと思われるような色鉛筆を1本選び、その色鉛筆で紙の中央に何か図形を描きなさい。その図形はどのように描いたか、誰と関連したものか、どのような関係を示しているか。その次に、マップを書いていく。学生、友人、親、一匹狼、ダンサーといった今自分が果たしている役割から始めるだろう。孤独や悲しさ、役に立つ、楽しい、思い通りになっているといった部分も書き加えられるかもしれない。中には、小さく感じられる部分もあれば大きく感じられる部分もあるし、上質なものに思える部分もあれば、「料理人」や「介護士」「おどけ者」など特殊な技能に思える部分があるかもしれない。

　次の課題は、自分の中のそれぞれの部分をどう感じ取り、どのように行動に移して対応していたのかを振り返ることである。たとえば、恥ずかしい、いらいらした、不幸せな、傷つきやすい、興奮した、それに成し遂げたといった部分である。あるいは、怒りや貧乏、抑うつである。いずれも「自分」として感じられる部分との関連で「私」を示すものばかりである。

　これらの課題を十分にやり遂げたら、今度は椅子に深く腰掛け、自分の別の部分を見つめてみよう。どの部分が力がみなぎり、どの部分が未開発のま

まかを見るのだ。まだ覆い隠されたままの部分はどこかを自問してみよう。
感情を沸き起こす部分と、沸き起こさない部分がどこかも考えてみよう。

感情と情動

　幼い頃から私たちは、さまざまなアイデアを生み出し、いろいろ考え、「他者」との関係の中で成長する「自分」というものを体験し、その体験に照らし合わせながら自己と重要な対話を行ってきた。土壌と種子の関係のように、家族、社会、そして文化的な生後初期の環境の中で、そこからの要求や偏見に対処しながら成長してきたといえる。養育者との日々の生活を通して、自分が抱いた感情や情動が何であるかを学び、それに名前をつけ、言葉で表現してきた。感情と情動は幼少期の相反的役割の相違で定義される傾向にある。幼い頃に養育してくれた人が獲得していたパターンが、一般的には私たちに伝えられてきた。「何でもほしがる」「言うことをきかない」「怒る」などと言われ続けてきたかもしれない。というのは、何かを感じたり驚いたり混乱した時には、泣いたりしかめっ面をしていたからだ。第1章で紹介した人生曲線を描いてみると、幼かった頃の養育者の様子をその文脈の中で位置づけ、家族内で長く行われてきている好ましくない行動や態度の連鎖を見つめることができる。恐ろしかった第一次世界大戦のトラウマを抱えている父親に育てられた人々は、父親が感情を閉ざしてしまうために自分が冷たく拒絶されたかのような体験をする。実際、このような父親は恐怖体験から口もきけずに固まってしまう。そして、このような事情がわかったとしても、自分が体験することに変化がない限り、それは個人的には自分とは無関係なものであり、自分が悪いとか自分には価値がないと感じて罪悪感や責任感を抱く必要はない。

　「情動」と考えられるものは、家族の中でさまざまな現れ方をする。たとえば、摂食障害を抱えている多くの人は食べ物に反応してしばしば過剰な欲求を抱くが、それを食べるものとして的確に認識できていない。子どもの頃、驚いたり怖くなったりした時、からだに起こった感覚としてその感情を理解した。もし私たちの恐怖が過去に理解したことへの反応であるなら、身体的な感覚は恐怖に伴って起こったことがわかるし、感情や感覚を適切に表す言葉を見つけ、自分自身でそれを的確に表現することが可能となる。自分が抱いた感情や

感覚に言葉を当てはめると自分が体験したことを定義でき、それによってわずかながら気持ちに余裕が生まれ、自分で自分をなだめることが可能になり、自らの恐怖をも受け入れることができるようになる。このようなスキルは、予想外の恐怖に満ちた体験が避けられない私たちの人生全般できわめて重要なものである。もし拒絶されたり、けなされたり、見捨てられたりした時に恐怖を抱いたら、その恐怖によって言葉を失ってしまい、からだには満たされない感覚だけが残り、感情を読み書きする能力を身につけられないままとなる。だからこそ、このような非言語的な身体経験を表現しうる多様な方法を見つける必要があるのだ。自らの恐怖に積極的に対処するような関係をつくっていくことを通して、補償機能を見いだすことができるであろう。さもなければ、状況が深刻になるほど私たちは回避したり自閉的になったりして、自らをなだめるか誰かの支援を求めなければならなくなる。そのため、もし私たちの傷や苦痛や恐怖が怒りとして表現され行動となって現れたら、それは他者からの怒りを招き、問題を悪化させることにつながる。

　私たちの感情がどのように解釈され、相反的役割がどのように作用しているかが明らかになるにつれて、感情と情動の相違がわかってくる。

　感情は、人間として自分は生きており、外に広がる世界と関わっているという感覚を思い起こさせるものだ。本質的には非常に単純なもので、幸せで楽しく安寧であるが、その一方で怒りや悲しみ、恐怖、嫉妬を感じるなどからだが体験していることを伝えることができる。思考が混乱しない限り、感情は人生を通して海の波のように満ち引きを繰り返す。自己への気づきを学ぶことによりこの変化がわかり、こう考えたからこうなったなどと解釈することなどせずに、自然なリズムを受け入れることが可能になる。

　私たちの誰もが感情を抱く。感情は私たちが感じ、それに価値を見いだし、感覚的に状況判断をするのに重要な役割を果たす。より厄介なのは「情動」を伴わずに感情を体験することである。

　情動はさらに複雑で、質的にも凝縮されたものである。私たちの感情、思考、からだに生じた感覚が組合わさったもので、幼い頃に育った環境に左右される。何が可能で許され何がそうでないかという自分との対話の中に記録された過去の体験と感情が結びついた結果である。感情が情動の一種と認識されると、思考と行為の間に歪みが生じてしまう。

　自分との対話の中で、これがどのように作用するかの例が次のような場合で

ある。

- もし私が怒ったら、相手は私を殴るだろう。
- もし私がおびえた顔を見せたら、みんなは私をおいてどこかに行ってしまうだろう。
- もし私が自分の望みを言ったら、それこそみんなは笑うだろう。

　したがって私たちの多くにとって感情と情動は曖昧なものになり、両者の関係の中で互いの相違が形成されてきた。「情動的」と見なしたり、私たちの感情がこれは「まさにドラマそのもの」と解釈したりすると、情動に対してしばしば文化的な判断がなされ、情動が過剰だと見なされる。ある文化の中で妥当な情動的反応を構成する要素が、別の文化で受け入れられるとは限らない。そのひとつの例は死別後の悲しみの表現である。東洋の国々では、泣き叫びながらからだを揺すらせ、黒い喪服を着て、それを喪があけるまでの１年間続けることが未亡人の務めであり、しばしば通過儀礼となる。ところが西洋の国々では、「それを乗り越えて動き出す」ように求められる。あたかも悲しみという感情や情動には価値も目的もないかのようである。

　怒り、憎しみ、憤りといった感情を抱き、他者へ怒りや激怒をあらわにすることは、家族からもっとも非難されるもののひとつだ。認知分析療法の創始者であるアンソニー・ライル博士は、次のように語っている。

　　　大多数の抑うつ症や心身に現れた症状は、効果的な方法で怒りを表現できないことが原因だ。（アンソニー・ライル博士と著者との会話より）

　私たちの感情が高まると情動に発展しやすい。これは一般に気分と呼ばれるもので、気分は特定の相反的役割を伴っている。たとえば「気分の落ち込み」は、抑制するか、それとも切望して待つかという相反的役割と関連している。

自分の情動は追い出し、実際の行為だけを受け入れる

　自分が何であれば耐えることができ、何であれば耐えられないかについて自問してみると、情動はそれを支配する傾向がある。私たちが知る限り、いった

ん情動反応に支配されてしまうと、それに左右されずわかりやすい言葉で他者に表現するのが難しくなる。それは、心の周りで渦巻いているものから目をそらし、見て見ぬふりをするからか、あるいは、ある情動から別の情動へと揺れ動き、感情の支配がとれなくなるかのどちらかだ。

　私たちは、反応をコントロールする特別なやり方を知っている。それは禁じられた感情を隠すようなもので、受動的攻撃のように他者に向けられる。怒りを抱いたものの、その怒りは表出できないため、すねたり、内に閉じこもったり、過剰に食べたりするので、相手は猛烈に激怒し、欲求不満状態に陥り、そして怒る。

　私たちが、からだのいたる所と行う対話を内面化させることができれば、それはセルフアウエアネスへの第一歩、さらには変化の方法を選択する第一歩となる。

相反的役割と重大な情動的苦痛

　PART 1 で見てきたように、私たちがひとりの人間として体験するすべてのことは、「対人」関係という文脈の中で起こる。イギリスの児童心理学者であるD・W・ウィニコット (Winnicott, 1979) は、「赤ちゃんというようなものは存在しない」と述べている。これは、赤ちゃんはひとりでは成長できないが、世話をしてくれる「他者」と一緒であれば、さまざまな成長が可能であることを意味している。私たちは発達するにつれて、自分自身について知りはじめ、サインやイメージ、コミュニケーションそのもの、さらには自分や他者、コミュニケーションが示唆するところの意味を通して、徐々に意識を持つようになる。関係をつくるための相反的な特徴は、まずは身体的な触れ合いや抱擁、音、匂い、大気を介し、からだを通して学習される。これらの体験のひとつひとつは、感情の表出、さらには身振りやリズム、音などの「言語」をともなっている。つまり、私たちには「他者」を同定できるだけの能力が生まれながらあるのだ。たとえば新生児は、誰かが舌を突き出すのを見て、自分の舌を突き出す。ミラー・ニューロンを持っているからだ。これは、同情の生物学的な基盤をなすものとして発見され、他者という存在、さらには他者が抱いている感情の理解が根本にある。私たちの多くにとってミラー・ニューロンは、その他の暗黙知はまだ明らかとなっていないものが多いが、自分自身と他者が調和しながら

生きていく手助けをしてくれる。

　幼少期に万能な養育者と相互交換を行う中で体験したことは、CATでは「役割」として定義される数多くのものをもたらした。それぞれの役割は複雑で、私たちがどのように見て反応し解釈するか、どのように感じてそれに意味をもたせるか、他者とどのように関わり自分自身とどのような対話をするかを表したものである。私たちがいつも期待を抱きながら他者との関係の中で「他者」と対話をしているように、これらの相互作用はCATでは相反的役割法と呼んでいる。

　これまで見てきたように、自分自身の安全を維持しようとすると、他者を支え、他者から支えられるための力を備えることが求められる。それは健康な自己を確実なものとし、幸福で愛されているという感情を生み出すような力である。置き去りにされたとか無視されたという体験は、自己の内部に自分は見捨てられたのだという気持ちを残すことになる。これは、自分は捨てられた、あるいは自分は求められていない、自分が悪いという感情を生じさせる。自分自身が他者とどのような関係をつくっていたかがわかれば、このような幼少期の体験は容易に想像できるだろう。

　誰も助けてくれない、空腹で泣き出したいというような時に感情が芽生えると、養護する側と養護される側の相反的な対応につながる。そして満足し安心する分、脳は発達する中で、思考と内省を司る前頭葉の大きさが増すと考えられている。別の言い方をすれば、恐怖物質の影響は受けないのだ。

　これとは逆に、空腹感を感じても食べる物がないと、貧しく誰からの援助もないと感じるか、それとも自分を支配して抑制するかという相反的役割を体験する。納得はできていないものの体内の組織に残された感情は、不安や怒りの源となる。健康な自己をつくるのは非常に難しいことがわかるだろう。

　　世界中の子どもと青年の精神的および身体的な健康に関する疫学によって、以下のことが指摘されている。ゲノム（生物が生活を営む上で必要とされる遺伝子群を含んだ染色体の一部のこと）は遺伝する、そして遺伝子は子宮の中で変容を続ける。誕生に至るまでの妊娠期間は、その期間を母親が健康的に生きられるか、出産が望まれたものかどうかで決まる。両親、近隣の人たち、地域そのものが、遺伝子を介して伝えられていく。生きている場所と時間（仲間をつくって生きる、国をつくって生きる、教会の管区をつくって生きる）、呼吸する空気、飲む水、

何をどれくらい食べるかが影響する。学校に通う（誰に、何を、どれくらいの期間教わったか）ことも影響する。エネルギーをどれくらい使うか、家族は社会的階層の中でどれくらいに位置するか、友人はいるか、自分が受けた医学的、すなわち精神医学的な治療をどれくらい受けたかも影響する。(Eisenberg and Belfer, 2009, p.26-35)

私たちが体験したことの多くは、幼少期に受けた養育を混ぜ合わせたようなものである。私たちはみな、養育と依存という関係のもとで、幼い頃に受けた養育から学んだ多くの相反的パターンを実行しているに過ぎない。それは、支配と服従であったり、要求と奮闘であったりする。このようなパターンは自動的に内面化され、社会的な環境の中で自己を維持するのに用いられている。言い換えれば、私たちを自動的に操ってしまうパイロットになる。いったん名前がつけられてその効果がわかると、より重大な役割にも応用され、新しく健康で相反的な役割がまたつくり出されることになる。

過剰に支配されたり過剰な要求をされたり、あるいは批判されたり決めつけられたりその場任せの受容というように、幼少期に適切な養育が不足していると、心理学的な問題を引き起こすことにつながる。暴力を受けたり、トラウマになるような別離をしたり、説明も理解もできないような養育拒否といった一貫性がなく予測不能な対応は、私たちから対話を失わせ、喪失感を味わわせ、混乱させ、当惑させることになる。

親と子の相反的役割

種子と土壌というアナロジーからすると、相反的な関係は進化することの意味を私たちに教えてくれる。環境の影響と同様に、私たちひとりひとりを固有の存在としている個人の特徴にも目を向けなければならない。つまり、**それはたんに自分に起こったことではなく、自分に起こるように自分自身が仕向けてしまったためだ**と考える。ただし、決まりきったもの、あるいは変えようがないものとして自分の幼少期に責任転嫁をしてしまおうというのではない。自分に何が起こったのか、その体験をどのようにとらえたか、今、何を見直し、何を変えたいのかを考えるのである。

そこで初期環境という点で考えると、私たちは、世界、他者、自分自身に関

連づけた3種類のパターンを学習している。すなわち、

・第1のパターンは、他者に対して抱いた感情や他者に対する反応の仕方と結びついている。
・第2のパターンは、他者が自分たちにどのように対応するかをどのように学ぶかを想定することである。
・第3のパターンは、自分自身の内面とどのような関係をつくるかである。

　たとえば、もしも幼少期に母親がほとんどの時間で不在がちだったら、それが病気やうつ病のためであったり、仕事が忙しいためであったり、あるいはたんに子どもに親近感が抱けないためであったとしても、子どもの側から考えると、見捨てられたとか拒否されたというような重大な苦痛しか残らないであろう。そして、自分の中には見捨てられ拒否された子どもという部分があると考えるだろう。さらに他者を見捨て拒否するようになり、そのような行動しかとれず、場合によって自分自身をも見捨てたり拒否したりしてしまい、他者がいくら努力してもそれを受け入れることができなくなる。自分との対話は、自分を拒否している他者によって拒否されたことで生じる感情を映し出すであろう。自分自身を否定するような話し方しかできず、自分を叱ったり、自分の欲求を実現したりしようとはしない。このような内面の対話は軽度だが時々起こる。が、これが繰り返されると考え込んでしまうようになり、不安が生じ、いずれ起こると想定できる他者からの拒否を考えて、それにますます悩まされるようになる。
　親との非常に些細な問題、つまりちょっとした不在や無視に対して、幼少期は過剰なほどの反応をしがちである。このような反応が修正され見直されるまで、きわめて厄介なやり方でしか他者と関われない。私たちはみな、情動的な苦痛を解決しようと悩むからである。
　さらに厄介なことは、親切にされるといった心地よい体験をしたり、些細なものであったとしても、他者から肯定的な養育を受けたりしたことで生まれる相反的役割を行えば、報われることである。私たちは、耐え忍んできた自らの環境とはかなり異なった豊かで想像に満ちた生活からも何らかの心の利益を得て、日常の生活に活用している。見放され虐待されるといった過酷な生い立ちの中で生きてきたにもかかわらず、それでも素直さや気品を放つ健康な自己を

持っている人もいる。このような相違が生まれる明確な理由はわからないが、ひとりひとりが生まれながら持っている特徴自体が悲しみを変える手段となり、生きることの意味を見いだし、内的な強さが培われるという仮説も提起されている。あるいはまた、健康な自己をつくりだす力は私たち全員が持っており、愛するという体験によって獲得されるとも考えられている。

幼少期の親子の役割を再定義する

　私たちが幼い時の体験から学んだことはある種の隠れた「規則集」となり、人と関わる時のパターンとなって現れる。私たちはいずれかの役割を演じており、他者に相反的な役割を演じるように促す。私たちが両方の役割（たとえば判断される役割と判断する役割）を積極的に学ぶことは重要だ。「子どもにうまく対処する役割」と同様に、自分自身にもうまく対処できるように相反的役割を演じることを他者にも求める。そのため、私たちが被っている重大な傷は、これまでに学んだダメージによって癒すことが維持されていく。

　表2.1を見ると、それぞれの項目で、私たちがどのような反応をしていたのかがわかる。これらは思考や感情、身体感覚に現れた反応である。自分の反応を振り返ってほしい。相反的役割に関して自分がどのような反応をしていたかがわかるはずだ。思い浮かぶ言葉やイメージを使い、自分がどのような相反的役割のパターンを用いているかを書き留めてみよう。自分自身が管理され養育されていたように、自分の情動にどのように対応しているかを思い出してみよう。だが、思い出そうとしたところで、私たちが知っているのは自分のほんの一部に過ぎない。このことは、対人関係の中でも同じようなことが私たちに起こっていることを意味している。

　このような古いパターンは、底辺にある対人関係のパターンがどのような構造になっているかの手がかりを与えてくれる。これは、改めさせることが可能なパターンである。自分が日頃行っている対人関係のパターンを記録すると、他者にどのように対応されることを期待しているか、他者とどのような関係をもっているか、そして自己探求にはどのような方法があるかもわかるだろう。

表2.1 私たちが改めることができる時が来るまで人間関係を支配している養育パターン

体験してきた養育方法	それによって生じた私たちの感情	生きていくための解決策（生き延びるためのパターン）	そこで生まれる自己と他者との相反的役割
[不在] 拒否 見捨てる	拒否された 見捨てられた	自分をなだめる 親のような子ども	拒否する⇔拒否される 見捨てる⇔見捨てられる
[条件つき] あれこれ判断する 関係の悪さを見くびる 多くを要求する 非難する	判断された 恥をかかされた 押しつぶされた 不満を抱いた	努力する 努力する 警戒心を高める 警戒心を高める	判断する⇔判断された 賞賛する⇔酷評された 強要する⇔押しつぶされた 不満を言う⇔不満を抱かれた
[極端な融通のなさ] 過剰な支配 融合された依存性 完敗する	制限された 溶け込んだ 完敗した	反抗 空想への対抗 屈服する	支配する⇔支配された 溶け込ませる⇔溶け込んだ がっかりする⇔がっかりさせられた
[極端な放任] 不安 虚無感 見捨てる	不安 はかなさ 見捨てられた	回避 「一生懸命努力する」 未知の世界	無視する⇔無視される 距離をおく⇔距離をおかれる
[極端な忙しさ] 見逃す 剝奪した 沈黙する	見逃された 剝奪された 沈黙された	過剰な努力 探す 「そこにいない感じ」	見逃す⇔見逃された 剝奪する⇔剝奪された 沈黙する⇔沈黙された
[ねたみ] ねたむ 憎んだ 仕掛けた	ねたまれた 憎まれた 仕掛けられた	魔術的な罪悪感 自分で自分をだめにする 自分に傷を与える	害を与える⇔害を受けた 憎む⇔憎まれた 仕掛ける⇔仕掛けられた
[無視する] 無視する 物理的な無視 感情的な無視 精神的な無視 なぐる	無視された 傷つけられた 傷つけられた／怒り 分断された なぐられた	世話を受けない 揺れ動く気分 些細なものと考える 不安定な状態 「自分ではない」自己をつくる	無視する⇔無視される 気分状態を変化させる 不安定な状態 不安定な状態 なぐる⇔なぐられる
[虐待] 虐待する	虐待された	いじめる／えじきになる	虐待する⇔完璧な親に虐待される幻想
[暴力] 虐待されている状態	痛めつけられた／虐待された	家族の分断 表現されない怒り	分断された 他者への攻撃⇔自己への攻撃

エクササイズ

　最初に、自分がつくろうとしている新しい声を使ってみよう。これは、本書を読んで自分のものにした声であり、自分にもあるような著者やセラピストとしての声である。自分の人生が好転しているのはどのような領域か、また以下のパターンはどのような領域で評価できるかを記してみよう。たとえば、

［自分自身が体験した養育］	［自分が感じたこと］	［望ましい体験］
ほぼ良い		
「非常に良い」わけではない	愛されている	速やかな反応⇔支えられている
「非常に悪い」わけではない	自分は自分	信頼する⇔信頼される
愛された	安全である	愛する⇔愛される
世話を受けた	世話をしてもらった	健康的

自分の「健康な自己」を表現するのに選んだ言葉を選びなさい。

　自分の体験を述べるのには多様な言い方がある。それを見つけることが、私たちひとりひとりにとって大切である。文字通りの答えを求めようとしているのではない。たとえば批判され続けると、あたかも殴られたかのように罰せられたという感じを抱くことがよくある。もし自分の重大な苦痛を表現する最適な表現が「罰せられた」という言葉であるなら、私たちの対人関係に関わる3つの過程を理解することが重要である。私たちの心の中にある罰せられた子ども時代の自己は、他者が私たちを罰するようなやり方で接することを期待している。無意識のうちに、自分のことを罰してくれるような人を選ぶ。その結果、罰するのか罰せられるのかという重大な苦痛が持続し、脅かしたり喜ばせたりする他者に対処することだけを考えるようになる。一方、心の中で罰し続けている大人時代の自己は、罰するやり方を続け、心の中にある罰せられた子ども時代の自己を否定し、その結果として罰する感覚が持続することになる。あるいはまた、とくにこの人であれば「罰を与えても構わない」と思われる他者を罰するように、行動するかもしれない。そうして脅かされ傷つけられた自己を

思い出す。このような私たちの対処行動は、その一部が自分に向けられ、抑うつ症を始めとするさまざまな症状を伴うようになる。時には罰する行動が始まって本来の行動パターンを再確認すると、抑うつ症や心理的あるいは身体的な症状を悪化させることも起こる。

　別の例は、子ども時代の見捨てられた体験によるものだ。これは、心の中にある見捨てられた自己を呼び起こす。この体験は、実際に誰かに見捨てられた場合もあれば、抑うつ症であったり、子育てに関しては上の空状態の親や保育者に育てられたりした場合もあり、そのような人は心の中に見捨てられた自己を形づくることになる。欲求に適切に対処しないで子ども時代の自己が絶えず見捨てられていた人もいれば、「他者」を見捨てることを選択して傷を癒す手段を探し求めている人もいる。

　現在の日常生活において、このような関係づくりのパターンがどのように続くかがわかると、さまざまな時点で、あるいはまた同一の関係の中で、3つの「役割」を再定義することが期待される。子どもの「役割」は未だ体験が浅くて好ましいものではないと感じられるが、大人の「役割」によって私たちの社会の中で維持されている。親子のこのふたつの「役割」は相反的で、互いに影響しながら進行していることを理解する必要があるだろう。さまざまな要素を含んだ変化を親と子どもというふたつの面でとらえることが重要で、傷ついた子どもを癒すことに精を出すことではない。私たち大人には、自らの相反的役割を調整することも必要である。自分や他者のあら探しをしたり、罰を加えたり、拒否したりする時、自分がどのような役割を演じているかを理解し、別の方法を見つけることが大切である。

　私たちは、自分の感じ方がふたつの役割の間で緊張をもって維持されていると理解できれば、より健康な方法を選択することが可能になるだろう。

　苦痛に満ちて耐え難い不安や恐怖から逃れたくても誰の援助もないという体験を幼い頃にしてしまい、対処の方法も知らなければ、結果として私たちの心の内のどこか別の部分にその感情を押しつけてしまう。この部分同士は関係を持っておらず、どうしたらその部分にたどりついたのかさえわからないといった情動状態に陥る。第8章ではより不安定な精神状態について述べ、自分の心の内を常に観察できるようになる方法を考える。

エクササイズ：人間関係を自己の内面で考える

自己対自己

　自分の親しい人が醸し出すその人らしさに注意を向けてみよう。まずは自分との対話を通して頭に浮かんだ人から始めるとよい。ゆっくりとやってみることだ。心の中で、あなたが内なる自分に対してどのようなことを考え、どのようなことを語ったか、現実の人生あるいは虚構の人生と想像力に満ちた会話をしてみよう。そこには何かしらのテーマがあるはずだ。そのテーマには、勇敢に振る舞おうとしたり幸せになろうとするものもあれば、誰かを優先させたりするものもあるだろう。批判されたり、決めつけられたり、勇気づけられたり、望みをつなぐようなものであったり、想像上のものを追い求めるような会話がなされるかもしれない。

自己対他者

　他者、とりわけ親しい人が、自分の意向に添ってどれくらい行動してくれるかを考えてみよう。この予想が自分のからだや思いに、どれくらいの緊張感をもたらすかを考えてみよう。自分への特別な言葉を期待して相手にそれを望むかもしれないが、最後は意気消沈し、期待が裏切られるだけだ。厳しい言葉や批判を予期して一歩後退し、相手の思い通りになってしまうかもしれない。他者とのあらゆる場面で自分がどのように対処するかを考えてみよう。

　自分自身の相反的役割を探求し、罰を受けたり、批判されたり、虐げられたり、忘れ去られたりしたような子ども時代に由来する役割から生じる苦痛を考えてみよう。もし、自分が過去に受けたような扱われた方をされている子どもを見たら、どのように感じるかを考えてみよう。

第3章　人間関係の中で生じるさまざまな問題やジレンマ

　人間関係は、自分自身をどのようにとらえ感じとっているかというような、自己に対する考え方や感じ方すべてに影響を及ぼす。その人間関係というのは、全身を使って私たちが学んで来た相反的役割を実体験する場でもある。人間関係の困難さは、未だに理解できていない強い情動を抱いた時に起こる。その情動とは、非常にもろく、それでいてほとんどわかっていないものの、自分自身の一部となっている幼い頃からの生き方と結びついたものである。

　愛着への欲求が抑え込まれてしまうと、その後のすべての人間関係は誰からの援助もなく無力に思えた子ども時代に立ち返ってしまい、しきりに他者からの支援を得ようとする。自分は傷つきやすくちっぽけな存在だと思いつつ、誰かと親密な関係になりたくなる。親密な関係ができたり、親密とまでは言えないもののそのような関係になったりするまでは、人間関係の持つ意義には気づかない。私たちは「他者」とともに存在することによってひとりの人間となることが可能であり、他者と愛着のこもった関係をつくる基礎となるのがまさに自分自身の存在のパターンといえる。そのため、幼かった頃に大切な人に対して行ったのと同じようなパターンで、自然と他者に引きつけられていく。このようなやり方が相互に分かち合いながら尊重されて均衡が保たれると、このやり方が仲介役を務め、変化することさえある。しかし、自分が支配できていて感情を抑制しながら適切な判断を下しているか、それとも抑えつけられているように感じているだけかというように、自分が否定的な相反的役割を繰り返しているだけだと知ったら、自らが強力で破壊的なパターンにとらわれてしまっていることがわかるだろう。このままでいたら、再び自尊心を傷つけられ、拒否され、痛めつけられ、無視され、喪失感を味わい、怒り、放置され、愛に飢えた子どもの頃のように戻ってしまう。

　もっとも重大な傷は、人間関係を体験していく中で繰り返し抑えつけられていることだ。他者と関わることを避け、表面的な人間関係だけにとどめ、

仕事、あるいは電話で話すことさえも関わる人を可能な限り少なくしようとする。これは親密な関係になることへの恐れに対処するためであるが、その一方で孤独感や孤立感という代償を払わなければならない。私たちは内面にある心の痛みを癒そうと、ある人と関わり、またすぐに別の人と関わろうとする。「完璧な気遣い」を果てしなく探し求め続けるが、打ちのめされ失望することの繰り返しである。

　私たちは、好ましい対応方法とはどのようなものかを考え始める前までは、仕事や知り合いを含めた人たちと、もしかしたら悲惨で崩壊寸前と言えるほどの人間関係をつくっているかもしれない。しかしながら、そのような不適切な人間関係に目が向き始めたのなら、それは変化への動きが始まったことに他ならない。相反的役割のパターンを柔軟で卓越したものに変えることが可能になる。私たち自らが助ける力になり、さらには健康な新しい相反的役割をつくりだすことにつながる。そのような相反的役割とは、聴くのか聴いてもらうのか、気遣うのか気遣ってもらうのか、愛して育てるのか愛されて育ててもらうのかということである。本書を読めば、自分がなすことすべてを目撃していて、自分を尊重しながら見つめるのか尊重されて見つめられるのかという相反的役割を形づくりながら、自分自身を客観的に見つめられる自分を生み出していくことが可能になる。

　本章では、他者との人間関係、さらにはかつてやっていたような自分を守ろうとして心の傷を抑え込んでしまったことから生まれるより複雑な問題について見ていこうと思う。このことを理解するため、子ども時代に学んでしまった自分なりの対処法を振り返ることが必要になる。

質問コーナー：人間関係

　以下の文で自分にあてはまるものはいくつあるか。

　もし、誰かと親しくなったら、自分が不安に思うのは、

　☐　冷やかし：「不安に感じていることを笑われるだろう」
　☐　軽蔑：「ちょっとしたけんかをするだろう」
　☐　侮辱：「自分のことをさげすむだろう」

第3章　人間関係の中で生じるさまざまな問題やジレンマ　69

- ☐ 依存：ちっぽけで無力な存在だと感じてしまう。
  「自分は誰からも必要な存在だと思われない。」
- ☐ 弱みにつけ込まれるのではないか：利用するだけ利用されたり、悪用されてしまう。
- ☐ いじめられ、ののしられるのではないか：「あの人たちは自分の手が届くくらいの親しさのところにいたのに、気がついた時にはいなくなっているのだろう」
- ☐ 侵害：「あの人たちは、自分が持っている権利を奪うだろう」
- ☐ 残酷：「自分は打ちのめされるか、非難する言葉を浴びせられるだろう」
- ☐ プライバシーの喪失：「常にあの人たちに見られている」
- ☐ 抑えきれないほどの強い欲求：「誰も自分の心の穴を埋めてはくれない」
- ☐ 期待の高さ：「自分はいつも『最善』のことをしなければならなくなるだろう」
- ☐ 自暴自棄：「自分が寄って行っても、すぐに相手はどこかに行ってしまうだろう」あるいは「最後は見捨てられてしまい、誰も自分のそばにはいなくなるだろう」
- ☐ 自己に向けられた強い注意：「いつも自分のことを守っていなければならない、いつ捕まえにくるかわからない」
- ☐ 窒息：「親しくなるのは、もうこりごりだ。自由に息をつく余裕もなくなってしまう」
- ☐ 打ちのめされ、圧倒されてしまう：「奴隷のようになり、何もかもが無に帰してしまう」
- ☐ 条件つき、制約つき：「自分はどうやっても、みんなが望むような一定の基準を満たすことはできない」
- ☐ 完全に自分を失う：自分のすべてがむなしさに包まれる。
- ☐ 独立心を失う。
- ☐ 虐待：性的なものもあれば身体的なもの、言語的なものもある。

次のような思考パターンになっていることを認識しているか。

- ☐ 「誰も私に良かれと思うことをしてくれない」
- ☐ 「あの人たちは、私が人のことが嫌いで誰にも会いたがっていないというように見ているに違いない」
- ☐ 「これはひとつの幻想だ。決してそうはならないはずだ」

> 上に挙げたことの中で自分にあてはまるものに印をつけなさい。それから、自分がやっている3方向の相反的役割に名前をつけることが可能かどうかを検討しなさい。3方向というのは、他者にどのような感情を抱いているか、他者の自分への対応がどうあってほしいと期待しているか、それに自分が自分自身とどう関わるかの3つである。

「影」があることを知る

　自分がされたことを他者や自分自身に対してしてしまうことがある。苦痛に満ちた幼少期の体験に対処するひとつの方法として、苦痛を自分とは切り離してしまい、制約はあるものの自分なりに操って生きていこうとすることがある。私たちは他者を気遣い、時には他者を激しく非難することによって、自分が受けた傷や壊れやすい子どものような自分を守ろうとする。自分の中にこのような気持ちがあることを認めるのは非常に困難である。それは、かつて自分に危害を加え傷つけた親のような人との関係の中で行動することを認めることになるからだ。もし他者に対して向けられた相反的役割の中で、自分が選んだ対処法が無意識的なものによって制約を受けるのなら、意識的な修正は可能であり、変化に向けた支援を求めるはずである。私たちは多くの場合、相反的役割の両極端で行動しているが、役割が否定的になればなるほどそれを認めるのはますます困難になる。このことは、私たちが他者の自尊心を傷つけて裏で喜んだり、所有欲や要求が強く、残酷で人をなじったり、過剰に支配することを好むというように、自分自身の批判的な側面に真っ向から立ち向かっていることを意味している。

　このような面が意識せずに残り続けると、それに向き合った時により大きな問題を引き起こす。もし、幼かった時に自尊心を傷つけられるような体験をした場合、大人になった時にもそれを避けようと何でもするだろう。たとえば、「非の打ち所のない」生活や「批判の余地のない」生活を送ろうとするのである。しかし恐怖は、たとえ意識していなかったとしても残り続ける。私たちはそれほどまでに強く自分を見下してしまうため、他者にも自分と似た面があることを知ると、同じように他者を見下すことになる。これは、私たちが弱い存在だと見なす「哀れを誘う老人」という形で現れてきて、その影から私たちの

もっとも辛辣な批評が出てくる。それは私たちが受けたまさにそのものであり、私たちが持ち続けてきた恐怖である。

　私たちは、自分の理想とする人や尊敬する人と親しくなり、その人の期待に応え、優先的に対応してあげたいと思う。最初のうちはすべて愛おしく感じられるが、その後にはもはや「特別な」存在ではなくなってしまい、幻滅したり落胆したりするだけで、また別の理想とする人物を探すようになる。そのため、このパターンが繰り返されていく。

　私たちは、そのような人間関係ができあがって初めて、自分の中で生き続けていた部分に目が向く。たとえば、仕事に精を出し成果も上がり大きな夢を持つ若い女性の部分であったり、パートナーと親しくなるとすぐに現れる幼い子ども時代のおびえた部分であったりである。パートナーがまだ魅力的に映っていた頃の尊敬でき光り輝き満ち足りた表面の背後から、しきりに自分が存在することの保証を求めている、パートナーも知らないような小さな人が現れる。そして、知りもせず理解もできていないような人を優先させ、その人に依存するように求めていくのである。

他者との関係の中で生じるジレンマ

　「もし、……だったら」「こっちにするか、それともこっちか」というようなジレンマは、人間関係における別の可能性を制約してしまう。私たちはみな愛着にも関わるような依存的な立場に立つと、自分の弱さを感じることとなる。だが、もし幼かった頃の体験、つまり生後間もなくの最初の依存が「まあまあ満たされたもの」であれば、依存に恐怖を抱いたり回避したりはしない。こうして人間関係がうまくいくと、依存する側と依存される側の両方に対して対等な感覚を持つことができる。

　自分には以下のようなジレンマがあるかどうか考えてみよう。

誰かのことを気遣う場合、私が相手に従うべきなのか、
それとも相手が自分に従うべきなのか

　私たちが誰かのことを気遣い、自分がその人に従うべきかどうかを考える場合、自分のことを認めてもらいたいし、望むことをやってあげたのだから当然

ながら喜んでもらいたいと思い、そうすべきだと考えがちである。PART 3で見る自分を慰めるわなのようである。このような関係には対等というものは存在せず、こちらがやったのだからそれなりのお返しをしてほしいという気持ちが強い。自分らしくするといった自由はなく、私たちが従うべきルールを相手が決める。「従う」というのは、自己防衛にもとづいているように思える。そこには、もし私たちが相手に従わなかったら何か悪いことが起こるのではないかという前提がある。恐怖感の下でしか自分というものを考えられないのだ。

　このようにしてつくられたジレンマには、幼かった頃の条件つき養育体験から生まれた、優位に立って力みなぎる存在であろうとするのかそれとも力もなく満たされてもいない存在になるのかという相反的役割がある。

　ただしこのジレンマには別の面がある。私たちが積極的な関係維持を求めながら相手の気遣いをする時に抱く感情的な体験である。自分には力があると考えるために、相手は自分の言う通りに反応し従わなければならないと考える。幼い頃から好き勝手で過保護に育てられたという思いが内面化されているのかも知れず、同じようなものでお返しをすればよいと考えるのである。

誰かに依存したら、私はその人に従うべきなのか、それともその人が自分に従うべきなのか

　これは最初のジレンマよりも難しく、非常に重要な意味を持った「B級映画」となり、人間関係に意識せずに重大な影響を及ぼす。依存に対する私たちの恐怖は、依存は決して許されることではなく、独立するように努力してきたという事実から生まれてくる。誰かに依存してもよいと自分が思うと、その人に自分は操られてしまい、従わなければならなくなると考えるからだ。自分の持っている力がそがれて、助けもなく、受動的になり、むなしささえ感じてしまい、他者のなすがままになってしまうことへの恐れも抱く。自分が幼かった頃と同じような無力感や満たされない感覚に近いものを感じるのだ。

　もし、自分が優位に立って他者の気遣いを受けるような関係ができあがれば、恐怖を抱くような依存が生まれることはない。しかし、成長してひとり立ちしなければならない時になって、このジレンマが大きく影響してくる。このことを受け入れて、他者から気遣ってもらう中で自分自身も成長する。もし、他者が柔軟で許容的な人であったら、私たちは実際に依存への恐怖に打ち勝

ち、相互依存を許容できるようになるであろう。

しかしながら、もしも自分が依存心を抱いたことに腹を立て怒っていたら、さらには他者が自分に屈することを期待していたら、あたかも自分には「力がある」のだと思い込んで貪欲になっている自らの姿を見つめる必要がある。私たちの抱く幻想は、誰かを自分の身近に置いておきたいという欲求から生まれたものではない。「成長する」とは、他者が自分たちから離れていくことだという幻想があるのかもしれない。このことは、母親役を卒業するのがとても難しくて、子どもにはいつまでも「赤ちゃん」のままでいてほしいと願うような母親との実体験と関連していることがある。もし、このような依存をするしかできないと思うのであれば、成長しようとする自分の力を徐々に蝕んでしまい、結果としてひとり孤立してしまうことになる。

では、次の質問コーナーをやってみなさい。

質問コーナー：誰かのことを気遣い、誰かに依存する

以下の文章を読み、自分にいくつあてはまるかを考えなさい。

　もし、自分が誰かのことを気遣うのであったら、その時に感じるのは、

☐ 人前であることを気にし、かえって気疲れをしてしまう。
☐ みんなから注目されたい。
☐ その人が自分のことを気遣ってくれるように、自分はその人に従わなければならない。
☐ 自分は内に閉じこもり、受動的になり、無力感を感じるだろう。
☐ 自分が抱く恐怖や不安を支配しなければならない。それに、その人に関するすべてのことを知り、その人を優先させるべきだ。
☐ 自分に対するのと同じように、相手にも気遣いをしている自分に気づいてほしい。自分が抱いた欲求や要求を満たしてくれるように、自分のことを気遣ってほしい。

　もし、自分が誰かに依存したら、その時に感じるのは、

☐ 不安と自分の弱さ。

- ☐ 傷つくのではないかという恐れ。
- ☐ 自尊心を傷つけられ、不利な立場になった。
- ☐ 相手が望むことをしなければならない。着るもの、マナー、行動、宗教、仕事、外見、セックスなど、相手の意のままに従わなければならない。
- ☐ 自分自身のすべてを、相手に捧げなければならない。
- ☐ 相手にもっと強くなってほしいと思う。だから、自分が求めるように相手は強くなってくれるはずだ。
- ☐ 自分が期待していることが実現できるように、自分のことを相手に決めてほしい。
- ☐ 自分の意思で行動できている。あたかも自分が求めることを優先し、自分なら何かが実現できると思っているかのように。
- ☐ 自分の求めているものは何かがわかっていて、私の言う通りにしてくれるので安心だ。
- ☐ 他者が求めているものが何であるかを知り、それを実現させてあげ、他者にも自分の欲求を知ってもらえるので、居心地の良さが感じられる。こうすると誰かに何かしてもらうこともなければ、何か物を求めることもなくなる。安心でき、「すべてがうまくいっている」。

自分は、決して誰かに依存はしない。

- ☐ どのような時であっても、自分が誰かに依存するのは許せない。このことは、次のような場面で気づかされる。
- ☐ 自分が依存的になっていると感じられる場合、自分がその人と親しくなるのが許せない。
- ☐ 自分が誰かに借金をするのは決して許せない。もし自分が贈り物をされたり敬意を払われたりしたら、できるだけ早くお返しするべきだ。
- ☐ 自分のために誰かにお金を払ってもらうことは決してしない。自分は与えられるより与えるほうが好きだ。
- ☐ 女性だったら、自ら進んで妊娠しようとは決して思わない。男性だったら、自ら進んで結婚しようとは決してしない。
- ☐ 責任をもたされることは好きだ。だから私たちには、学ぶ側に立つこと、知らないことを受け入れること、他者と均等に分配することは難しい。
- ☐ 自分が依存的になるのが怖いから、それを避けようと何かをするだろう。病気になったり歳をとったりするのも、実は怖い。このようなこ

とを考えると、屈辱感や敗北感でいっぱいになり、息がつまり、最悪の状態に陥る。

もし上記の文章に「はい」と答えたら、自問してみよう。依存することの何を自分は恐れているのか。依存的な立場に自分が立つことを、どうすれば許せるか。何が影響しているのか。

☐ それはプライドか。
☐ それとも恐怖か。だとしたら、それは何の恐怖か。
☐ 激しい独立心があるからか。
☐ 激しい怒りか。
☐ 見下されたり、窒息するような経験をしたりといった、未だ解き明かされていない記憶があるからか。

少しの時間、この質問コーナーをやってみてわかったことについてよく考えてみてほしい。これまでに、自分が依存的に振る舞うのを避けたことは何回くらいあったか考えてみよう。それをノートに記録し、PART 6 の「自分に関する情報を集める」を読む時に、思い出してみることが大切だ。

関わって傷つくか、それとも
関わらないで非難だけし、でも孤独でいるか

このジレンマは、相手と人間関係を結ぼうかどうしようかと迷っている時に生まれてくる。私たちは傷つけられることに弱い。だから常にアンテナを張っていて、危なくなるとすぐに自分が傷つかないように防御してしまう。でも、たぶんいつかは傷つけられてしまう。つまり、どのような人間関係であっても傷つけられることに無縁ではない。傷つけられそうになると、相手の言葉やニュアンス、動き、その背後にあって隠されている意味に、非常に敏感になる。傷つけられないようにするため、家に閉じこもったり、内向きになったりすることを学んだ。そうすれば、自分の立ち位置を変えないようにでき、ジレンマに触れないでいられる。他の人たちには、私たちがどのように感じているかがわからない。というのは、私たちが直接的にそのことを伝えないからである。つまり、私たちが人と親しくなるのがとても不得意ということしか彼らは知

らない。私たちは恐怖に直面すると非常に怒りっぽくなり、ちくちく人を刺すような言葉を言ったり、自分で恐怖に向き合おうとしてあえてむっつりしたりする。さもなければ、もしも誰かと親しくなっても、それを自分自身で傷つけたり壊したりするのではないかと恐れるのである。

　私たちの多くは、誰とも人間関係をつくろうとせずに、あるいは関係を持つ範囲を非常に限ったり上辺だけの関係に留めたりすることで、このジレンマに対処しようとする。こうすると傷を受けずに済むものの、孤独感という代償を払うことになる。あえて人間関係をつくろうとすれば、信頼されることに恐怖や困難さを感じてしまうため、自ら苦痛の中に身を置こうとするようなものである。このジレンマから脱出するには長い時間がかかり、誰かと一緒にいても傷つけられないことを学ぶ必要がある。不幸なことにこのジレンマが起こると、あたかも傷つけられる恐怖を待ち望んでいるかのようになる。もちろんのこと、遅かれ早かれひとりでいざるを得ないような事態が起こる。多くの人は人間関係をつくっていたとしても、あるいはひとりで傷を癒していたとしても、最後は孤独感を感じることになるのだ。

ポール

　傷つけられた時にポール（Paul）が取った対処法のひとつは、それをあえて抑え込んでしまうことであった。さらに社会的に孤立することも対処法のひとつとなっていた。母親とは非常に親密な関係であったが彼が6歳の時に亡くなってしまい、その後は家族とあまり親密にならずに過ごしてきた。彼は、誰とも親しい関係にはならないと自分自身に約束したことから、そのことが再び自分を傷つける原因となっていた。私たちと出会った時、彼は自分の抑うつが子ども時代に個人的に受けた傷が原因であると感じていた。だが、この時までは「寂しいけれど仕方がない」と考えていた。このような考えは徐々につくられたものであった。しかしながら、40歳の時に恋愛をした。これは彼が心の奥深くにある感情を表出するとともに、傷を負う危険をはらんだものでもあった。その時以降、抑うつ症状が続き、関係を結ぼうとする意欲も親密さも弱まり始めていた。関係をどのように調整し、その後にどのように変化するかは、母親の死に対する忘れかけていた悲しみが影響を及ぼしており、百科事典だけが友だちで、世の中に関する知識だけは十分に持っている孤独な少年が何を考えているのかを理解

しなければならない。

　彼は、何かの目的があって自分が担がれたとか意地悪なことを言われたといったあらゆる状況を振り返り、自分が排除されたとか誤解されたと感じた後に自分の部屋に逃げ込んだ回数を数えてみた。その結果、得がたいが完璧な安心感を得るのに特別な6という数字を求めるのか、それとも完璧であってもすべてを得ることはできないと考えるのか、という相反的役割があることにポール自身が気づいた。[この「特別な数字6」というのは、母親が亡くなった時の自分の年齢であり、彼には特別な数字に見えたのである。]彼は、他者の言葉の些細なニュアンスで傷口が痛み、それが事態をゆがめてしまっていることがわかった。特別な数字6に対する自分の欲求に対して学ぶべきことは、配慮もなければ思いやりもなく見えた他者の行動が、いつものひやかしや自分のことを軽蔑するようなやり取りを意味しているということである。これは、ポールが完璧にはほど遠い人物なのでもなく、気遣いのない人でもなく、満足のいかない人というのでもない。いつも孤独状態にあったからこそ起こった振る舞いなのである。

エクササイズ

　このジレンマをよく考えてみると、傷を受けたと感じている自分は子ども時代の自分と関連していることに気づくことが重要である。その自分は、あなたの気遣いを必要としている人物である。誰かに傷つけられたと感じたら、何が起こったのかを時間を十分に使って調べる必要がある。何を言われ、何を指摘され、どのようなことをされたかを振り返るのである。具体的に何と言われたのか、最悪の恐怖を感じさせるような言葉の背後にどのようなメッセージが聴こえたのか。それらを書き留めることだ。言い方、感情、どのようなことが起こったのかのイメージも書いておこう。もしも可能であれば、それを絵にしてみるとよい。このことを考えている時、自分がどのような見方をしているかを考えてみよう。相手を見上げているのか、それとも見下げているのか。

他者との関係は無上の喜びに包まれたものか、それとも戦闘状態か。戦闘状態であれば、自分は攻撃する側か攻撃される側か

　この二重のジレンマは、自分が他者と親密な関係になった時に、子宮のような安全で隠れた環境に戻りたいという欲求を表している。人間関係を営む中で「エデンの園」のような無上の喜びに包まれるのか、それとも常に戦闘状態にいて、自分が犠牲者になるか加害者の役割を果たすかを考えつつ他者に攻撃的に接するのか、のどちらかである。
　このジレンマでは、どちらにころんでも落ち着いて息ができるような余裕はなく、互いに依存しあうだけである。あたかもエネルギーの満ち引きにおいて、自分と他者は違う存在だということを理解するのが困難だとわかったようなものだ。私たちは、自分の気持ちが極端な側から正反対の極端な側へと大きく揺れ動くことを知っている。たとえば、1分ですべてを包み込んでしまうような依存心や敵対心で、ある戦闘態勢から次の戦闘態勢へと変化する。私たちはある特定の人物とは「互いに夢中になっている」関係を有しているのに、他の人間関係ではすべてが戦闘態勢にあると言ってよいだろう。
　このジレンマは、しばしば「完璧な気遣い」を強く求めた時や、他者と心から打ち解けた時に起こる。過剰に親密になった結果であり、母親やきょうだいと自分との間で密着関係ができあがった結果といえる。これとは逆に、幼かった時に満たされた生活が送れなかったことによってむなしさを感じたことの結果であるかもしれない。ここでの相反的役割は、理想化した「完璧さ」を求めるか、それとも無視され忘れられるかである。そのため私たちは、内面では希望と絶望の間を揺れ動いている。あるいは、自分が落胆した時に抱いた怒りに執着するか、それをどうにかして処理するかで悩んでいる。その際に戦闘態勢に入って誰かをいじめたり、あるいは自分がいじめられるように仕向けたりするのだ。
　私たちが抱いた理想の姿が、満足のいく人間関係を逆に壊してしまうそのものにもなりうる。このことを受け入れるのは難しいだろう。自分の欲求すべてを受け入れてくれる人を待ち望むのはすばらしい幻想ではあるが、自分にとっても他者にとってもこれは大きなプレッシャーになり、自分を落胆させるように運命づけられていることを意味している。地獄に堕ちるような人であっても、

子ども時代に体験した飢えという欲求があるために抑うつ状態に陥ることは事実である。しかし、このような絶望感を除けば、他者に「ほどよい気遣い」をし、他者からも「ほどよい気遣い」を受けるきっかけが見つかるかもしれない。

もし、自分自身がとっている「戦闘」態勢がすべてを包み込んだ幻想から独立しようとするものであるならば、より強固で現実的な関係のつくりかたを見いだし、それを構築することが可能になるであろう。

エクササイズ

「完璧な気遣い」とか「完璧なリベンジ」に関する話をつくって書いてみよう。自分が思い描く以上のドラマチックなものにしよう。書き終えたら、自分が信頼する人に声を出して読んで、聞いてもらおう。言葉の背景にある感情や欲望を感じ取ってみよう。話の中に出てくる人物が抱いた「重大な苦痛」が何であるかがわかり、それは他者と関係をつくりたいと願う自分自身が抱えている今の痛みでもある。

別の話も書いてみよう。最初に書いた話の中で明らかになった内なる子どもに、どう接するかの話である。自分にとって現実の生活で日常的に接する人や物を使い、子どもの頃に抱いた欲求を満たしてくれた人のことを想像しながら、話を書いてみるのだ。

自分が他者を見下すか、他者が自分を見下すか

人を威張った目でじろりと見下したり、誰かに何かを言われて張り合いたくなったり、自分が劣っていないことを伝えようとする傲慢な自分がいることを、私たちはどれくらい自覚しているだろうか。またその一方で、自分自身で、あるいは恐れていることだが他者からも見下され、自尊心を傷つけられ、笑われている、そのような自分がいることをどの程度まで理解できているだろうか。これは、軽蔑したり軽蔑されたりしている外界に対してどのように対処するかというジレンマである。ジレンマの大半は、軽蔑されたと感じたり、ばかにされたような扱いを受けたりした時に生じるもので、子どもの頃には親、思春期の頃には尊敬する年長者からなされたものだ。そのような体験から、自

分にはどこか情けない面、笑われるような面、お話にならないような面があると思い込んでしまう。さらにまた、自分は認めてもらえなくても仕方がない、そのように感じさせてしまう堕落した人間だと自分を信じきってしまうことにつながる。

　これを信じなければならないというのは本人にとって非常に辛いもので、何も考えられなくなってしまう。私たちは、自分がすることは何もかも軽蔑され、何をしようとも皆は自分のことを見下すだろうという誤った信念を抱いたまま人生を過ごすこともある。このような場合、私たちは情けない人生を送るしかなく、あらゆる感情を阻止してただ機械的に生きることとなる。私たちは「仮面」をかぶって生きているだけで、自分の浅はかさが傷つけられないように制限や制約をかけ続けている。このような恐怖から逃げようとして、男性であれ女性であれ、多くの強迫観念にとらわれた労働者は状況にはまったく関係なく仕事にのめり込んでいく。もし自分が尊敬する人物から褒められないようなら、自分は軽蔑されているに違いないと考えており、そのことが恐怖となっている。マイヤー・フリードマン (Meyer Friedman) とダイアン・ウルマー (Diane Ulmer)による心臓発作が治癒した患者に関する研究、すなわち『タイプA行動の治療と患者の心臓』(*Treating Type A Behavior and Your Heart*) の中で、彼らは次のような観察結果を示している。

> ［時間が少なければ少ないほどより多くのことをやろうとし、かなり大きな優劣差に対抗しようとし、攻撃性が増して自暴自棄になるような］危険な動機が長く続くにつれて、タイプAの人間は自分の意のままになる人を軽蔑するようになる。つまり、自分に対する尊敬の念をますます受け入れなくなっていく。これは、自分自身が持っていた意気込みがしぼみ始め、自己破壊の欲求が高まってきたことを表している。この気持ちの多くは無意識のうちに起こり、本来は人生を過ごす糧になるはずの悲劇を意味のないものにさせてしまっている。(1984, p.201)

　私たちは、自分たちの内面には悲しみや驚きを感じさせる何かがあると思うかもしれない。自分たちはその何かから逃げようとしているが、周囲とうまく適応するにはかなりの時間を要してしまう。恐怖を感じることは軽蔑の対象になるとは知らず、同時に、人を軽蔑しているように見えていることもわからな

第3章　人間関係の中で生じるさまざまな問題やジレンマ　81

いであろう。周囲とうまく適応できないと、邪魔をされた、恥をかかされたと感じるか、さもなければ自分自身を軽蔑するのが常である。

質問コーナー：自分が他者を見下すか、他者が自分を見下すか

次の文を読んで正しいかどうかを考えてみよう。

☐ 他者は、自分を特別な人として接し認めるべきだ。もし、他者がそのようにしなければ、軽蔑の対象となっても致し方ない。もし、自分がそのような特別な人間でなければ、見下されてしまうに違いないからだ。

では、自分が以下のように考えている場合、自分自身の傲慢無礼さを認識できているといえるのか。

☐ 自分は、他者よりも「一歩、抜きん出ている」状態を続けなければならない。それは他者と競争していくのに必要なものだ。
☐ 自分は他者をすぐに厳しく評価したがる。彼らが気弱で痛ましく見えてしまう。自分は彼らを無視するか、いじめてからかったり、彼らが自分では対処できないことを知って挑発したりする。さもなければ、あざ笑ったり、皮肉を言ったり、自尊心を傷つけるようなことを言ったりする。
☐ 他者が「どのような人物なのかを見破った」時、彼らをだまして混乱に陥らせたような時に、彼らが不快に感じていることを見て楽しむ。
☐ 他者の成功をねたむが、自分のこの気持ちが我慢できない。だから、その気持ちを抑え込み、成功を「たいしたものではない」と思うだけである。
☐ 私は、人に、とくに劣等感を感じてしまうような人から教えてもらうのは難しい。

自分の傲慢無礼さをどのように活用するか。

☐ 自分はまったく満足できないが、この世で自分が生きていくのにはうまく使っていく。

- □ 自分がねたみを感じたり競争的であったりすること、それがあるからこそうまくやっていることを自分なりに承知している。
- □ 自分を見下したような人には復讐心を抱く。自分のことを軽蔑したように感じた人に対して、自分が勝者になるような状況を夢見る。一生懸命に努力することで、復讐が可能になるはずだ。
- □ 事態が悪化すると、いつも以上に閉塞感を感じる。他者に対して軽蔑や怒りや辛辣さを感じたりする一方で、自分のことを情けなく感じたり、孤独感に陥ったり、自分のことを破壊したくなって自殺を企図したりする。

どのような場合に、誰かが自分のことを軽蔑したり見下げたりしたと感じるのか。

- □ 自分はいつもへりくだって対応しており、大抵はジョークを言ったり、自分自身をからかったりしている。
- □ 自分で自分のことをあざ笑うことがかなりあり、他者にも自分のことをあざ笑うように仕向けてしまう。
- □ 非常に知的かつ賢明になることにより、このような感情を乗り越えようとしている。
- □ 自分のやり方が適切ではないことを隠そうとして、自分でも理解できないような難しい単語や文章を使う。
- □ 自分には空を飛ぶようなことはできない。だから、自分はへりくだり、他者が自分の上を歩くようにさせる。とはいえ、心の中ではそのようにしている他者を軽蔑している。
- □ 他者が自分の期待通りの行動をしてくれることを望む。でも、そうしてくれなかったからといって驚きはしない。
- □ 自分は厳しい人間だ。だから他者には今以上に期待通りの行動をしてほしいと思う。しかし、どうすれば自分の期待通りなのかについて、他者に手がかりを与えるようなことはしない。だから、本当の気持ちを言うこともなければ、本当は他者に何を望んでいるのかを言うこともない。そのような自分のことを軽蔑してくれても構わないと思う。
- □ 他者と対話をするとき、その大部分は実際には頭の中で考えたことしか言わない。だから、自分が感じたこと、自分が言おうとしたことはめったに口にしない。他者は私の感情を知ることができず、どうして

よいかわからないはずだ。だからといって、彼らにチャンスを与えようとも思わない。
- □ 私は自分を軽蔑するが、他者は私のことをもっと知り、うまく行動すればよいと思う。このことが信じられないほどの怒りを抱かせ、常に怒った状態になっていることは、重々承知している。
- □ かなりの人が人生をうまくすり抜けてきており、均衡を欠いてしまったとは思わない。自分も、他者を見下げるのをやめれば、褒められるに違いないと思う。
- □ 自分のことを見下げるような人たちが与える苦痛を感じないようにするためには、自分自身で判断できる有能な存在になることが必要だ。しかし、たとえ（他者にも気遣いをし、その人に教え、自分がボスになり、自分のために他者とすばらしい仕事をする）ような存在になれたとしても、それでも自分のことを見下げるような人たちのことが気になる。自分が心の底から安心できるような場所はどこにもない。

　このジレンマの何に対処すべきかと言えば、自分が軽蔑されているという感覚、自分がかつてしたように再びこの感情を抱かなければならないという恐怖に対してである。自分が他者を見下し、その他者が自分を見下すという感情間のずれを小さくするには、軽蔑されるような存在だという苦痛を甘んじて受け入れることである。そのような場合、私たちには子どもの頃に屈辱的な体験を受けた時に抱いたさまざまな感情が沸き起こってくる。しかし、これまでの自分を壊してセラピーを受けている間にそれらの感情を体験すると、自分自身に対する別の気づきが可能になる。自分が悩みながらも持ち続けている感情に圧倒されてしまうとしても、子ども時代よりも多くの感情を持つことができる。

　図3.1（次ページ）には、このジレンマがどのように作用しているかを示した。もし、自分が図中の一番上の部分、「尊敬され尊敬しているところ」で生活できていない場合、図の下（すなわち、軽蔑されて情けない状態）にいることとなる。理想的な高さの成功をおさめられないと、自尊心を傷つけられることを恐れ、「とても我慢できず」自分が抱いた恐怖を他者に傲慢無礼な態度でぶつけるようになる。

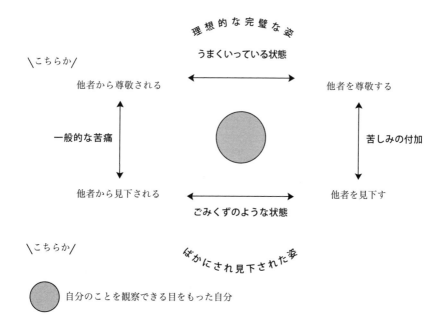

図3.1　他者を見下し自分を見下す
変化の目的は日常の生活で感じる苦痛に耐えることの学習である。

「現実」や「ほどよいもの」を受け入れてしまって理想を失い嘆き悲しむことで自らを癒す

このようなジレンマに気づくと、私たちはその影響力を弱めようとし始め、ジレンマを再認識し耐えることによって、「一般的な」苦痛と自分にとって重大な苦痛に分けようとする。これによって、「健康な自己」を自然に体験できるだけの余裕が生まれる。ここでの一般的な苦痛と喪失感や幻滅は、「理想的な姿」が失われた悲しみとして体験される。そのため、苦痛を感じるようなごく普通の人間になることによって、自分自身を癒そうとするのである。あえてそうすることで、健康な自己という感覚を自ら体験し始めるのである。

自分は非情な人間か、それとも殉教者か

　このジレンマは、怒りや攻撃の感情に自分がどのように関わってきたのかということに関連している。もし怒りを感じてそれを表出したら、自分は非情な人間だと感じるのか、あるいは自分の怒りは非情なものだと思うのか、のいずれかである。これとは正反対に、怒っても何も言わないかもしれない。私たちは殉教者のような役割を担い、自己犠牲の気持ちを強く持つのであるが、心の中では強い憤りと敵意すら抱いている。自己を主張したり適切な怒りを表出したりといった反応は、するかしないかのいずれかしかなく、ジレンマの正反対の立場に不満を言い合うだけである。殉教者たちは、「うれしくないことや残酷なことにはかかわり合いたくない。私は今のままでよい」と言う。一方、非情な人たちは、「傍観していても、自分を押し殺そうとしても、良いことは何ひとつない。そのようなことをしても意味はない。スチームローラー（アスファルトの工事をした後で道路を平坦にするもの）を強引にかけてしまい、何かを起こそう」と言う。ひとりひとりが、他者に仕えるのだ。ひとりひとりが、他者に対してであろうと自分の内面に対してであろうと、正反対のことをしよう。殉教者の神話に取り憑かれている人にとっては、それを抑圧しているがために、予期せずに外に出てきてしまう非情な面がある。殉教者の役割を担っている人は、しばしば暴力的で残酷であり、飼っている動物や子どもや老人に対してひどい扱いをしがちである。残虐だとみなされるような人たちは、もしも自分たちがそのようなやり方をしなければ、自らが他者から迫害を受けるだろうと考えている。

　私たちは「殉教者」という言葉をここでは否定的な意味で使っている。自分の人生を天国のような死後の世界に変えることに捧げたいと願うような、神聖化された宗教的な意味合いではない。もし自分の信念にもとづいて殉教者になることを意識して選択したのなら、それは理想的な姿といえるだろう。私たちは同時に、そのような人々は自分自身に対しても、また仲間であることを拒否した人に対しても、残酷な選択だと言うかもしれない。

　しかしながら日常生活の中で殉教者的な振る舞いをする人たちの多くは、人に迷惑をかけており、自分には自由な選択権がなくなっているかのように感じている。そのため、憤りを感じながら殉教者の役割を担い、隠れた怒りを強く抱く。それは、正確に言えば予期せぬものであったため、他者を圧倒してしま

うような根源的な激しい怒りとなって現れてくる。私たちが罪悪感を抱くのは、自分が他者のために振る舞わなかった時や自分が殉難すべき対象の言いなりにならなかった時で、そうなった時に初めてどうすれば殉教の道を歩めるかを探し求め始める。私たちは自分を犠牲にすることの見返りに他者から感謝されたいと考える。しかしその他者は私たちの殉教の虜になり、私たちが思うようには動いてくれない。殉教は専制君主的で非情なものになる。殉教者たちは抑圧された犠牲者になりやすく、迫害者を生み出すことになり、そのため殉教の期間がますます長引いていくのである。

ジョー

　ジョー (Joe) は、太っていて冷酷だった父親と、その父に殉教者のように仕えていた母親との家庭で育った。彼と母親とは太い絆で結ばれていたので、11歳の時に心臓発作でその母親が亡くなった時、彼は途方に暮れてしまった。とても落ち込み、死というものに対して恐怖を抱くようになったことから、心理療法を受けることとなった。職を探しに行くこともできず、死と死後の世界のことばかりに考えが取り憑かれてしまっており、世捨て人のような状態になっていた。そこで彼に、パニック発作が起こった時にどのような感情が起こったのかモニターするように求めた。その結果、自分がはっきりとした話をしなければならないことに恐怖を抱いているような状況でパニック発作が起こることがわかった。たとえば、店の中で買い物をしている時、電話に出た時、イヌを連れて散歩に出た時などである。彼は、自分が「爆発している火山のように怒りが煮えたぎった」状況に置かれるのを強く恐れていたのである。

　このような様子を目にして私たちは、もうこれ以上協力してやっていくことはできないとジョー自身が感じた太った父親のイメージが理解できたと同時に、母親が亡くなる前の週に、父親がかんしゃくを起こしてランプを母親に投げつけたことを初めて知った。彼は、父親の怒りが残酷さや殺意とあいまって母親の死を招いたと感じていた。これまでは、このふたつを関連づけて考えることは一度もなかったが、セルフモニタリングをしたことによって同じようなことが今後起こるのではないかと考えてしまい、無意識のうちに怒りを表出しないように抑え込んでいたのである。怒りや攻撃性に変わりうるような自己主張をすることを阻止してきたのである。

このようなジレンマがこれまでの自分の生活にどのように関わっていたのかがわかり、彼は今まで以上に自己を主張し、自分なりの怒りの表出法を選択するにはどうすればよいかを理解することが可能になった。それによって、不安を感じないで済む安心できる世界に立ち返り、自分らしい生活を妨げていた無意識的な縛りから自分を解放させ始めることが可能となった。

質問コーナー：自分は非情な人間か、それとも殉教者か

以下の質問に答えよう。

もし自分が殉教者だとするなら、それはなぜかというと、

- ☐ 自分が他者から感謝されたりお礼をされたりする唯一の方法だと考えているからか。
- ☐ 自分にできる唯一の方法だと考えているからか。
- ☐ 完璧に独立した生活が送れる自由や権利があるとは考えていないからか。
- ☐ 自分にとってそれが愛情の表し方だからか。
- ☐ いったんそのことを学んだので、今では何の修正も加えずにそのままやっているだけか。
- ☐ 女性は男性に対して殉教者のようになれというコンプレックスにとらわれているからか。

自分の生活の中や、自分が体験したことの中にある殉教者に名前をつけてみよう。文献からでも、聖書からでも、映画や小説からでもよい。その中に自分と同一視できる人はいるか。殉教者として見られることを恐れ、あえてその残酷な役割をとるのか。

自分の中の隠れた「残酷さ」をどのように表現するか。

- ☐ 自分自身に対して表すのか。

> - □ 飼っている動物に対して表すのか。
> - □ 空想の世界の中で表すのか。
> - □ 他者に対して向けられた怒りの中で突然表すのか。
>
> もし自分が「残酷な人間」だとするなら、それはなぜかと言うと、
>
> - □ 家族や他者から学んだ唯一の生き方であるから。
> - □ もしも残酷な人間でなければ、殉教者になっただろうと考えるから（自分が知っている誰かのように）。
> - □ 自分が一番上にいることが、自分が痛めつけられることを避ける唯一の生き方だから。
> - □ 権力を持つこと、他者に殉教者の役割を担わせることが楽しいから。
> - □ 自分の生き方を制約してしまうから。
>
> 残酷な人間にも感情はある。どのような感情であろうか。

性によるジレンマ：ひとりの女性として他者が望むことをすべきか、ひとりの男性として何の感情も抱いてはいけないのか

　男性も女性もみな、家族や地域社会によって伝えられてきた男性あるいは女性としてのあり方には文化や政治に関わる神話が存在するだけではなく、男あるいは女という遺伝子や内分泌系の影響も受けており、その両方が私たちの行動様式を左右している。多くの文化では男性あるいは女性としての役割が変化しており、異性との関係も同性との関係もすべての概念が変わってきている。イギリスでは結婚した3組のうち1組は離婚しており、多くの家庭が単親もしくは再婚した家庭となっている。家計を支えるのに時間をとられ、仕事と家庭生活との葛藤や期待される役割が男性でも女性でも耐え難いものになっており、ストレスを招き、休まる時間がほとんどなくなっている。

アリス

アリス（Alice）は名の通った建築家で、子どもがふたりいる。彼女は、日常生活を営む中でこのジレンマによる緊張を抱えていた。

> 仕事に関して言うと、私が成し遂げた成果は非常に優れたもので、そのことでは皆から尊敬されています。これは私の大切な一部分です。周りの人からもそう言われますし、そのように思いながら自分でもやっています。私は自由に何でもでき、創造的な感覚も大いにあると思います。私の仕事は刺激に満ち興味をそそるもので、大切に思っています。だからこそ私には包容力や寛大さもあるのだと思います。でも家にいると、何かが足りないように思うのです。決定権を持った人として見られるのが怖いのです。それは、良好な人間関係を脅かすものだと私には思えるのです。だから、パートナーが望む通りにやっているだけで、それでいて後で落ち込んでしまうのです。私は、自分が本当に考えたり信じたりしていることを言えないのです。自分ではもっと主張できるようになればと思うのですが、彼は私のことを耳障りな声で何でもかんでも要求する人と見ているのです。彼は、「自分はあなたの職場の子分のひとりではない。職場でやりたいようにはできても、ここではだめだ」と言うのです。彼が言っていることは正しいと思うので、反論ができるとは思えません。ですから、日常の生活では埋め合わせをするような意味もあって、「何も考えずに」従うようにしてきたのです。これまではそれが効を奏していました。ひどい愚かな罪ですね。私は自分に腹を立てていることがわかりました。私は週末によく頭痛がし、帰宅した時に耐え難いほどの疲れを感じることがあります。疲れを感じるのは、何をすればよいかがわからないためではなく自分自身が混乱しているからで、全身の疲れとともにあらゆることが曖昧なままになっているからなのです。

自分が結婚したり新しい人間関係を始めたりした時に、自分の見方や自分の思いを犠牲にしてしまう女性もおり、それが子どもにも影響を及ぼす。これ以上は相手と戦ったり、相手との関係の中で自分がもがいたりしないという信念によるものだが、家庭や夫や子どもたちに仕えてきた長年にわたる受動的な役割に満足しているからである。この役割がどのように現れるかは人によってさ

まざまである。しかし女性的になるのをやめると、今度は葛藤やもがきしか起こらない。そのことを恐れ、自分の本当の声に従うのをあきらめてしまう。その結果、憤りや怒りを招くこととなる。

　フェミニズムのおかげで古い神話は見直されつつある。しかし女性たちは、自分が置かれた状況がややこしくなったり、誤解されていた自分を表現するための新しいやり方に挑戦しようとしたりした時に、すっと引き下がってしまうことがある。

　男性と女性の表現の相違は、女性的な原理をもっとも肯定的にとらえ、そこに意識的な光を当てようとする女性らしい対応が生まれるという期待のもとに生まれる。ここで言うところの女性的な原理とは、

・受容する力がある。ただし、受動的というわけではない。
・人を力づける。ただし、やみくもに他者を力づけるのではない。
・柔軟で適応的であり、従順で創造的である。ただし、「やみくもに」従うのではない。
・からだや情動の変化に意識を集中させ、そこで変化が起こっても恐れない。ただし、情動が過多になったり、軽はずみなことをしたり、軽薄であったり、自意識過剰ではない。
・性的な魅力を持ち官能的である。ただし、たんに男心をそそったり、いちゃついたり、気取ったりするのではない。
・子育てが得意である。ただし、機械的に食事を与えたり、やみくもに食べさせたりするのではない。
・抑制的である。ただし、所有欲がないわけではない。
・親しく過ごし、必要な時には相手を優先させる。ただし、（男性であっても女性であっても）去勢するかのように無気力にさせたり、過剰なほどに言いなりになったりするのではない。

　女性が自分の男性的な面を表現できるのは、女性らしさを生み出す場所、すなわち子宮があるからだ。このことは、先に挙げたような否定的な面の代わりをしたり、それを補ったりするようなものではなく、女性であるためには副次的なものに過ぎない。

ひとりの男性として、
感情をまったく表さない「男性らしい」男性になるべきだ

　このジレンマは、もしも自然に生まれた感情をありのまま受け入れたいという気持ちを回避させるようなできごとや人間関係があると、なかなか修正するのが難しい。もしも女性が、これ以上自己を主張せず、かつ依存的になって女性的であるように生きようとすると、このような女性と関わる男性たちは女性たちに人間関係のありようを改めさせ、感情を抑え込むことを求める。多くの男性は、何か個人的に打撃を受けるようなこと、たとえばパートナーが家を出ていくとか、病気になって誰か他の人を頼りにするとか、恋に落ちるとか、自分にとって大切な人だということをまったく気づかなかった人を失うといったことが起こるまで、自分の感情と関わることを避けてきたのである。

　社会の中での女性の役割が変化することで、男女間の関係も合理的なものに変わりつつあり、男性は前の世代の男性と比べて自分の感情を脇に置かなければならないことを早くに知ることとなった。「筋肉質」であることを良しとする伝統的な環境の中で育った多くの男性にとっては、自分の感情や情動を表す言葉をまったくと言ってよいほど身につける必要性はなかった。そのためできあがった神話は、男性は外の世界で合理性を持ち感情に流されずに生きることを善しとする姿であり、複雑で拡散した情動の世界は人としての進歩を妨げ、男性的になるのを邪魔するだけであるように思われた。男性は、自分の感情があまりにも大きくなりすぎるのを恐れるため、それらを自分から切り捨て、結果としてバランスを失った状態に陥ってしまう。だから、極端なほどの男性的なやり方をすることとなる。その結果、男性は孤独になり、仕事でも生活でも他者と関わることができなくなってしまう。自分たちはロボットのように行動しているだけだと考えて落ち込み、自分の大部分を拒絶し、はかなさを抱き、何も感じることができず、強硬で固定的な対応しかできない状態になる。

　男性と男性度について述べた古い神話は、未だ生き続けている。つまり、男性はタフで、筋肉質のからだつきで、責任感があり、命令に従い、厳格で、自分の意思で行動でき、意識を集中でき、断固とした態度をとり、妥協はしない。本能的には強い感情を抱き、女性的な面も強かったとしても、強い社会的なタブーがあるために、男性たちは自分自身の中にあるそのような面が外に現

れてこないようにしてきた。ほんの些細な決まりごとがたくさんある。たとえば、「男の子は泣くな」。それに、お母さんっ子、意気地なし、お母さんのスカートの後ろにすぐに隠れる、締まりがない、臆病、ひ弱、弱腰、不能、きざ。これらはみな女性的な面と関連したもので、男性に対しては否定的な意味合いを含んでいる。

質問コーナー：男と女のジレンマ

男性であること、女性であることの特徴は何だと思うか。自分自身の生活の中で、次のような期待をどれくらい持っているだろうか。

自分が男性に期待することは

- ☐ 強い存在である
- ☐ 特定の男性の仲間がいる
- ☐ すべてのことを決める
- ☐ 女性に牛耳られたり影響を受けたりしない
- ☐ 何かに慌てたり悩んだりしない
- ☐ きわめて重要な役割を果たしている
- ☐ 自分の弱さに屈服しない
- ☐ お酒が飲める

自分が女性に期待することは

- ☐ 親切でやさしい
- ☐ 良き主婦になる
- ☐ 温かさがある
- ☐ 平和を求める
- ☐ 子どもや関わりのある人々を気遣う
- ☐ 特別な「女性」としての世界を持つ
- ☐ 外見を美しく保とうとする
- ☐ 決して攻撃的になったり男性的になったりしない

> おそらく男性、女性のどちらにも言えることがある。それは
>
> ☐　しっかりした考えを持つ
> ☐　お互いの「触れてはいけない」領域を理解する
> ☐　しっかりした感情
> ☐　意思決定
> ☐　悲しい時には泣く
> ☐　あらゆる状況での主張性と適切な状況での攻撃性
> ☐　必要な時には怒る

　私たちがみな知っているように、デズモンド・ツツ（Desmond Tutu）やバラク・オバマ（Barack Obama）のような賢いリーダーは、「女性的な」強い感情と男性的な判断力の両方を兼ね備えており、だからこそ何かが起きた場合に周囲にいる人々を納得させることができる。しかし、このようなふたつを併せ持っていることが問題にもなることを私たちは知っている。

PART 3

名前をつけることで
問題となっている症状を取り除く

　妄想は心が何かに対して早々と一段落つけてしまおうという気持ちの現れである。物事を定義しようとする心の特質であり、実際の体験とは違った定義をする。

マーク・エプスタイン（Mark Epstein）『崩壊なしに平和に向かう』
(*Going to Pieces without Following Apart*, 1998, p.126)

第4章　わな

　ある種の思考や行動は、事態がよくなるどころか悪化するように思える時に「悪循環」となって現れる。わなと呼ばれるのは、私たちがそこから逃れられない行動様式のように感じられるからである。そのようなわなから逃れるためには、自分の考えや思い、前提を修正する必要がある。

「他者が望むことをしよう」と自分をなだめるわな

　厳しい判断がなされることに恐怖を抱いたり、自分に自信が持てなかったりする時、私たちは自分のことを思いのままに表現するのではなく、他者の考えや信念、あるいは欲求に沿って行動しがちである。言い換えれば、他者の指図に従うかのように行動する。彼らのことを優先し、彼らが望むことをやり、彼らと同じように考え、彼らが感じるように感じる。ある女性がかつて私に言ったことがある。「ある人に非常に辛いことが起こったのです。その時、私はとくに何も感じていなかったのですが、泣かなければいけないと思いました」。一連のできごとの背景には、「彼らが望むことをすれば、きっと了承が得られる。私のことを好きになり、優遇してくれて、私と一緒にいたいと思うだろう」という考えがある。時間が経っても起こりやすいのは、他者を優先させようとする気持ちがうまく利用されてしまっているからだ。一生懸命にやっても、ただ使われた、悪用された、傷つけられたと感じて憤慨しがちである。「彼が望むものはすべてあげました。一度も反論しませんでしたし、決して反対したこともありません。髪の色やヘアスタイルだって、彼の好みに合うように変えました」「彼が好きでなかった私の友だちには、会わないようにしました」「僕は彼女のために趣味の車をあきらめたのに、僕と別れ、彼女の言うことをまったく聞かない他の男のところに行ってしまった」という声を耳にしたことがある。私たちが本当に望むものが愛情や尊敬、気遣いや愛などであれば、こうし

た対応は裏目に出てしまい、ひどく落胆させるに違いない。

　私たちが挑戦すべきは、愛されるために相手を優先させなければならないという前提である。当然のことと思って相手を優先させればさせるほど、自分への不信感は募るばかりだ。心のエネルギーを相手を優先させることにばかり費やし、自分の安全を確保しようと相手の世界に入り込むと、本当の自己を形づくることができなくなってしまう。状況に対処するだけ、生き延びるだけの自己しかできなくなる。

　「他者が望むことをしよう」というわなにはまり、落ち込んだり無視されたと感じる時、私たちの実際の欲求は見過ごされてしまい、それによって憤慨したり愛情に飢えたりする。そうしてほしくない時には、このような欲求が子どものように爆発することもある。思い通りにならないように感じ、他者を優先させなければならないというプレッシャーや、それによって生じる怒りの感情が緊張を引き起こす。そのために事態の進行を遅らせ、実際には落ち込んでしまうことになる。さもなければ、怒りや不満が高じ、それが自分自身に対する不信感と相まって、その状況から逃げ出すことになる。

パット

　パット（Pat）は、「他者の望むことをする」というわなにはまったことを知った。彼女は、「いいえ」と言ったり、自分とは違う意見や見方、外観、態度、考え方、振る舞いをするからということで、その人に嫌悪感を抱いてしまうことに耐えられなかった。彼女にとっては相手に合わせて行動しないのは敵意や拒絶を意味しており、耐え難いものだったからである。彼女がつけたセルフモニタリングの日記には、次のように書かれていた。

　「新しい洋服を買った。私が欲しかったものではなく、店の人がこれが似合うと勧めてくれたものを買った。私が欲しかった洋服よりも高価で、色も好きではなかった。でも、どうしても勧めを断れなかった。家に帰ってから泣いた。落ち込み、怒りが込み上げてきて、絶望感に陥った」

　パットは、一晩中叱りつけられていた子どもの頃のできごとも書いた。彼女は、そのできごとを大きな声で話してくれたものの、叱られ続けていたために徐々に気分も滅入ってきた。「私はあの人たちが望むことはしてあ

げてきましたけれど、あの人たちはと言えば、私のことなど見向きもしてくれませんでした」。彼女は、夫や友人との間でも、同じようなできごとがあったことを思い出した。その友人の中のひとりにとって、彼女は「身上相談欄の女性回答者」のようであった。パットは、彼女に対して自分の問題を打ち明けたかったが、彼女はまったく耳を貸そうとはしなかった。パットが涙ぐんでいて傷ついているように見えた時でさえ、その友人は来週会おうと言うだけであった。パットは、時間通りに行ったものの、その友人は1時間も遅刻してきた。パットは、心の中にたまった怒りが燃え盛っていたものの彼女に言うことができず、友人を失うのではないかという不安だけが高まった。パットは、友人が遅刻したのは待ち合わせの時間を間違ってメモしたからに違いないと考えた。これが真実でないことは重々承知の上で。パットは気が動転して何も言えなかったが、それを見た友人はますます怒りっぽく短気になった。その結果、パットは、罪悪感や孤独感、それに怒りも感じたが、このような感情は頭痛や足の痛みの中に隠れてしまって、表には出てこなかった。

　その後、自分が他者を優先するように行動し、それを続けるように強いられていたことがわかった。その時、彼女はセルフモニタリングをしていた時に書いたイメージのひとつを思い起こし、その感情に取りつかれるようになっていった。誰かを非難するか優先するかの分かれ目は、他者からどのような振る舞い方を強いられ求められていたのかということと関連していることがわかった。

　セルフモニタリングを続けていく中で、彼女はふたつの重要なできごとを思い出した。そのひとつは、英語を教えてくれていた先生のことだった。パットはすばらしいエッセイを書いたので、先生は彼女に一目置いていた。その先生は初めて教える子どもたちであったことから非常に神経質になり、クラスで何か問題が起こるといつもパットのほうを見た。パットは先生にとって安心でき、先生を助ける存在となっていたのである。先生の視線は、「私のことを放っておかないで」と言っていた。パットは、先生の姿が同じような不安感を体験した母親の姿と重なっていったことがわかり、母親がより満足できる人生を歩むためにパットに手助けを求めているように見えた。他者のために自分が率先してしなければならないというパットの対処法は、この母子関係の中で始まったのであった。彼女のもっとも根本にあった恐れは、もしも目配せにすぐに対応しなかったら、母親が不機嫌でいらだち、内に閉じこもるようになって、自分の生活がめちゃくちゃになってしまうことにあった。パットは母親から認めてもらえず冷たい沈

黙が続くことをひどく恐れていた。そうされると、彼女はひとりぼっちになり無視されたように感じ、自分が間違っていたと思うのであった。その結果、恐怖と苦痛に的確に対処することによって、他者を優先するという習慣が身についた。これは、母親の欲求に対応し事態を安全に保つため、幼少期や青年期には妥当なやり方であった。しかし、これは表面上うまくいっていたものの、実際のパットは自分の中から出てくる声に従うことも、自分らしいやり方をつくることもできなかった。つまり、母親の欲求に屈して無理矢理合わせているに過ぎなかったのである。

　他者を優先するという習慣は大人になった今でも続いており、抑うつ症になってセラピーを受けるまで疑問にも思わなかった。抑うつ症の大部分は、自分をなだめすかすわなの中で生きてきた結果であった。彼女が結婚した相手の男性はというと、彼女のような相手を優先して対処する人に接してもらって生きてきたような人であった。パットが突然子どもに怒りを爆発させたり、自分の仕事をしたりしようとすると（もっとも、最近は罪の意識からやめてしまった）、彼はいつも憤慨した。それ以来パットの抑うつ症により、あらゆることが混乱した状況に陥った。

　パットはたとえ自分が危険にさらされても、わなから脱出しようと考えた。彼女は、「いやです」と言い、他の人とは違うことをやり、嫌われるという危険を冒したのである。その結果、最悪の恐怖に直面した。その恐怖は子ども時代にまでさかのぼることができ、その頃の強い痛みをともなう恐怖を今も引きずっていたのである。パットは、もしも自分がもっと成長し自由になりたければ、子ども時代には不可能であったが、大人になった今ならあえて積極的に危険を冒していかなければならないことを悟ったのである。

　パットがそれまでのような言いなりの状態から積極的に主張するように変化したところ、彼女の夫は最初は驚いたが、以前とは違って妻が「生身の」人間である特徴をたくさん持つようになったことがわかった。それまでのように常に「わかりました」とは言わなくなった時に、そのことを確信できた。彼女がいつも「良い人」ではないことがわかってほっとした。彼女のほうも、これまでのように落ち込まなくなった。パット自身も驚いたことがもうひとつあった。自分のことを好きではないだろうと思い怖れていた人たちが自分に注意を向けてくれるようになり、彼女を言いなりにさせようとしていた友人は、「これであなたとは良い関係がつくれると思うわ。もう玄関マットのように踏みつけられるだけの存在ではないわね」と言った。

人は誰でも「玄関マット」や慰み者にはなりたくない。自分への「いじめっ子」をつくることにつながるからだ。自分が「善人」になることは、他の人に悪事を働かせようとすることでもある。また、もしも誰かが「善人」と見なされていたら、その人の心の底にある怒りは隠してしまうために、自分にとってその人はかえって強い恐怖の対象となりうる。

他者を優先することは、人間関係をつくり、他者と相互交渉を営む上では効果的で必要なスキルである。しかし、私たちの生活がすべてそれをもとになされていたら、自分を傷つけ自己否定するわなにはまり、最悪の恐怖を持続させることとなってしまうのである。

質問コーナー:「他者が望むことをしようと自分をなだめる」わな

もし、以下のような状況になったら、あなたはどう行動するか。

優先させてあげないと自分が不安に思うのは、

☐ 自分と親密な関係にある人たち
☐ 職場の人たち
☐ 誰であってもみんな

もしも、自分が優先させてあげない人がいたら、それは、

☐ 自分のことを良く思ってくれていない人たち
☐ 人生において決して関わりたくないような人たち
☐ 自分のことを拒否したり、相手にしなかったり、無視したり、ないがしろにしたり、批判したり、虐げるような人たち

誰かを優先させるとは、

☐ 自分がどのように感じるかは考えずにその人が望むことをする
☐ その人のことをすべて知り、何が彼らをそうさせているかを理解することで、その人が望むことをし、それで満足感を感じる
☐ 彼らが自分に何をしようとも、決して怒ったり落胆したりはしない

□ 自分の中から何かの感情が漏れ出てきたり、自分が拒否されたり非難されたりしても、そのような自分が本当に感じたことは押し殺してしまう
□ 相手の善意があるからだと考え、うまくことが運んでいると心の中で感じる

　もし、他の人のことを優先させなければならないという考えによって自分自身が主体的に関わっているという意識を失わせてしまい、他者の善意を受け入れることへの不信感を増大させてしまうなら、

□ そのようなことは闇に葬ってしまう。なぜなら、うまくやれる確信もないし、悪いことが起こっても対処できないから。
□ それでも「あなたを優先させない」とは言えず、ますます多くの問題を抱えてしまい、適切ではないことに同意せざるをえなくなり、最終的には相手の言いなりになってしまう。

　もし、あなたがそれぞれの質問コーナーで複数の質問に「はい」と答えたら、それは慰み者のわなにはまっているからである。細かな条件がつけられているために承認できないのか、あるいは一生懸命努力するかという相反的役割があることがわかるだろう。もっともきわだった特徴に目を向け、自分の感情に注意を集中させれば、それが何であるかがわかるはずだ。これらの感情の源が何であるかを理解する手助けとなるイメージや記憶を、しっかりと考えてみよう。それをノートに書き留めよう。第12章「生い立ちを書く」を読んでみるとよい。

「何事もうまくいかないに決まっている」という（抑圧された思考の）わな

　私たちは、自分がやってしまったからこそ事態を悪化させ、失敗したのだと考える。ほんの少しうまくいかなかっただけで自信を失い、ついには自分は失敗したと考えるようになってしまう。自分自身をわざわざ落ち込ませるように考え、抑うつのわなにはまり続ける。たとえその抑うつが複雑な要因がからみ

	月曜	火曜	水曜	木曜	金曜	土曜	日曜
午前7時	10						
午前8時	10						
午前9時	9						
午前10時	9						
午前11時	9						
正午	7						
午後1時	7						
午後2時	6						
午後3時							
午後4時	7						
午後5時							
午後6時	7						
午後7時	4						
午後8時	5						
午後9時							
午後10時	5						

書き入れる数字の目安
10：非常に気分が落ち込んでおり悲しくて対処できない
 7：気分は落ち込んでいるが対処はできている
 5：適度な抑うつ感
 3：抑うつ感は弱く、他のことはやれて、回りも見えている
 1：落ち込まずに楽しく過ごしている

図4.1　抑圧された気分に関するセルフモニタリングで用いるチャートの例

あったもので、治療が必要な身体症状が実際にあったとしても、抑うつ感を認識し、それに抵抗していこうとすれば、この落ち込んだ気分を変えられることが先行研究の結果から明らかになっている。

　セルフモニタリングを用い、「なんてことだ、今日に限って」「そんなことはできるわけがない」「気分がすぐれないから、今日は外出しない」「あまりにも恐ろしくて何もできない」「その場所の近くに行くだけで耐えられない」というように、自分自身を考える機会が何回あったかを、来週1週間、書き留めてみよう。いずれにせよ、それをやったら気分が悪くなるに違いないと思っていることは事実だ。

　落ち込んだ気分のセルフモニタリングをするため、図4.1に示したようなチ

ャートを書いてみよう。落ち込んだ気分の状態を1時間ごとに1点から10点で評定する。抑うつがもっとも弱ければ1点、逆にもっとも強ければ10点になる。1週間、毎日このチャートに記録し、もっとも得点が低いのはどこで、もっとも高い得点はどこでそれぞれ起こったかを見てごらんなさい。あなたの好みによっては、数字ではなく色で識別してもよい。このチャートを書くと、自分の気分はどうか、どのような感情を抱いていたかがわかる。日常生活を送るうえで、どこに問題があったのかもわかる。

　気分が落ち込んでいる時は、丸くなって縮み込んで何もせず、何をしてもうまくいかないと考えてしまう。このような時にはふたつのエクササイズが手助けとなる。ひとつは、もっとも落ち込んだ時間帯を見つめよう（多くは午前中である）。もうひとつは、ずっと10という評定値ではないはずだ。もし10をつけるのであれば、おそらく医者の専門的な治療が必要になってくる。もしそうでなければ、正直に自己観察するという前提の上であるが、抑うつの根底には怒りがあり、怒っても許される状況になるまでは安心できない。この点については、第5章を読んでみるとよい。もっとも落ち込んだ時のことを思い出し、何でそうなったのかをセルフモニタリングすれば、恐怖心が自分のどこにあるのかがわかるはずだ。

　このようなわなに対処するにはいくつかの方法がある。人によって、原因もさまざまである。

マルコム

　マルコム（Malcolm）は、抑うつ思考のわなにはまってしまい、身動きが取れなくなっていた。彼は自分を振り返り、自分の生活を見つめ直してますます落ち込むようになっていた。自分がやったことに対して誰も評価してくれないことに落胆していたのである。退職の際には盛んな拍手を浴びることを期待し、その一方で忘れられていくことに恐れを抱いていた。彼の問題は深層レベルで考えれば、「自分は何か特別なことをしなければならないのに、今あるのはむなしさだけで、自分はたいした人間ではない」という若かった頃に抱いたジレンマが大半を占めている。このことは第6章で考えるが、彼はこのような特別なわなにもはまっていたのである。毎日、「もう誰も自分のことを必要としていない」「誰も返事をくれないのだ

から手紙を書いても意味がない」と考えてしまい、それが落ち込んだ気分の原因となっていた。

　マルコムは、「自分は最初から運命づけられていると考えてしまい、自分がやること、言うこと、目指すことが無意味なものだと決めつけるから、自分の人生を危険にさらしてしまっているのだ」と考えていたことに気づき始めた。つまり、彼がこのわなから脱出するには、自分が成し遂げたことに誇りを持つことだ。英語の先生として、彼には非常に優秀な教え子が数多くいるものの、自分ではたいしたものではないと思っていたかもしれないが、実際にはすばらしい功績をたくさん残していた。周囲から認められ価値があると見なされるものは何かという彼の基準は、名声を博し、多くの人に認知されることだというような対外的で固定したものであった。彼は、名声や他者の認知などなくても、すでに価値があることをしてきたことに気づいていなかったのである。マルコムの自己に対する抑うつ思考は、望みを失い無意味だという感情や死を求める感情と結びついていた。幸運なことに彼はわなから逃れ、もう一度的確に自己評価をしようと考えた。そして、自分のことを「身動きできないようにさせていた」感情に強い怒りを覚えた。

　私たちは、自分を否定的に考え、抑うつ的な思考をすることにより、わなにはめられてしまうかもしれない。それは自分を苦しませるだけである。

クレア

　クレア（Clare）は、ひざの手術を終えて退院した後、ひどく気弱になった。ただ、彼女は退院する前からすでに気分が落ち込んでいた。それは、家庭でもしっかり者で、コンサルタント会社でも優秀な人材として5年間働いてきたものの、これまでのように仕事を続けられなくなったからである。自分がやる「仕事はなくなり」、自分が知っていた規律正しい世界は入院中にどこかにいってしまったと感じて落ち込んだ。そのような感じを抱いてしまった後、日常の雑務に十分に対処できなくなっていたのである。「私は役立たずだ」「何ひとつできない」「誰も私になんか会いたくない」と言い始め、ますます落ち込んだ。彼女は、夫が自分のことを理解してくれず、その彼に理解させることすらできないこと自体を恐れた。このわな

にはまったために、ほとんどいつも泣いているような状態になった。彼女は夫と一緒にセラピーを受けにきたので、彼女の落ち込んだ気分を記録するために図4.1に示したセルフモニタリングのチャートを書くように勧めた。彼女は、自分が四六時中落ち込んでいるわけではなく、それほど落ち込んでいない時もあることを知ってからは、感じたことを記録し言ったことを書き留めようと多くの時間を割いた。最初のうち、彼女は自分が言いたかったことはすべて無視した。たとえば、「こんなことをしても馬鹿げている。決して彼は耳を傾けてくれないのだから」などの言葉である。しかし夫の支えもあって、落ち込むような時間はほとんどなくなり、抑うつ症から解放された。

　自分の否定的な感情、たとえば「自分がやれば事態を悪化させるだけだ」というような考えを1週間モニタリングしたら、それを時間をかけてよく振り返り、そのような思考はどこから生まれてくるのか、どれくらい続いているのかを明らかにしていこう。

質問コーナー：
「何事もうまくいかないに決まっている」という
（抑圧された思考の）わな

　事態を悪化させるのではないかという恐怖を、あなたはどれくらい過大視しているか。セルフモニタリングをし、一緒に正確な状況を把握しよう。図4.1のチャートを使ってもよいし、次のことがらに関して否定的な結果が起こるであろうと思われる時と場所を考えてみてもよい。

☐　自分が考えたことやアイデア
☐　自分が言ったこと
☐　自分がやったこと

　もし事態が悪化したと感じたら、それにどのように関わるか。
　自分だったら、

> ☐ 自分が好きなことをする
> ☐ 自分がやりたかったことをする
> ☐ 新しいことをする
> ☐ 他の人がやって褒められたことで自分にはできそうにないことをする
>
> 自分がどうすればよいか理解できただろうか。

　もし、挑戦して意識的に変えていかなければならないような抑うつ的思考が常に続いているために自分の抑うつ症が悪化したのなら、以下の章を読んでいくことによって、落ち込んだ気分の原因が何かということの手がかりを探ることができるだろう。

「自分を安楽にさせる」わな

　私たちは、他者との関わりの中で生まれるトラウマは価値のないものだと考えることがある。不安が高じると、自分にうんざりして愚かなやつだと考えるようになる。もう会わないようにしようと決め、それを相手に言う時には気持ちが高ぶり、悩む。むしろ、自分自身に対してそう思っている。これ以外に選択肢はなく、状況は好転しないと考える。無理して会ってもうまくいかないと思っているので、相手をきちんと見ようともしないし、言ったことを理解することもできず、仲良くなれず、よそよそしくなってしまう。このような理由から、人は他者との関わりを避けようとする。これは、本当に望んでいることとはまったく逆で、むしろ他者を優先するわなと同じように、人と会って話をするのに必要な社会的スキルを獲得できなくさせることにつながる。人に積極的に会うことで本来は満足感が得られる。わなの持つ悪循環を壊すのに必要なものだ。もうひとつ、自分には能力がないという根拠のない考えを強めてしまうことになる。人と関わることに対し、非現実的なほどまでに恐怖を覚える。相手がどう反応するかにあまりにも過敏になり、拒否されるのではないか、否定されるのではないかと過剰に考えてしまう。ジェフは、自分の体験を思い出して次のように言っている。「パーティーで他の人と話し始めた時、舞台の照明が自分の全身に当てられ、みんなが自分のことを見ているかのように感じた」。

> ### ポール
>
> 　ポール（Paul）は、誰かと仲良くなろうとしてもうまくいかないことを、非常に幼い時に知ってしまった。子どもの頃、彼は1年半ほど入院した。その時のことは記憶にないが、長期にわたる親との分離が幼い子どもにどれほどの影響をもたらしたのかは想像に難くない。PART 2で見たように、幼い頃、自分らしく生きようとしても自分ではどうにもならないような感情は、すべてなかったものとして切り捨ててきた。ポールが6歳だった時に母親が病気になり、その翌年に亡くなった。だから残りの子どもの時代、彼は本当にひとりぼっちであった。父親は仕事が忙しくほとんど不在で、祖母と一緒に暮らしていた。だが、その祖母が好きではなかったのである。
> 　ポールは勉強して百科事典のようにたくさんの知識を蓄える、という自分の世界に閉じこもるしかなかった。
> 　私たちと出会った時、ポールは優秀な科学者として成功を収めていたが、彼の中ではまとまりを欠いた状態であった。彼は自分のことを、ワードプロセッサの分野では有能な科学者であるが非常に孤独な青年だと思っていた。そのような意識の分離が長い間続いてきたのは、「自分を安楽にさせる」わなに引っかかっていたからであった。その後、好きな人が現れ、愛情や興奮、共にいることの喜びといった感情が表に現れてきた。だが、最初はうまくいっていたものの、愛する女性（もともとは母親）に捨てられるのではないかという6歳の子どもが抱いたのと同じ恐怖が、再び頭をもたげてきた。
> 　第5章ではこのポールの話を述べる。ひとりぼっちになり、その時にどのようなことを意識したのかがわかれば、彼は外の世界だけではなく内なる世界をもっとよく見つめられるようになり、科学者として自分を巡る世界を注意深く理解できるはずだ。彼は、苦痛が続いたとしても、それを表現する方法を見つけようと、慎重にではあるが危険を冒しても過去を見つめようとした。

　メアリーも、同じような状況であった。次ページの図4.2に示したチャートを描いて、「自分を安楽にさせる」わなに自分がどのように引っかかってしまったのかを考える手助けとした。質問コーナーのそれぞれの文が自分に当てはまるかどうかノートに書いてみよう。

108　PART 3　名前をつけることで問題となっている症状を取り除く

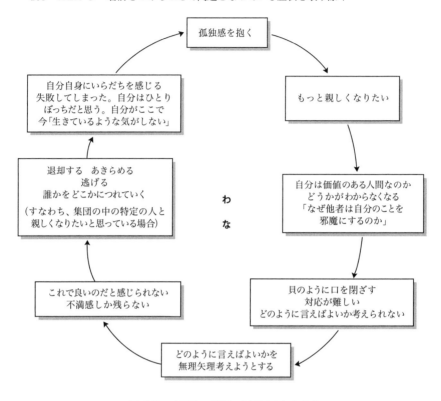

図 4.2　メアリーが行った問題のとらえ方
この図は、メアリー自身が対処法として「自分ではより良い選択だと」と思っていたものの、実はわなであったものにどのように陥ったかを理解するのに役立った。

　もっとたくさん、重要な情報を集めよう。それは、自分の生い立ちを振り返り、変化に向けた計画をつくる時に使えるものだ。

質問コーナー:「自分を安楽にさせる」わな

　最初に、自分の日常生活について振り返ってみよう。

☐ 自分がふだんやっていることをリストアップしよう。それには朝食をつくったり、仕事に行ったり、買い物に出かけたり、休暇を過ごすなども含めてよい。

- 毎日あるいは毎週、ひとりで何時間くらいそれをやっているかを示したチャートを書こう。
- 組織の中で働いていて、他の人と話したり、仲間関係をつくる機会がある時、仕事をしていたら、人を避けることがどれくらいの頻度であるだろうか。
- クラブや会合に参加したり、誰かと食事に出かけたり、仕事が終わっても職場に残ることはあるか。
- 週末に他の人たちとの交流を求めることはあるか。「向こうから来るべきだ」とか「相手が喜ばないのに努力する必要はない」と考えるか。

次のような論理の循環は真実だろうか。

- 自分は誰かと一緒にいることに慣れていない。相手から話しかけられたら、何と言えばよいかわからないから。

自分は誰かと一緒にいることに慣れていない。なぜなら、

- ほとんど対人関係の練習をしてこなかったから。
- 人に会わなかったから。
- 一緒に仕事をすることがないから。
- 一緒に遠出することはないから。
- 対人関係の練習になる場として、あえて会う機会を設けようとは思わなかったから。

誰かが自分に話しかけてくれることを期待している。なぜなら

- 自分は外向的だと思っていないから（内向的な面はどこから生まれたのか。誰が内向的だと言ったのか。本当に内向的なのか。内向的かどうか誰かに聞いてみるとよい）。
- もしも誰も来てくれなかったら、自分は価値のない人間なのだと思わざるをえないから。
- 自分から努力すべきだとは思わないから。きっと良いことが起こるはず。

誰かと一緒にいても満足できない。自分がどのようにされるかを考えると、

- □ 拒絶されるだろう。自分のことが好きではないから。
- □ 批判されるだろう。というのは、自分がその人とは違っているから。
- □ 無視されるだろう。他の人たちは私のことを、退屈でばかなやつだと思うから。賢いわけでもなく、魅力的でもなく、金持ちでもなく、正しいアクセントで話せないから。

自分がみんなに会う時、

- □ 彼らを見つめられない。手には汗をかき、息が苦しい。
- □ まるで地に足がついていないかのように感じ、私が何か間違いをするのではないかとじっと待っているように思える。

自分が恐れているのは、口を開いたら自分は、

- □ 間違ったことを言い、みんなが私のことを笑うだろう。
- □ 当惑してパニックになり、たぶん不機嫌になり、ののしり始め、何かひどいことを言うだろう。

他者とどのように一緒にいられればよいかをイメージしてみよう。どんな人になりたいか、描いてみよう。

「回避」のわな

　もし困難が予想されることをいつも避けていたら、回避すること自体が困難さや自分の無能さ、自分の人生を自分で決められないという感覚を強めるだけであることがわかるだろう。おそらくそのもっともわかりやすい例が、広場恐怖で悩んでいる人たちだ。

　広場恐怖は、外出先、列をつくってバスを待っている時、店内にいる時、通りに沿って歩いている時などに起こる。映画館や公共施設の中で起こる場合もある。膝がくがくして、動悸が高まり、あたかも心臓が爆発してからだの外に飛び出しそうに感じる。呼吸をするのも困難になり、気絶しそうになり、吐

き気も生じる。建物や周囲の風景がばらばらになり、耐え難い恐怖によって瞬間的になす術を失ってしまう。そのような人々は、「自分は死ぬのではないかと本気で考えた」という。

　不安によって生じる身体的な変化は深く強いために人々を驚愕させてしまい、脳の組織に問題がある器質性の病気と混同しがちである。症状は同じであるが、原因はまったく違っている。このような状況で起こりやすいことは、同じ発作が再び起こるのではないかと考えて外出がままならなくなることである。あまりにも恐怖感が強くなり、恐怖を抱いていること自体が恐怖となり、外出せずに過ごすようになり、結果として恐怖を抱くような状況を避ける。これは、広場恐怖を患っている人たちが屋内でひとりでいることに強い不安を感じ、自分の不安を家族や友人に語ると一時的な解放がなされることからわかるだろう。その結果、家のベッドの上で誰かがしっかりと自分のことを包み込んでくれたような時だけ安心感を抱ける。恐怖を抱くようなものを回避してしまえば不安から解放されるが、自由がかなり犠牲にされて、生活それ自体を制約してしまうことにつながる。実際のところ、広場恐怖の患者の多くは何年間も外出していない。

　マインドフルネスを基礎とした技法は、胸の高鳴りを覚えたこと、それに関連する考えなどを詳しく知ろうとする手助けになる。心理学者であるクリストファー・ジャーマー（Christopher Germer）博士は著書『マインドフルネスと心理療法（*Mindfulness and Psychotherapy*）』で以下のように述べている。

　　恐怖映画を1コマずつ分け、よく調べようとしてキッチンのテーブルに1コマずつ並べたりするようなものだ。恐怖映画であっても、こうして1コマずつ丹念に調べてしまうと、ぞっとするような印象も失われてしまう。その瞬間瞬間で、実際に体験した生の事実を自分が簡潔に表した恐怖という結論から引き離すことによって、恐怖を感じる過程が破壊されてしまうからである。

　中には、拒絶されるのを恐れて人と接触するのを避ける人がいる。また、自分にとって好ましくない状況では決定を避けてしまう人もいる。対応が困難な時には、こちらから電話をかけるのを避けてしまう人も多くいる。他者のためにするのが嫌だからと日常の雑事をするのを避け、言われるまでやらない人も

いる。こうして大抵の人は、回避のわなに引っかかってしまう。これまで体験したことがなかった想像するだけの状況だと自分は対処できない、と考えてしまっているからだ。「もし、……したら、何が起こるかといえば……」というような感覚に続いて、拒絶や怒り、あざけり、あるいはもっと悪い感情を伴う否定的な流れが続き、自分は無能だという感覚にさせ、その状況から回避させてしまう。

　私たちが陥る回避のわなは、多くの場合、私たち自身を欲求不満状態に陥れ、孤独にさせ、気分を悪くさせてしまう。だが、不安はそのまま続いている。これは、避けようとしていた恐怖よりも、さらに状況を悪化させてしまうものなのである。

テリー

　テリー（Terry）は3歳になるまでに両親とも亡くなってしまい、祖母によって育てられた。祖母は彼のことを過保護に育てたので、彼は外に出かけようとか自分の世界をつくろうとは決して思わなかった。学校に通い始めてからも、出産に伴う障害を治療するために長期間入院して欠席することがよくあった。そのため、登校することもあまりできなかった。授業中に質問されて答えを求められても答えられなかった時に恥ずかしい思いをし、自分はばかな奴だと思った。その後、理解できていないことについて質問されても「わからない」と言えず、答えることそのものを避けてしまい、ますます「おばかさん」と呼ばれるようになってしまった。

　対決をせまられたり、意地悪をされたりしても、どうしてよいかわからなかった。祖母との生活とはまったく違った外の世界への準備もなしに放り出されてしまったからである。テリーはこのような強いストレスに対処するため、さらには自分に求められても何もできないと誤って信じてしまったために、その状況を回避するという方策をとるようになった。「回避」のわなは、自分では対応できないだろうと思われるものをもっと率先してやるように求められた場合に、長期にわたってその作業をやらないように逃げてしまい、ひとつの仕事が長続きしないことを意味する。自分の仕事や将来に関わることを考えるのを避け、知っていたとしてもやるべきではないと決めてかかってしまい、結果としていつも悩んでいた。

　自分が抱いている恐怖を彼が直視できるようになった時、ものごとを避

けずに対処できるようになったが、以前に広場恐怖のところで述べたすべての身体症状が再び現れた。しかし今度は彼は恐怖に打ち勝ち、より熟練するための訓練プログラムを受けることができるまでになった。

質問コーナー：「回避」のわな

- □ 誤った信念のためにものごとを避けることがあるか。「それは得意でないから、やらない」と言ったりするか。
- □ なぜ、そのことを重要ではないと判断したのか検討しよう。このような態度はいつから始まったのか。いつ頃までさかのぼることができるか。
- □ 誰かが、それは望ましい態度ではないとあなたに忠告してくれたか。
- □ ある種の基準まで到達しないことに落胆したことがあるか。それは、自分自身にとっての基準か、それとも他者の基準か。その時に最初に浮かんだ人物が重要である（たとえば、父親、母親、教師など）。
- □ 自分のこれまでの人生の中で、遅れをとってしまったと感じたり、理解できなかったが誰かに質問することもできなかったりしたことはあるか。
- □ 「失敗の恐怖が意味するのは、新しく何かを始めようとは思わないことだ」。授業の履修を開始したり、就職活動をしたり、自分を助けてくれることがわかっている人と会おうとすることを、これまでに延期したことはあるか。
- □ 失敗は、自分にとってどのような意味があるか。
- □ 初めて失敗したのはいつか。
- □ 自分、あるいは家族や友人の人生の中から失敗例を挙げたら、それは何か。
- □ 自分自身や他者の期待を裏切ってしまったのではないかと感じた場合、わかろうと努力しなかったからだと考えたか、それとも自分の能力不足を表したものだと考えたか。
- □ 何かに失敗した時、失敗したことを含めて自分そのものの問題だと考えたか、それとも自分がしたことのほんの一部の問題に過ぎないと考えたか。

次の事柄の中で、回避してきたものはどれか。

- ☐ 友人に手紙を書く
- ☐ 誰かを招待する
- ☐ 昇進を求める
- ☐ 新しい授業の履修を始める
- ☐ 誰かを怒る
- ☐ 他の人が知っているのは嫌なので、誰も知らない別の本を読む
- ☐ 何か新しいことを始めようとする
- ☐ 異性間の問題を解決する
- ☐ 配偶者と対決する
- ☐ 自分を傷つけるような人に怒りを抱く
- ☐ 壊した物を修理する
- ☐ 片づける
- ☐ 子どもと一緒に何かをする計画を立てる

もしも自分が回避しなかったら何が起こるかを想像してみると、

- ☐ 病気になる
- ☐ 拒否される
- ☐ 自分が好きでないことをやらざるをえなくなる
- ☐ 何と言えばよいか、どのように主張すればよいかがわからず、事態がますます悪化する
- ☐ 怒られる
- ☐ 困惑する
- ☐ 低く評価される

☐ 回避したことで自分が払うべき対価がどれくらいか、わかっているか。

あなたはこの質問コーナーをやってみて、かなり強い恐怖を抱いていることがわかったであろう。このような恐怖を、時間をかけてゆっくりと受け入れてみよう。自分の恐怖がどのようなものか明白にならないと、回避行動を起こしてしまうに違いない。ノートに書き留めてみよう。恐怖を抱いているものが何か、それを知り、それに名前をつけることが、克服への第一歩となる。恐怖に対処することこそが主要な問題であり、第13章の目的に対応するための中心

的課題となる。

「自分は価値のない人間だ」という（自尊心が低いことによる）わな

　自尊心が低いことで悩んでいる人は多い。このことは、自分自身の価値、あるいは人生の中で自分が果たせる影響を非常に低く見積もっていることを意味している。さらに、自分は価値のない人間だという感覚が強いほど控えめになり、自分は誰からも何も求められていないと勝手に考えてしまう。このような状況にあることは、自分のことを否定的に語ったり、最後まで自分をけなしたり、されるがままにする様子からわかる。あるいはもっと不安定な現れ方をすることもあり、一見すると外見上はうまくいっているような時の裏側や、常に自分の意思で動いているかのような「社会の健全分子」という仮面の下に隠れていたりする。このような自分は使い物にならないという不安定な感覚は、人間的にすばらしく有能に見えた人物が薬物を過剰に摂取したことを聞いて友人や隣人が衝撃を受けるのと同じようなもので、別の言い方をすれば、自分たちがいかに悪い人間であり価値のない人間なのかを初めて知ることになる。

　自尊心が低い人は、自分が何かをするのが難しいことを知っている。それは、自分たちには「自己」と呼べるようなものがほとんどないために、何を恐れているのかがわかっていない、あるいはやってみたところで文句を言われたり罰を受けたりするのではないかという恐れを抱いているからだ。価値がないという思いは、批判されたり、だめだと評価されたり、あるいは人生のどこかで過剰な要求をされたことから生まれやすい。自分が表現すること、つまり実際には自分はどのような人間で、何を望んでいるかを言葉でうまく表せないと思い込んでしまっている。「自分は間違っていた」「自分が悪かった」と誰かが言うのを、これまでにどれくらい聞いたことがあるだろうか。物事をうまく処理し、みんなから愛されているような人でさえ、そのような言葉を発する。あたかも朝になって目覚めた自己が、自分を表現したり、何かを望んだり、時には存在を主張するのが間違いだと言っているかのようだ。

　自分に価値がないと頻繁に感じるのは、成し遂げる「べき」だと考える基準が明らかでないからだ。つまり、自分がやることはすべて決して完璧にはならないことがわかっているからである。そのように自分の価値を否定的にとらえ

る感情は、自らが望むものは決して得られないという感覚を意味している。得られないと考えるのには3つの理由がある。つまり、(a) 自分が何を望んでいるのかわからない、(b) それを言うだけで罰せられるのではないかと恐れている、(c) 何か良いことをしてもらったらお返しをしなければならず、それをしなければ気まずくなる、と思ってしまう。というのも、自分はそれに値するような人ではないからだ。

　落胆してしまったために、自分を表現するのをあきらめてしまうと、このようなわなにはまる。と同時に、自分の弱さに嫌気がさす。そのように思考が悪循環してしまい、自分には価値がないと思う気持ちを常に強めさせるだけだ。

スーザン

　スーザン（Susan）がセラピーにやってきたのは、日常生活を送る中で自分では何も決められないと感じたからである。彼女は、次のように言った。「私は、物事をうまくやっていくには、誰を優先させればよいのかがわかりません」。ふたり目の子どもを産んだ後、産後うつ病にかかっていると医者から言われた。しかし彼女からすれば、「この医者は何を言っているのかしら。いつもと変わらないのに」としか思えなかった。ただし実際のところ、彼女は自分が価値のない人間だと思っていることを知っており、しばしば落ち込み、時には自殺を考えたりしていた。

　彼女にはとても幼い頃の記憶がほとんどないが、病気にかかった時のイメージだけは多くあった。その中のいくつかは彼女が出産を終えた後に思い出すことができたが、いずれも自分のことを突き刺すように辛いものばかりであった。彼女は、母親は「鉄のお面をかぶったような人」で、自分は批判され、要求され、制約ばかり受けてきたと言った。その母親は、スーザンが「おむつを汚したことがない」と自慢していたが、実際には乳児期からずっと毎日のように「新聞紙にくるまれて過ごしていた」というのが正しい。だから、新聞紙は汚れてもおむつは汚れないのだ。後には、晴れていても雪が降っていても、ベビーカーに乗せられたまま何時間も外に置き去りにされることが多くあった。こうしてスーザンは、誰にも何も期待せず、他者が望むことに合わせて生きていく術を、幼くして学んでしまった。寒さや空腹感に怯え、いつもたくさんの洋服を重ね着し、バッグには食べ物を入れて持ち歩くようになったのである。

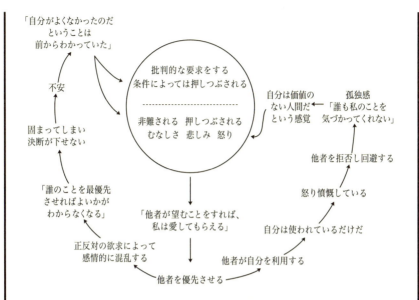

図 4.3　スーザンが陥ったわな
わなの中に入り込んでいる相反的役割を示したものである。

　家族の中の「人気者」になった一番下の妹が生まれた後、スーザンはあたかも「母親を助ける小さなヘルパー」となり、大学に勉強しに行っているにもかかわらず、家族の世話をするために早く下校するようになった。
　このような生活が始まったのに、スーザンは自分の人生には意味があるに違いないと信じていた。そのため、哲学や政治学、宗教学の勉強会に参加し、進路など外面的なことでは有益な影響を受けられたものの、心の内面へのアドバイスは得られず、自分には価値がないという思いは消えなかった。
　彼女は、自分が陥っているわなやジレンマを自分なりにどのように理解したのかを、以下のように述べた。

　　自分に価値が見いだせず、拒否されるのを恐れているため、他の人が望むことをやって、その人のことを優先させてあげようとしています。そうすると感謝されることもあれば、悪用されることもあります。それに対して私が怒ったり、罪悪感を抱いたり、人を避け始めたりすると、孤独感が生まれ、自尊心の低さを確かめることにつながってしまいます。

あるいは、優先させてあげようとした人のことで私の感情が混乱してしまうと、自由な判断ができずに私自身が固まってしまい、何事にも躊躇し、自分のことを馬鹿で価値のない人間だと思ってしまうのです。

スーザンの夢は、自分自身を塀の中の囚人、埋葬されたもののこの世に出てくるようにお告げを得た死人、さらには木から宙返りをしながら飛び降りて足で着地する変人などとして描いた。夢のテーマやはまってしまったわなのダイアグラムを描いてみて（図4.3参照）、どうすれば脱出できるのかがわかった。未だに「種」のままである自分に同情し、自分にも価値があることをその種に伝えていこうと決めた。これが彼女の一部となり、自分自身には価値や意味や進むべき道があると考えられるようになり、他の人から認めてもらえるかどうかには関係なく、自分で決めることができるようになった。彼女は次のように書いている。

私は、すべてのことに「いいですよ」というのは間違いで、すべてのことに「嫌です」というのも間違いであることに、今、気がつきました。そのようなことをしていたら、状況を難しくさせるだけです。私が立ち向かっていくべきことは、他の人の言いなりにならないことです。難しいですが、今のままの生活を続けていくよりはやさしいことだと思います。

スーザンは、実際に合格やAの成績がもらえるように、大学に通って勉強する道を選んだ。セラピーを始めて2年が経った頃、次のような文章を書いた。

私は自分でいろいろなことにチャレンジしようと思います。もうバッグに食べ物を入れて持ち歩いたり、バスの中でそれを食べたりはしません。少し待って、カフェで何か買って食べようと思います。自分でテーブルにつき、私のところに誰も注文を取りに来てくれなかったからと言って、自分が何か悪いことをしたのだとは思わないようにします。子どもの頃、私にはバスに一緒に乗り、夜は一緒に寝てくれて、行きたい所に一緒に行ってくれる想像上の友だちがいました。今、わかったのです。自分と一緒にやればよいのだということがわかりました。自分と一緒に生活し、その自分に頼ろうと思うのです。外で何か言っているような人の言うことを聞くのではなくてね。

エクササイズ

「自分は価値のない人間だ」と考えたのがどのような状況であったのかを1週間モニタリングし、それを日記帳に記録しておこう。その時の自分の口調、態度、顔つきがわかるように、詳しく記録しよう。心の中にいる裁判官に対して色や形をイメージしたら、それも書き留めよう。幼かった頃のできごとを何か思い出してみよう。もしも、心の中の裁判官が親や教師、聖職者、修道女、きょうだい、友人であれば、その人が自分に言ったすべてのこと、その人たちから受けたすべてのメッセージを書き留めよう。次に、それを声に出して読もう。その後で、自分に質問してみよう。「これは本当に正しかったか。上告せずにこの判決に従って生活を続けていくべきか」と。

これらのことについて、信頼できる友人と少しの時間でいいから意見交換をし、これまでとは違った面で自分の価値を見いだし、自分がやっていなかったことではなくて、やってみたり感じたりしたことに注意を集中させてみよう。私たちの誰もが、何かしらの価値を持っている。自分自身が本当に信頼できるものを見つける機会を与えられるに値しており、このような自己探求は、自分自身に対する善意の感情を芽生えさせ維持する手助けとなる。

エクササイズ：「自分は価値がない人間だ」という（自尊心が低いことによる）わな

自分自身の価値をどの程度に評価しているか。自分を表現するのに、どのような言葉を用いるか。

もし価値がないと思い込むわなにはまっていたら、自分という感覚はほとんどなく、自分のことを考えるのが怖いに違いない。時間をとって試しに鏡で自分の顔を見てほしい。

この時にどのようなことが起こったかを考えてみなさい。「嫌なやつだ」「見苦しい」「自分には何もないではないか」「悪い人間だ」「役立たずだ」「結局は何の価値もない」あるいは「何もしようと思わないのは、役立たずと

いうことだ」というように感じたか。このような考えが自分の気分や自己に対する見方にどれくらい影響を及ぼしているかを考えてみよう。

　もし自分がそのような考え方をしていることがわかったら、自分のどの部分が仲裁役をしているのか。からだか、心か、感情か。あるいは、「お前は悪い人間だ」と言っている声は、自分の全体のことを指して言っているのか。もう一度、鏡の所に戻り、自分の顔をしっかりと見てみよう。友だちのような顔をしていたら、たぶん客観的に見つめられたのであり、その顔が言っている肯定的な声に耳を傾けよう。これを、今すぐにやって試してみよう。鏡に向かって微笑みかけよう。きっと輝いた目や髪や笑みが見えるはずだ。このエクササイズを毎日数分間ずつ行い、何が起こるかを見てみることだ。

　自分と他者を比べることはあるか。もし比べるなら、それはどの人と比べているのか。自分自身をどのように評価しているか、考えてみよう。自分よりも優れていて魅力的な人と比べているか。その比較は公平か。たとえばシビル（Sibyl）は、自分が考える英雄の中のひとりで、両親の結婚生活を幸せにできる少年と自分とをいつも比べていた。だが、あるひとつの点で彼女は決して勝てず、いくら努力しても自分は価値のない人間だという気持ちを強めるだけであった。決してなれない人と自分を比べることが、果たして役に立つのか。だが実は、何の役にも立たないのである。しかし、自分のことを考えてみると、なりたいけれどなれそうにない自分を常に探し求めているのではないだろうか。

　自分はだめな人間で、自分が求めるものも常に「だめなもの」だと思っているのか。もしそうなら、こうしたい、こう言いたいと自分のどの部分が考えているのかを明確にすることだ。そうしたら、気持ちを入れ換えよう。そのうえで、「だめ」なのかどうかに関して自分を評価してみよう。

　自分の心の中にある悪い感情を表出し、それがどこで、いつ始まったものなのかを認識する手助けが得られるか。他者の要望に応えなかったら、あるいはうまく対応できずに失敗したら、どれくらいの罪悪感を抱くか。第6章を読み、自分が体験した「自分は価値のない人間だ」というわなに焦点を当ててみたら、どのようなことがわかるか。

　自分は価値のない人間だという感情を頻繁に抱き、習慣的なものになってい

るか。価値のなさのわなから脱出するのを恐れる人がいる。脱出したら、今以上に多くのものを求められそうだからというのが理由である。私も聞いたことがあるが、「もし自分がうまく対処できたら、他の人たちはいつも同じことを期待するだろう。そうなったら、私は不幸になるだけだ」と言うのである。

> **エクササイズ**
>
> 　自分がうまく対処できたものにどのようなことがあったか。すてきな家庭を築く、誰かに親切にする、手紙を書く、などは簡単なことかもしれない。自分ならできそうだと思うことをリストアップしよう。もしも非常に難しそうに感じたら、リストづくりを誰かに手伝ってもらえばよい。うまく対処できたら、内的な自分がこれにどのように対処したのかを考えてみよう。

「他者を傷つけるのではないかと恐れる」わな

　このわなでは、もし自分が考えたり感じたりしたことを言ったり、自分のことを他者に伝えたりしたら、どのような形であれ他者を傷つけてしまうと考えている。だから、自己表現をまったく避けて無視や虐待をされるがままにするか、本心である子どもじみた怒りを爆発させるかのいずれかである。感情を爆発させると、相手は驚き、警戒さえしてしまうため、自分が考えたり表に出したりしたものは有害だという元々の気持ちを確かめてしまうことになる。さらに、自分は他者に危害を加えるような危ない人ではないかと考えてしまい、自分が攻撃的な人物だと見られる場面では自己弁護をしない。

　では、誰かを傷つけてしまうのではないかという考えはどこから生まれたのか。幼かった頃、「子どもは黙って見ていてもらうことが大切で、聞いてもらう必要はない」と強く言われたことがあるか。自分の表現法は非常に要求が厳しく、他にもっと良い方法があるではないかと厳しく批判されたことはあるか。怒りは、家族の中で解決すべき感情である。禁じられ罰せられるものだが、場合によってはより激しい怒りさえも引き起こす。私たちは怒ることは悪いし危険なことだと知り、心の中に潜む「悪魔」への恐れを抑え込む。そのため人々

は、親や学校があまりにも厳格であったために自分の人生が厳しく支配され過ぎ、それが原因で自分の感情や要求を受け入れることができなくなってしまったと感じる。自分の存在自体が決して尊重されないかのようである。

　心の内にある考えや感情に自分自身がぞっとしてしまうことがある。もし、その感情を表に出したら自分であれば傷つくのだから、当然ながらその人のことも傷つけてしまうのではないかと恐れる。心の奥底にしまいこんできた、どのように対応すればよいかという本質的な部分を見極める方法を失ってしまったかのようだ。このことは、幼い頃、身体的あるいは性的な虐待を受けてきた人にもあてはまる場合がある。そのような人々は、自己を表現すると良くないことが起こるので、自分の本能や衝動、感情も含めてすべて信頼できないものだというような間違った考えを抱くこととなる。

　「他者を傷つけるのではないかと恐れる」わなは、他者に自分自身を主張することも、自分の権利を声高に唱えることもできなくさせる。どのように対応するのが現実的かという感覚を損なわせてしまい、自分の考えを表明することに強い恐れを感じるために、自分自身の考えを発展させることができなくなる。場合によっては、すねてしまって、事態を軽んじてしまうことさえある。このように私たちの対処法はさまざまで、切り傷やあざをつくったり、飲酒や薬物摂取で害を与えるなど、自分自身を苦しめるべきだと考えるようになるかもしれない。それをやってみることで現実との接触を避けるとともに、意識からも排除し、結果として自分を孤立させ抑うつ状態に陥らせ、悲嘆に暮れるのである。

エクササイズ：「他者を傷つけるのではないかと恐れる」わな

　1週間、あなたがその人と一緒にいた時、他者を傷つけるのではないかと恐れていることに気づいた回数を振り返ってみよう。その時、自分について考えたこと、あるいは他者を傷つけるのではないかと予想したかどうか、また、その時にあなたが使ったことばやイメージを書き出してみよう。

　このような恐怖が原因となって自閉的になり、すねてひとりぼっちになるために罪の意識を感じたら、自分はどのような感情を持ち、その感情はどのような特徴があるのかを考えてみよう。日記にも書いておくとよい。

どれくらい怒っていたか。その怒りにどのように対処し、表現したか。古い怒りはすでに葬り去ったか。

このような感情をどれくらいの期間、抱き続けているか。誰かを傷つけてしまったのではないかと考えたのはどのような時か。その人は誰か。自分がやったり言ったりしたことで、相手にどのような害を与えたか。その時、あなたは何歳だったか。その時、どのような感情を抱いたか。その感情を言葉で表すとしたら、どうなるか。怒り、恥ずかしさを感じ、混乱し、無視されたと感じたか。では、今はどのような感情が起こっているか。

自分にはどのような傷があるか、考えてみよう。自分の傷。それは、どのように言葉で表せばよいか。

紙とクレヨンと絵の具を持ち、自分の中にどのような恐怖が芽生えたか、絵で表してみよう。他の人と一緒にやるのなら、互いに見せ合ったりしないほうがよい。思いついたままのイメージを描こう。もしも可能であれば信頼できる人と分担してやり、そのイメージが傷を伴うような恐怖についてあなたに何を語りかけるか耳を傾けてみよう。

攻撃と主張

私たちの多くは、「他者を傷つけるのではないかと恐れる」わなを、攻撃したり主張したりする行動を再評価することによって脱出への糸口として使っている（121-123 ページも参照）。私たちは、自分自身の気持ちを伝え自分のことを護ることは、ある種、攻撃的なもので、そのようなやり方はとらないほうが良いと教えられてきた。しかし、攻撃は自分が生きて行くための手段であり、その影響力を認めることも必要だ。表現方法の選択権と同時に、攻撃という方法をとる権利も私たちにはある。だが、心ない攻撃は暴力にしかならず、攻撃の持つ影響力を失わせてしまうことにもなる。自分にとって重要なことに名前をつけたり、それを語ったり、自分の権利を護ろうとする時、自然に現れた攻撃は効果的な主張行動になる。鳥が自らのなわばりを主張するために鳴くのと同じように、攻撃と主張の境目で自分の気持ちを伝えることになる（PART 4 参照）。

第 5 章　ジレンマ

　自分はどう「すべき」かを考えると、それは「これか、あれか」や「もし……だったら」というような形にまで単純化することができる。私たちの選択がジレンマの一方の極に傾いたら、それは「生き延びよう」とする自己にとっては満足のいくものであっても、バランスを欠いたものとなる。もしも私たちが「他者の望むことをする」というわなにはまっていることがわかったら、感情面でもジレンマが起こり、それを抑圧し続けるか、それとも危険を冒しても断ち切ろうとするかを考える必要がある。ジレンマには中庸、つまり灰色らしい灰色というようなものはない。

　以下の節では、広範囲にわたるジレンマを扱う。読んでみて、自分に当てはまるものはあるかどうか考えてみよう。

「完璧さを求めるか、罪悪感を感じるか」というジレンマ

　このジレンマは、完璧さを求めることでますます強くなる。完璧さを求めると、周囲から期待されているイメージに合うように行動しようとする傾向が私たちにはある。これは幼い頃の生育環境が源になっている。完璧になることは、あらゆることが常にうまくいくことで、ひとりひとりが自分にとっての「完璧」が何であるか、さまざまな考えを持っていることにつながる。それは、仕事や行動、道徳、生活様式、成果がどの程度優れた水準になれば満足できるかという基準といえる。したがって、完璧とはある山に登ったら次の山に登る必然性を意味する。つまり、他の人が考える基準と決して同じにはならないのだ。

　このジレンマでは、これで完璧だというパターンに合うように行動しなければ罪悪感を感じ、そのずれが私たちに怒りや不満を抱かせることなく持続してしまう。ジレンマは、どのように行動すべきかに関する誤った選択が原因であるため、自分らしさを反映していない選択様式に無理矢理でも従わなければな

らないという重圧をも抱かせ、結果として怒りを生じさせる原因となる。自分が持っている完璧さを表す基準を満たせたとしても、自分を安心させることにはつながらないからである。

多くの人は、このようなジレンマを何年間も抱きつつ生活しており、到底達成できそうにもない基準を満たそうとするものの、それが心の奥深くからわきおこったものであることに気がついていない（186ページのケイリーの例と305-310ページのリンダの例を参照）。基準があまりに高ければ、楽しみもなければ満足感も得られない。実際、いらだちを感じ、わなにはまったと思い、あらゆることに意味を見いだせず寂しさをも感じる。

このジレンマに陥った完璧主義者は、いつもびくびくしがちだ。完璧にしようと考えれば考えるほど落ち込み、怒りが込み上げてくる。完璧さを求めなければ、今度は罪悪感を感じ、落ち込み、怒りを抱く。これは、子どもの頃に褒められたような厳格な権威主義者的な役割モデルであり、このようなジレンマを生み出すひとつの原因ともなっている。「いやしくも成すに足る事なら、立派にやるだけの価値がある」という古い格言は今でも有効であるが、あまりに厳格にやろうとすれば、「完璧さを求めようとしなければ何の取り柄もない人だ」というメッセージを無意識のうちに伝えてしまい、偏った考えを抱かせることとなる（PART 7「自分を変える」を参照）。

このようなジレンマは、完璧さが強要されないと安心できないように感じてしまう環境によっても起こりうる。

メアリー

メアリー（Mary）は工場労働者の家庭の末娘であった。彼女は、家庭では8歳上の兄から殴られ、虐待され、学校では賢いけれど変な子だといじめられていた。彼女の家には本というものがなく、本を安心して読めるような生活を非常に強く望んだ。だから、本を得る方法、つまり自分を犠牲にすることで本を読むことが可能になるという物々交換のやり方を見つけてくれた兄は許していたのである。彼女は、感情を心の内に秘めることによって、本に飢えた環境の中で生活し続けた。そのことは決して口にせず、他に何かを求めることもなく、自分が「ほこりの中」と呼んだ環境を嫌悪した。ほこりの中から脱出するには、自分を虐げる兄よりも上になるため

に、執拗なまでにがんばるだけであった。

　彼女がとった対処法は功を奏し、今では有能な医者になることができた。が、このジレンマによって引き起こされたうつ病に、何年間も悩み続けていた。もしも完璧にやろうとしなかったら、ほこりの中に突き落とされるのではないかという恐怖を彼女は抱いており、完璧にやらなくても大丈夫だと言ってくれるような安心感が得られなかったのである。彼女は、このかたくななジレンマから自分自身をゆっくりと引き離し、もちろん他者からも自分を引き離すことができ、自分が本当に感じたことだけではなく、「これくらいあれば十分」というような満足感をも表現できるようになった。彼女は、自分自身、達観できていることに驚いている。

質問コーナー：「完璧さを求めるか、罪悪感を感じるか」
　　　　　　　というジレンマ

以下の事柄について、あなたが完璧にやろうと考えているものはどれか。

　自宅では、

- □　部屋の中はいつも掃除をし、美しく飾っておく
- □　すべての物が、本来あるべき所になければならない

　誰かと一緒にやる時には、

- □　親切にやる
- □　公平にやる
- □　楽しくやる
- □　手助けしながらやる
- □　賢くやる
- □　自己中心的でなくやる

　身なりは、

- □　こざっぱりとする

- ☐ ファッショナブルにする
- ☐ 年齢よりも若く見えるようにする

すべてのことをうまくいかせるのに必要なことは、

- ☐ あらゆる場面で自分がすべきことがわかっていること
- ☐ 最善を目指すこと
- ☐ 自分を常にコントロールできている状態にすること

もし完璧を目指そうとしないなら、自分はどのように感じるかというと、

- ☐ 抑うつとむなしさ
- ☐ 批判されるのではないかという恐れ
- ☐ 「怠惰」、「だらしがない」、「時代遅れ」、「役立たず」のように呼ばれやすい
- ☐ それなりにやった人のことをねたむ
- ☐ 置き去りにされたと感じておびえる
- ☐ 完璧を目指そうとしない欲求につかまってしまったにちがいないと怒る
- ☐ 孤独感と目標を失ったことによる喪失感を抱く
- ☐ 混沌とした状況におびえる
- ☐ 自分自身、さらには自分の人生に不満を抱く

　このようなジレンマに何回くらい陥ったかをノートに書いてみよう。フラストレーションや抑うつ、怒り、気難しさ、あるいは「完璧」と考えうる基準を達成できなかった時に抱く困難で避けたい感情を記録しておこう。不安や罪悪感、恐怖、悲しさなど、自分が求めている「完璧な」状態に到達するのを妨害するような感情と結びついたものも記録しておこう。探求すること自体は、薬物によって生じる「苦しみ」のようにもなるが、もしも何もしなければ、禁断症状を引き起こすだけである。

　時には、それほど完璧に至らなくても良しとしてみよう。不安や罪悪感を抱いてもよい。それらの感情を受け入れ、それに対処してみよう。PART 6の「自分に関する情報を集める」の中で、このようなジレンマがどこから生まれたのかを考えよう。

「完璧にやり遂げるか、完璧に乱雑なままにしておくか」というジレンマ

　散らかっているように見えるから物を片づけようとすると、このジレンマは強くなる。これは職場や家庭で、あるいは身なりでも、自分らしさが出てしまう。話し方や考え方にもあてはまるし、物をチェックしたり、物に触れたり、言葉や思考の繰り返し、ある時にある場所へ物を置いたり、自分がそこに行ったりする場合などにも深く関わっている。完璧さを求めれば、罪悪感を抱くような乱雑な状態をなくすのかそのままにするのかという欲求が起こる。乱雑な状態、さらには乱雑にしておくとどうなるかに関して、表面的には恐れを感じていないかもしれないが、何かの方法でやり遂げたいという欲求だけが強くなる。この支配欲求を内にも外にも発揮し、安心感を維持し、物事を整理整頓しようとするのである。

　幼い頃に自分を守る儀式として始まったものがますます固定的な反応となり、守るという元来の働きから異なる意味を持つようになる。ドナルド・ウィニコット（Donald Winnicott）博士の研究業績（1979）からわかるのは、幼い頃に対象物、たとえばテディ・ベアや毛布、親指、綿毛、綿の布などに触れたことが分離に対する不安の閾値を低める重要なお守りになる。それらの対象物は、母親もしくは主たる養育者がいなくなった時に、その人物が持っている安心感を表すものになるという。これらの対象物は、分離しても不安が生じなくなるまでは、その分離不安を低減させるように働く。生後初期の養育者からの心理的な分離が本当の意味で成し遂げられないと、それが青年期にまで影響を及ぼす。その結果、外界は幼い頃に抱いた恐怖で満たされた新奇な世界のままで、たとえ年齢を重ねても安心感を抱くことができない。

　子どもだった頃、いろいろな感情が混在していて、私たちは身の回りにある物で自分を守ろうとしていた。子どもの頃に常に一緒にいたテディ・ベアも、今では見向きもされない。物語の中の魔女はとても意地悪だ。夢の中に出てくる龍は火を吹き、すぐに怒る。何か乱雑になっているとすぐに片づけなければならないような家庭において、支配し批判するのかあるいは支配され恐怖を抱くのかという相反的役割を、距離を置き支配するのか恐怖を抱き抵抗できないのかという相反的役割が左右することとなる。

もし、「片づけられない」のは悪いことで、乱雑になると自分の秘密が脅かされてしまうことを学んでしまうと、生まれた当初は自分では支配できなかった自然な排泄機能や性的感情にも、乱雑な状態に対する恐怖が影響を及ぼす。拒否されたり無視されたりしないようにするため、習慣的に片づける儀式を身につける。その最初はおもちゃやお話の中のチャンピオンなどである。もしも乱雑にともなう恐怖がそのまま続いたら、儀式は床や机の上やドアノブのようなものにまで拡大し、それらが自分の汚れや乱雑さを伝えてしまうこととなり、絶えず片づけてきれいにしておかなければならないように考える。私たちが安心感を求めて右往左往するのは重要な本能的感情によるもので、安心感をもたらしてくれるものから離ればなれになってしまうのではないかという恐れでもある。数を数えたり、チェックしたり、窓ふきや掃除などを繰り返し行い、恐怖が生じないようにできたら、それは恐怖を支配できたといえる。そうなれば、残りの人生では、さまざまな儀式も自分の意のままと感じるであろう。

　自分の思い通りの人生にするには、どのような順序でどのような体験をするかが重要である。そのため自分が「満足できる範囲内」でのみ生活することによって、自分の不安が高じないようにしようとする。爆弾や錠前や警報機で自分を武装することで、攻撃されたり侵入されたりする不安に対処しようとするかもしれない。実際に今日では、多くの人がこうして対処している。他者からの圧力に対する適切な反応であるものの、政治的な面でも日常生活場面でもテロリストによって、支配しようとするのか支配され侵入されるのかという相反的役割が現れてくる。

　支配を外に向けて表明することは、恐怖に満ちた暴力が加わることにどのように対処するかを自覚することになる。通常の成長を阻止してしまいかねない幼い頃の影響は、自分のためというよりも自分の意思に反して内面化され、その後の人生でも思い通りに振る舞えなくさせてしまう。何か予想外のことが起こったら、どんなことをしてでも支配しなければならないと思い続ける。道徳を過大に評価してしまい、不安や緊張を抱かせるようにしか行動できなくなり、宗教的な考えにもとづいて「正しい行動」か「間違った行動」かという判断を下してしまう。さらには、強迫的な行動や反復行動をするようになる。

シーア

　シーア（Thea）は、2歳の男の子を養子にしていた夫婦に養女として迎えられた。生後数か月間は実の母親と一緒に暮らしていたが、その後はこの養父母と生活するようになった。最初のクリスマスだけは実の母親と過ごしたものの、2歳くらいからはずっと養父母に育てられた。養父母は、シーアが怒りや「かんしゃく」などを表に出すのを非常に嫌った。3歳の時、祖母に「怒りは洋服タンスにしまっておきなさい」と言われたことを今でも覚えている。彼女の生活は非常に自制的なもので、融通がきかない家族であったことや、自己表現を好ましいとしない厳格な学校生活のため、あえて自分を表現することはほとんどできなかった。16歳になった時に転校し、「いたずら好きで、汚くて、セクシーで、好き勝手に振る舞う」という世界があることを初めて知り、最初はどのように振る舞ってよいかわからなかった。この時以来、緊張の糸が途切れた時には、自分の本当の感情をあらわにしても構わない生活に勇敢に対処しようとした。だがそれは、安心感を脅かすことも事実であった。性的なことがらや身体接触などに対して強い、とりわけ否定的な感情を抱くと、彼女は家の中を手当り次第に掃除するのであった。仕事から帰った時などは、留守中に誰も家に入っていないことは知っているものの、3回も4回もドアノブを雑巾で拭いたのであった。彼女の説明はこうだ。

　　もしあらゆるものがいつもの場所にきちんと置かれていたら、強迫的に何回も同じことをしなくてもよいと考えるはずです。もし、私が考えているようにやろうとするのを誰かが邪魔したら、けんかになると思います。もし私のバッグが乱雑に置かれていて出かける前に揃えられなかったら、途方に暮れるに違いありません。

　シーアは、自分が悩んでいる「完璧にやり遂げるか完璧に乱雑なままにしておくか」というジレンマが、子どもの頃に自分の存在自体に不安を抱いていたことが発端になっていて、もしも自分が非常に良くないことをしたら、遠くに追いやられて捨てられてしまうと考えていたからだということがわかった。このことが彼女を依存的にしてしまい、「もし、自分が一緒にいたいと感じたら、きっとその人たちは私のそばにいてくれるはず」と思うのだった。もし自分が依存的にしなかったら、他の人たちは自分のこ

とを無視してどこかに行ってしまうに違いないと思っていた。

　シーアは魅力的で非常に知的な女性であった。幼い頃から自分が生きていくためにいろいろな自分を演じ、それが非常に厄介な子ども時代を無難に過ごす手助けとなっていた。しかし、それが今の人間関係にも大きく影響を及ぼしていた。彼女は、掃除したいという気持ちがもっとも強く抑えられてしまった時に自分がどのように感じるかを果敢にもセルフモニタリングし、自分の安心感が脅かされるように感じることがわかった。最近彼女は、親しくなることや性的なことや思い通りに物事が進まないことへの恐怖を生じさせていたこれまでの人間関係から大きな一歩を踏み出し、今は順調に関係づくりができるようになっている。彼女は、養女だった時に抱いたもののこれまで抑え込んでいた多くの感情、つまり「誰でも私のことを助けてくれることができたのに」という気持ちや無力感をも表現できるようになった。彼女は、他の人から愛され、ひとりの人間として「認められた」ように感じることにより、これから先も「完璧にやらなければならない」という一方的な考えから抜け出すことができた。

　もし自分がこのようなジレンマに陥っていることがわかったら、どのようにして「完璧にやり遂げる」ことを目指しているのかを書き出してみよう。中にはすぐに気がつかないものもあるかもしれないが、この問題をじっくり見つめ、日常生活で自分が何をしているのかを考えてみることだ。

　完璧にやり遂げる時に頻繁に使っていたのは、絶えず掃除し続ける方法と状況をチェックし続ける方法のふたつである。ある青年が私の所にやってきた。風呂場を繰り返し掃除しなければならないと考え、一晩に数回も目覚めてしまうことが理由だった。どうして掃除するのか詳しく話すように求めたところ、非常に詳細に自分が行っている儀式について話してくれた。「ピンク色をしたゴムの手袋」をどのようにして急いで手にはめたのかを話してくれた時に、突然彼は叫んだ。「わかった。僕の心の中は汚れきっていて、掃除したいんだ。そうだよね」。突然起こったこの洞察は、問題の核心、すなわち自分自身の「内面が汚れている」と考えていたことに目を向けさせた。この問題がどのようにして生まれたのかを解き明かしていくことによって、汚れに対する非常に強い恐怖から解放されることができた。儀式的といえるほどの掃除によって問題の本質が明らかになり、日常の生活や仕事を脅かしていた恐怖から解き放たれた

のである。

以下の質問コーナーを用いて、自分にどのような問題があるのかを明らかにしよう。答えはノートに書いておくこと。

> **質問コーナー：**
> **「完璧にやり遂げるか、完璧に乱雑なままにしておくか」**
> **というジレンマ**
>
> 次のことがどのくらいあるか。
>
> ☐ 強迫的な掃除をする（必要以上に）
>   ☐ すでに掃除したところを2回以上にわたって掃除し続ける
>   ☐ 座ったり、食事をしたり、ベッドに入ったり、何かリラックスする前にどこかを掃除する
>   ☐ 普通は掃除をしない時間帯に掃除する
>
> ☐ 強迫的にチェックする（必要以上に）
>   ☐ ガス
>   ☐ 水道
>   ☐ 電気
>   ☐ 窓
>   ☐ 高価な物（貴金属やお金や本など）
>   ☐ 出張や旅行に行くのに必要な物
>   ☐ 子ども
>   ☐ 電話

どれくらいチェックしなければならなかったのか、自分の「完璧さを求める」儀式の回数をノートに記録しよう。次に、その「完璧さを求める」ことを変えたいと思った回数も記録しよう。自分のやっていることがいかにばかばかしく見えるかなどは、まったく気にする必要はない。可能な限り何回も記録してみることだ。自分が「完璧さを求めよう」としていることがわかったら、完璧さを通して自分が何をしようとしているのかを考えてみよう。さて自分がしているのは、

・何かを安全に保つことか。それは、物か、感情か。
・何かを締め出すことか。
・何かを節約することか。
・恩恵を受けることか。
・それ以外か。

　もし、自分がチェックしたり、掃除したり、思い通りにきちんと片づけようとしなかったら、もっとも強い恐怖が起こるのは何かというと、

・物があふれること
・何かが侵入してくること
・汚れ
・汚染
・破滅
・大災害
・混沌とした状況
・存亡の危機
・死
・耐え難いストレス

　対処が可能であろうと不可能であろうと、何らかの方法で援助を求めた時に、もしも上記のことが起こったら、自分だったらどうするか。

> **エクササイズ**
>
> 　自分ならどのように対処するかを考えてみよう。何をするだろうか。何ができるだろうか。他の人であったら、そのような状況にどう対処するかを考えてみよう。対処法を考えるのが難しい場合、嫌な方法しか頭に浮かばないだろう。やっても無駄だと言う声が自分の中でしてはいないか。さもなければ、自分は誰にも助けてもらえないだろうと言っている声が聞こえないか。もっとも肯定的な考えをつくっていく方法のひとつは、何が起

ころうとも対処の方法を見つけていくか、あるいは援助を求め続けることだ。これが今の自分にできるすべてのことだ。

「貪欲になるか、自罰的になるか」というジレンマ

　このジレンマは私たちの基本的欲求に関連するもので、ある意味で幼い頃から自分の邪魔をしてきたものといえる。自分のために自由に何でもできるわけではない、という考えから離れてみよう。自分が望むことをやろうとすれば、貪欲にならざるをえない。だが、貪欲さに対処するにはどうすればよいかと言うと、貪欲になっていることへの罪悪感から逃れるために、自らの欲求を否定してしまうことだ。そして最後は悲嘆に暮れて、自罰的になってしまう。このようなジレンマは非常に過酷で、剥奪された状態からどのようにして脱するかでもがき苦しんでいた子どもの頃に原因の発端がある。ジレンマが最終的にどうなろうとも、私たちは存在し続け、ジレンマが苦痛であることに変わりはない。だからこそ、意味のない儀式的な対処法と、他の人から見れば効果的に見える対処法の間で、行ったり来たりを繰り返すのである。

　このようなジレンマをどのように表出するかに関するもっとも象徴的な方法のひとつは、食事やセックス、ギャンブル、金遣い、それに自分の欲求を象徴するような何か重要なものに関して問題を抱えている人のことを考えればよい。たとえば大食症の人は、自分で許容できる量まで食べるだろう。しかし、もしも自分で決めた量を越えていたら、多い分だけ吐くか下剤を飲むしか解決策はない。自分が許せる量は非常に少量であるにもかかわらず、患者たちは大食症によって肥満になり、意思に反して貪欲に食べてしまうことに恐怖さえ感じる。ジレンマの自罰的な結末は、食べなくなってしまうことに対する恐れである。同じように考えてみると、ギャンブル依存症の人であっても、賭けるまでのわずかな期間だけはお金を持っていられる。何か欲しい物を買ってお金を使い、すぐにお金に貪欲になり、お金を貯め込むが、決して使おうとしない人もいる。自分の欲求はそう簡単に満たされることはないのだからと決めつけてしまい、すべての欲求や喜びを否定する。「それを他の人に転嫁し」、自分自身は性的放蕩生活を繰り返したり、自分のからだや性をお金や権力と交換したりしてしまう。

心が飢えているという感覚に耐えられなくなってきて、むなしさを満たし、傷を癒そうと、心の隙間を埋められるようなものを必死になってつかもうとする人もいる。過食や浪費のような過剰な行動をとったり、むなしさを満たしてくれそうな物や人を逃すまいと、強迫的なパターンを示したりするかもしれない。借金がかさんで、買い物の支払いができなくなるかもしれない。（心が飢えていると感じると、妬みを感じずに言葉を発するのはなかなか難しい。こうしたことは、しばしば無意識のうちになされており、掲示板のように「言いたいこと」をアピールしたり、他者が自分に分け与えてくれるかどうかに過大な期待をかけたりするものの、大抵は失望させられて終わってしまうことになる。）しかし、このように突き進めば突き進むほど哀れに感じ、惨めさが自分に舞い戻ってきてしまう。拒食症になった人が身体的だけではなく感情的にも満たされなさを感じると、数日間何も食べずにいた後に自罰感のような感情を抱くことがある。また、からだを切りつけたり突き刺したり傷つけたりして、あえて自分に危害を加える場合もある。

　このようなジレンマは社会的にも宗教的にも汚名を着せられるもので、社会や教会が有している道徳観によって厳格に評価される中で、ますます強まっていく。貪欲は、罰せられなければならない宗教上の罪とみなされる。一方、完璧主義者や完璧なまでに達成されたものは賞賛される。実際は、貪欲さの本当の原因は、自分にとっての必要性や適切性を考えることなく、ただたんにより大きく、より優れたとされるものだけを求めようとする強迫的な完璧主義者の欲求にあり、自らの欲求に従うために周囲から貪欲だと言われるような人が強迫的に求め続けることにあるのではない。自らの欲求が何であるかをひとりひとりが認識したり、それを別の形で再認識して名前をつけたり、他のものと関係づけたり、自らの欲求が充足されて心が満たされるようなものにエネルギーを注いだりすることによって、いったん基本的な欲求が満たされれば、その貪欲さも消失する。つまり、貪欲も欲求と解釈できるのである。

ローズ

　ローズ（Rose）は、自分の金遣いが激しくて手に負えなくなってはじめて、自分自身の生活をじっくりと見つめるようになった。彼女は、美しい物、多くは骨董であるが、それを見ると買いたいという衝動に勝つことができ

なかった。ローズが買った物を見つけた夫が、自分のことをコントロールできず、貪欲で、無責任で、「自分の身分や収入以上」の物をほしがると言って怒るのが怖かった。夫から言われることも幾分かは正しいことを知ってはいたが、「自分の欲求に従ってやるしかない」と考えていた。

　ローズは性的な虐待を受けていた。10歳から15歳の頃は父親から、15歳から18歳の頃は叔父からで、大学に行けば逃げ出せると思っていた。彼女は、生い立ちの秘密や父親との許すことのできない関係が原因でセラピーにやってきた。(母親は、父との間にそのような関係があることを信じようともせず)ローズは口にすること自体が汚らしく罪なことだと感じていた。彼女が自分をどのように表現するか、欲求や欲望、何に興奮するかは、虐待による罪悪感や羞恥心、許せない思いと関連していた。彼女が結婚した相手は、「強い意志を持ち、何事も自分で決めることができ、規律を重視する」ような人で、お金の管理もしっかりしていて、それはまさに彼にとっては得意分野であったことから、彼女の欲求を「コントロールする」良い手助けとなった。

　しばらくの間、彼女は安心感に包まれた生活をすることができ、かつての欲求や衝動は封印されていた。しかし、自分の思いのまま生活したいと感じ始めたことがきっかけとなって、幾分か表に出てくるようになった(本来の種が成長しようと動き始めたのである)。強迫的なほど食べ物を摂取し、冷蔵庫に大好きな「珍味」を入れておきたいという衝動が現れ始めたのである。さらに、好きな物を買ってお金を使いたいという衝動も起こるようになった。感情や本能が彼女を脅かし、かつて学んだ誤った信念、つまり欲求や好みは危険で思い通りにならないもので災いをもたらすという考えを再び強めることとなった。

　ローズは賢く知的に優れた女性で、自分に起こったことをすぐに夫に話し、銀行との取引を自分がするのをやめ、「貪欲になるか自罰的になるか」というジレンマで自分の生活がいかに支配されてしまっているかを振り返り始めた。彼女が越えるべき問題のひとつとして、私たちがつくったチャートには「喜び、興奮、欲求、禁じられたもの」と書き加えてあった。そのねらいは、「過去の虐待とその支配の影響から自分を解放させること。より広範囲にわたる感情も受け入れること」であった。セラピーの終わりに彼女が書いた手紙には、次のような文章があった。「今回の短期のセラピーは自分の感情を解放させるのにすばらしい効果を発揮し、混沌とした状況にどのように関わればよいかを教えてくれるものでした」。自分の持ってい

る本能的な面を受け入れることにより、彼女は、科学者になる前は音楽を通して表現してきた創造的な自己を再び見つめることが可能になった。さらに彼女は夫とも満たされた関係をつくることができ、もはや夫に「コントローラー」の役目を持たせる必要もなくなり、第2の子ども時代として「癒し」の時間を過ごせるようにもなった。

次の質問コーナーをよく見て、日常の経験を振り返り、自分の欲求をもっと深く理解しよう。自分がもっとも変化させたいものは何か。自分が日常生活でもっとも強く求めているものは何か。それは、これまで考えたことがないものかもしれない。今では邪魔になってしまった古い態度を積極的に変化させるのと同様に、自分という「種」そのもの、成長させ発達させたいと考えている自己の中身、それらを再構築することでもある。

質問コーナー：「貪欲になるか、自罰的になるか」というジレンマ

自分が貪欲だと感じたのは何に対してか。

☐ 食べ物に対して
☐ お金に対して
☐ 何かを所有することに対して
☐ 他の人よりも多くの接触を求めて
☐ 性に対して
☐ 自分が求めている以上のことや、達成できそうなもの以上のことをやろうとして
☐ 経験や本、物、時間、できごとなど、何にでも顔を突っ込み「自分がやる、自分がやる」と言うことに対して

どのような感情が、貪欲さの背景にあるかと言えば、

☐ 空腹感
☐ 激しい怒り
☐ 欲求
☐ 自暴自棄

- ☐ 望み
- ☐ 怒り
- ☐ 愛情
- ☐ 待ちこがれ
- ☐ 期待
- ☐ いらだち
- ☐ 羞恥心
- ☐ 不安
- ☐ むなしさ

貪欲にどのように対処するかというと、

- ☐ ジレンマを一方の側からもう一方の側へと考えを変えてみるのか
- ☐ 一方の側の考えでずっとやってみるのか

誰かに自らの貪欲さについて話したことがあるか。
このジレンマによって解決したい望みは何か。
このジレンマに自分のからだはどれくらい影響を受けているか。
自分のからだに対して、どのようなイメージを持っているか。鏡を見て描いてみよう。それを友だちに見せよう。
人間のからだの維持にとって基本的な欲求となるものは何だと思うか。
では、自分にとって基本的な欲求となるものを挙げてみよう。暖かさ、世話、保護、休息、睡眠、安全感なども含めて考えよう。

「忙しい介護者になるか、むなしい一匹狼になるか」というジレンマ

私たちの多くは、自分を犠牲にしても他者のために誠実であり、常に他者本位で奉仕してくれるような人を知っているだろう。それは、親であったり家族であったりするものの、義理で我が家を訪問してくるような人ではない。彼らは、孤独感や心配を抱えながら、残りの人生をどうやって過ごすかで迷い、自分ではどうすることもできないことへの不安を感じつつも、最後には私たちが定年を迎え、両親や親戚が亡くなった後でも私たちのために時間を割いてくれ

る。多くの人は他者に仕え、このようなジレンマに陥ることなく深い達成感を得ているが、他者の面倒を見たり養育してくれる人から期待されている役割をしっかりと演じられずに、不安を抱えている人もいる。あたかも私たちのアイデンティティは、他者の期待に沿うようにつくられなければならないという前提の上に立っているかのようだ。

このようなジレンマは、幼い頃に育った環境が原因となっていることが多い。そこでは、他の人を気遣うようにしつけられ、大人社会の決定に従うよう仕向けられ、それらができるとはじめて褒めてもらえた。だから多くの人はそうすることが良いことだと信じ、効果的な演じ方をとってきた。さらに、もしも新しく何かの職業に就いたり、満足のいく現在の職を辞してもっと危険に満ち度胸の必要な職に変わったりするなど、新しい世界にひとりで入っていくことに不安を抱いたら、絶対必要になる演じ方を他者は喜んで教えてくれるはずで、そこで生活していくのにきわめて役立つに違いないと考えてきた。

これ以外にも必要とされる欲求がある。とりわけ、その欲求が自分でも満たせるようなものであれば、自分でやってみればよい。だが、欲求が生じても自分ではどうすることもできず、脅威しか感じられない場合もある。「殊勝ぶった」ふりをして、自分はだめな人間ではないかと思わないようにあえて独善的になり、優秀であるかのように振る舞おうとする。もしも私たちが自分の欲求とは関係なく立派なことをしていれば、生活のさまざまなところでも「自分はさておき他者のため」という態度が奨励されていく。このような態度は、周囲の人々との関係の中で繰り返し練習することができ、さらには他者の欲求をかなえる機会が豊富にある地域のコミュニティでは日常的に起こりうる。しかし、誰かに尽くしていないと自分が無価値だと信じるアイデンティティにとらわれていたら、このようなジレンマが大きく立ちはだかるだけになる。

私たちが他者と関わり、その他者の欲求をかなえようとして自分のエネルギーをその人に捧げると（その人は病気でも貧乏でもないかもしれない）、私たちは満足感を抱くものの、同時にジレンマも起こる。何かが起きると（たとえば家族や財産を奪われたり、もう何もあなたには求めないと言われたりした時のみ）、自分自身がどのように対処していけばよいのかわからないという不安に直面し、とくに感情などの内面で不安が募る結果になる。

サリー

サリー（Sally）は、周囲の人たちに気遣い、その人たちが抱えている問題にどのように対応するかという面において、誰からも信頼されるような人であった。彼女は陽気で快活な大柄の女性で、これまで誰とも何の問題も起こすことはなかった。子どもが4人おり、夫は無職であるものの、彼女は看護師として働いていた。さらに彼女の言葉によれば、子どもの頃、ガールスカウトや日曜学校の運営にかかわっており、他の人たちがいなくなった後で動物や乳児の世話をしていた。だから、いつも誰か他者の欲求をかなえるだけの生活を送っていたのである。

40代になったサリーは周囲の人々にいらだちを感じ、怒鳴りつけるようになり始め、後悔と罪悪感に襲われるようになった。抑うつ症にかかり、あらゆることを「自分が変わってしまったためだ」と考えた。ある土曜日、夫と4人の子どもがみな外出したので、彼女はひとりでショッピングセンターに出かけた。

> ベンチに腰掛け、私の周りを歩いて行く人たちを見ていました。そこにいる人たちみんなが、どこか行く所があり、何か重要なことをしているように見えたのです。これまでの私は、何かしなければと狂ったようにかけずり回っていたように思えました。それは何のためかと考えました。突然、全身に震えがきて、身の毛がよだつような孤独を感じ、涙が出てきて、もう止めることができませんでした。

このような危機的な経験をしたことで、サリーはカウンセリングにやってきた。自分が陥ったジレンマや自分の欲求を言葉で表す必要にせまられ、他者に向けられたいらだちや爆発的な怒りは気が狂ったからではなく、自分らしい生き方を否定してしまったまま、それが長い間実際に続いていたから起こったことを理解したのである。

多くの人は人間関係の中で、このようなジレンマを抱えながら生きている。とりわけ多くの女性は良き介護者になるようにしつけられてきた。それは、周囲の人たちみんなが考え期待しているような介護者であり、夫やパートナーや家族や仲間が欲し求めていることが何か、どうすれば与えてあげられるかがわ

かっているような人である。こうした女性たちは、他者に奉仕する役割を果たすべく、自分の考えは排除して他者の欲求にどのように対応するかを常に優先させていた母親によって、幼い時期から訓練されてきた（シーラ、199 ページ参照）。そうすれば、快適で安全で、コミュニティの中で自分が落ち着ける場所を見つけることができる。しかし、自分は誰で、何が必要かといったしっかりした考えがなければ、収拾がつかなくなり、罪の意識や罪悪感を抱くことになるであろう。ルイーズ・アイケンバウムとスージー・オーバック（Louise Eichenbaum and Susie Orbach, 1985）による『女性を理解する（Understanding Women）』には、次のように書かれている。

　　女性は、他者がどのような欲求を抱いているかを予測できるようにならなければいけない。他者の世話をし、育てる者として果たすべき社会的役割には、自分自身の欲求は二の次にすることも含まれている。しかし、そのような欲求はたんに二の次であるどころか、しばしば隠し通されてしまう。そのため、もし彼女自身が感情豊かな介護者でないとすると、自分の欲求と育てる者としての欲求との間でアンバランスが生じてしまう。そこで、女性は愛に飢え続けることとなる。

　これまでに、女性とはまったく違うやり方で介護士をしている男性何人かに出会ったことがある。彼らは利用者には良い介護を提供するが、その人からは見返りに決して何も求めないようにしていた。彼らは、「気が弱そう」で介護が必要な人を相手に選ぶ傾向があった。これは、「内面に女性的な自己」を密かに持っている男性介護士が利用者にその部分を投影することによって最初のうちは功を奏していたものの、最終的にはふたりの関係はぎすぎすしたものとなった。女性の利用者は、自分がいつまでも満たされないままで、成長することもできないことに嫌気がさしたのであった。一方、男性介護士は孤独感を抱いたままで、これまで無視されてきた孤独な女性的な自己や子どものような自己を主張することはほとんどできなくなっていた。

　長時間にわたる介護の仕事で多忙な多くの人は、もしも自分たちが十分な介護を行ったら、相手の人たちは態度を変えて、介護者の欲求を確認しながら、自らが愛情や注意や世話を受けたお返しをしてくれるだろうと密かに期待していたことを認めたのである。忙しい介護者の多くは自己弁護が得意である。も

し欲求を否定したり、「自分は何も求めていない」「自分には問題は何もない」といった声を根底に持ちながら介護をしたりするなら、相手から何か返してもらうことは非常に困難である。介護者は自分が何かを求めていると考えていないため、提供の申し出があってもすげなく断ってしまう。もしも自分が抱いている欲求があらわになってしまったら、権利を侵害されて弱みを見せてしまったと考えるため、なかなか実際の提供に至らない。おそらく、介護者にとっての究極の恐怖は、内面で何を考えているのかが本当に明白になってしまうと、感情や欲求がきわめて強いために、それらがひとたび流れ出したら止まらなくなってしまうに違いないと思っていることだ。

質問コーナー：

**「忙しい介護者になるか、むなしい一匹狼になるか」
というジレンマ**

　自分の生活の中で、「忙しい介護者になるか、むなしい一匹狼になるか」というジレンマはどれくらい影響を及ぼしているか。

　自分が毎日使っているエネルギーのうち、他者のために使っているのはどれくらいの割合か。
100%　　75%　　50%　　25%　　10%

　他者を優先すべきだというジレンマに陥ったことが原因でその人のために使っているエネルギーはどれくらいの割合か。
100%　　75%　　50%　　25%　　10%

　いつも他者に与えるのがあなたの役割であるのかと尋ねられたら、何と答えるか。
☐　「自分には選択権はないから」
☐　「誰もやらないから」
☐　「誰も裏切れないから」
☐　「人が自分のことを必要としているから。仕方がない」
☐　「自分が何かしら良いことをしていると思いたいから」

> 自分の生活の中のどれくらいのことが、明日まで延期できるか。「……になったら、します」と言って物事を延期したことはあるか。
>
> 介護で中心的な役割を担っている時、自分が本当にやりたいけれど、あえてやらないことが何か、それをリストアップできるか。
>
> 自分が背負っている負担を誰かに分担してもらいたくて助けを求めたくなったり、常にすべて自分でやらなければならないと感じたりしたことはどれくらいあったか。
>
> どのように休みを過ごしたか。誰か他の人のために使ったのか、それとも自分が本当に好きなことをするのに使ったか。
>
> もし、あなたがするとは誰も期待していなければ、不安や孤独感をどれくらい抱くだろうか。
>
> 忙しい介護者にならないようにしようと考えた時、罪悪感を抱いたか。
>
> 自分自身のためだけを考えて、何かしたいと思うのは利己的だと思うか。献身的な人間になりたいか。
>
> 自分が望む生活様式は何か。

エクササイズ

もしも孤独さやむなしさを自分が感じたら、周りにいる誰かのことを気遣ってあげよう。どのように感じるか、自分が感じたままを絵にしたり、それに色づけしたりできるか。何か心に浮かぶか。そのイメージはどのように発展するだろうか。

もし、自分がこのようなジレンマに陥り自分の意思ではどうにもならないことに恐怖を感じているならば、さらに自分の人生やアイデンティティが他者へ

の介護にもとづいたものでないならば、このジレンマがどのように起こったのかについて考えてみてほしい。自分が生きていく権利を主張することで、今何が問題となっているのか。介護はすばらしいことだと思っているに違いない。この思いは決してなくならないだろう。自分に関してしっかりとしたアイデンティティをつくることができたら、自分の時間を創造的に使えるし、介護の技能ももっと豊かなものになるだろう。多様な介護ができ、介護の内容も充実する。自分の思い通りにならないとは考えないだろう。だが、それなりに問題点も見つかってくる。他の人たちは、あなたに対して尊敬こそすれ、要求することは減っていく。自分がどのような人間であり、どこまで介護すればよいかということをしっかりと理解できているからにほかならない。

多くの人は、たとえ自分の生活時間を提供したとしても、実際にはほとんど感謝されず敬意も払ってくれないことがわかっている。これは辛さや怒りの原因となる。抑うつ症に陥ったり、本当は価値のないものだったのだという感覚がすぐに芽生えたりする。中には、自分の発達を犠牲にしてまで他者にサービスすることだけに費やされた数年間を振り返り、自分の人生は無駄だったと考える人もいる。

私は、あらゆる犠牲を払っても他者の発達を支援しようとは思わないが、不均衡には賛成できない。常に集団の中心にいて、周囲の人と良い関係ができており、罪悪感を感じないで素直に「いいえ」と言うにはどのようにすればよいかがわかっていて、しっかりとした自己を持っているような人は、何にも代え難いほどの喜びを与えることができる。もし私たちが、他者のために何かすることが期待されていないと孤独感や罪悪感を抱いてしまって自分のことをコントロールできなくなるというジレンマに陥っていたら、それは自分の人生を奴隷の生活のようにさせてしまうだけだ。自分本来の生活を無駄にしてしまい、その背景にある怒りや憤りがますます高まっていく。彼らがあまりに遠くに押しやられ、かっとなってしまう時までは、苦しみつつも専政的な対応によって虐待されてきたすばらしい介護者によって、多くの殺人がひき起こされてきたのである。

もし、この本を読みながら自分の怒りがわかったら、それを明らかにしてみよう。恐れることもなければ、悪いことだと考える必要もない。記憶の中に残っている自分が怒った時のことをすべて書き出してみよう。誰かではなく何か物を叩いた、棒や丸太やクッションを投げた、トンネルに入って叫んだ、など

である。それをすべて葬り去るのだ。そのような怒りが自分に降り掛かり、抑うつや自己破壊の渦に巻き込まれてしまう前に、自分の怒りがどのような特徴を持っているのかを知る必要がある。第15章の「変化していくための方法」を参照してほしい。

「抑え込むか、ぱっと開くか」というジレンマ

　このジレンマは、自分が抱いた感情や情動への対処法と関連している。私たちは、自分の感情を心の内に抑え込んだままにしてしまうか、それとももしも自分が感じたことを表現したら他者を傷つけてしまい自分自身を拒絶してしまうのではないかという恐れを抱くか、そのいずれかである。私たちにとって感情は、危険に満ちあふれ、未知の存在であり、不安定な状態にあって、もうすぐ噴火しそうな火山への恐怖がつまった世界である。多くの人にとって、自分でも理解できないようなものであっても他者に伝わってしまうのが感情である。思考や推論のような冷静で明白で理性的な世界とは違って、感情の世界は怖ろしい未知の「厄介な問題」と似た状況になっていく自分自身と他者の関係を脅かしていく。感情は幼い頃には十分に相手に伝わらないことが多く、感情を込めて表現する時には「気持ちを落ち着かせて」と言われてきた。私たちは非常に強い感情を抱くと、それが手からこぼれ落ちてしまい、周囲にあらわになってしまうような状況を目の当たりにしてきた。そのため、これからは決してそうならないようにと心に決めたのであった。

　幼かった頃、私たちは感情的な表現をするか、それとも理性的な表現をするかの選択をせまられていた。しかし、私たちの多くは理性的な表現を選んだ。そのほうが安全で、物事を穏便に済ませられ、しかも論理にかなっていたからである。私たちが生きている社会では、言葉が他者との主要な媒介手段となる。PART 2で見てきたように、感情と情動は言葉がなくても生まれるもので、そのためにしばしば誤解されてしまう。だから、自分の感情を表出するのをためらい、言葉を自由に操る人のなすがままになって笑われたり、外に表す感情を弱めたりしてきた。

　私たちは、大抵は自分の感情を抑え込んでいる。その感情にどのように対処すればよいかがわからないからである。それに、感情をあらわにしたら、みじめさを感じ、混乱を来たし、傷つけられ、拒絶される原因になると思っている

からである。私たちの多くは、自分がわからなかったからやってしまったことには気づいていない。それに PART 2 で見たように、自分たちは感情など抱かないと思っている場合があるかもしれないが、新聞の記事や映像を見て涙を流したり、「明白な」理由がないのに落ち込んだり、孤独を感じたりする。だが、からだに変調を来すと気がつく。心配になったり緊張したり、いつも肩こりがしたり、背中の痛み、頭痛、肌荒れ、胸の痛みや呼吸困難などの症状からである。このような症状は治療が必要となる別の原因によっても生じるものだが、自分の感情を抑え込んでいる人の多くにもからだに変調が貯め込まれてしまっている。からだは症状を介して自分を表現しているといえる。このことは、自分が感情を抑え込んでいる事実を考える唯一の手がかりとなる。

ポール

ポール（Paul）は、「自分を安楽にさせる」わな（第 4 章）に陥り、誰かが自分のことを排除しようとしていると感じると涙が出て止まらず悲しくなり、打ちひしがれていた。彼の喉には腫れ物があり、泣きたいほどであった。彼のフラストレーションは、自分を排除しようとする他者への怒りから生まれていた。それは、孤独感を抱く以外に表しようがなく、他者からはすねているようにしか見えなかった。それでも誰も自分を助けにきてはくれないことがわかった。だから、彼が納得できることといえば、自分の頭の中にある百科事典に載っている理論と事実しかなかった。彼は自分の気持ちは表現できないことを学んでしまっていた。というのも、幼い頃、自分が何を感じ、それをどのように理解したのかを考えてくれるような人が周囲にいなかったからである。そのため、彼は何年もの間、結婚しそして離婚しても、たったひとりの子どもが生まれても、誰にも悟られることなく自分が抱いた感情の大半を抑え込み続けたのである。彼はずっと感情を抑え込んでいたが、40 歳の時に恋に落ち、初めて感情が湧き出た。どのように対処してよいかが非常に難しかった。自分が新しく見つけた恋が自らに「混乱」を起こさせ、さらにいつか彼女に振られるのではないかという不安が彼を打ちのめしていた。

だから、そのようなことが起こらないように私たちの多くは感情を抑え込んでしまう。感情を表出するのは好ましくなく、感情が「タブーとされる領域」

をつくってしまうからであり、そこはほとんど未知で、きわめて強い恐怖を抱く領域である。もしも自分がこのジレンマに陥っていることがわかったら、次の質問コーナーをやりながら自分のことを考える時間をつくってほしい。

さまざまな状況で自分に影響を及ぼす多様な感情を解明し始め、その感情を日常生活の中で創造的に活用する方法を見いだすことは、大いなる助けとなるに違いない。これまで読み進めてきたように、誰しも同じような自己探求を行っていることがわかったであろう。PART 7では、自分がどのような感情に縛られており、他者の感情にどのように対処すればよいかを考える。

**質問コーナー：
「抑え込むか、ぱっと開くか」というジレンマ**

自分の感情が抑え込まれているのに気がつくのは、

☐ 何でも心の内にしまいこんでおくので、自分の本当の気持ちは誰もわからない。
☐ 何かの感情が起こった時に私が感じるのは、

　☐ 緊張
　☐ 動揺
　☐ 不安
　☐ 心配
　☐ 喪失
　☐ 不確かさ
　☐ 逃げ出したい
　☐ 無力感

☐ 自分がどのような感情を抱いたのか大抵は気がつかない
☐ 何も感じていないだろうと思う
☐ からだにさまざまな症状が現れる

　☐ 胃のけいれん
　☐ 胸が締めつけられるような感じ

- ☐ 呼吸困難
- ☐ 「喉が詰まるような感じ」
- ☐ 飲み込みができにくくなる
- ☐ 頸部の痛みや頭痛
- ☐ 歯をくいしばる
- ☐ 歯ぎしり
- ☐ 背中の痛み
- ☐ 足のふらつき
- ☐ 心臓のドキドキ
- ☐ 心拍の増大
- ☐ めまい
- ☐ 手足にピンや針が刺さったような痛み
- ☐ 食事や排泄、胃腸の問題

☐ 自分で感情を抱いても、それを他の人には見せない。とくに次のような感情は表出が非常に困難である。

- ☐ 怒り
- ☐ フラストレーション
- ☐ 意気消沈
- ☐ 悲しさ
- ☐ 幸福
- ☐ 成功
- ☐ 勝利
- ☐ ねたみ
- ☐ 他者から傷つけられた時
- ☐ 賛美
- ☐ 愛を告白された時
- ☐ 愛情
- ☐ 賞賛
- ☐ 嫉妬心
- ☐ 不信感
- ☐ 憎しみ
- ☐ 嫌悪感

- ☐ 不承認
- ☐ 困惑

☐ 感情は厄介なもので、汚れた寝具は決して人前で洗うべきではないと思う。

もし自分の感情を抑え込まなかったら、どのようなことが起こると思うか。

- ☐ 弱みにつけこまれて、自分は傷つけられるだろう。
- ☐ 悪いことが起こり、恥ずかしい思いをし、穴の中に消え入りたくなるだろう。
- ☐ 拒絶されるだろう。誰も、自分が何を感じたのかなど本当に知りたいとは思っていないから。
- ☐ 心の内にある混沌としたものが何であるかを見たがるだろう。
- ☐ 私のつくる世界が完璧に思い通りに進行していかなくなるだろう。
- ☐ 誰かがけがをした。それによって考えたのは、暴力を受けたから、猛烈に怒ったから、思い通りにならなかったから、強烈な感情から、大きな物にぶつかったから。もし、自分が感じたことを本当に吐き出そうとしたら、怒りや涙が止められないようになるだろう。自分の場合は、

  - ☐ 乳児のように、自分の叫び声でほとんど窒息しそうになる
  - ☐ むなしさを感じて叫び声をあげる
  - ☐ 圧倒されてしまう
  - ☐ その感情に埋もれてしまう

- ☐ 他の人から笑われ、見下される。それから弱虫とか、マザコン男とか、弱腰とか、意気地なしとか、軟弱とか、泣き虫とか呼ばれるに違いない。
- ☐ 何を感じても涙があふれてきて、我慢できなくなる。
- ☐ 何を感じても怒りがあふれてきて、誰も自分のことをわかってくれないと思う。

どのような場合に、もっとも強い感情を抱くかと言えば、

- ☐ ひとりの時

- ☐ 他の人と一緒にいる時
- ☐ 自分よりも年長の人やその分野で権威のある人と一緒の時
- ☐ けんかの後
- ☐ 映画を見たり、ニュース記事を読んだり、読書の最中
- ☐ 何か重要なことが起こった後
- ☐ 他の人が何か強い感情を表している時

　幼い頃、自分の家族の中では感情をどのように扱っていたのかを考えてみよう。PART 6の「自分に関する情報を集める」を読み、さまざまな感情について考えてみることだ。子どもの頃、それらの感情をどのように表現したか、あるいは表現しなかったのか、それらの感情は誰と関連するものだったかを思い出してほしい。感情がどのような形で話題とされたか。もしも家族の中で経験したことがないような感情であれば、家族以外の何かと結びつけてどのように対処したのかを考えてみよう。自分が成長する中で経験した、家族の中での言い伝えや神話にはどのようなものがあったか。

「もし私がやらなければいけない時に、やろうとしなかったら」というジレンマ

　このようなジレンマは非常に理解しにくいように思えるが、「こうしなければいけない」という指示や命令を受けて悲嘆にくれた経験が、これまでに何回くらいあったのかを振り返ってみればよい。自分からそのように思うこともあれば、他者から言われることもあったに違いない。このような要求にがんじがらめになって、何も自由にできなくなってしまったと感じたこともあっただろう。これは、「万策尽きた」とも言える状況である。著しく制約を受けたように感じるために、閉所恐怖症にもなりうる。あたかも自分が自由な選択のもとで行ったかのように、不満を口にせずにやることで、この状況を脱することが可能になる。ただ、いつもこうできるとは限らない。返事を書かなければいけない手紙に返事を書かなかったり、電話をかけなければいけない時にかけなかったりする。より極端な場合には、重要な仕事をやり損なってしまうかもしれない。

このようなジレンマの種は、決まりや調和や義務に縛られていた何年も前の家族や学校にまで遡ることができる。私たちにはあまりにも規則に縛られ過ぎたように感じるため、自己表現をしようとする余裕などまったく持てなくなっている。唯一の自己表現といえば、「いいえ」と拒否の言葉を言うだけである。このジレンマを絵に描くなら、オブローモフ（ロシアの小説家I・A・ゴンチャロフの小説『オブローモフ』の登場人物。地主でありながら自ら積極的に動こうとしなかったオブローモフが、才能をもちながらも無気力・無為の生活を送る）の小説のようになってしまう。オブローモフとは、起きて洋服を着て外出するというような義務は何ひとつ果たそうとせずに、常にベッドに横になって生活していた人物である。彼のジレンマは、だんだんとやせ細り、そして亡くなった時点で、まさに確定的なものとなった（ジレンマの極端な形である）。

　幼い頃には何かしら行動の制約があって当然と考えており、私たちの多くがこのジレンマの影響を何かしら受けている。しかしジレンマが激しさを増すと、私たちがやることすべてに影響を及ぼす。怠慢によってコントロール感覚を保とうとする。私たちにコントロール感覚やパワーをもたらすのは、私たちがしたことではなくしなかったことによると考えてしまう。しかし、やがてこれは自らの期待に反した結果をもたらす。やっても何も得られないと感じるようになるからだ。このことは、自分には価値があり社会的なスキルも備わっているというしっかりした感覚を、今後決して身につけられないことを意味している。

テリー

　第4章の「回避のわな」の論議の中で、テリー（Terry）の生い立ちについて考えた。幼い頃に行動が制約されたことから、成長した今、仕事をしようと思い立ったのにもかかわらず、仕事に就くことができなかったのである。そこで自分のことをより深く考えてみたところ、幼い頃に体験した制約は、親でもない人に世話をしてもらい、大人になった時に相続できるだけの財産があることに感謝するように周囲の人々から言われていたことから生まれていた。彼は祖母や養父母から「善人になれ」とか良いことをすべきだと言われていたため、さらには過保護な環境で育ったために、外の世界に入っていくのに必要な社会的スキルが形成できていなかった。だから、自分にできる唯一の対処法はまったく何もしないことだと考えてい

た。これは意識してやったことではなかったが、周囲から要求されている環境内で自分が唯一できることと言えば「いいえ」と言うだけだ、という誤った信念の根底に無意識的な動機があったことはまぎれもない事実である。

21歳になった時、彼は養父母を失って財産を相続した。だが、これほど若くして相続するという状況はまったく予期していなかったこともあり、ヘロイン中毒に逃避してしまった。彼は、他者からのお金の要求に対処できずにいたのに、自分にとって大事な人にも、感謝すべきだと言っていた人にも、何の助けを求めることもできなかった。彼は、養父母を失ったことに強い悲しみを抱いてはいけないと考えてしまっており、養父母のことを話題にすることすら背信行為だと思っていた。

この時以来、数年が経過し、彼は努力をしてヘロイン中毒から脱し、自分の人生を大いに楽しむことができるようになった。そして初めて、養父母を亡くしたことの悲しみを強く感じ始め、行動上の制約から解き放たれて、自分の人生や自分にはどのような責務があるかを自由に考えられるようになった。自分がどう振る舞えば良いかについて多くの選択肢を持つことができ、自分が何をなすべきかを自由に選択できるようになり、エネルギーを適切に使うことで専門的な職に就き、結婚することもできた。「もし私がやらなければいけない時にやろうとしなかったら」という静かな抵抗をするのに使っていたエネルギーも、健康に生きることに効果的に使えるようになった。

　もしこのジレンマが、私たちが生きていくためのエネルギーや生活そのものをきわめて強く制約してしまうとしたら、それはどこから生まれたものか。誰かにそそのかされて身につけてしまった恐怖があったら、それはどのようなものか、注意深く見定めてみよう。もしこのジレンマに支配されてもかまわないと考えると、テリーのヘロイン中毒の例からわかるように、ジレンマはなくならず、自分らしく生きることはできないだろう。もしも、他者や他の物事に自分がやらされているように感じた時に、「私はやらない」と言えれば、自分の内面にある行動の仕方に関する制約がどのようなものかを知ることができる。もし自分の中にある制約がわかったとして、それに対処しようとしたら、どのような方法があるだろうか。「いいえ」とか「私はやりません」という以外の対処法には、どのようなものがあるだろうか。怒ったり、叩いたり、悲しんだ

り、悲嘆にくれる必要があるかもしれない。あるいは、意欲を高めてくれるようなもの、自分が許せるようなことにどう対処するかを考えることが必要かもしれない。制約を受けたことによってわかった「痛みのバリアー」を乗り越える必要もあれば、相手の側に立って自分のことを考える必要もあるだろう。それこそが、自分自身にとっての自由といえるのではないか。

> **質問コーナー：**
> **「もし私がやらなければいけない時に、やろうとしなかったら」というジレンマ**
>
> 「もし私がやらなければいけない時に、やろうとしなかったら」というジレンマは、日常生活にどれくらいの影響を及ぼしているか。
>
> 「自分はやらない」と決めてしまい、他者から求められている義務に反抗するのは、
>
> ☐ いつも
> ☐ 時々
> ☐ 場合によって
>   ☐ 職場や大学や学校で
>   ☐ 友人と一緒の時
>   ☐ 家族と一緒の時
>   ☐ 同性あるいは異性との人間関係の中で
>   ☐ それ以外
>
> もし、義務があるのではないかと考えたら、その時に自分が感じるのは、
>
> ☐ 制約を受けた
> ☐ 自由を束縛された
> ☐ 他者の言いなりになってしまった
>
> その次に感じることは、

- ☐ 猛烈な怒り
- ☐ 驚き
- ☐ 見くびられたものだ
- ☐ 脅されたようだ
- ☐ 傲慢な人だ

そのような感じを抱いたら、次にやりたいことは、

- ☐ 殴りかかる
- ☐ 逃げる
- ☐ 口を歪める
- ☐ 自分の世界に消え入りたくなる

他者のやり方や考えに従って「私がやろう」と言ってしまうのは、

- ☐ いつも
- ☐ 大抵
- ☐ 状況によって

「自分はやらない」と言って、他者からの制約から自分を解放させる。それからどうするかと言うと、

- ☐ 自分の生活を創造的に営む
- ☐ 自分の反抗的な態度を有効に使って何か新しいことを始める

フラストレーションを感じ、自分ができるのは反抗することしかないと感じたら、

- ☐ 自分で何かをつくり出すのはもう不可能だ
- ☐ 他者に恐怖を与えるという制約が再び自分に向かってきたように感じる

「もし私がやってはいけない時に、やってしまったら」 というジレンマ

　たとえ自分にはまったく関係のないものだと思ったとしても、このジレンマについて少し考えてみてほしい。「もし私がやらなければいけない時に、やろうとしなかったら」というジレンマのように、このジレンマは、自分の中から湧き起こったものであろうと他者から言われたものであろうと、そのプレッシャーにどのように対応するかということと深く関わっている。このような場合、自分が存在していることがわかる唯一の証拠は、自分が抵抗しているという事実そのものである。自分を守るために抵抗する場合、現実の自己がどう判断するかを求めて右往左往してしまうことが多い。しかし、あまりにもそれが頻繁に起これば、ジレンマの結果は自分にとって有害で、受け入れるというよりも罰を受けたようなものとなる。そこで私たちは、自分のやり方さえも非常に制約に満ちたものと考え始め、規則を破るようになり、フラストレーションや強い怒りは時間とともに急激に強まっていく。私たちの態度も非常に頑なになり、たとえ自分のこれまでの反応様式を止め、やり方を変えたとしても、面目を失ったように感じ、その結果、周囲からの要求に対して否定的な反応を積み重ねていくこととなる。

　私たちの多くは、たぶん青年期にこのようなジレンマと何かしらかかわりを持つだろう。それは、権威的なものと争ったり、それに対して自分の強さを試したりする時である。この成長の時期、異議を申し立てる「儀式」は非常に積極的であるものの、実際にはその多くは無理の生じない形でなされる。多くの青年は、権威、とくに親やリーダー、さらには宗教や政治、社会福祉、身なり、依存性物質に対して自分の考え方を試すことによって、自分というものを鍛えていく。その結果、私たちは強くなり、賢くなり、いったんは対立した権威者の立場や考え方を取り入れ、自分がフラストレーションを起こした規則や社会的な構造を今度は自分がつくっていくようになる。

　しかし、このジレンマはひとつの生き方にもなるが、自分が一息入れて吟味する余裕などなく、怒りや憤りを積み重ねていってしまうことにもなる。もし、そのような生き方が強固なものになると、生き方や振る舞い方や選択の仕方が限られているような友人の輪の中に入り込む結果となり、「すべきではな

い」という声がますます大きなものとなっていく。そして、人生それ自体が、決して壊せないレンガの壁にように立ちはだかる。適切な修正が施され新しいものに変えられるまでは、このジレンマは自分の行く道を阻止してしまうように働き、自分らしく生きていくのを妨げることとなる。

　時には、自分の生き方が制約されてしまうような環境の中で生きていく唯一の手段として、抵抗する場合もあるだろう。抵抗によって、実際の自分のからだだけではなく魂そのものも生き延びることが可能になる。そこで私たちは、自分の家族、あるいは生活している環境の中で、そっと隠れていて攻撃されそうになったら常に戦うようなゲリラ戦を始める術を学ぶ。生き方が制約されたり圧迫が加えられるようになった時には、すべての集団はそのような権威に挑むべくこのような戦いを積極的に求めていくことが必要だが、そのような生き方がたんに習慣的なものとなった時に戦っても、それは破壊を招くことがあっても創造を生み出すことはない。

　多くの人は、こうして自分の人生を抑え込んできてしまった。それは、あたかも追い立てられた弱者のようだ。しかしもし私たちが戦いが終わった後もこのような対処法を続けていたら、本当の自由を主張することができなくなってしまう。抵抗している間に獲得した社会的なスキルや決断力は、自分なりの規則や基準をつくっていく上でますます必要とされるもので、押しつけられた立場に抵抗するためではなく、自分で自分の人生を築きあげることにつながる。

質問コーナー：
「もし私がやってはいけない時に、やってしまったら」
というジレンマ

　もし、このジレンマが今の生活の中で起こっていたら、自分自身に問いかけよう。

　「もし私がやってはいけない時に、やってしまったら」というようなやり方を、どのようなところで行っているか。

　□　家で
　□　職場や大学や学校で

> - ☐ 宗教的な信念において
> - ☐ 日常生活や、性的あるいは道徳的な行為の中で
> - ☐ お金に関して
>
> 「もし私がやってはいけない時に、やってしまったら」という体験をするのはどのような時か。時間をかけて検討してみよう。ノートに、わかったことを書き留めておこう。違う反応をしたらどうなったかを想像してみよう。
>
> 　他の人から「あなたは、やらないわよね」と言われて「やろうと思っていますよ」と言うのは、週に何回くらいあるか。それは、いつ、どこで言われ、その時にどのような感情を持ち、誰が関係していたのか、あるいはその時の様子を記録しておこう。
>
> 　自分の人生でどれくらい、「やってはいけないのに」という頑なな考えに縛られているか。その領域をリストアップしてみよう（友だち、関心事など）。
> 　このことが、今の自分の欲求に関係しているか。
> 　自分がどのように抵抗しているのかを徹底的に調べたら、どのようなことが起こるのか自問してみよう。自分の中で抵抗している部分と対話をし、その部分のことをより深く知ろう。どのような特徴があるか、わかっただろうか。

「満足しても自分勝手だとして罪悪感を感じるか、満足できずに怒って抑うつ状態になるか」というジレンマ

このジレンマは、自分が望んだものを得ることと関係している。もし、欲しい物が手に入って満足感が得られると、自分勝手に過ぎるのではないかという感情や罪悪感も同時に生じる。甘やかされすぎた子どものように感じるのである。これと正反対の場合、もし自分の欲しい物を得られなかったら、怒りが込み上げてくるし、気分も滅入ってしまうと考える。このジレンマは、何かをもらう能力、それを自由に所持する能力と関連している。どこかで自分が欲しい物を持つことは許されていないと無意識のうちに決めてかかってしまっている。私たちは、「欲しい物が得られるとは思うな」「いつも自分の思い通りになるとは限らない」と言われてきた。このような言葉は、子どもの頃にも学校で

も共通して言われてきたもので、「もし欲しい物が手に入ったら、それは自分ががんばったからだ」と心の中で解釈するようになる。したがって、過保護に育った子どものように、自分にはそのような資格は本当はないのだと考えて、むしろ罪悪感を抱くようになることすらある。

これとはまったく逆の場合、欲しい物が手に入らないと、怒りを感じて落ち込み、欲しくて欲しくてたまらなくなる。これは、ある種の甘やかし状態に至らせる。欲しい物が手に入ると、罪悪感を感じたり子どもじみていると思ったりするために、自分自身が許せなくなる。それによって、誰かから物をもらうことが許せなくなる。しかし同時に、自分からでも他者からでも物を受け取ることを拒否しているために、怒りは続き気分も落ち込んだままになる。

何か満たされていないものがある場合にのみ、物をもらうことの許しが得られるようなことがある。慢性的な病気の場合がそうだ。たとえば、偏頭痛、胃の不調、背中の痛み、風邪やインフルエンザ、注意をしていなければならないようなちょっとした怪我の繰り返しなどである。これらは、病気になろうなどと自分の意識で決めたとは言えない場合である。子どもじみているなどとは考えず、罪悪感も抱かずに何かをもらえる唯一の手段といえる。しかし代償を「支払った」時でさえも、このジレンマは本当はしてはいけないのだと気分を落ち込ませるので、罪悪感がすぐに表面化する。

自分がどの部分で満足感を得てはいけないと考えているか、それをできる限り明らかにしてみよう。本当は自分は望んでいないことに従わざるをえないものの、「いやです」とはまだ言えないような場合、自分がどのような感情を抱いたかを考えてみよう。このようなことが何回くらい起こり、どのような感情を抱いたのかをノートに記録しておこう。自分が求めることを直接、明確な方法で相手に求めてみよう。何が起こるか。このジレンマの背後にある誤った信念が何かがわかったら、日常生活でできる限りそれに挑戦してみてほしい。

質問コーナー：
「満足しても自分勝手だとして罪悪感を感じるか、
満足できずに怒って抑うつ状態になるか」というジレンマ

自分が望んでいるものが得られたと感じたのは、

☐ 家で
☐ 職場で
☐ 人間関係の中で
☐ 子どもとの生活の中で
☐ スポーツで
☐ 性的な面で

もし、このことについてこれまで一度も言ったことがないと思うなら、数分間でかまわないので、自分の人生において望んだものが何かを考えてみよう。それを記録し、生活の中のどの部分が満足できていて、どの部分が満足できていないかを考えてみよう。

自分が望んだものが得られた時、どのようなことがわかったか。感じたことは、

☐ 後になって気分が悪くなった
☐ 自己中心的
☐ 罪悪感
☐ 自分の貪欲さ
☐ 思っていた以上に大きい
☐ 隠しておきたい
☐ 喜びでいっぱい
☐ 意気揚々とした感じ
☐ 満足で幸せ

もし、自分が欲しい物をもらったら、その時に感じることは、

- ☐ 何かお返しをしなければ
- ☐ 遅かれ早かれ、誰かがももらうだろう

　うまくやれば欲しい物がもらえるはずだというような神話や格言、あるいは「迷信」を、幼い頃の記憶から思い出してみよう。

　そのような神話はどこから生まれたか。それを思い出した時、誰の声がしたか。

　もし、上に挙げたような理由で欲しい物がもらえなかったら、どのような感じを抱くかというと、

- ☐ 怒りが生まれる
- ☐ 悲しくなる
- ☐ 落ち込む
- ☐ 罰を受けた感じ
- ☐ 軽蔑された感じ
- ☐ 汚名が晴らされた感じ（「もらえないこともある」という古いメッセージの正当性が証明された）
- ☐ 意地悪だ
- ☐ 欲しい物をくれそうな人をうらやむ
- ☐ 子どものように泣きたくなる
- ☐ 気が狂いそう
- ☐ 病気になる

　落胆すると、その後で病気にかかりやすいか。上で挙げた感情が病気の中に隠されていないかどうかを見てみよう。

第6章　予期せぬ障害と
自分で自分をだめにしてしまう障害

「はい、でも……」と「……さえしていれば」

　私たちの中のある部分が「もっとうまくいったはずなのに……」と言っているような時に、予期せぬ障害が動き出す。あるいは私たちが、「よくわかった。そんな人生は決して歩まないようにしよう」と言ったり、他者をねたましく見つめ、「あの人たちにとっては、みな良いことなのでしょうね」と言ったりする場合などでも起こる。「もし、やってよいと言われていたら……」と言って、思い出を語り始めることもある。私たちはどこかで、より満たされた生活を求め、より良い人間関係をつくり、自分自身に対してより自由な感覚を抱き、より大きな成功を収め、より想像力に満ちた生活がしたいと願うが、それによってあたかも罪悪感を抱いたような状態に陥り、自分の人生に予期せぬ障害があることを知ってしまう。

　私たちのある部分が「……さえしていれば」と言う一方で、別の部分が「でも、……自分にはできない」「やってよいとは言われていない」「もし自分が幸せになったら、何か悪いことが起こるに違いない」と言って反論したりする。それは、あたかも生きていること自体に永遠の非難をし続け、幼い頃に起こった嫌なできごとのせいにしているようなものだ。これが「魔術的な罪悪感」と呼ばれるものだ。というのは、自分で責任が取れそうにないものに対して抱いた罪悪感であるが、そこには罪悪感を感じる理由があるのかもしれない。それは、無力感や圧迫感の代替として無意識のうちに形づくられてしまう。だからこそ「魔術的な」と呼ばれる。私たちが抱き続けている「魔術的な罪悪感」は、過去に起こったできごとに対するものである。そのことに疑問を抱くことなく、れっきとした「真実」であるとされ、日常生活の営みの中にごく普通のこととして織り込まれ、そして当然のことのように考えられてしまう。私たち

が魔術的な罪悪感を抱いてしまうことは、障害のある妹や抑うつ症の母親がいるといった外的な事柄に対してであり、その人物にフラストレーションを表出することもあれば表出しないこともあるだろう。もしもその感情を表出できないとしたら、幼い頃に家族の中で別の苦痛に満ちたできごとが起こったのも自分の責任であり、家族の誰かが亡くなったことも自分の落ち度だとしてしまうように、自分自身に対してより強い怒りを感じることとなる。

　この節を読みながら、自分の内面を探索して語る第三の人物として、自分自身がセラピストと向き合って椅子に座っている状況を想定してみよう。セラピストは幼かったころにはいなかった自分の犯した罪を軽減してくれる「裁判官」のようなものである。新しい相反的役割に基づいた関係を求めて、他者を非難したりねたんだりするのではなく、自己を形成する力を理解し、埋もれてしまっている過去を許すことで自分をつくっていくことが重要である。

家族の中で受け継がれている神話

　「はい。でも……」という感覚は、幼い頃に強い影響力を及ぼした人物が原因となることがある。つまり、「あなたは、とっても良い子ね」「何て賢い子なんでしょう」「あなたがいるから家族がひとつになっていられるわ」というような言葉を発する人物である。これらは非常に強い神話となってしまうため、これに抵抗するのは困難なものとなる。私たちは、すぐに誰かに手を差し伸べる善良で親切な人間であるが、それが自分のすべてではない。おもしろいことをして、軽薄で、すぐに興奮し、いたずら好きで、意地悪な自分にもなりたいと思っているのではないだろうか。でも、できないと思う。そうしたら叱られるのではないかと思うからだ。

　予期せぬ障害が生まれるもうひとつ重要な源は、家族の神話そのものにある。「うちの家族は誰も、決してタバコは吸わないし、派手な洋服は着ないし、大声を出したりしないし、その種の職には就かないし、自分たちと階層の違う人とは結婚しない」などと言ったりする。これは先祖代々続いているもので、（それに気づいていないために）意識することもできない。「家族が期待している以外の人になることは許されない」と考えている。このような暗黙の指示のもと、期待されているものと自分とが合わないため、私たちは自分の気持ちを表現するのを抑えてきた。ある女性が数年前私に、家族の誰も離婚をした

ことがなかったので、結婚生活がほとんど破綻していたものの、決して離婚を考えることはできなかったと言ったことがある。彼女にとって、離婚はまったく想定外の概念であった。

　仕事や友人、宗教、健康のとらえ方や生き方は、幼い頃の家族によって規定されるだけではなく、家族がどこまで周囲のものを受け入れていたかによって決まる。明らかに、あらゆる物事が私たちに影響を与える。多くは私たちのとらえ方や生き方にうまく適合するものだ。ところが、仕事や友人などに先に挙げたことを打ちあけたところ、自分が予期せぬ障害に出会っていることがわかることがある。そのような時に、自分たち家族の神話がどのようなもので、どうすることが「期待されている」のかを考える必要性が生まれてくる。

　家族が裁判をしたら、どのような判断をするかというと、

・自分自身のことをあまりに考えすぎる人は、わがままな人だ。
・自分なりの宗教も持たず教会にも行かないような人は、道徳的な素養のない人だ。
・われわれの人種は、決して白人、あるいは黒人、もしくは東洋人とは結婚しない。
・落ち込んだ時には誰にも会うな。だまされるだけだ。

　自分の家族の中にある神話、身なりや外見のような些細な関心事から、政治や宗教、人間関係といったより大きな問題まで、リストアップを始めてみよう。
　私たちと親しい関係にある重要な人物は、現実には私たちが変化することを望んでいないため、日常生活の中で予期せぬ障害が大きくなっていくこととなる。これは必ずしも明白にはならないが、人間関係の中で隠れたまま残り続ける。日常生活の中で「はい。でも……」という言葉が、他者が抱いた期待とどのように関連しているのか自問してみよう。もし、自分自身を生まれ変わらせて、より成功を収め、幸せで健康になれたら、周囲の人たちは予期せぬ障害をどう扱ってよいのかわからなくなるかもしれない。彼らは反対するかもしれない。それは私たちの変化が彼らの想定を越えていると考えられるからである。
　これに関するひとつの例は、人間関係の中の一方の人物が成功して喜んでいる時、他方の人物、たとえば親や夫や妻が病気になったり落ち込んだりするような場合である。あたかも一方の状況が悪くなると、逆に他方がうまくいくよ

うに見える。他者の生活パターンに無意識のうちにとらわれてしまっているのだ。私たちの相反的役割は、他者を併合し特別な存在になるか、他者に併合されて安全に生きるかで、それを切り離すことは脅威であり裏切りとなる。そのような関係を維持するものは相互依存で、そこでは他者の犠牲のうえに、一方のみが繁栄することとなる。ふたりの人間がつきあうためには、「満足さ」と「善良さ」は不必要であるかのようだ。

　意識して予期せぬ障害に気づこうとする必要はない。なぜなら、それが働いているかどうかは意識できないからだ。この節を読み、質問コーナーに答えていくと、自分の考え方の一部に予期せぬ障害が関わっていることがわかるようになっている。だから、もし現実に予期せぬ障害に引っかかっていたら、それがわかるに違いない。自分がどのように考えて「はい。でも……」と言っているのかを振り返ってみよう。

質問コーナー：予期せぬ障害

　「はい。でも……」とか「……さえしていれば」と言って、自分が予期せぬ障害につかまっていることを感じるのは、

- ☐ いつも
- ☐ ある状況で（それに名前をつけなさい）
- ☐ ある人間関係の中で（それに名前をつけなさい）

　いつも感じるのは、他の人は、

- ☐ 自分より幸運だ
- ☐ 自分よりうまくいっている
- ☐ 自分より幸せだ
- ☐ 自分より魅力的だ
- ☐ 自分より優れている

　予期せぬ障害が原因で、成功し幸せになるのを妨げたと思われる過去に経験した妨害に名前をつけるとしたら、次のどれが当てはまるだろうか。

- ☐ もしそれが……なかったとしたら、自分は今では……になっていたに違いない。
- ☐ 自分の両親は、決して私に……させてはくれなかった。
- ☐ 自分には、……するような機会は一度もなかった。
- ☐ もしも許してもらえていたら、今頃私は……であったに違いない。
- ☐ その他

　このような予期せぬ障害を正直に見つめ、自問してみよう。このようなできごとをより悪化させているのは、

- ☐ 憤り、辛さ、怒り、それとも怠慢によってか。
- ☐ 機会を利用しない言い訳として使っているためか。
- ☐ 自分が本当に好きなことをやるために怒り、憤ることによってか。

　家族の神話は、自分の在り方にどれくらいの影響を及ぼし、どのようなものが受け継がれ、自分の選択を左右し、予期せぬ障害をつくりあげているか。たとえば、「うちの家族には誰も離婚した者がいない」、「私たちは洗濯物を人前では決して干さない」、「うちの家族では誰ひとり役者になったような人はいない」、などである。

　予期せぬ障害に陥っているか。もしも自分がやりたいように自由に選択するとしたら、自分にとって重要な人はそれを好まないだろうか。家族の持っている重要な意味あいに反するものであろうか（たとえば、次のような場合である。「もし自分の結婚は続かないだろうと言い張ったら」「もし今の仕事が嫌になって退職し、妻なら考えようともしない教師になるための勉強を自分がしたら」）。

自分で自分をだめにしてしまう障害

　予期せぬ障害に陥っている別の例は、楽しみや成功を避けようとしている時である。あるいは、物事がうまくいって幸せなら、落ち込んだり、病気にかかったり、物事を台無しにしてしまって、その対価を払わなければならないというような時である。成功が確かな時でも、誇らしげに言えない。試験で高い点

数を取っても、難関の面接に合格しても、思い通りにダイエットができても、自分をまるまる認めることができない。そのために、約束したことを忘れたり、すぐに体重が元の状態まで戻ったり、次の試験ではひどい成績を取ってしまい、良かった過去のことが現実的に打ち消されてしまう。

「魔術的な罪悪感」

　魔術的な罪悪感は、私たちの生活に見えにくい形で非常に大きな影響を及ぼしている。これまでの章で見てきたように、より賢いとか、より健康であるとか、自分がきょうだいの中で大きな特権を与えられていて、それが両親の一方よりも大きいと感じると、魔術的な罪悪感を抱くようになる。魔術的な罪悪感は、家族の誰かが病気になったり落ち込んだり、自分が幼かった頃に誰かが亡くなったような場合にも起こる。このようなできごとは自分と関連しており、自分の過ちの結果だと考えてしまうのである。
　これは意識的な思考ではないが、緩やかに流れる川下で逆流が起こるように、私たちの考え方を規定してしまうような強力で無意識的なものである。そうこうするうちに、意識せずに誤った信念をつくってしまう。すなわち、「自分が強いのは、きょうだい、おば、祖母、母親の犠牲があったからだし、父親の統率力が弱かったからだ。私が健康で体調がよく、そして幸せであるのは、彼らの気分の悪さと落ち込みを犠牲にして成り立っている。明るい将来が開き、幸運に恵まれるような資格は、自分にはない。自分の才能は彼らの不幸の上に成り立っている。もし自分が成功したら、きっと何か悪いことが起こるに違いない」というのである。
　私たちは、自分にとって重要と思われる幼い頃のその人と愛着を感じたいものの、自分が若かった頃にこれらすべてを意のままに操るのは非常に困難である。意識せずに罪悪感という荷物を背負ってしまい、自分の成功や幸せのために（魔術的）罪悪感を保ち続けてしまう。これに対処する唯一の方法は、何はともあれこれまでの自分を否定し、成功することをやめることだ。そうすれば、愛情のこもった友人関係、すばらしい職業、すてきな旅行の経験を求めることが可能になり、最終的に魔術的な罪悪感を捨てることが可能になる。乗り物に乗り遅れるか、病気になるか、落ち込むか、それとも魔術的な罪悪感につかまらないように、まったく考えもしなかったことをするか。

ねたみ

　人をねたんでいる自分を認めるのは難しいし、誰かが自分のことをねたんでいると考えるのも嫌だ。あからさまな攻撃は驚異を感じ、混乱の元となる。しかし、日常生活の中でふつうに起こるのもねたみであるし、破壊を目指した悪意のあるねたみと同様に健康的なねたみを抱くこともある。

　予期せぬ障害は意識的に起こるもので、きょうだいや親の誰かが、私たちの持っている明るい将来や幸運、力強さ、楽しさ、自由さ、能力、それにスキルに対してねたんだことが原因となる。これらの原因となっているものは、目立つほどのものではないし、自分で満足できるような代物でもない。もし過去を振り返ってみたら、次のようなコメントが思い出されるのではないだろうか。「あなたにそのようなこと、できるわけはないと思っていました」とか、「なんてすごい子なの。でも、もっとすばらしいものをつくれると思うけど」「とても困難なことだけど、できるはずだと自分を信頼しなさい」「あなたのスキルがあれば、どんなことでもできるはずだと思いますよ」などである。このような声は、私たちが予期せぬ障害を抱き続けることを望んでいる人により、わずかに危害を及ぼすように、そしてわずかながらけんか腰で言われる。そこで私たちは、自分が持っているスキルや才能を逆に隠そうとする。これは、私たちが愛されたいと願っている人からの激怒やねたみをかうのではなく、むしろスキルや才能自体を危険にさらしてしまうことになる。

　気が動転してしまうのは、自分の人生で予期せぬ障害にどれほど陥っているのか、自分の才能やスキルが外に現れないようにどれほど苦心して生活しているのかを知った時である。これが幼かった頃の自分の人生で経験したねたみから発生していると考えるのは、非常に苦痛に満ちている。私たちがこのパターンから自分自身を解き放つことができるのは、あらゆる状況を想定し、それを意識の上で再確認することによってである。それができれば、自分が置かれた状況をしっかりと見つめられる。その結果、自己否定や予期せぬ障害といったパターンを実質的に停止させることが可能になる。

　これがとても困難な課題になることがある。というのは、もしも自分たちには何の権利も与えられていないと考えるなら、考えたことを主張し始めるのは非常に難しいからだ。自分自身のために自分の生き方を主張し始めると、拒否

され罰せられるのではないかというこれまでは意識していなかった怒りを目覚めさせることになる。強い罪悪感を抱き、何か悪いことが起こるに違いないと確信する。そして、自分が抱いている罪悪感が悪いものだと主張する声が過去から聞こえてくる。「なんて自己中心的な人なのだ」「無慈悲な男だ」「誰もお前みたいな奴にはなりたくない」「誰か他の人のために使う時間もないのか」などの声で、名前がつけられないようなねたみや嫉妬心から生まれてくる非難の声である。

質問コーナー：自分で自分をだめにしてしまう障害

自分で自分をだめにしてしまったと感じたのは、何回くらいあり、どのような状況であったのか。

他者の反応に恐怖を抱くのは、私が、

☐　うまくやりとげた時
☐　恰好よく見える時
☐　何かで勝った時

私がもっとも強い恐怖を抱くのは、誰の反応かというと、（名前を挙げよう）

(a) 承認されなかったり、(b) 内に閉じこもってしまったり、(c) 言葉がきつかったり、(d) 批判的であったり、(e)「あなたにとっては大変良いことですね……」と言われると、相手のねたみに恐怖を抱いてしまうために、自分が知っていることや自分にできることは軽視してしまう。そのようなことが起こるのは、

☐　いつも
☐　特定の状況において

自分には資格がないと感じるのはどのようなことがらに対してかというと、

> - ☐ 成功する
> - ☐ すばらしいことをする
> - ☐ 幸せになる
> - ☐ 誰かを愛する
> - ☐ 自由になる
> - ☐ すばらしい職に就く
>
> 自分が何かを得たら、他者はますます暮らし向きが悪くなり、病気にかかるとだろうと考える。誰がそうなるのか。このような感情はどこから生まれたものか。
>
> もし、何か良いことが自分に起こったら、感じるのは、
>
> - ☐ 運がいいだけだ。
> - ☐ 自分はそれには値しない人間だ。
> - ☐ 長くは続かない。
> - ☐ 自分では決してそれをつくることはできない。
> - ☐ このようなことは決して続かない。

　どうして身動きが取れなくなったり、どうして自分で自分をだめにしてしまったりするのかが明らかになれば、このような古い対処法から逃れることがいかに重要であるかがわかるであろう。それらは魔術的な命令と言えるだろう。つまり、すでに亡くなってしまった人が、かつて落ち込んだり、悲嘆に暮れたり、否定的になったり、不幸せであったことの原因が自分にあるというのは、真実ではない。適切な対応をしなかったというのも、真実ではない。私たちにできるのは、自分をしっかりと見つめ、自分の心に寄り添い、そして自分らしい人生を歩むことである。
　罪悪感を感じることなく自分の持っている力を主張することは可能だ。私たちが自己探求の旅に出られるのは、より賢く、より満たされ、自分がしたことにより満足した時だけで、そのような場合になって初めて、必要とされるエネルギーを奮い立たせることができる。何が起こったのか、とりわけ過去にどのようにして魔術的な罪悪感につかまってしまったのかを振り返る余裕も生まれ

る。自分自身だけではなく、そこに関わった他者をも束縛から解放できる。さらにもちろんのこと、別の視点に立って魔術的な罪悪感を見つめることもできる。なぜなら、年齢がいくほど、自分たちを包む残酷な言葉や厳しい評価から自分自身を守ろうとする防御は少なくなるからだ。

　自分の生活がどれほど身動きのとれないものになっているか、どれほど幸せになるのを妨げてしまっているかがわかると、最初は落ち込んでしまう。しかしながら、自分がとった対処は間の抜けた馬鹿げたものではなく、厄介な感情を自分の意思で操作できる唯一の方法であることを覚えておくことは重要だ。しかし、どのようにして対処するかがわかれば、それをこのまま続けていってはいけないことを理解する原動力にもなるはずだ。

　「身動き」が取れるようになることにより、私たちはどのようにコントロールすればよいかを学び、私たちに対する他者の行動様式を変えさせることができる。自分自身も変わるのが困難だからという理由で、私たちが変わることを求めない人たちに立ち向かうことも学ぶ。他者、とりわけ親密な関係の人が、私たちの変化を嫌う場合もある。そのような人たちは、「以前のままのほうが良い」「このような心理療法はどれもこれも、気持ちを内向きにさせてしまうので良くない」「あなたがやっていることは良いこととは思えない」「それは危ないことだと思う」などと言うかもしれない。このような言葉を過小評価しないことが重要だ。なりたい自分を目指して一貫して立ち向かっている時に、きわめて重要なことが起こる場合もあり、他者との人間関係を変えてしまったりする。もし、変化しようとする自分の権利を断固として主張するなら、多くの場合は受け入れてもらえるはずだ。しかしながら、もしも受け入れてもらえないとなると、苦痛に満ちた選択をせざるをえなくなる。いったん亡霊に面と向かってしまえば、二度と怖れを抱くことは決してない。

　この節を読み終えたら、あなたがより満ち足りた人生を歩むことを期待してくれている人は誰かを考えてみよう。他者と同じだけの自由を自分にも与え、自分が自由に生活できるように主張することを始めよう。

PART 4

氷山の一角をなす感情
感情の状態と抑うつと具体的な症状

　生きていくためには避けられない苦痛に満ちたゆがみ、行き詰まった状況、神経症的な状態は、いずれも「治療」によって取り除かなければならない傷ではなく、むしろ心それ自体が癒しに向かって進もうとする入口だと見なせる。特定の状況や症状は、それと同時に癒しを求めているものが何かを象徴している。その傷に意味を見いだし、恐ろしい災いをなだめようとする声を聴くことは、苦痛以外のものがいかに貴重であるかを如実に物語っている。
　　　　　　ニジェール・ウェリングス（Nigel Wellings）「心の傷（*The Wound*）」
　　　　　　　　　　　　　　　（*Wilde McCormick and Wellings*, 2000, p.76）

第7章　耐えることもできず
どうすることもできない感情

　本書を読み、自分が何を感じ、挙げられている例に対して自分はどう対処しているかを書き留めることから始めよう。

「いつも内心では気が重い」

　相反的役割法は、自己と他者の両方に暗黙の価値をおく。悲しくて悪いものかそれとも批判的で拒否的かという相反的関係に当てはめると、結果として役割が逆転し、重大さと痛みが小さくなる。私たちは自分のことを振り返るまで、自分がどうして気分が悪くなったのかに気がついていないことが多い。私たちは、自分と比べて他者や人生を悪いもの、自分たちに逆らうものだととらえるので、事態はますます悪化してしまう。

　内心で気が重いと、それが自分自身の対人関係にも影響を及ぼす。自分よりも落ち込んでいる人とでも、関係づくりだけはできると考えるかもしれない。私たちは自分のことがあまり好きではなく、自分が何が好きかなど知らなくてもいいと思っている。魅力的で何事もうまくいっているような人と関係をつくればよく、とくに親しくなる必要は必ずしもないとも思っている。このような気持ちがあるから抑うつ症になる。その人を見て落ち込み、自分は価値のない人間だという思いはまだ薄いベールに包まれているが、より深刻な場合には、自分は決して自由の身にはなれないという思いから重い抑うつに陥る。私たちは、やるべきことをそれなりに上手に処理しており、やらなければならないと思ったことを自動的に行うが、それをやったところで喜びや幸せを感じることは決してない。

　私たちは、あえて自分の「気を重く」させようとする。なぜか。そうするのが当然のように思っているからである。

あなたは、心の中にある気の重さに対処する方法を知り、それに自分なりの名前をつけて、リストの中に加えたいかもしれない。

　幼い頃、あなたは「悪い子だ」「悪い子はみんな好きでない」と実際に言われていた。自分の悪い点について言及した部分の表現だけを取り出して聞いていたのかもしれない。おそらく私たちに必要な規準となるものについて、何も考えていなかったのである。多分、子どもは完璧ではなく利己的だという観点でしか、親は見ていない。私たちは、家族の誰もしていないことを自分がやって楽しむことがある。そうすると、変わり者とか変な奴といわれる。その結果、「悪い子」ということになってしまう。幼い頃に抱いた困った感情にとらわれ、激怒し、殴りたい欲求にかられ、わなにかけてやろう、迫害してやろうなどと考える。精神的あるいは身体的な水準で考えると、これは残酷な問題である。もしもフラストレーションに至った感情を外に出し始めて殴りかかるようなことが起きれば、感情はますます悪化する。そうなると悪い感情は行き場を失って、私たちはその感情を隠さざるをえなくなる。

　このような感情は、沸騰した湯のように、何年間も心の中にわだかまり続ける傾向にある。何かが起こるか、あるいは私たちが自分自身のことを考え始めるまで、自分が悪いのだと信じきっていることに気がつかない。たとえ気分が重くなっていることが論理的にはわかっていたとしても、からだの中心部分で何かが起こっており、それは自分にとっては良くないことで、不快で、面倒なことだと考えてしまう。

　なぜそのように感じるかはわかっていないものの、そのような悪い感情は他者や他の状況に投影されている。

エクササイズ：「いつも内心では気が重い」

　以下のように感じていることがわかったら、すぐに数分間、静かに自分を振り返ってほしい。自分がどのように感じているかを、ある種の視覚的なイメージで表せるかを考えてほしい。「それは……のようなもの」という文章で始め、自分が想像したものを絵や色、形、イメージで表してみよう。たとえば、「重たくて真っ黒い泥」「腹痛で身悶えしているお腹」「腐ったリンゴ」など。この言葉を聴いて何かを感じたら、その何かを絵で描いたり、文字にしたり、貼り絵をして視覚的に表してみるとよい。

> 自分は大丈夫だという感覚は絶対的なものではない。「もし……だったら、私は大丈夫だ」と自分に何回言い聞かせているだろうか。
> 　以下のことについて考えてみて、あなたは気分が悪くなるか。
>
> ☐　増え過ぎた体重
> ☐　病気にかかった
> ☐　落ち込んだ気分
> ☐　自分にはいつも最悪なことが起こる
> ☐　自分は悪魔ではないかと思う時がある
> ☐　「悪い」仲間と一緒に行動しがちである
> ☐　人はみな、いつも最後には私のことを憎むと思う
> ☐　自分はこの世で決して必要とされない人間だと常に思う
> ☐　もしも何か良いことが私に起こっても、それを台無しにすることしかできない
> ☐　自分は何も良いことはしていないので、きっと悪い人に違いない
> ☐　自分は何もかも奪い取られ、拒否されているので、それを勝ち取ることは当然だと思う
>
> 　上に挙げたことに気づいたら、自分の好きなやり方で構わないので、ノートに記録してみよう。このような態度や思考が、日常生活のいつ、どこで起こったかに注意を向けよう。1週間、このことを記録していくと、どのようなパターンの状況が気分の悪さを引き起こしているかがわかるはずである。

　しかしながら、自分自身の中にさまざまな悪い感情があることがわかると、この悪という重荷を悲しく思うことは当然であろう。悲しさゆえ、多くの場合、この誤った考えが生まれた純真無垢な子ども時代の自分が悪いのだと考えたのである。
　では次に、もともと自分は悪くはないのだという新しい考え方を検討してみたらどうだろう。批判めいた小言を言いながら好き勝手に悪い行動をさせている過去からの声に挑戦しよう。自分が悪いといつも思っていると、本当は違うのだということを証明する機会を失わせてしまう。それはずっと昔のメッセージにすぎず、今のことではない。誰かに自分が悪いと思っていることを話して

みよう。「自分が悪い」という考えを共有することは大きな助けになる。というのは、自分を傷つけ苦痛であった古い信念は内面化した相反的役割によって維持されているからで、悪いとか罪だという考えか批判的で厳しい判断を下すかという状況にある。聞いてもらうか聞くかという新しい相反的役割を始めるために援助してもらえれば、自分自身の中にある別の側面について耳を傾けることも可能になる。自分自身をもっとよく見てみよう。たとえ小さなことであったとしても、自分の「悪く」ない点に目を向けてみよう。あなたは、このページを読んだ。ということは、もう自己探求が始まったということである。自分を悪いととらえるのではなく、まずは肯定することだ。そのように考えられれば、「自分が悪い」のだという古いメッセージを捨てて、新しいメッセージを受け入れることができる。

どのような理由であれ、もし何かしら気分を害したら、どうすれば自分を許せるだろうか。

何の感情も持てない

「どのような感じを持っているか」と尋ねられた時、何が起こるか。あわてふためくか、さもなければ「今、何を考えているのだろうか」と自問自答するか。これは、感情を表現する適切な言葉が身についていないためである。

私たちが「感情」を表す言葉にはどのようなものがあるか、そのリストを誰かに書いてもらう必要がある。あるいは、自分がどのような感情を抱いたかを尋ねられた時に、自分のからだに起こった変化をじっと見つめるのもひとつの方法である。もし、「自分は何も感じていない」というのが答えであるなら、そう言った時に自分自身のからだの中で起こった変化の跡をたどることができるかどうか考えてみよう。

イメージの利用も有効である。「締めつけられるような」「ひりひりする」「窮屈な」「行き詰まった」というような状況を表した言葉は、自分が何を感じているかを深く知るためのスタートとなりうる。自分たちは感情など持っていないと考えてしまう人もいる。実際そのように言う人は、感情をひた隠しに隠して、自ら見えにくくしてしまっていることが多い。そのように感情が完璧に遮断されてしまったら、冷たさしか感じられない。遮断し支配するのか、それとも支配されて感じないようにするのかという相反的役割があたかも働いている

かのように考えられる。

　私たちが感情を遮断したら、どうなるか。自分とは離れたところにある感情と自分から引き離された感情、あるいは遮断に導く圧倒する感情と圧倒される感情を区別して理解できるのか。

　何かが激しくぶつかったり、避けきれなかった時に、感情は爆発する。対処が十分に可能だろうと思い、あるいはまた相反的役割をやめてしまおうと考えると、感情は頭をもたげ始める。私が知っている男性は、それまで抑え込んでいた感情が突然溢れ出して、何と45歳の時に結婚した。その時までは、冷たい人間で感情を持たない人だと彼のことを考えていた多くの人は驚いた。恐怖という感情は、否定したり回避したりすることで守られており、長期にわたる人間関係や仕事の満足さのような「安心」できる環境を求めているのかもしれない。

　もし、感情を抱いても打ち砕かれてしまったり、あるいは感情を表出したところで満足が得られないことがわかっていたら、感情はからだのどこか別のところに隔離されてしまい、これが自分だという感覚もばらばらになってしまうかもしれない。

・ある人は、怒りののしるか、恐れ傷つけるかと言ってくる、自分に内在する「怒りに満ちた嫌なやつ」のせいにする。あるいはまた、いつも泣き叫び相手を見くびっているか、それともけなして価値がないと言う「得体の知れないもの」のせいにする。常に理想化し理想化されるのか、それとも特別なものとして「危機から助け出す魔術師もしくは天使」のせいだとする。

・耐えられない苦痛で締めつけられたような感じがしたり、炎症を起こしたりするように、たんに感情を抱くのではなく、耐え難い苦痛といった身体的な症状となって現れている。

・私たちは、合理性や論理性をもとに頭の中だけで状況をとらえるような客観的な人に感情を表出することによって、その感情が拡散してしまうのを防ごうとしている。

・私たちは感情そのものを表出する代わりに、猛スピードで車を運転したり、酔いつぶれたり、薬物を服用したり、危険なスポーツを敢えてしてみたり、ギャンブル、けんか、盗みなどを実際にすることで感情を表している。

・もうこれ以上耐えられないほどどうしようもなくなると、私たちは麻痺に陥

るか、さもなければ怒りや嫉妬や幸福感を他者や物や空想といった自分以外の世界で表出している。このことは、私たちが感情を自分自身のものとして持つことができず、全体として自分自身の中に自分というものを統合できないということを意味している。

もし、自分の生活に影響を及ぼしているこのような分裂が起こっているなら、感情をあえて表現するのをやめて、何か別の活動をすることから始めてみよう。つまり、自分ではどうすることもできないものに正面から向き合うことをどうやって避けるかである。

エクササイズ

　もし、自分が何の感情も持てなくなっていることがわかったら、自分が何か「感情を抱いた」最後がいつであったのかを考えてみよう。からだのどこで感じたのか。それはどのような感情であったのか。いつ起こったのか。その時、何があったのか。

　もし、いつ起こったのかという質問の答えが2年以上前というようなかなり昔であったら、そのように感じた結果として何が起こったか。それを言葉で表したら、どのようになるか。その感情に他者はどのように反応したか。感じたことを表現するのはもうやらないと決めた時に、何が起こったか。

　もし、どのように「感情」を表出したのかがわからず、最初のふたつの質問に答えられなかったら、自分の心の目を先週1週間に投じてみよう。起こったできごとの中でもっとも予想外であったのは何か。それを書いてみよう。何が起こったのか。

　自分が感情を抱けなくなっていることを誰かに話そう。どのような感情を持ち、その感情を他者にどのように表現するかを考えることから始めよう。感情の「生徒」になろう。

　時間がたてば感情は**必ず生まれる**。**ゆっくり時間をかけよう。**

　地面に両足をつけてみる。座っていようが歩いていようが、大地に触れているという感覚を抱くに違いない。自分のすべての感覚を、足と大地が接している部分に注ごう。足と大地の間で、静かではあるが心躍らせるような対話がなされている。自分が体験していることを誰かに話してみよう。実践してみると、感じたことがからだの中でますます大きなものに

なっていく感じがわかるだろう。

　感情を表現するため、音楽や詩、映画や詩を選んでみよう。音楽と詩は、より合理的な判断や思考に関わる左脳に送られる。触覚からの情報は直接、右脳に伝えられる。ここは感覚や直観、イメージづくりを司っている。だから、自分自身に触れることが可能になる。ともに動き、ダンスをし、生まれてくる感情の芽を優しく手で包もう。怒りや情熱の炎を燃え盛らせよう。自分の中から湧き起こる抗議の声や、失われてしまった自分の中の詩人の魂が発する声に耳を傾けよう。ジョン・フォックス (John Fox) の『失わなかったものを見つけよう (Finding What You Didn't Lose)』(1995) には、次のように書かれている。「あなたの詩がもっとも信頼できる感情を伝えることが可能なものとなった時に初めて、それらの感情を今までよりも意識しながら体験でき、それらの統合が可能になるだろう」。

むなしさ

　人は、時として自分が「ブラックホール」に落ちたみたいだと言ったり、むなしさを感じていると言ったりする。彼らはそれを恐れているのだ。というのは、自分が飲み込まれてしまい、自分がなくなってしまうと思っているからだ。ここでの相反的役割は、心の中を無にするのか、それとも無にされるのか、もしくは「存在しない」か「存在を認めない」かである。あたかも「存在する権利を拒否されている」かのようだ。おそらく私たちは、職業や外見、あるいは誰か別の人の人生で果たしている役割によって、自分が生け贄や犠牲者であるかのように感じる。あるいは映画『愛が壊れるとき (Sleeping with the Enemy)』のジュリア・ロバーツ (Julia Roberts) のように虐待されて何もかもを破壊されてしまうというように、ある枠にはまった見方をされているように感じている。だから、むなしさが持つ無というものが恐ろしくて、私たちは人や食べ物、薬物、仕事、社会的な活動など外部のもので、自分を満たそうとする。内面では自分のことが信頼できていないのだ。だから、自分を何かに投影したり、じっと自分のことを考えたり、考え込んでしまうような静けさは避けてしまう。感情を自分から切り離そうとするのだ。

アリステア

アリステア（Alistair）は、かつて自分が体験した「むなしさ」を見つめ直してみた時、すべての「厄介な問題」が詰まっているような感じがした。そこには、自分の過去や今抱いている感情について、恐れていたり嫌なものばかりが詰まっていた。第12章と第14章では生い立ちを書き、自分が置かれている状況を図で示す作業をしながら、自分が抱いているむなしさにアリステア自身がどのように対処しているかを見ていく。「厄介な問題」を調べていくうちに、中から這い上がってきて彼に嚙みついたヘビのような動物がいた。そのヘビは彼に対して、他者を非難し評価するのか、それとも評価され価値がないと思われるのかという相反的役割を示し、「常に自分が一番でいられるとは限らない」と言った。「私は不幸だ」という感情が強くなり、すぐに落ち込んだ。ある日、自分のことを考えていたアリステアは初めて、ある種のむなしさを感じることに気づいた。「そんなに薬物を摂取して何の助けになるのか」という声が繰り返し聞こえてきたのである。彼は、もしも自分が薬物をやめれば、むなしさを引き起こしている空虚感の生け贄になってしまうのではないかと不安に感じていたのであった。そこで彼は自分の生活すべてにおいて、信じられないほど忙しくすることでこの感情に対処したのである。私たちが会ったのは、ストレスによる十二指腸潰瘍や痔瘻や胸の痛みなど、さらには吐き気症状も始まり、病気や死に対する恐怖が出始めた時であった。彼の最初にやるべき課題のひとつは、1日に30分間ずつ自分を振り返る時間をつくることであった。彼にとって、これはたいへん難しいことだった。

むなしさは、視覚化したり、絵に表したりすることで、探索が可能になることがある。人生は、それ自体がむなしさに突き進むようなものだが、私たちは重い病気や事故、衰弱、あるいは残されてひとりだけになるといった厳しい道のりを経て、それに直面しなければならない。

質問コーナー：むなしさをどのようにとらえるか

以下の文章は自分にあてはまるか。

> - 起こったできごとはすべて、あたかもガラスの向こう側のできごとであるかのように考える。誰かが何かをしているが、それには加わらない。
> - 別の星のできごとのようだ。
> - 友だち、人間関係、仕事、飲食、混乱、「さまざまなできごと」、やらなければならないことなどで非常に忙しい。というのは、もしもこれらをやめてしまったら、むなしさの底に突き落とされることがわかっているから。
> - 自分は、内心は非常に寂しい。このことを知っている人は、まずいないだろう。

　むなしさが何かを認識するための最初のステップは、心のどこかでむなしさを感じていること自体を受け入れることだ。自分がむなしさを感じそうになったとか、むなしさを恐れていると感じたら、セルフモニタリングをしてみるとよい。むなしさがどのようなものか知りたくなったら、まずは何が起こっているのかを見極めることが必要になってくる。絵を描き、それに色づけをしたり、「……のようだ」とイメージをふくらませたり、自分が考えていることを信頼できる誰かに話すのでもよい。もしも幼かった頃、大人が誰もいないので長い時間ひとりでいなければならなかったためにむなしさを覚えたのであれば、誰かと親しくなるのはとても難しく、身近にいる人たちを信頼するのも困難に違いない。このような現実をどうにかして乗り越えなければならないが、心理療法がそのひとつの手だてとなるであろう。他者と親しくなり、他者を信頼するという安全な段階を追っていくことができるような人と、関係をつくっていくことしかない。自分にはそれができるだけの可能性があることを信じるのだ。

どうすることもできない感情：
非常に悲しい、非常に頭にくる、非常に驚かされる

　あまりに悲しい、怒り狂った、怖すぎるというような、自分ではどうにもならない感情に対処するには、感情を切り離し、「何も感じないようにする」ことしかない。そのことがわかれば、同時にそれは自分をも支配することになる。このことを大切に考えておいてほしい。もし幼い頃に心に傷を受けたことによ

りトラウマとなった体験があれば（すべてのトラウマ体験がトラウマになるわけではない）、他の人といっしょにいる時、図1.3（37ページ）に戻り、自分が受けたストレスが低覚醒反応によるものか高覚醒反応によるものかを振り返ってみよう。自分のからだに現れた感情が何であるか名前をつけ、安心して調べられるように、誰か一緒にやってくれる人を見つけるとよいだろう。

　もしまだやっていないのなら、47ページを参考にして安全な場所をイメージしてみよう。以前はどうすることもできずに闇に葬り去っていたような感情を表出しようとすると、最初は打ちひしがれてしまうに違いない。このような感情を意識化することによって、精神的、身体的に打ちひしがれたように感じさせるサイン（激しい鼓動、呼吸困難、それに激しい頭痛）がわかってくるにつれ、さまざまな感情を受け入れる余裕が生まれる。

自分のそばにあって、でも見えにくいものを覚えておきなさい。

　抑うつと自殺願望に関する体験にはすべて、耐えられず、そしてどうすることもできない感情が伴っている。何の望みも持てず、誰からの援助もなく、わなにはまったようで、決して外に出せない怒りの感情である。これまでに見てきたように、認知分析療法の創始者であるアンソニー・ライル博士は、抑うつ症や身体症状を示している非常に多くの患者が、有益な手段で怒りを表出できなくなっていることを指摘している。このことを理解したうえで自らの怒りを意識し、それに名前をつけ、表出し、場合によっては阻止したり寄り添うことで、これまではどうすることもできなかった怒りを別のものに変えることができる。このような感情の影（シャドーで、無意識の領域の中に抑圧されている人格の暗黒あるいは悪の部分のこと）は常に私たちとともにあるが、影をより深く理解し、さらに効果的に感情を活用することが重要である。スティーヴィー・スミス（Stevie Smith）の詩「怒りの感情が持つ力（Anger's Freeing Power）」では、愛情よりも怒りのほうが表出しやすいし、ワタリガラス（カラスの中でからだが最大の種）は自分でつくってしまった住処の壁を叩き壊して自由の身になると書いている。これと同様に、グリム兄弟の童話『カエルの王子（Frog Prince）』では、王女がひどく嫌っていたカエルを怒りを込めて壁に投げつけたところ、カエルが王子に変わった。さらに、怒りがキスによって置き換えられた。まるで、愛情を表出するには怒りを吐き出す必要があるかのようだ。

　何年も前、チャリング・クロス病院の循環器科で、医師であるペーター・ニクソン（Peter Nixon）博士とともにカウンセラーとして心臓病の患者とセラ

ピーを行ったことがある。博士の研究テーマは、どうすることもできない感情と冠動脈性心疾患における身体化（精神的ストレスや葛藤に対処するために抑圧された考えや感情を身体愁訴に置き換えること）の関連を調べることであった。彼は、「あなたは奥さんを愛しているのではなく、怒っていたのではないですか」と担当する患者に疑問を投げかけていた。愛情の一部をなすものとして怒りの感情を認め、それを効果的に表現することは、胸の痛みからの回復につながり、病状の変化と結びついたものになっている。

表出できない怒り

　解決されないまま心の奥底に隠してしまった怒りは、非常に多くの場合、抑うつの原因となり、パニック発作を引き起こすこととなる。心疾患の心理社会的な原因の中で危険をはらんだ要因として知られ、ストレスによって生じる疾患でも身体反応を生じさせる要因ともなっている。

　怒りの感情は葬り去ったと自分で認めるのは非常に難しい。湧き起こったばかりの怒りは、通常は激しい身体的な体験となり、あらゆる感覚や感情のように自分の全身に広がっていく。もし、この節を読んだ後、自分が何層にも重なり合った未解決の怒りを抱き続けていることがわかったら、たとえそれが小さくても怒りの兆候に気づくようになるに違いない。歯を食いしばったり、わずかではあるが背中を固くしたりする、無理矢理笑う、話す速さが増す、冷淡な言葉を浴びせるなどである。アマンダ（第8章で登場する）のように呼吸を整え、自分の怒りを食べ物やアルコールと一緒に文字通り飲み込んでしまおう。PART 3では、わなやジレンマ、予期せぬ障害の特徴を見てきた。これらを検討することによって、自分自身の怒りについてさらに理解が深まるはずだ。

　怒りの意識化ができると、以前は表出できなかった怒りは歪んだものとして感じることができず、怒りを心の深くに隠してしまった時に感じたものと同じ恐れを抱くだろう。つまり、親しい関係にある人が怒って自分のことを拒絶するに違いないとか、怒っている人とかかわるのは怖いがその人と同じように自分も怒った人になってしまうとか、自分の怒りがこのままずっと続くとか。これらはよく起こることだ。怒りが意識できるようになり、それが外に現れている症状の背景にどのようにかかわっているかがわかると、私たちは自分が感じたことを抑圧したり表出したりするにはどうすればよいかを知る必要が出てくる。ひとつの方法は、ノートに書き留めることである。もうひとつの方法は、

大声で叫んだり、飛び跳ねたりできるような、自分にとって安心できる空間を見つけることである。怒りからの回復は、破壊的でも有害なものでもなく、有益で解放的で創造的な表現方法を見つけることといえる。さらに、もっとも重要なことは、自分の怒りが何に対するものであるのかを認識することだ。自分を怒らせた相反的役割は何か。今の自分が本当に必要としていること、すなわちどのようなことがあっても絶対に守られ、理解され、受け入れられているという感覚、それはしばしば怒りの下に隠されている。これらを探し求めようとする声を見つけることが重要で、それができた時に私たちは自分の怒りが何によるものであったのかがわかるはずだ。

　私たちは、自分の怒りを知り、それを表現したり、適切に抑え込んだりできるようになる必要がある。自分が怒りを抱いていることを認め、それを周囲に伝えていくことは、自分を破壊してしまうのではないかと怯えた火を吹く龍の勢いを自ら和らげたことを意味する。怒りを完璧に表出するのは困難であること、怒りを抑える方法は何であるか、怒りには不合理で破壊的な面があること、これらを学ぶことが必要である。

　心の奥深くにある怒りは、有害なものであることが多い。もちろん、悲嘆の場合も同じだ。とくに気性の荒い性格だと、怒りは容易に高まり、自分にとって重要なものを傷つけ喪失することに気づかずに抵抗する。私たちは無意識のうちに自分たちを傷つける人に向かって怒りの感情に油を注ぎ、強い憤りを感じる。なぜなら、傷つけられることは受け入れられず、傷つくのは恐ろしいからだ。傷つけた怒りを弱めたり強めたりすることが可能になると、自分に同情し、マインドフルネスを活用して、自分が受けた傷や自分の弱みの味方となり、それを癒せるようになる。アメリカ人の仏教徒であり尼僧であるピーマ・コドロン（Pema Chodron）は、次のように述べている。「もし、誰かがあなたの心臓に向かって矢を放っても、心臓までまっすぐ伸びたレールというものはない。自分の心臓にも迎え撃つことができるような矢があるという事実に目を向けるべきだ」（2002年8月にシャンバーラマウントセンターにおいて述べた言葉）。失って痛めつけられたことを悲しむものの、頃合いを見計らって他者と自分自身を許すことが、変わっていくための本質的な部分となる。権力を乱用する人に対して怒りをうまく表現し、あわせて対抗するための有益なスキルを見つけられると、それが明確な方略を持って対応するのに必要な力となり、そして必要とされる変化を起こすことが可能となる。

もっと主張的になることを学ぶ

　怒りや自己主張は時に混乱を来たし、うまく伝わらず誤解されてしまうことがある。自己主張は、自分が考え感じたことを単純に表明しているに過ぎない。だが、耳を傾けてくれなかった相手には、必要であれば繰り返し表明しなければならない。繰り返したところで怒られるほどのことではない。実際、私たちがもしも屈服してしまって怒りを表さなかったら、主張するというスキルを自ら失ってしまうことになる。こうしたことは、境界線のところでさえずり、自らのなわばりを主張している鳥からも学べる。過剰に評価してしまって自ら捨て去ってしまうか、あるいは捨て去られ軽蔑されるかという相反的役割に自らが捕まってしまっていることがわかったら、まずは自分が本気で感じたこと、やろうとしたことを優先させるべきだ。そうすれば、今自分が必要としていることを言うのに最適な言葉が見つかるに違いない。このことは、次の章でケイリーがわかりやすく示してくれている。私たちは、自分の感情や欲求を表す言葉を受け入れ、それを学ぶことが必要で、自分自身、さらには他者との内的な対話の中でそれを表現し始めることにつながっていく。

第8章　どうすることもできない感情や信念が どのようにして具体的な症状になるか

　第7章で見てきたように、相手を厳しく過剰なほど批判し審判を下し無視し虐げ続けるのか、それとも傷つけけなされ打ちひしがれた犠牲者となるかという相反的役割の中に埋め込まれてしまっている感情を、効果的に表現させ、それを聞き出す手段を見つけるのは困難かもしれない。このような自分ではどうすることもできない内なる感情は、「気が滅入ったり」「落ち込んだり」「気力を失わせる」といった心理的な状態から、吐き気、筋肉痛や頭痛、首や肩の凝りなどに至る身体的な症状までさまざまな形で現れてくる。自分ではどうしようもない感情は、これまでは知られていなかったかもしれないが、多くの身体症状を引き起こすきっかけとなる。あたかも自分のからだが私たち自身に語りかけてくるようだ。現れている症状は苦痛だという声であり、症状を象徴的に示している言葉はからだの様子をいきいきと、あるいは詩的に述べたもの、つまり失意、項部硬直（仰向けに寝た状態で頭を持ち上げながら前屈姿勢をさせた時に、頸部の抵抗によって顎が胸につきにくくなる症状）、呼吸不全、神経の疲労に伴う「神経過敏」、癒されることのない傷などである。「誰も自分のことを受け入れてくれない」とか「自分は何か欲求を抱いてはいけない」といった古い信念が、姿勢や呼吸のパターン、歩き方、座り方に染み込んでしまっている。どうすることもできない不安や怒り、恐怖、悲しみなども、摂食障害や暴飲暴食、自傷行為などの問題、さらには器質性以外の原因によるさまざまな身体的な問題の原因となっている。問題の背後に何があるかを見極め、それに耳を傾けることで、からだがずっと負担せざるをえなかった重荷を解放させることになる。

　猛スピードでの運転や、飲酒や喫煙、麻薬の摂取、高いところからダイビングする、非常に早くやる、非常にたくさんやる、非常に高い所に登るなど、刺激的で危険をともなう行動は、自分ではどうすることもできないものの耐えることもできないような感情を、自分の意のままに操る手段になる。ストレスが原因であえて大金を使ったことは、これまでに何回くらいあるか。お金もない

のに、これを買ったら良いことが起こるのではないかという幻想のもとに、必要のない物を買ったことは何回くらいあるだろうか。

　自分が生き延び、そのような不可能と思われることを意のままに操る方法を見つけることが実は必要不可欠で、人間はこれまで非常に創造的に対処してきた。たとえば、食べ物や薬物（たとえそれが処方されたものであろうとなかろうと）、不法な薬物、さまざまな行動に頼ったのである。これらは一時的な助けとはなるが自分が気分を害したものに直接的にかかわるものではなく、自分が犠牲者だと感じることを少なくさせ、緊張を緩め、よりコントロールでき、よりパワフルに、より完璧に、感じるようにしてくれる。しかし、私たちの感情そのものは心の中に埋め込まれたままで、いつか解放されることを待ち続けている。からだの中に隠されているものをどのように解放させればよいかを学ぶことが、これからの自己探求の第一歩となる。

ケイリー

　ケイリー（Kayleigh）は、ありとあらゆる身体症状や慢性疲労症候群に悩んでいた。彼女は、この第4版のために自らのこれまでの経過を喜んで書き、アート作品を見せてくれた。

　　私は、1990年12月8日にこの世に生まれました。やさしく非常に世話好きな母親の4番目、そして末子として生まれたのです。きょうだいの中だけではなく、いとこの中でも年齢が一番下でした。幼かった頃は、毎日がとても楽しかったです。たくさんの人から愛されていました。が、家族の中で何かがはじけて以来、すべてが変わってしまいました。

　　父は仕事がとても忙しく、私たちが住む所に困ったことはありませんでしたが、親としての役目はこれだけでした。私が7歳になった頃、家の中の何もかもを兄がしていたことに気づいたのですが、当時はそれがなぜなのかはわかりませんでした。

　　10歳の時の私は自信に満ちあふれていたのですが、中等学校に入学して間もなく不安傾向が強く自意識の強い子になってしまいました。何かに脅迫されているような状態だったのです。内気だったので、ほとんど人に話しかけることもしませんでした。13歳になった時、何人かの友人と問題が起こり始めました。私のことをいじめるようになったのです。このような状況に陥ったことから抑うつが始まり、その抑うつが非常に

第8章 どうすることもできない感情や信念がどのようにして具体的な症状になるか　187

強くなって学校を2年間休学せざるをえませんでした。1日のほとんどの時間をベッドの上で寝て過ごしていました。母と医者は私のことを過剰と言えるほど心配していてくれたのですが、家族の中では誰ひとりとして私が病気だとは思ってくれませんでした。あの人たちは自分の感情を言葉にすることがなかったので、私にも同じにするように求めたのです。私には敵意に満ちた言葉を発し、無視し、気分を悪くさせるだけでした。抑うつが重篤になってくると、世界が自分に立ちはだかってくるかのように感じました。本当は家族の支えが必要になるはずなのですが。

16歳になった頃から、抑うつという暗い穴の壁をゆっくりと登り始めました。大学に行きたいとは思わなかったので、仕事を探そうとしたのです。自分と同じくらいの年齢の人は信頼できなかったので、そのような職場は嫌でした。ところが不幸なことに、職場に行ったところ、またもやひどい不安と抑うつに悩まされることとなったのです。健康というにはほど遠いとても危ない状態になり、休むこともできず、自分には選択肢がないと感じ、毎日、その閉塞感から逃れられずにもがき続けていました。家族の誰もが、私がどのような病気にかかり、どれくらい気分が落ちこんでいるかには無頓着で、ふつうに生活することだけを求めてきたのです。怠け者と呼ばれるなど、私が受けた精神的な拷問は実際に受けた身体的な苦痛よりもはるかに辛いもので、私はそれを抱えて働き続けていかなければなりませんでした。

18歳の誕生日を迎える数週間前、風邪をひいて1週間ほど仕事を休みました。その後、腸過敏症候群や疲労過多、倦怠感、気分のすぐれない状態になりました。検査をいろいろとしてみたのですが何も見つからず、悪いところはないというのが医者の診断でした。医者さえも自分の訴えを信じてくれないのだと思いました。ですから、誰かが私のことを気にかけてくれるまではがんばらなければならず、部屋の隅に追いやられたように感じていました。死のうとしました。悲しかったです。が、自殺に失敗した後、何人かの人が私のことを信頼してくれるようになり始め、もっと検査を受けるように勧めてくれた結果、なぜそのような状態になったのかがようやくわかりました。

1年後、私は慢性疲労症候群と診断されました。医者からは心理療法を受けることを勧められ、それによって抑うつ、不安、疲労、それにストレスに対処しようとしました。私は、長い間、心配することばかりに無駄な時間を費やしていたことを知っていたので、喜んでこれを受け入

れました。自分でも十分に理解はできていないものの、さまざまな面で子ども時代のことが影響を及ぼしていることがわかっていましたから。

　CAT を受けた最初のうちはあまり変化がありませんでしたが、数週間経って、自分でも驚くようなことが見つかりました。家族がどのような影響をもたらしているのか、自分ではよくわかっていませんでした。長い間ほとんどありのまま受け入れて生活をしてきたため、それが当然のようになってしまっていたからです。

　私が自信を抱けずにもがいていた原因は父にありました。父は厳しくしつけられて育ったことで自尊心が低いことに悩んでいましたが、自分の自尊心を高めるには、私たちを自分よりもさらに落ち込むようにさせることしかできなかったのです。

　私は CAT を受けて初めて、自分が正常ではなかったことに気づき始めました。彼らが私をあのように扱ったのは間違っています。

認知分析療法の目標

　家族たちが好き勝手に私のことを虐げてきたことを知り、もうこれ以上自分が虐げられないようにしようと決めました。私がやった意地悪な方法は、彼らを笑い飛ばしてやるか、逆に自分自身をいじめてみることでした。私は自分が言ったことが喧嘩の原因になってほしくなかったのです。そこで、一生懸命に働き、自分がどうすればよいかの答えを見つけようとしました。最初に、自分は何ひとつ間違っていないことに気づく必要がありました。私のことを助けてくれるようなものが、実はたくさんあったのです。前進をめざしながら、事前に言うことを考えておくことにしました。始めてみるととても大変でしたが、回を重ねるごとに徐々に気持ちが楽になっていきました。

　ある日のこと、何と言い返すかを考える前に、義理の姉から逆に反論されてしまいました。このことが非常に大きな意味をもたらすことが後になってわかったのでしたが、私があらかじめ用意していた素早い反応は、CAT を卒業するための第一歩となるものでした。私が家族に言い返すようになった後、私のことを陥れようとしていた人たちが私に文句を言わなくなり始め、彼らもいかに弱い存在であったのかを私に気づかせることになりました。

　私がもがき続けていたもうひとつは完璧主義です。私が幼かった頃、母は、絵に色付けをする時に少しでも線をはみ出したら、紙を丸めてまた

第8章　どうすることもできない感情や信念がどのようにして具体的な症状になるか　189

最初から描くようにと言いました（どのような絵であっても、必ず完成させてはいけなかったのです）。母から気にかけてもらったり、褒めてもらったりしたことが一度もないことに気づいたことを話してからは、私は何かに取り憑かれたように一生懸命働きました。決して褒めてもらえなかっただけではなく、このことが何もかも完璧にやろうとさせることになったのです。**さらには、慢性疲労症候群にも影響をもたらしました。自分でゆっくりとしたペースで1日に数キロは歩き、まずまずの距離が歩けるようになるまで徐々に増やしていくようにとアドバイスを受けました。でも、自分ではかなり遠くまで一気に歩いてしまったために疲れ果て、週の残りの日は何もする気がなくなり、実際何もしませんでした。ある日、かなり遠くまで歩いていったところ、とても気が滅入りました。自分はこれだけしか歩けなかったのかと自分を哀れに思ったのです。また別の日は疲労困憊していて、勧められた距離を歩くことを考えただけで、歩いて疲れてしまうより、ここに座って何もしないほうがましだと思いました。**（太字の強調は引用者による）

　私はこの悪い習慣に立ち向かう方法を探し始めました。私を担当してくれていたセラピストが、何か視覚的な結果が残るような作業をするとよいというので、ポスターを描いてみました（図8.1参照）。ポスターには、まったく違うふたつの部分が描かれています。熱狂的な体験をしている部分と非常に怠惰になっている部分、とても暑い所ととても寒い所です。このポスターは、極端なものに対して自分がどのように感じてきたかを自分自身が改めて理解する助けとなりました。人生とは、健康的なバランス感覚を見つける作業のようです。「上は泡、下はかす、真ん中が最高」という格言を見つけたのです。自分が完璧主義者をさらに追究しようとしたり、逆にどうしようもない怠け者になろうとした時には、この格言を思い出します。これが本当に私の役に立ちました。CATを通して私が学んだすべてのことに気づかせてくれる格言なのです。

　CATは私の生活を大きく変えました。子どもの頃から心の奥深くにしまわれていた、いじめられ続けてきた体験がよみがえりました。心の中に、純真無垢な子どもの頃の自分を再発見し、その自分とどのように関係を再開すればよいかを学びました。汚れのない子どもになるだけの権利をまだ持っていることに気がついたのです。私たちはみな、非の打ち所のないような経歴を持つべく自由な裁量権を有して生まれてきたのですが、周囲の人の中には私の経歴を汚し、私を困らせるような人たちがい

るのです。CATを学んだことでそのような負の連鎖を取り除くことができ、私は今では、自分がもっとも途方もない夢が実現できるのではないかとさえ思っています。

(ケイリーの事例研究に関するすべての情報は、本書で紹介した関連するウェブサイト www.uk.sagepub.com/change4 に掲載されている)

図8.1　ケイリーが描いたポスター
(中央の円には「どちらにとっても中庸が最高」、周囲には「幸せな場所」「上は泡、下はかす、真ん中が最高」と書かれている)

エクササイズ：自分が抱えている症状とそれを象徴する言葉

もし、自分の症状を表す言葉についてもっと知りたくなったら、次のことを試してみよう。

少しの間、地面についた両足に感覚を集中させよう。

気持ちを落ち着かせるための息を吸って息を吐くというリズムをつくり、この動作が自分の内面で目に見えない循環をつくり出していることを想像してみよう。

そうしたら次に、自分のからだで起こっている症状に注意を向けてみよう。

可能であれば、自分が苦痛や不満や身体症状を経験した場所に手をおこう。そして次のことを考えてみよう。

- ☐ 言葉：それは、かっとなるようなものか、刺すようなものか、痛いものか、脈打つようなものか、ずきずきするようなものか、震えるようなものか、尾を引くようなものか、突き刺さるようなものか。
- ☐ それは、どのような色か、どのような形か。
- ☐ それから何かイメージがふくらむか。
- ☐ どのようなことが心に残っているか。
- ☐ もし話せるとしたら、どのようなことを話すか。
- ☐ このイメージあるいは感覚がもっとも必要としていることは何か。

　もし、火照ったからだにしみる冷たい水、さびついた結合部にさす潤滑油というような何かイメージが生まれたら、その役に立つイメージを苦痛に満ちた領域に当てはめてみよう。苦痛を感じ症状が出てきたらいつでも、そのイメージのことを考え、それを受け入れてみよう。その次に、このエクササイズからどのようなものが生まれたかを考え、自分が体験したこと、抱いたイメージ、それに自己への気づきの中で出てきた新しい言葉に注意を向けてみよう。

抑うつ症

　抑うつ症は、自分ではどうすることもできないほど厄介で広範囲にわたって落ち込んだ気分であり、内省可能な感情を指し示す包括的な用語である。PART 3 において、気分を落ち込ませるような感情によって抑うつ症という「わな」が起こること、そのわなは悪循環を起こし、「脱出する」には自分自身が変化するしかないことを見てきた。落ち込んだ思考や感情が、「抑うつ症」という用語の範疇に含まれるようになると、その根本にある内的パターンの発生源を明らかにしていくのが困難になってしまう。しかし、それは必要不可欠なことであり、時間を浪費するようなものではない。生物学的な要因によって症状が深刻で重症化しやすい症例では、根底にある心理的なパターンを知ると同時に、抗うつ薬による治療が必要である。抑うつ症および抗うつ薬の使用が西洋の国々において拡大していることは、非常に悲しい事実である。長期にわ

たって服薬が必要な患者はごくわずかしかいない。抑うつ状態だけではなく気分が高揚した状態もある人（「躁うつ病」あるいは双極性障害）では注意深い服薬が必要だが、セルフ・マネージメントや根底にあるパーソナリティ要因に焦点を当てた心理療法も有効である。

『抑うつ症のためのマインドフルネス療法 (Mindfulness Based Cognitive Therapy for Depression)』の著者であるジンダール・シーガル（Zindel V. Segal）、マーク・ウィリアムス（Mark G. Williams）、ジョン・ティーズデイル（John D. Teasdale）（2002）の3人は次のように述べている。

> 抑うつ症は、それだけで起こることは滅多にない。不安を伴っており、抑うつ症を抱えている人はそれがない人と比べて19倍もパニック発作が起こりやすい。単純な恐怖症や強迫神経症では、その割合がさらに高まる。抑うつ症の患者は、呼吸器疾患のある患者と比べて、ベッドに横になっている時間が統計学的に有意に長い。何か起これば、自殺の危険性もさらに高まる。この抑うつ症は再発しやすく、生物学的な特徴がある。つまり、睡眠が乱れて朝早くに目覚めてしまい、暗く絶望的な考えが毎朝頭をよぎる。神経内分泌系の活性が常に高まっていて、コルチゾールが分泌されるために覚醒度が高まっているからである。このような体験は、休暇を取ろうが結婚しようが、生活環境がそのように変わっても、からだには変化は起こさない。(2002, p.10)

では、私たちあるいは他者が「抑うつ症」とラベルしたものが何であるかを見てみよう。虹の形をした図を想像してみるとよい。「抑うつの弧」と呼んでいるもので、「どんよりした憂うつ状態」から「底知れぬ暗闇状態」までの異なる抑うつ体験を表したものである。

どんよりした憂うつ状態とは、落ち込んだ気分がずっと続くもので、一貫して悲しみを感じている場合をさす。長い時間にわたって灰色の気分が続いており、死別や病気の後に起こり、気分の落ち込みを伴っている。

> 人間の精神状態には、「落胆」したり、喪失感を味わったり、困難に直面したり、あるいは嫌なことが周囲で起こって落ち込んだり、悲しくなったり、気分がブルーになったり、ふさぎ込んだり、憂うつになったりする

第8章 どうすることもできない感情や信念がどのようにして具体的な症状になるか 193

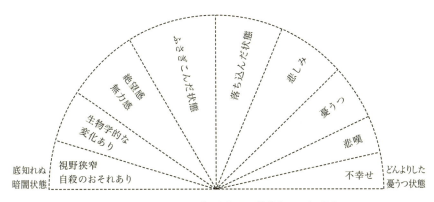

図8.2 さまざまな抑うつ状態を示した「弧」

ことなどがある。憂うつになると、自分自身のことを考えるようになる。憂うつは、人をゆっくりと回復させるために必要な時間と見なすことができ、癒しの機会ともなる。芸術家や詩人、作家にとっては、憂うつな状態が創作活動にとって必要なものともなっている。薄明かりこそが、日常生活において私たちをにらみつけているようなギラギラした要求をぼやけさせてくれている。(McCormick 2002, p.131-138)

　どんよりした憂うつ状態と底知れぬ暗闇状態との間で体験することは人によってみな異なっており、それを「抑うつ症」というような総括的な用語によって表現することで、自分の状態を過剰に考えることなく的確に知ることが可能になる。どのような形を取ろうとも、憂うつと抑うつは対処できないものではない。まずは自分が抑うつの弧のどこにいるのかを見極めること、自分の体験が常に同じ場所で起こっていないことを認識すると同時に、どのような文脈で起こったのかを知ることが、その助けとなる。

　1．抑うつは、人生のできごとに対するごく自然な反応で、死別や病気、喪失体験などの後では、回復するのにわずかではあっても努力を要する。思春期、中年期、そして定年退職というようなアイデンティティの変化が起こる時期での通過儀礼としての不毛な体験である。
　2．抑うつは人生の状況と直接的に結びついたものである。たとえば家計の貧しさ、慢性的な不健康、家族の崩壊、資金の不足、人種差別、暴力などである。

3．抑うつは、無意識的に自分から行うさぼりの一種である。だから、安全な選択をしてみたところで、成功や幸福を恐れ、怒りがあらわになった後のことを恐れる。

4．抑うつは、長期にわたる疲労の結果として起こる。たとえば、仕事が忙しすぎたり、逆に暇すぎたり、他者とのかかわりが多かったりするためで、そこから抜け出す方法がない、あるいは断れない。

5．抑うつは、故障のようなもの。つまり、以前と同じようにやったり、正常とみなされるようにやったりするのが困難な状態である。

抑うつを続けることには限界がある。だから、他者を認めずねたむか魔術的な罪悪感を抱くか、罰し罰せられるか批判的な評価をしてくじけさせるかという相反的役割に陥る。いじめっ子と犠牲者との駆け引きが、自分の中でも他者の間でも起こる。内面化された子どもの頃の相反的役割の中にある感情は、罰せられ、気力がそがれ、打ちのめされ、制約を受けた自分であり、抑圧された怒りである。これは、自分に罰を与え、みくびり、評価する「他者」によって維持されている。この他者は、これまでのやり方を修正し、新しい相反的役割を学ぶまで、この駆け引きに加わらせようとしてくる。

質問コーナー：抑うつを再確認する

以下の文章のうち3つ以上に「はい」と答えたら、自分は抑うつ状態になっていると考えた方がよい。

自分が感じ、信じていることは、

- ☐ 自分にはこの世に存在するだけの資格がない。
- ☐ 自分の欲求は決して満たされないだろう。
- ☐ 自分は何をしても、結局は嫌な気分になるだけだ。
- ☐ 自分にとって何か良くないことがあるに違いない。
- ☐ すべては自分が間違っていたから起こったことだ。
- ☐ 自分は価値のない人間だし、それに役立たずだ。
- ☐ もう、自分はこれを乗り越えることができない。
- ☐ みじめな感じがするが、泣くこともできない。

第8章　どうすることもできない感情や信念がどのようにして具体的な症状になるか　195

> 　私たちが自らの体験を明らかにするのに隠喩が役に立つ。以下の隠喩は、抑うつ体験と関連づけてしばしば用いられるものである。これらの中で体験したことがあるものはどれか。
>
> ☐　収容所にいるような感じ
> ☐　監獄にいるような感じ
> ☐　高い壁が立ちはだかって立ち往生している感じ
> ☐　砂漠の中で立ち往生している感じ
> ☐　運命づけられ、死にかかった感じ

　抑うつ状態に陥ると、私たちの感情はしばしば混乱し、気分が重くなり、落ち込み、疎外感を感じ、自分と他者の怒りへの恐れ、自分はおかしくなるのではないかという恐れ、それに何か異質なわにはめられてしまうのではないかという危惧を抱き、不可解さを感じて妥協を許さなくなる。加えて、深い悲しみと孤独感に苛まれる。

　抑うつの対処法は変化してきている。助けを借りて自分なりのやり方を見つけることがきわめて重要だ。抑うつ症に至るエピソードがふたつ以上あるような患者では、マインドフルネスの実践の有益性が指摘されてきた。CATにおいてダイアグラムを描いてみると、問題となっている相反的役割や無駄に繰り返している対処法を正しく表すことができる。出口に向かって進み、重大な苦痛を和らげる手段としてマインドフルネスを活用することが大いなる助けとなる。

> **アマンダ**
>
> 　うれしいことに彼女は、本書に掲載できるように自己の抑うつ体験を書き記してくれた。アマンダ（Amanda）は、長い間、抑うつ症に悩んでいて、入院と外来で治療と認知分析療法を受けており、マインドフルネスの実践を学んでいる。彼女の病歴のダイアグラムには彼女自身による説明の言葉も書き加えた（図8.3参照）。
>
> 　抑うつ症は、突然、何の前触れもなくやってきました。私は医者から、適切な抗うつ薬を適量飲めば、すぐに元通りになるよと言われました。

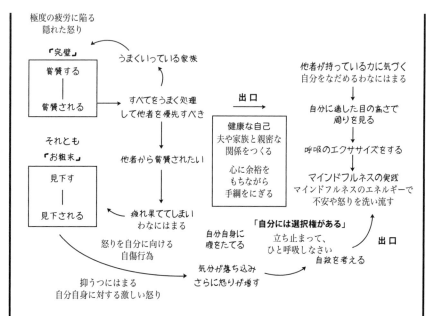

図 8.3 アマンダのダイアグラム

でも、不運なことにそうはならず、心理療法を受けることになりました。

　最初のうち、セラピストが言っていることや私に尋ねてくることに、耳を傾けることができませんでした。フルタイムで仕事を続けていて、疲れきっていたのがそうなった原因のひとつです。数か月もの間、私たちは予期せぬ障害やジレンマ、それに自分がはまってしまったわなを見つめてきました。私の中で何が起こっているのか、すぐには把握できませんでした。描いたダイアグラムと自分の思考のサイクルは大部分が不安と関わるもので、その多くは仕事上のこととか、自分自身の怒りや他の人の怒りにうまく対処できていない自分の姿でした。また、実際にダイアグラムは多くの面で驚くほど現実に似ていたのですが、そのことに気づくにはかなりの時間がかかりました。どのようなプロセスがそこに関係しているかを理解する必要があったからです。考えとしてはわかるのですが、現実となると受け入れるのが難しく、早い時期にそこから「脱出する」のがいかに難しいかがわかりました。視覚的に表すことで自分自身の探求もでき、私にとっては救命胴衣と言えるようなものとなり、しかも必要な時に思い出せばよいという柔軟な考えが大変良いものに思えました。3回目の入院からしばらく経ち、電気ショック療法も長い間行

第8章　どうすることもできない感情や信念がどのようにして具体的な症状になるか　197

っていたのですが、私のエネルギーレベルは上がりましたがその他にはあまり効果もなかったので、その後再び心理療法を行うようになりました。救命胴衣は私にとってはまだ手元に置いたままでしたが、活力はまだ非常に低い状態のままでした。自殺を頻繁に考え、リストカットをし始めていました。それは、たとえ出口が見つからなくなっているダイアグラムから抜け出るには誰かに話し、「ほどほどでいいんだよ」と自分に優しくすることだとはわかっていたのですが、それができなかったからです。絶えず「うまくやろう」と懸命に努力しました。でも、実際にうまくやることだけでは、抑うつから逃れられないのです。このように考えることが、人生をより「マインドフルネス」をもって生きるための第一歩になりました。

　リズと行った心理療法の最初のほうの面談で、話をする前に私が息を止めていることを彼女が指摘してくれました。私は別のインストラクターのヨガの教室にも通っていて、その人からヨガの姿勢をとる時には息を吸ったままにするように言われていたのです。呼吸って、思っていたよりも難しいのですね。

　そこで、マインドフルネスの呼吸を実践するのが私の日課になりました。最初のうちは、常に頭に入ってくるさまざまな考えを排除するのが難しかったです。驚いたことに、自分に向かって「ほら、今考えているよ」と言ったり、心の中で起こったことすべてを認めたりしたら、不思議なことにすぐにできました。たとえしばらくの間は自分の心に集中できなくなったとしても、それでよし。マインドフルネスの呼吸ができ、まずは成功です。

　我慢しきれずにむせび泣くことも、練習の一部です。それぞれの体験は違っていますが、すべてがその一部になっています。時々心は揺れ動きますし、落ち着かせるのはとくに難しいです。が、本当はたいした問題ではありません。私は、周囲で起こったあらゆることに注意が向いてしまいがちなのです。ですから精神的な余裕を得るためにも、ダイアグラムにあるような否定的な方向に自分をいかせないためにも、マインドフルネスの呼吸法を使うことが大事なのです。

　先週、私は街の集会所に歩いて行ったのですが、その時、からだも気持ちも非常に重く感じられてきました。そこでアビー公園のベンチに座り、美しい静かな公園の中で休もうとしました。数人ほど人がいましたが、座ってゆっくり呼吸をするだけの場所はすぐに見つかりました。そこで、割れたビール瓶が地面に落ちているのを見つけました。ウィリアム・ス

タイロン（William Styron）が『見える暗闇（*Darkness Visible*）』の中で、「災難に対抗するかそれともそれを受け入れるかでもがいている自分」を、「冷静な好奇心をもって」見ている「第二の自分」のことを書いていますね。

　公園のベンチに座って、私は、自分がやることに好奇心をもって見つめているこの観察者と一緒に、割れた瓶を見つめていました。薬を飲むようにリストカットをすることを考えました。でも、私は心理療法で学んだことを考えていたのです。というのは、**自分には選択権があり、次に何をすべきかは私次第です。実際のところ選択権があるとは、何かをすることに抵抗するだけの強さがあるということなのです。私は公園からゆっくり歩いて出て、再び集会所に通いました。**（太字は引用者による）

　私の抑うつ症は、まだ良くなっていません。いつもながら、良くなったり悪くなったりしています。いつか完璧に消え去ってほしいと思っていますが、これまではそれなりにうまく対処できていました。今でも絶望的に感じることがあります。幸運なことに、私には愛する友人や家族がたくさんいます。誰かと話をすると気が休まり、良いことだと思います。わずかの時間でもゆとりが感じられ、私が何を感じ、どこにいようが、落ち着いた呼吸をできるだけの安心感が得られます。

　もし、自分ではどうすることもできないために感情をひた隠しにしていたら、その感情にまた傷つけられることになり、自分が２～３歳だった頃のようにびくつき、誰も助けてはくれないと感じるしかなくなる。歳がいき、今では他者からの援助が得られるようになり、呼吸も落ち着いてできるようになった。だから、自分が感じたことを受け入れ処理する手助けとなるようなエクササイズが他にもあることがわかった今、ゆっくり考えてみよう。ノートを手に取り、自分が感じたことを表す最適な言葉を見つけ、そこに記録していこう。自分が感じている苦痛はほんの些細なもので、実際には苦痛以外の莫大なものを感じていることを受け入れよう。さらに、こうして考えてみると、自分が感じた痛みやどれにどのように対処するかに、ほとんど関心を向けていなかったことがわかる。自分が抱いた苦痛がからだに影響を及ぼしながら生き続け、自らを抑制したり力づけ援助したりする必要があることを示している。さあ、その苦痛を溶かして押し出してしまい、元気をとり戻そうではないか。もっとも重要な欲求は何かと言えば、まずは自分を信頼することだ。

高齢者とその介護者における抑うつ症

　高齢者サービスとしての心理療法は、ニューハム精神衛生センター高齢者チームの活動が基礎となっており、認知症と心理療法の両方の専門的知識のある臨床心理学者によって行われている。彼らは、介護をする人たちにも心理療法による介入を行っていた。CAT は、時間制限心理療法のひとつとして英国国民健康保険制度に組み入れられて発展してきており、社会的文脈の中で起こる人間関係にかかわる問題に焦点を当てたもので、介護者の中に自分は誰からも援助してもらえないという対処パターンがどのようにつくり出されてしまうのかを理解する手助けとなっている。このような無力感は、より広範囲にわたる社会文化的環境のパターンと同様に、生後初期の経験と関連したものである。

　以下に示したシーラの話は、シーラの許可を得て、ミシェル・ハミル (Michelle Hamill) 博士の好意により掲載した。

シーラ

　70 代のシーラ (Sheila) は、家族で最初に「イーストエンド（ロンドンの東部にあり経済的に比較的下層の労働者が多く住む地区）に住み始めた典型的な労働者階級の女性」だと自分ではとらえていた。彼女は多くの健康上の問題を抱えていたが、夫の世話については公共サービスを使ったらどうかという勧めはあったものの、介護ホームに預けるのではなく自宅ですると決めていた。その結果、彼女の抑うつ症を支援するチームの何人かからは「厄介な人」というレッテルを貼られており、夫の介護にともなう実際的な負担をひとりで抱え込み、長期にわたる介護を自宅で行うことで解決しようとしていると思われていた。子どもたちの中には、父親が介護ホームに入所するのに同意している者もいたが、母親が自宅で介護することに賛成している者もいた。

　シーラは、苦痛に満ちたさまざまな感情を体験していた。夫が介護の必要な状態になってしまったことへの悲しみ、介護による疲労や欲求不満、時々夫が亡くなれば自分も夫も苦痛から解放されると考えてしまうことへの強い罪悪感である。自分のからだが良くないために夫に十分な介護をしてあげられていないことにも不満を抱いていた。状況が悪化していくにつれて、夫は疑心暗鬼になり落ち着かず、動揺し混乱してきて、もはや妻のことも

わからなくなり、彼女も取り乱してしまうこととなった。

シーラは、大家族の中の一番下の子どもとして育ち、時々誰にもかまってもらえていないように感じていた。彼女の母親は献身的なまでに子育てをする女性で、子どもたちのために一生懸命に働いていた。彼女が言うには、父親は「ぞっとするほど嫌な人」で、浮気が絶えない酒飲みだった。しかし、母親はそのような夫に忠実であった。シーラは、自分の夫のことを「攻撃的で支配的で所有欲が強い男だ」と言っていたが、虐待や無視されながら育てられてきたことから、夫を気の毒にも思っていた。そんなシーラは、母親の心配をよそに彼と結婚した。歴史は繰り返すというが、ふたりの女性、つまりシーラとその母親はともに、信頼できない夫と無視され続け落ち着かない結婚生活を体験してきた。だが、自分自身が傷ついたとしても、子どもたちのために結婚生活を続け、養育をしなければならないという気持ちに縛られていた。困難であったものの、子どもたちと一緒に生活するため、彼女は夫に愛情を注ぐと言っていた。

シーラは、「自分の結婚生活のすべてが抑うつであった」と過去を振り返って言った。彼女は、自分のことを誰かに話そうとは決してしなかった。

4回目のセッションで行ったCATの再構成化の中で、彼女に次のような手紙が送られた。

大家族で育ったあなたは、頼れるのは自分自身だけで、感情を自分の中に溜め込んでしまうことを学んでしまいました。誰かに頼るのは憎むべきことで、その人の言いなりになってしまうのではないかと恐れていたのです。あなたは母親を手本にしようとしました。自分の欲求は抑え込み、介護をすることで自尊心を高めようとしたのです。夫や父親のような男性にはほとんど期待しないのと同じように、「自分を気づかったこともない」と言っていました。ですから、たとえ自分が支配権を持っているかのように感じたとしても、欲求や望みは無視されてしまうのです。今では、まるで自分は「監獄の中にいる」かのように感じ、自分のからだ、悪化していく夫の健康状態、自分の家、家族や介護の専門家たち、それに何をすべきかを自分に指図したり自分の人生を支配したりしている人々みんなのわなに、自分がはまってしまっていると思っているのです。あなたのジレンマは、独立的になるか、それとも依存的になり支配され無力感に陥るかで悩んでいるように思えます。独立的というのは、あなたが支配しているつもりでいても結局は無視されてしまい、常に他者の欲求によってあなたの欲求が抑え込まれているという意味です。依存的とい

第8章　どうすることもできない感情や信念がどのようにして具体的な症状になるか　201

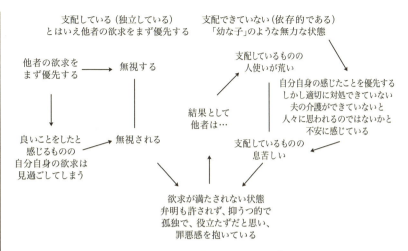

図8.4　認知分析療法を受けたシーラのダイアグラム

うのは、あなたが望んでいないことであったとしても、あなたのことはみな他者が決めているということです。いずれにしても、あなたの欲求は満たされることはありません。言われるままで何も見えず、自分の意思を通せずにもがいている幼い子どものようです。このセラピーを通して私があなたに望むのは、自分のために心に余裕をつくることです。今のあなたに必要なことは、このような喪失感の本質が何かを探っていくと同様に、誰かが自らの欲求を満たそうとしてあなたに何をするか、逆にあなたが自分自身の欲求にどう答えていくかの間でバランスをとりながら生活していくことです。

シーラのダイアグラムは、日常生活と彼女自身の幼い頃の体験を結けさせるものとなった（図8.4 参照）。

セラピーの中で多様な人間関係を経験するうちに、自分がどのようなパターンに陥っているかが明白となってくる。それがセラピーの中心的な課題となった。最初シーラは、自分自身ですら自分がセラピストのことを信頼できるかどうか確証が持てず、セラピーが終結したら何か別のものを失ってしまう危険に陥るのではないかと危惧していた。そのため、自分を圧倒し支配し続けてきたものへの恐怖から、セラピストに依存的になっていた。彼女を担当したセラピストは、2回目のセッションで、シーラ自身が他者のことを常に優先させ自分の欲求は無視し続けていることに慣れてい

るので、シーラがその場にいられなくなってしまうのではないかと考えた。彼女の目からは涙が溢れ出てきた。そして、「これまでは自分が泣いている姿は決して人に見せないで、甘い人間だと思われないようにしてきた」と言うのであった。

　セラピストは彼女に、自分の感情を表現したり悲嘆の感情の中の真の悲しみの表出を受け入れようとしているのは、勇敢なことだと思うと言った。シーラもまた、セラピストが夫の介護をやめるのか、それとも続けようとするのかという決断を求めてくるのではないかと不安に感じていた。彼女はダイアグラムを描くことによって、支配されるのではないか、その結果として自分は無視されるのではないかという不安と関連づけながら、このことの意味を理解する手助けとした。シーラが足の感染症を悪化させてしまった時、自分の足が「じくじくするのが止まらない」と訴えていて、何度も包帯の交換を求めた。そこでセラピストは、彼女が言ったことの持つ感情的な意味を指摘した。つまり、足の病気は自分がどのような感情を抱いていたのかを象徴しているのだと。すなわち、恐らく彼女は、自分が置かれている状況について考え過ぎているから泣くのをやめられないのではないかと危惧していたのであった。シーラは、自分が泣き崩れてしまうのが怖かったと言う前に、からだはすでに症状を発していたのだと考えた。セラピストが彼女の悲しみや恐怖感に対処しようとしたところ、彼女は自分自身の力で自分をなだめる手段をつくることができた。数週間が経過した後に彼女は、1週間ほど泣き続けたら治ったと語っていた。

　シーラは、また別の解決策も考えてみることができた。それは「出口」である。自分の欲求を踏まえつつ、自分のことをさらに話しながら他者からの支援も得ようとし、それを実行に移したのであった。出口に向かうという手段をとったことに対して、彼女は自分のからだに触れるという反応を示した。彼女は自分が感情を過大視しなくなり始め、喪失感に対応するとともに自己コントロールを高めようとしていることに対して驚きを抱いた。他者に対するこのような健康的な依存は、ずっと抱き続けてきた不安感と比べてより強い感情を抱かせることとなった。

　セラピーの終了を告げる別れの手紙の中で、シーラは次のように書いた。

　　私は、見知らぬ人に対して自分のことをここまで言えるとは思っていませんでした。今では、自分の娘に対してよりも、話しやすくなっているように思います。信じて下さい。これまでとは違った光のもとで、自

分の見つめ直しが始まっているのだと思います。

彼女に向けてセラピストが読み上げた別れの手紙は、次のようであった。

　私との関係を通して、あなたにはいろいろな人間関係がありうることを知ってほしかったのです。その結末は人それぞれ違っていて、出てくる感情も異なれば考えることも違っています。私はあなたに、未だに続いている喪失感を認めてそれに向き合うと同時に、自分のために他の人がしてくれることと、自分自身の欲求を優先することの間でバランスを見つけていってほしいのです。夫の介護を考えながら何かを決める時はいつでも、結果としての苦痛や困難さがつきまとっているように思うのです。あなたには、何か変化が起こった時に生じるさまざまな感情を、ありのままに体験し続けてほしいと考えています。

　セラピーを終えるにあたってシーラは、自分を支配し無視するように感じていたパターンが何かを認識できるようになり、人間関係をつくる新しい方法を練習し始めていた。彼女は、家族にも介護スタッフにも、自分の考えを声に出してしっかりと伝えられるようになり、夫が一時的に落ち着いている時間を有効に使うことがいかに重要であるかがわかり始めていた。彼女も立ち直るためにはこのことが大切だと理解し、睡眠の取り方も変え、罪悪感などを抱かずに自分の感情や欲求を、今まで以上に大切にするようになった。彼女は気分の変動がいまだにあることを報告し続けていたが、彼女の食欲と睡眠は改善されていた。ただし、それから数か月間ほどはこの状態は変わっていなかった。

　シーラの娘とは1年後に会うことができ、2か月ほど前にシーラの健康がかなり悪化したこと、父親が介護ホームに移ったことを話してくれた。娘を通してシーラがセラピストに伝えたのは、再び「自分の言いたいこと」が言えなくなり、夫が介護ホームに移ってから喪失感がますます強くなったということであった。彼女は、セラピストに電話をしてくれるように娘に頼むことで、助けを求めるという自分自身の欲求をかなえる方法がわかった。そして、自宅で夫の介護ができなくなったことで、自分の健康に対する欲求と誰かに依存する気持ちの高まりをこれまで以上に自覚することになった。シーラは、夫が十分な介護を受けていないのではないかということと、どのような苦痛を感じてももはや自分は介護をしてあげられないことが気になっていると言った。セラピストが不思議に感じたのは、自分

の欲求が高まるにつれて、自分の世話をしてくれている人のことも気になってくることだった。彼女は自宅で亡くなりたいし、このことを娘と相談したいと言った。彼女は、セラピーの中で考えたことについて見つめ直すため、2週間ごとに6回のセッションを追加することに同意し、心に余裕を生み出してこのような自分を介護してくれる人への罪悪感が生まれないようにしようとした。

シーラは、いま一度、セラピーを通してこの過程にかかわるようになった。彼女の拡大家族（近親者一般を含む広い概念としての家族）が頻繁に見舞いに訪れるようになり、2回目のセラピー終了の時点で、彼女は自分の家族を誇らしげに思う気持ちに加えて、孫たちと多くの時間を過ごすのが楽しくなったこと、ただし喪失感はなくならないことを語ってくれた。

シーラの夫は2009年の終わりに亡くなった。シーラの娘と数か月後に連絡がとれ、母親であるシーラが家族に見守られながら自宅で幸せに亡くなったことを教えてくれ、ここ数年間にわたって受けてきたCATに対する自分なりの感謝のことばを語ってくれた。

（シーラに関する情報はすべて、本書に載せた関連するウェブページで見ることができる）

ミシェル・ハミル氏とケイト・マーオニー氏による『長い別れ：痴呆を患っている患者の介護者に対する認知分析療法（*The Long Goodbye: Cognitive Analytic Therapy with Carers of People with Dementia*）』から文章を転載する許可を下さったことに感謝している。論文全体は、2011年8月発行の「イギリス心理療法雑誌（*The British Journal of Psychotherapy*）」に掲載されている。

摂食障害

摂食障害では、食べ物と体重に異常なほどの執着を示し、食べ物はもはや健康を維持し快感をもたらす単純な物ではなくなっている。摂食障害の背景には、体重のコントロール、従順、慰め、完璧主義への執着がある。このような執着が、支配できない感情や情動と意思疎通をする唯一の手段となっている。アンソニー・ライル（Anthony Ryle）とイアン・カー（Ian Kerr）が『認知分析療法入門（*Introducing Cognitive Analytic Therapy*）』（2002）でも述べているが、

摂食障害とは、表には現れないコミュニケーションであり、満たされることのない感情への対処であり、「何かをすること」へのプレッシャーでもある。

摂食障害の患者は、食べ物を「良いもの」と「悪いもの」に分ける。それは、愛憎に満ちた人間関係のようだ。私たちがむしろ好んで食べる「悪いもの」は内面で感じる悪と醜さを強調するもので、きれいな感情を抱くにはそれを取り除いてしまわなければならない。つまり、空腹感を抱くまで食べ物を制限することによって「強い」拒食症となり、その状態に依存するようになる。

摂食障害の患者のグループやそのウェブサイトを見ると、食事の管理に焦点を当てているだけで、その背景にある相反的役割にまで関与しようとはしていない。つまり、支配する（自分ではどうすることもできない感情のように、強い飢えを抱いて混乱している状態）のか、それとも支配され抑えつけるのか、あるいはある時は過剰なほどかたくなに支配するのか、それとも支配されてむなしく役立たずだと感じて怒るのかである。

食べることが最大の関心事となる背景にどのような意味があるかがわかることが、変化の過程にとって本質的な点になる。さらに変化の過程はゆっくりとしたもので、摂食障害の患者にとっては、耐えられない感情、打ち消すことも拒絶することもできなかった感情にもがき続けた何年もの期間の最終的な結果となる。

クレア・タナー（Claire Tanner）は、CATのスーパーバイザーであるとともに摂食障害の患者に関する豊富な体験を持つセラピストで、現在はビンセント・スクエア摂食障害ユニットに勤めている。彼女がこの第4版のために以下の文章を寄稿してくれた。

　　摂食障害を患っている患者たちは、食べ物や身体イメージに関わる問題にばかり目が向いてしまい、症状を客観的に見つめたり、その背後にある意味を理解したりするのが困難になります。摂食障害の患者に対する支援の多くは、拒食症の場合には体重の増加と症状の軽減に焦点を向けています。もちろんのこと、それは役に立っています。しかし、本当に乗り越えたいと思っている患者にとっては、自己に関する古い信念や感情がどのようにして大きな役割を果たしてしまっているかを知りたいのです。自分自身が摂食障害というものに耐えられなくなったり、認めることができなくなったりした時にはなおさらです。ベスレム病院とモーズレイ病院の両方

の摂食障害支援センターにおいて、20年間にわたって私自身が体験したところでは、患者が自己に対する許せない感情を再び呼び覚まし、食べ物以外で自分のことを他者に表現する手段を見つけ始めた時に、拒食や過食、それ以外の摂食障害の症状などの回復が始まるのです。このような変化は人によって異なっており、その人が対処可能なやり方を受容し、それを育て続けていくしかありません。私は、すべての精神衛生の専門家と患者のみなさんが、本書で概要を示したように、セラピーの中で人間関係に焦点をしぼったCATを活用してくれることを切に望みます。

フレダ

フレダ（Freda, 289ページの生い立ち参照）は、抑うつ症が起こったために心理療法を受けにやってきた。摂食障害は、本人が恥ずかしく思って隠していたために、後になってからわかった。家族や友人と一緒に食事をしたことがまったくなかったのに、そのことが問題だとは認識してもいなかった。彼女は、ある限られたものだけを口にしていて、緩下剤を服用していてひどい下痢をしていた。そこで私たちは、治療方法と心理療法の目的を示した以下のようなチャートを提案した。目的が問題に対応しているのではなく、常に課題と直接的に結びついていることがわかるだろう。このようなアプローチは、外に現れた症状だけに目を向かせ、その目立つ症状だけを治せばよいとする誤った思いから私たちを解放させるものである。

問題1：抑うつ

経緯：自分らしく生きることがまったくできなかったし、それを目指すことさえもできなかったと思う。自分自身のことをほとんど考えられなくなって、「自分がやっても、どうせうまくいかないだろう」、「私はつまらない人間だ」と考え、自分のことを見放してしまうというわなにはまる。自分の人生は、たいしたものではなかった。というのは、他者の欲求が常に優先されてきたのだから。

課題：上述したような否定的あるいは抑うつ的な感情を毎日記録すること。この作業をやって、「健康な自己」とふれあう時間を多くつくること。それは、音楽でも、特定の友人でも、そこに存在するものなど何でもよい。

問題2:「他者が望むことをする」ことによって自分を慰めるわな。求められたことをする。

経緯:自分は価値のない人間で、他者が行うことがいつも自分よりも優れていると考えてしまう。だから、いつも自分から降参してしまい、自分はだめな人間だと考えて不安に駆られる。人々は私のことをすぐに虐げてくる。自分自身でも、悪い評価をして自分を陥れてしまうことになる。

課題:自分で自分を慰めてしまうようなことをしたり、虐げたりした時のことを思い起こすことだ。食い物にするのか、食い物にされるのかを認識することだ。短時間であっても自分に意識を向け、「いいえ」と反論したり、その時に別の観点から自分が感じたことに注意を払ったりしよう。たとえ自分の決めたことが間違っている場合があったとしても、自分がやりたいと思ったことを、まずは信頼することだ。

問題3:衝動的に食べ、その後で飢えさせるか、それとも好きなだけ食べさせるか。

経緯:虐げるのか、虐げられるのかを認識すること。「満腹感」を得たいと強く思っているものの、実際に食べてしまうと嫌悪感を抱いてしまう。だから、その気持ちを取り除かなければならない。

課題:摂食の衝動が起こって過食に至るその前、まさにその最中、その後について、自分の感情をモニタリングする。「満腹感を強く求める」自分を認識すること。あえて満腹感を得させ、その状態を言葉やイメージで表現させる。

問題4:罪悪感

経緯:きょうだいの死や抑うつ症で悩む母親の生活に対する非合理的な罪悪感による自己破壊。

課題:「自分のことを空売り」したり、自分を無理矢理抑え込んでしまった時のことに、意識を向けよう。自分が「他者の言いなり」になった時、対等だと内心は思っていたのに他者に席を譲ってしまった時のことを思い出そう。もっと自分を主張し、家族が抱いていた落胆や悲嘆を跳ね飛ばしてしまおう。罪悪感を抱かずに、**「自分だって主張するのだ」**と言おう。

フレダは取り憑かれたように日記をつけ始めた。彼女に言わせれば、日記を書くことは「ノートの中だけであったとしても生きることへの許し」

を得るようなものである。日記を書き始めて数週間後、彼女の抑うつは軽くなり始めた。だが、日記を書いて自分自身をなだめようとすると、摂食障害は悪化した。彼女は、食欲が増して気分が非常に「高揚」してくると、満足を求めて食べ物を探すのだが、それがすぐに憂うつと絶望を招いてしまっていたのだ。彼女は、イメージすることで自己表現が可能なことがわかった。すると、多彩なことばが浮かんできた。それは、幼かった頃の記憶と、体験したことをコントロールしようとして自分自身を飢えさせようとする今の欲求とを結びつけるものであった。彼女は、自分が置かれている状況を視覚化し、絵に表してみると、役に立つことに気づいた。あるセッションで、彼女は自分の中に隠れていた感情があることを知った。それは、フレダの弟が生後 6 日で亡くなった後に母親が帰宅した時のことだった。お腹が平らになっていた母親が、強い悲しみを抱き、涙に暮れていた姿の記憶であった（母親が涙を見せたのは、フレダの前だけであった）。フレダが抱いた記憶の大部分は、自分自身が抱いた恐怖と母親の欲求と自らの空腹感を満たすこと、自分が何とかしなければという思いから生じる自分への過剰なほどの責任感であった。赤ちゃんが亡くなったことで、ぽっかりと空いてしまった家族の空間を埋めるのは自分だと考えていたからだ。

　フレダは、母親の欲求や願望によって自分が「食い尽くされてしまう」のではないかと考えていたと言った。それは、彼女の姉が拒食症になり、フレダが再びそのぽっかりと空いてしまった空間を満たすことが期待された時に再び起こった。フレダが描いた絵のひとつは、痩せた魔女が子ども用の持ち手の壊れたシャベルを使って小魚をすくい取り、それをとても大きく開いた口の中に放り込んでいる場面であった。彼女が語ったことのひとつに、右手がオオカミに嚙まれた夢があった。彼女はオオカミの絵を描いた。それは、自分自身の情動的な空腹感と欲求が、このオオカミという動物と結びついたのであった。要するに、自分のことを虐げてきたオオカミのような貪欲さである。オオカミは、彼女に嚙みついたが、これは自分の飢えや貧乏の故にむさぼり食べたり、娘である自分のことを虐げたりしてきた母親の姿を思い起こすもので、そこから解放されようともがいていたのである。必要なものを求めること、すなわち食べるか食べられるかという関係は、夫、姉、子ども、それに家族といった他の人間関係の中でも起こっていたといえよう。

　フレダは、自分の生い立ちを受け入れたことに友人が敬意を払ってくれて、ますます勇気づけられた。「自分を空売りする」と「自分は思い通りに

やってよい」というふたつの重要なフレーズは、他者に自分自身のことを十分に伝える努力をしようとする手助けとなっている。とくに母親のような厄介な人は義務に縛られて形式張っていると感じてしまうが、そのような人にも自分のことを伝えていこうと考えたのである。

（フレダの夢はPART 7の第15章p.343で再度扱う）

エクササイズ：マインドフルネス

マインドフルネスは、言葉、音、感情、思考、さらには身体感覚の何であろうと、自分自身が感じたものに注意を払うことである。

感情のマインドフルネス

感情でマインドフルネスを実践してみようと考えたら、まずはほんの少し時間をとって、次のことを試してほしい。

柔軟になる：感情のマインドフルネスには柔軟さが求められる。そう言われると奇妙に思うだろう。というのは、結局のところ私たちは人生の多くの時間で自分が抱いた感情から逃れたがっており、どうすればよいか、その方法を身につけてきたのである。これまでは耐えられないと感じた感情や許すことができなかった感情に、それぞれ名前をつけてみるのだ。たとえば、傷ついた、不安だ、悲しい、押しつぶされそうだといった言葉にしてみる。その言葉を考えながら座ってみよう。からだの中のどこかにその感情を割り振ってみよう。それがうまくできたら、その感情に息を吹き込み、それを和らげてみよう。

受容する：感情を、あるがままに受け入れる。「こんにちは、私の恐怖さん。あなたがそこにいるのはわかっていますよ」と言ってみよう。

助ける：その感情に親しく接し、仲良くなろう。「私はここにいますからね。あなたのお世話をしますよ。あなたのことが大好きです」と言ってみよう。

厄介な感情に長期間いられると大変なことがわかるだろう。息を吸ったり吐いたりというような、何かしら自分にとって支えとなるものを選ぼう。あるいは、安定したエネルギーをもたらしてくれるようなイメージや物でもよい。そこに意識を集中させる。自分の注意がその厄介な感情に振り向けられると、必ずと言っていいほどその感情のことをもっと知りたくなる

に違いない。注意を持続していれば、必要としている栄養をも感情に供給できるはずだ。これまではその感情に対して自分は何も対処できていなかったかもしれないが、その感情とともに自分が存在していたことは忘れないでいてほしい。

食べることに関するマインドフルネス

　次には食事、すなわち食べるのを拒否することについて考えてみよう。まずは座って、手を横隔膜のあたりに置く。横隔膜を上げたり下げたりしながら、息を吸ったり吐いたりする。空腹感がどこにあるかわかるだろう。それは、胃のあたりか、口か、心臓か、それともどこにも感じられないか。

　そのまま呼吸を続けながら、どのような反応が起こるかをみていなさい。何か感覚、感情、言葉、イメージが感じられるだろう。ずっと昔のことも出てくるかもしれない。

　自分のノートに、その感じたことを書き留めておこう。

　食べたくなったら、ブドウやレーズンのようなものを選ぼう。ブドウを見て、色や形、香り、手に持った感触に注意を向けよう。ブドウがどこから来たのか、自分の目の前にやってくるまでにどれくらいの人が関わってきたのか考えてみよう。

　口の中にゆっくりと入れ、何が起こるかを感じよう。そのまま非常にゆっくりと噛んでみて、どのような感覚、思い、感情が生まれるかに注意を向けよう。過去の思い出やイメージが出てくるかもしれない。おそらく、強い感情が生まれてくるだろう。

　何かに打ちひしがれたらいつでも、息を吸い、息を吐いてみるのだ。

　これらの体験が何かを達成するため、あるいはどこかに「行く」ためにつくられたのではないことがわかるだろう。安全に、そしてやさしく、不満や恐怖を抱かずに済むような場所に触れることにより、自分を助けてくれる方法を教えてくれるものだ。優しさ、それにこの過程で起こったことをすべて受け入れることがもっとも重要である。このような柔軟な過程こそが、できれば他者、あるいはあなたの情動的な対話の欠けている部分を埋めてくれる人と共有する最善の方法となる。

PART 5

激変する感情の
ジェットコースター

　私たちは意識を、呼吸のようなものひとつに繰り返し集中させていくと、だんだんと気分が落ち着いていく。これは邪魔な考えが取り除かれ、お金のようなものにこころを奪われないようにさせられるからだ。

クリストファー・ジャーマー (Christopher Germer)
『マインドフルネスで自分をなぐさめる (*The Mindful Path to Self-Compassion*)』
(2009, p.78)

第9章　不安定な精神状態への挑戦

　私たちは、時間が違えばまったく違う精神状態になることを知っているが、時として自分自身の感情にどう対処すればよいかわからず、非常に不安定になることがある。なぜなのかもわからないまま、まったく違う精神状態に変わってしまうからだ。だが、このことを指摘されるまで、私たちは何が起こったのかさえわからない。というのは、ある精神状態で抱いた感情の中に自分自身が没入してしまっているためで、それ以外のことは記憶にないからである。そのような強い感情がどうして生まれたのかさえ、実際のところわかってはいない。
　これまでの章で見てきたように、無視し虐待するか、無視され虐待されるかという相反的役割を内面化してしまうなら、私たちの内的世界とそれに関連した外的世界は、自己を守ろうとするパターンを反映したものになるであろう。それは、これまで切り捨てたり解離させたりしてきたパターンをつくりあげた、感情的で自分の意のままにならない体験に対する反応である。ここで言う解離にはふたつがある。ひとつは感情を切り離してしまうもので、体験したことを闇に葬ってしまい、現実のことではないとしてしまう。もうひとつは構造的解離、すなわち分裂と呼ばれるものである。つまり、耐えられずどうすることもできない感情から自己を守るやり方である。その結果、自分という感覚がばらばらなものになってしまう。自分の中でさまざまな部分がつながりを持たずに乱立しているようなものだ。これらのひとつひとつを、認知分析療法では**解離状態**という。状態間の移行は突然起こるため、自分自身にとっても他者にとっても混乱を引き起こす。通常はこのような移行は起こりにくいが、虐待されたり無視されたりする恐怖を繰り返し感じたり、他者から求められたことができなかった後に生じてくる。ストレスに満ちあふれた状況や、どのような虐待を受けたのかを思い出しただけで、状態間の移行が起こりやすくなる。
　ある状態から別の状態に移行することを、感情のジェットコースターに乗っているかのようだと評した人がいる。遊園地にあるジェットコースター、あの

交錯したレールを思い浮かべてみよう。あるレールを上っていき、それから急降下すると、どのようにして移るかはさておいて、遊園地のまったく反対側に向かっていく別のレールに乗り移ってしまうかのように感じる。わかっていることは、自分の周囲で悪化している事態に混乱し、打ちのめされ、圧倒されて終わるということだ。

　これまでの章で見てきたように、私たちはみな多かれ少なかれ複雑な存在である。さまざまな場面で多様な感覚や体験をしてきている。もし私たちが持っているさまざまな状態間の移行が流動的であったらどうだろうか。気分や自己に関する感じ方が変わった時に気づくはずで、気づかせてくれたものが何かがその時わかるはずだ。もし自己の状態がさまざまに変動するのを認められるのなら、柔軟性を保ちながらその選択が可能になる。通常の成熟を遂げると、異なる状態同士の統合や調整がなされる。しかし、この過程はトラウマの影響を受けやすい。私たちの多くは、成熟していくとはいえ、極端に強いストレスを受けたり、疲労したり、あるいはトラウマを抱いたりすると、強い感情を体験する。それらは統一が取れていなくてばらばらなもので、幼少期に無視されたり、暴力を受けたり、見捨てられたりといったトラウマになるような体験をすると、自分をつくり上げ確立していくメカニズムを形成することができなくなる。私たちは強い怖れに対して動物的な防御反応をするしかない。闘争するか、逃走するか、あるいは固まってしまうかである。常に小さなジェットコースターに乗りながら生活しているようなものである。これは、私たちの自宅外でのさまざまな関連のない動きを説明してくれるかもしれない。つまり私たちは、多種多様な職業に就き、数多くの人間関係を築いており、1か所に長い間とどまることも決してなければ、何かを完成させることもできない。内面では、気分がころころ変わってしまう。極端なほど誰かを慕ったり、無謀といえるほど自由奔放に生きたりし、悲嘆に暮れて自分自身をだめな人間だと思い込む。心のさまざまな状態はそれぞれ幼い頃に内在化された相反的役割、あふれんばかりの力強さをもって無視し、その場から去り、予想外の行動に出るか、それとも無力感を抱き、自分がばらばらになったように感じ、無視されるのかというものによって支配されている。もし、大人になってから他者と人間関係をつくるのが非常に難しく、自分が安心感を抱けるものを求めていくと、結果としてそれは食べ物や薬物、アルコール、過剰な労働、スポーツ、セックスのようなものに行き着いてしまう。あるいは、それは動物や特定の集団であるかもしれ

ないし、自分自身を抑えつけているものであるかもしれない。

　連続した自己という感覚、すなわち「自分」のことすべてを見ている「自分」という存在、それが内面化できなかったため、自分という感覚が断片的になり、心の底から自分のことを考えてほしいという気持ちだけが強くなってしまうのだ。私たちが他者とのかかわりを求めようとするがために、親密になったり、安心感を抱きながら近づいたり、あるいは愛されようとする時はいつも、実現が不可能なほど高い望みや期待を抱きがちである。それは、このような人や物や薬物が私たちを救い、私たちが受けるすべての傷よりもまさっているかのようだ。

　もちろん誰であろうと、どのような薬物であろうと、高い望みや期待を実現させることは不可能である。だからこそ、無視され、見捨てられ、虐待されたことによる感情を繰り返し抱かざるを得ないのが実際で、内面化された暴力が「他者」、そして自分自身にも向けられることとなる。不可能ではあるものの理想化された望みが、何度も何度も打ち砕かれるたびに高まってくる。

　私たちが感情のジェットコースターに乗っていると、強く極端でどうにもならないような感情を伴ったさまざまな心の状態が現れてくる。そこでの感情は、強い罪悪感であったり、自分自身への怒りであったり、理由のわからない怒りや他者への不快感である。ある状態の時には、自分に対して強く怒り、自分のことを傷つけてしまいたいと感じる。だが、その強い感情が他者に向けられ、その人を傷つけてしまいたいと考えることもある。また別の時にはむなしさを感じ、生きているという実感を失い、当惑して頭の中が混乱してしまうこともある。このような混乱した状態あるいは「許されない」怒りに対処する唯一の方法は、むなしさから脱して自分の感情と距離を置くことである。そのような時、頭痛がしたり、いろいろな身体症状が現れたりしやすい。自らの苦境を映し出すものから「健康な自己」をつくり出すだけの余裕はほとんどなく、「健康な自己」を生活に関連づける潜在的な力も影響力を失ってしまうだろう。

　スティーブ・ポッター（Steve Potter, 2004）は次のように述べている。「今の私は、固く結んでしまった人間関係の結び目が解かれるのを待っているような状態だと思うのです。クライエントの中には、行動に移してみることで今の状態を表そうとする人もいれば、表に現れている感情で表現したり、自分や他者のために何らかの役割を演じることで表現する人もいます」。認知分析療法では、私たちのさまざまな状態に名前をつけ、それを記述するわかりやすい方

法を教えてくれる。そして、すべてを見通すことのできるだけの自分を見つめる自己を育ててくれる。

もし自分の場合にもさまざまな状態が交互に現れていることがわかっているなら、最初にすべきはそれらがどのような状態であるかに気づくことだ。それが最初にできるすべてのことである。それから、それを描く創造的な方法を考えてみよう。次に、その関連図をつくってみよう。このような簡単な作業が行えるというのは、すでに健康な自己のためにゆとりを生み出し、心の内に自分自身を目撃している「他者」をつくりだしたといえる。これは、新しい、そして自分のことを助けてくれる相反的役割の始まりを意味する。これは、「私」という存在をつくることだと言え、それが「自分」というものになっていく。これができれば、より極端な状態でも安定させることが可能になる。しかし、時間の経過とともにこの健康な自己はもう少し大きくなってしまうので、この「私」は自分を観察するスキルを養うようになり、役に立つ目撃者となり自分を育てるのか、それとも見つめられ育ててもらう側に立つのかという相反的役割を形成していく。この新しい状態の自己は心に対等な関係を生み出し、可能な限りすべての部分がともに生きていくのを意識的に助けることとなる。

このような変化の過程を助けるため、次にはさまざまな状態を記述するリストを載せた（元々はアンソニー・ライル博士とヒラリー・ビアード〈Hilary Beard〉博士らによって考案されたものである）。その中にはあなたにもあてはまるものもあるだろう。ただし、このリストは始まりに過ぎない。1日を通して自分の気分に関して起こったことに目を向け、それを表す言葉を見つけるという自分自身の体験を付け加えられたら、さらに望ましい。

どのような状態にあるかを知る

ほかのものとは明確に区別でき、ある時点でのみ存在する感情を、「状態」という概念を用いることで表現することが可能になる。多かれ少なかれ自分が体験した状態を表す以下のリストをもとに、自分にあてはまる状態を選んでみよう。以下に挙げていない状態が起こったら、それをリストに加えておこう。

1．**大丈夫という状態**：多少なりとも日常生活に対処でき、ごく普通の気分を抱くことができている状態。

2．**犠牲となって虐げられた状態**：他者からこき使われ虐げられているという気持ちで、自分に敬意を持ってくれることもなければ優しくもしてくれず、脅かされ、いじめられている感じ。

 3．**負けずにがんばっている状態**：やるべきことはやり、対処し、他者が自分に期待することはやっているが、喜びもなければ満足感もない。

 4．**怒りの状態**：狂気じみており、自分で自分をコントロールできない危険な状態で、自分と他者、あるいは自分か他者のどちらかを殴ってやりたいような気持ち。

 5．**復讐心に燃えた状態**：怒り、独善的で、暴力的で、ねたみを抱き、仕返しをしたいと思っている。

 6．**ゾンビのような状態**：感情を自分から切り離してしまい、他者には無関心で、「何も考えずにただ動いているだけ」で、現実感がない。

 7．**いじめっ子状態**：哀れみなど抱かず、他者を傷つけ、他者をばかにし、自分自身をも傷つける。

 8．**気分が高まった状態**：何ごとにもスピーディーで、エネルギッシュで、有能で、幸福感を抱き、限界を超えているような状態。

 9．**夢想の国状態**：この上なく幸せで、人に親切で、安心感を抱いている。

 10．**人をばかにし見下した状態**：他者に対して優越感を抱き、自分は特別な人間だと思い、自分への賞賛を求め、他者の弱点には耐えられず、自分の弱点にも耐えられない。

 11．**力強い介助者状態**：他者を介助し、力強く、他者から必要とされ、自らの役割を果たし、臨機応変に対応する。

 12．**その他**

自分にあてはまったら、その状態に〇印をつけてみよう。

ひとつかふたつの状態には〇がついたであろう。どのような時にその状態に気づいたか、1週間日記をつけてみなさい。何を書いたか見ていくと、セラピストやコ・カウンセラーとこのことについて話し合う前に、自分がどれくらい気づけているかがわかるはずだ。

このような振り返りは、本書で紹介したウェブサイトにある**状態記述法**を使うと継続することが可能だ。これは、私たちがそれぞれの状態にある時に何が起こったか、自分自身や他者に対してどのような感情を抱いたか、他者が自分

第9章　不安定な精神状態への挑戦　217

たちに対してどのような感情を抱いたかを書き留める手助けになる。それぞれの状態における相反的役割を確認することができる。

> **エクササイズ**
>
> 　インデックス・カードか小さな紙を用意し、リストからでも、自分の体験からでもよいので、もっともよく起こる状態を5つ選び、それをカード1枚にひとつずつ記入しよう。それを数日間持ち歩き、5つの状態のどれかになっていることがわかったら、その状態を書き入れたカードか紙を取り出し、何が起こったのか、どのような感情を持ったのか、何を考えたか、からだにはどのような感覚が生じたかを記録しておこう。違う気持ちになったとか、状態が変わったときにはいつでも、「ゾンビが見えなくなった」「自分が犠牲になったことがわかった」「モンスターに激怒した」「役立たずの尻軽女」というように、カードに書いておこう。それができあがったら、なぜそうなったのかを記録しておこう。
> 　心の状態を表す別の言葉を書き加えたら、それをよく見ておくことだ。おそらく、怒り狂った、混乱した、気が動転した、喪失感を味わった、恐れを抱いたなどの言葉であろう。言葉ではなく、色づけした図、絵やイメージで描いてもよい。前述したような言葉で示される感情を抱いた時に、幼い頃の記憶が呼び覚まされることもある。だが、過剰に恐れる必要はない。まずはノートに書き留めておこう。見たくなった時に見ればよい。

　感じたり考えたりしたことによって自分が圧倒されたように感じたら、自分にとっての「居場所」を示すようなイメージを思い浮かべてみよう。そこは、あなたが知っている場所であったり、聞いたことがあったりするような場所だろう。時には、石や小石やガラスのような素朴な物を持ってみると、強い感情に縛られている自分を落ち着かせる手助けとなる。地面によって支えられている自分の足に意識を集中させることは、安心できる場所に触れ合うもうひとつの方法となる。本書の関連するウェブサイトを見ると、この作業をしている間でも安心感や安定感が得られるように考えられたエクササイズを見つけることができるだろう。基礎的エクササイズや呼吸のマインドフルネスは短時間で実践できるものだ。心拍が安定したら、本来の課題に戻ればよい。自分自身が、

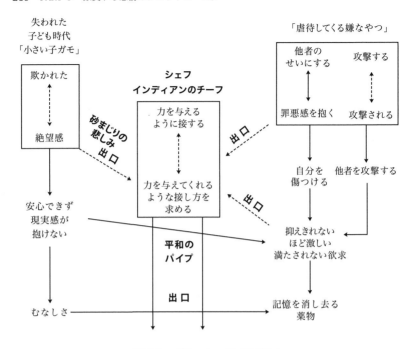

図 9.1　グラハムのダイアグラム

　今どのような状態になっているかがわかる最良の観察者になろう。調整役になれるのだ。
　心の状態の中に相反的役割があることがわかったら、次の段階ではそれをよく観察してみることだ。たとえば、次のようなこともあるだろう。自尊心を傷つけられ自分自身を痛めつけたくなった時に、暴力を用いて拒絶し払いのけるか、それとも虐待され拒絶され押しつぶされたようになるかという相反的役割に陥っていることがわかることがある。もしも自分が強く求めているならば、完璧に賞賛するか特別なものとして扱うかという相反的役割を書いてもよい。
　「モンスター」に対する怒りや憎しみを抱いたとしたら、それは、他者や自分自身をけなしたり罰したりするのか、それとも自分が罰を受け自尊心を傷つけられ恥ずかしい思いをするのかのどちらかだ。現実に対して文句を言うのか、それとも文句を言われ黙らせられるかという相反的役割は、自然に生まれる怒りを抑制し続け、「モンスター」のようだと恐れおののき続けさせる。そのために自然な怒りさえも表すことができず、自傷行為のような形で現れるか、ある

いは破壊的なやり方で他者を脅かすしかできなくなる。

　長い間、薬物依存や自傷行為を抱えていたグラハム（Graham）が描いたダイアグラムには、セラピーを始めた時に内面化されていた相反的役割が記入されており、加えて自己観察と洞察を通してつくりあげた新しい役割、元々はグラハムが赤字で記入したものはゴシック体で示してある（図9.1）。自己観察が進むにつれ、彼は本来の自分とは違う状態や、状態の突然の変化に果敢に挑戦しようと考え始めた。解離した状態に対する思いはそれほど強くなかった。遮ってしまっているできごとには現実感もほとんどなく、細かく分けてしまったような自分に関するできごともほとんどなかった。このような状況になると、苦痛を始めとしてさまざまな強い感情が現れた。彼はこれを「砂まじりの悲しみ」と呼んだ。あこがれや絶望、怒り、純真さの喪失、何か良いことが起こってほしいと思うさまざまな気持ちが混在した状況である。春の公園で鳴きながら母ガモの後を追う生まれたばかりの子ガモを見て、彼は殴り飛ばしたくなった。彼は、自分自身がその子ガモのように思えて、「バケツ一杯」の涙が出るほど泣きたかった。しかし、圧倒されてしまっていて、あまりに怖くなり、泣くこともできなかった。多くの養父母に育てられ過ごした失われた子ども時代のことを、彼は描いた。

　彼が描いた図の中央にゴシック体で書かれている四角の部分が、インディアンの「チーフ」を示している。この図は自分自身の新しい状態を表したイメージで、彼の人生で経験した数少ないうれしいできごとのひとつをもとにつくられている。それは何かというと、自分が親切にしてもらった1回の経験のことであった。「チーフ」とは、スヌーカー（玉突きの一種）を教えてくれた施設のシェフを務めていた人のことで、夢の中ではコックの帽子をかぶった正装の姿で現れた。夢の中で、セラピーの終了に向かいながら、その「チーフ」は彼にバファローの群れの中を通っていく乗馬の仕方を見せてくれた。グラハムは、ジェットコースターのように不安定になっている状態をうまく乗り換えながら、それをコントロールすることを学ばなければならないことをその夢が示唆しているのだと考えた。これは、「健康な自己」をつくっていく始まりとなった。

　この夢は、彼が長い間にわたって習慣にしていたコカイン中毒を脱するための「平和のパイプ」（部族間の争いを集結させて和解する際に、相手とこのパイプを回しのみをするもので、平和のシンボルともなる）としての役目も果たした。さらに瞑想の利点を知り、毎週1回行われている瞑想の集まりにも参加するようになった。

第10章　境界線上で生きる

　自己と他者との関係のあり方を自ら狭めてしまうと、極端な場合には**境界性パーソナリティ障害**となる。感情的な無視、脅迫、それに暴力を受けると、破壊的なパターンやさまざまな回避や防御を目指す対処法を始めるようになる。私たちはみな、この世の中で自分らしい生き方ができなくなってしまい、あたかも「崖っぷち」に立っているかのように感じてしまう。境界性パーソナリティ障害を抱えている患者にとっては、常に緊張し不安定で予測ができず、「何もかも絶好調」であるかと思いきや「すべてがうまくいかない」というように突然変わってしまう気分や衝動のなすがままになりながら、周囲の人々と人間関係を営むこととなり、助けてくれるものであれば何でも構わないと思い、そのようなものを探し求めることとなる。自分が他者に及ぼす影響だけではなく、逆にその人たちが自分に及ぼす影響にも当惑してしまい、他者や理想的な姿に投影されたあこがれや無上の喜びを感じられる状態から、苦しく落胆を感じざるを得ないような幻滅を感じさせる不幸せな偏執症的世界へと変化する。

　柔軟で思い通りの人間関係をつくる手段を身につけ安心できる環境を持つことができなかったら、私たちの心の中はこれ以上はあり得ないというほどばらばらな状態になってしまう。60 ページで見たように、説明がつかず理解できない一貫性の欠如や子育ての放棄を体験すると、私たちは対話を失い、孤独に陥り、喪失感を抱き、他者との結びつきをも失う。この状態を、「自分が破片になったような感じ」と言った人がいる。自分が多くの部分に分かれてしまったように感じたのであろう。パトラ（Patra）の絵はそのような状態を示したものである（図 10.1）。このような時は往々にして部分同士の対話がなくなり、まったく別々の物のように分け隔てられ、ひとつの部分だけが表に出てくることになる。でも、そのことは他の人にはわからない。「明らかに普通の人」になり、仕事に出かけ、他の人の世話をし、外の世界で社会的な役割を果たせることもある。しかし、内面には複数の状態が共存しており、危険な世界で体

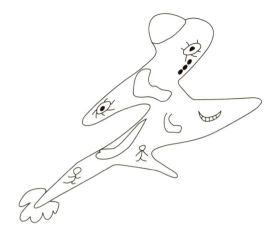

図 10.1　パトラが描いた自己像：「すべてが破片に」

験した幼少期のトラウマに対してその時優位な反応が現れているに過ぎない。

　親密さと信頼が要求される個人的な人間関係では、感情的により未熟な状態が現れることがあり、自分自身が驚くのみならず他者をも驚かせたりする。というのは、このような親密な関係の場合、威嚇されたり、傷つけられたり、恐怖で愕然としたり、あるいは声には決して出さない強い怒りを感じたりすると、それが身体的な面に現れるからである。症状や問題行動は、それが表に出てくるまでは声しか手がかりにはならない。しかもその声は、誤解されたり、誤った解釈が加えられたり、驚かされたり、罰せられたりすることも多い。「耐性領域」というものはそこにはない。どのような状態にあり、どのような相反的役割になっているかが認識されて初めて、重大なトラウマを抱えている自己の身体面に目を向ける必要が出てくる。このような流れがわかった上での緊張状態であれば、からだが語ることを受け止め、それを理解するゆっくりとした傾聴という技を通して、緊張を解放させることができ、本来の自己調節機能を発揮するようになる。そうなれば、からだも神経系も癒されていく。

　前章で挙げたリストを見て（詳細は www.uk.sagepub.com/change4 参照）何か所かに〇印がついたなら、今の自分の人間関係にこの状態がどれくらい大きな影響を及ぼしているのかを少しの間考えてみよう。状態の変化は人生のちょっとした時に起こっており、それがどのようなものかを知るためにその変化だけを調べてみればよい。このようなやり方で自分自身を見つめることが、「観

察する目」をつくっていく始まりとなる。

ミュリエール

　ミュリエール（Muriel）は、彼女の抑うつ症の治療をしてくれていた精神科医の勧めでCATを受けるようになった。彼女は、1回自殺を企てたことがあり、最近では自殺を企てた時のことが繰り返し思い出されて自分自身が「固まって」しまう「フラッシュバック」が起こるようになっていた。彼女が固まってしまうきっかけは、「大きな口を開けて怒っている顔」のイメージであった。フラッシュバックが起こると、彼女自身、それに彼女のセラピストにもそのイメージが現れ、それが強い恐怖感を抱かせることになり、怖れを抱き無力な状態になるかそれとも攻撃的になって虐げるかという相反的役割が生じていることがわかった。セラピーが進行するにつれて、ミュリエールは恐ろしかった夏の衝撃的なできごとを思い出すことができた。それは、母親が入院し、その間叔父と一緒に生活するために叔父の家に行かされた時のことであった。彼女が9歳の時だった。毎晩、叔父は自宅の裏側にあった小さな物置部屋にミュリエールを閉じ込め、電気コードを彼女に巻き付けた。そして、お前は悪魔の子だと言い放った。赤い巻き毛で、そばかすだらけの顔だったからである。このそばかすは電気器具を使って除去させられたが、もしも処置中に動いてしまうと感電してしまうようなものであった。毎週日曜日、彼女は叔父から旧約聖書の中の長い説教を聞かされていた。

　ミュリエールが自宅に戻ると父は不在であり、母は回復というにはほど遠い状態で、完全に衰弱しきっていた。そのためミュリエールは、母親の介護と家事をするのが義務となった。もし自分が何か口に出して「言った」らどうなるかという怖れでいっぱいで、じっと黙っており、誰かに何か、とりわけ今自分が母親の介護をひとりで背負っていることなど言ってはいけないと感じていた。彼女は自分を律して無心で支援ができるように、勉強に没頭したのである。その結果、成績は向上し、嫌なできごとも「忘れ」られた。数年後に叔父が精神保健法によって精神病院に強制収容された時でさえ、母親には何も言わなかった。彼女は「ごく普通のパーソナリティ」を形成し（パット・オグデン〈Pat Ogden, 2006〉の研究で詳しく述べられている）、家事をこなし、下校後に母親のために食事の準備をし、すべての試験に合格し、片づけもきちんとでき、礼儀正しい子だと褒められた。彼女のこのようなごく普通のパーソナリティ、さらには色とデザインが好き

で、後に有能なガーデンデザイナーになる助けとなった。

　しかし男性と親しくなろうとすると、そばかすを隠せないことから、脅かされた自我状態に固着してしまうのであった。周囲から孤立してしまい、抑うつ状態に陥った。彼女は教会や電気的なものに強い恐怖を抱くようになり、コンピュータは信頼できず、手書きで文章を書くことは大丈夫であった。自分では耐えることもどうすることもできない攻撃欲求や、それを拒絶した後に起こる憎悪に苛まれた後、彼女は自殺を企てた。

　セラピーでの作業は、安心できる環境の中で信頼できる自己を見いだすのに役立ち、彼女はエクササイズがいかに有効であるかを知ることとなった。あるセッションで彼女の呼吸が荒く不規則になった時、セラピストは自律神経系が体内にある強い怖れを解放させるために、安全を確かめつつあえて動揺や身震いをそのまま維持するようにさせた。再び呼吸が平常に戻ると、静かに座っていられるようになった。恐怖感を解放している間、叔父の家の物置部屋にあった小さな天窓を見つめていた時の記憶を彼女は思い出していた。その天窓からは1本の木が見え、家よりもはるかに高い木の枝が風に揺れていた。この記憶は、彼女が辛い体験を持ちつつも、「自分にとっての安全な世界」を形づくる助けとなり、恐らくこのことがガーデンデザイナーという職を選択するのに影響を及ぼしたと考えられる。木のイメージは、セラピーで過去を振り返る際に自分にとっての「安心できる場所」となり、解離してしまった自分の知らない自分を見つけ出そうとする時に立ち返ることのできる場所となった。このような解離したふたつの自己の状態、すなわち怖れおののいている自己と癒しに向かっている自己の両方が、ごく普通のパーソナリティから欠落してしまった結果と考えられる。

　時々人々は、心の中のむなしさや怖れを、どのように解決すればよいのかわからなくなる。そうなってしまうと、「きわめて健康な」パーソナリティをつくってごく普通の生き方をすることができなくなり、自分らしくいられる非常に限られた社会の中でのみ生きようとする。また別の解決策として、不安や恐怖を自分で支配できると思われるような生き方を見つけようとする。それは、軍隊や自警団に加わったり、自ら犯罪を犯したり依存症に陥ったりするなどである。ベトナム戦争からの帰還兵であるクロード・トーマス (Claude Thomas, 2006) は『地獄の入口で (At Hell's Gate)』の中で、次のように記している。「私は、自分と自分の感情を切り離すように訓練されていました。それらを抑圧す

るのです。このことは、自分が持っている人間性の本質となる生きる力から感情を解離させることになり、その結果、人を殺すことができました。私は、自分自身を完全に独立した自己、他のどのようなものとも関連がないものとして見なすことを学んだのです。これがすべてに共通した尺度だったのです」。

デイブ

　デイブ（Dave）は、20年ほど前、性犯罪により非常に警備のしっかりした病院に入院し、そこで治療を受けていた。デイブと、彼のセラピストであるスーザン・ミッツマン（Susan Mitzman）とタニャ・ピーターセン（Tanya Petersen）博士は、彼の生い立ちと彼が描いたダイアグラムをここに掲載することを快く同意してくれた。

　スーザン・ミッツマンは、彼が犯した犯罪を「常に人と関係を持っていたいことの現れ」として解釈し、CATの持っている人間関係的な面で犯罪者と介護者を支援しようとした。つまり、何が起こったか、その背景にどのような感情があったのかを理解させ、行動の抑制に向けた第1段階にさせようとした。

　デイブ自身は、「自分が死ぬまで」、適度の警備体制の病院に長期間入院し続けることを望んでいた。彼は、自分が他者にとって危険な存在になっていて、自分も他者から攻撃されてしまうのではないかと考えていた。自分を支えてくれる家族もなく、親密な人間関係を築くことに怯えていたのである。こうしたことから、たとえ病院の「外の世界」に行ったところで安心感は得られないと思っていた。彼が言うには、「外の世界に行ったところで、どうせまた罪を犯すだけだし、そんな人生には耐えきれない」。非常に強いストレスを受けた彼は、自分自身に怒り、すべての人に怒りを感じ、その後には必ず打ちひしがれ、怒りをぬぐい去りたくなるのであった。かつて自分が知っていた怒りを鎮める唯一の方法は、あえて弱くて攻撃を返してこない人を選ぶことであった。彼はどうすることもできない罪悪感とむなしさを解き放つため、自傷行為を繰り返している。

　デイブは1969年の生まれで、3か月後に養子として育てられたが、養父母はその後に離婚してしまった。さらにその養母は子連れの男性と再婚し、彼はこの人たちと同居することとなった。デイブは常に連れ子のほうが好かれていると感じていた。彼が8歳の時、養母に自分が養子だと告げられてショックを受け、怒りが込み上げてきたことを思い出した。彼は生

みの親にも「自分を捨てていった」と怒りを覚えるようになり、母に見捨てられたことに関して何が原因であったのかに疑問を抱き、それを明らかにしたくなった。

　彼は、「母親にとって自分は期待通りの子どもではない」ので、自分を養子にしたことを後悔しているのではないかと考えた。彼は自分の養父を、「男は泣かない」ことを信じきっているような規律に厳格な人と称した。8歳の頃から、彼は養父からも「別の男性から」も性的虐待を受けていた。彼はこのことを次のように述べている。子ども時代を通して、「自分は孤独で、汚れていて、ひとりっきりで、誰からも守ってもらえることはなく、社会や親から虐げられているだけだ」と感じていた。「すべてを失い、怒り、注意を集めることだけを強く考えていて、破壊的だった」とも感じていた。彼は、養母や養父から褒めてもらえることは決してないだろうと思っていた。彼は、養父による性的虐待を養母に告白しようと手紙を書いたが、それは自分のことを助けるのではなく、ふたりの間にさらなる不和をもたらしただけであった。

　デイブが幼少期のトラウマに対処し、その埋め合わせをする方法のひとつは、彼の実の両親のことを想像し、理想化することであった。彼が想像した実母は「感受性が豊かで愛らしく、たくさん抱き締めてくれた」。それに、彼を「置き去りにした」ことを後悔していた。彼は、そのような自分の「世話をしてくれた」人だと夢に描いていたのであった。

　性的な虐待を受けたというデイブの体験は、感情を混乱させ葛藤を引き起こした。彼は、「自分は無力で混乱させられ汚れており、孤独な存在だ」と思っていたが、それと同時に「自分は強く力のある存在だ」とも考えていた。というのは、たとえ彼の養父が別の男性に対して自分を性的に虐待することを許したとしても、決して自分のことを殴ったりすることは許さなかったので、自分は養父に「特別な存在とみなされ守られている」と感じたからであった。虐待を受けていた時期、さらにはその後、彼の養父は彼を「愛し褒めたたえ」、褒美としてお金をくれた。彼は、虐待を受けることによるこのような「肯定的」な面を記したのであった。とはいえ、自分のトラウマに対処する手段として、「自分を守ってくれるような場所」を寝室の中につくったのだと言っていた。

　彼は養父に言われるままではなくなり始め、14歳の時に反抗することができてようやく虐待が終わりを告げた。しかし、虐待されたことで彼の心の中には、「からだが傷つけられ、辛かった。虐待する奴は汚い。不愉快で、ぬかるみにはまったみたいだ」という思いが残された。一方、自分自身には

「悪い人間で、価値はなく、うちのめされ、罰を受けた」という感じを抱き、「たったひとつ良かったこと」はお金をくれたことだったと言うのがすべてであった。

　デイブは、養父に対する混乱した感情を話した。つまり、大人になった今の怒りと、子どもの頃に父親に虐待されたことの怒りである。しかし子どもの頃に受けたこの虐待の結果として、自分は特別な存在であり気遣ってもらえたとも感じていた。ただしこれは、父親によって「選ばれた」歪んだ人間関係の中でのことに過ぎない。同じような混乱し逆説的な感情は、自分は被害者である一方で、虐待を受ける人として自分を客観的に見つめてしまうことと関連している。そのために養父に怒りの矛先を向けることができず、「怒りを抑え込んでしまった」のである。

「理想的な状態」

```
          「理想的な他者／特別な患者」
      すなわち、生みの母親と医療スタッフ
          理想的で特別な対応を切望する
              他者に期待するのは
            感受性豊かで、愛情を持って、
              抱きしめてくれること
                      │
          愛してくれて、気づかってくれて、
              安心でき、満足でき、
      そして不安を打ち消してくれるような対応
```

　この状態は、「感情が抱けずぽっかりと穴が開いたような状態」(ボーダーライン状態)から逃げ出したいというデイブの強い思い、すなわち「理想的で特別な対応」を求める気持ちを表している。この理想的な状態を具体的に示すと、

- □　自分にかかわってくれず拒絶している母親と親密になりたいと「強く願う」。
- □　ほんの少し体験できた親密さ、つまり父の性的虐待から生じた自分は特別だという「感情」。生みの両親は自分を完璧かつ理想的に育ててくれただろうという幻想。

□ 完璧で特別な対応、「優しい世話」を切望する。しかし、「優しい世話」から生まれる安心感と満足感はすぐに「消えてなくなり」、何も感情を抱けず「ぽっかりと穴が開いてしまった」ような状態に逆戻りしてしまう。
□ 病室でもセラピーでも、「理想的な患者」と見なされることを強く願う。

　デイブは、自分が病院のスタッフから「特別な対応をしてもらえない」、つまり「他の人から拒絶され、自分以外の人が好まれ、ちっぽけな存在として扱われる」と、「自分を傷つけ」「素行が悪くなる」と言った。このことは、他のきょうだいをかわいがって自分のことは無視し拒絶していた養母との幼い頃の親子関係を、非常に力強く反映するものであった。
　彼が医療スタッフから特別な対応をしてもらえず、注意を向けてもらえなかったり、そして／あるいは他者から反論されると、「自分を傷つけ」て注意を引こうとするか引きこもるか、あるいは破滅的に感じて「素行が悪くなったり」、スタッフに身体的あるいは言語的に悪態をついたりするかのどちらかになった。このような反応パターンは、両方とも最終的には断絶を引き起こすが、自分が特別な対応をしてもらい、感情を抑え、注意を引きつけるねらいで策略的になされることもある。あるいは、以前には理想的な人物だと思っていたスタッフや病院に幻滅を感じ、彼らを巧みにあやつる手段として、そういった行為をしてしまったりもする。

感情を害して攻撃的になっている状態

興奮／怒りのパワーがわき起こる
怒りの放出
もう誰が何をしようとも抑えられない
自分が世界の中心だ
興奮の爆発／アドレナリンの急増
|
犠牲者／スタッフ
無力感を抱き、ショックを受け、おびえる

　これは、デイブが攻撃的になっている時の状態を示したもので、犠牲者との関係を表しており、その一部は病院スタッフとの関係を映し出してい

る。彼の性的な攻撃行動との関連で考えると、彼は自分が「強者」、すなわち「力強くて筋肉質」であり「誰も自分を抑えられない」（彼を虐待した父親のように）という感覚と、それとは逆にその部分を埋め合わせるかのような「ひ弱で、臆病で、役に立たず、価値もなく、不適切な自己に怒っている」という自分の根底に流れる状態を表したものと考えられる。攻撃的な面について言えば、性的な攻撃行動を介して怒りや欲求不満が犠牲者に向けて放出される一方で、犠牲者は「無力感を抱き、ショックを受け、不安に陥れられる」という感情を抱くことによって、自分自身に怒りのパワーがわき起こってくる。デイブは、病院では厄介な問題を抱えている患者の側に立つことによって、自分は「強者の中の強者」になれると述べている。彼は、自分が強者と結託した場合のように、プレッシャーを抱き自信がなく不安を感じると自分を守ろうとするが、同時にからだに関しては「アドレナリンが急激な放出」を起こしている。

　デイブは熱心に CAT を受け、描いたダイアグラムが「自分の生い立ちすべてを明らかにするようなもの」だということがわかった。自らの人生や人間関係に対処するすべての対応方法の根底には、第7章で見た「むなしさ」が非常に過酷になったような状態がある。デイブの心の中には「大きな穴がぽっかり開いていた」。

　　　　　かかわってくれず　　　　　　　　　　**自分にかかわってきた**
　　　自分のことを排除してきた母親　　　　　　　**常に存在する父親**
　　無視し、拒絶し、価値を失わせ、抑えつけてきた　　　　　　虐げてきた
　　　　　　　　　│　　　　　　　　　　　　　　　　　　　│
　耳を傾けてもらえず、注目されず、愛されていない　　虐げられる　特別扱いされ、
　　　　　　　　　　　　　　　　　　　　　　　　　　　　　気づかわれ、賞賛される
　　　　　　　　　　　　　　　　│
　　　　　　感情的な空虚感を抱き大きな穴がぽっかり開いた状態
　　　　　　　　　　　　　アイデンティティの混乱
　　　　　　空虚で、孤独で、他者に陥れられ、承認してほしくてたまらない
　　　　　ひ弱で、臆病で、役に立たず、価値はなく、不適切で自分を痛めつける
　　　　　　　　　　　注意を向けてほしいと切望する
　　　　　　　対処不能　　　　　　　　　　　　　充満した怒り
　　　　　　　　　　　　　打ちひしがれた状態

　養母に「関わってもらえず排除された」という体験、さらには養父から「関わってくれたものの虐げられた」という体験がまさに今の自我状態をつくっており、境界性パーソナリティ障害の中核的な病理を象徴するものであ

った。つまり、「アイデンティティの混乱」と「ぽっかりと穴があいたような感情的な空虚感」である。虐待を受けていた自分を補う意味で、自分は「強者」で、超人的な人間で、力もあると考えていた。しかしその反対の非攻撃的な面になると、「ひ弱で、臆病で、役立たずで、価値もなく、不適切な存在であり、自分を痛めつけるような状態」であった。対処不能で、怒りが充満し、打ちひしがれたような気持ちは、攻撃行動を引き起こす大きな要因となる。つまり、性的な攻撃行動を通して怒りや欲求不満を犠牲者に向けて放出するのである。

　デイブは8歳になって以来、自分が虐げられ始めると決まってある声が聞こえていた。実際、攻撃行動を起こしたある日、彼には「その日のほとんどの時間、彼を殺せという声が聞こえていた」という。その声は、「子どもを殺せ、子どもを殺すんだ、さもなければおまえのことを殺す」と怒り狂っており、「その声は攻撃的なものだが、これがすべてではない」とも言っていた。その声は怒りが源となって現れたもので、「復讐し、怒りを取り去るためには、誰かを傷つける必要がある」という自らの欲求を、彼は主張した。これは、父親による虐待が背景になっていた。性的な面でも、「傷つければ傷つけるほど、薬物を摂取した時のように、もっとほしくなる」と考え、自分がしたことに怯えながらも、「解放された」と思ったのであった。だが、すぐに気恥ずかしくなってしまい、養母あるいは警察に自分のことを伝えるように、犠牲となった人に言ったのであった。それは、「養父のようにはなりたくないし、どれだけ多くの人を虐待しているかは神がご存知であり、自分は投獄されたくはない」からであった。「もし、養父ができるなら自分だってできるが、でも自分は捕まりたくない」と考えた。しかしながらデイブは捕まって喜んだのであった。養父のようになりたくなかったからである。

　セラピーの一部として、デイブは攻撃行動の背後に何があるのかを理解することが必要になった。それは興奮であり、「アドレナリンの放出」である。さらに、「自分は簡単につかまるような人間ではなく、超人的な人間で、もう誰が何をしようとも抑えられない」とも思っていた。彼はこのような興奮状態を、「力がみなぎり、自分は強く正しく、世界の中心で際立って優れた存在であり、興奮してアドレナリンが爆発的に分泌されている」と評し、攻撃したいという力がわき起こってくるような状況だと評した。攻撃行動を起こした晩は、「漆黒の闇に包まれ、時計がカチカチなる音だけが響き渡るような感じ」がしていた。彼は、自分の犠牲となった者は「虐げられたことによって、おびえて青ざめ、ショックを受けて力尽きた状態」になって

いるに違いないと言った。彼は、自分自身が「攻撃的になっている時」と「非攻撃的になっている時」を比較してみたところ、非攻撃的な状態の時には、「自分は気弱で臆病で使い物にならないようなからだで、良いところなどまったくない」と感じていた。彼の性的な攻撃性は、養父に抱いていた怒りが解放されたことの現れであり、性的な欲求不満のはけ口でもあった。デイブは、「自分がしたことに罪悪感を持ち、自分に憎しみを抱いた。養父とまるで同じではないか」と言った。しかしながら、養父が何年間にもわたって攻撃を続けていたのとは違い、彼は「たった1回だけ」しかしなかった。性的な攻撃をしている間、矛盾する感情を抱いていたという。すなわち、自分には力がみなぎり超人的であるかのように感じたものの、それと同時に「これは自分ではない、一体全体自分は何をしているのか、大きく口をあけた穴の中にいるようだ」と感じていたのであった。

デイブの非常に悲しい話を聞いてわかるように、彼の行動は慢性的な空虚感から逃れようとした狂気じみたもので、セラピーは彼の混乱を引き起こしているもの、極度に張りつめた対人関係、不安定な精神状態、それに怒りを明らかにする手助けとなった。彼にとっては、興奮や怒りから生まれたエネルギーは、アルコールや薬物よりもはるかに強かった。デイブは、セラピーの目標を、安心感を向上させること、「自分は誰で、自分はどのような人なのかという感覚」を得ること、自分自身、自分が目指すもの、自分のアイデンティティに関する混乱をなくすことにおいた。

ダイアグラムをセラピストとともに描いたことで、デイブは自分自身を大きく開いた穴としてではなく、日常という文脈の中でまとまりのあるひとりの人間として見られるようになった。彼のダイアグラムは病院のスタッフといっしょに描いたものであったことから、感情がどのような状態になっているかをさまざまな専門分野から理解することができた。現在進行形でなされる心理学的な作業は、彼が強い悲しみや自分ではどうすることもできない感情、さらには自分が犯した罪を自ら罰したいとする欲求を支配し、それに耐え、抑えることができるように援助することが目的である。それには、自分自身をなだめ、ずっと続いている厄介な苦痛に耐えられるような方略を学ぶことも含まれている。

(デイブの完全な事例の報告は、www.uk.sagepub.com/change4 で見ることができる)

臨床心理学者でありコ・セラピストでもあるタニャ・ピーターセン博士、法精神医学のコンサルタントを務めているキャロライン・マリガン（Caroline Mulligan）博士には、CAT の実践に関して熱心かつ寛大な支援をしていただいたことに感謝する。1980 年代にガイ病院で始まり 30 年以上継続している CAT を用いた境界性パーソナリティ障害プロジェクトが、この複雑な障害を持った患者に関する研究の成果を向上させ、臨床例を増やしてきた。CAT という明快な枠組みにより、境界性という患者の中で起こる状態の変化をより明確な形で記述し、分類する方法が提案されてきている。その結果、この障害に関連したすべての患者において多くのことがより明らかになり、反応や行動を支配することが可能になった（詳細は PART10 参照）。

クロード・トーマスは、著書『人それぞれのベトナム（*Everyone Has Their Vietnam*）』の中で次のように述べている。

> 戦争という暴力だったり、街中での暴力だったり、家庭内の暴力だったとしても、長年暴力をふるってきた者もすべてろうそくの先端のような光輝く存在であり、世界中で人を癒すことが可能な力強い存在になりうる。苦痛を感じているからこそ癒すことが可能になる。自分の本質を深く見つめ、自分がどのように感じているかをありのまま伝え、感情を表す言葉を発し、それを活用することで、攻撃の循環を守り維持するのに必要であった沈黙が破られ始めるのである。(2006, p.52)

PART 6

自分に関する情報を集める

他者の意識が包み隠された時に、人の意識は目覚めてくる。
M・M・バフチン（M.M.Bakhtin）『スピーチのジャンルと最近のエッセイ
（*'Speech Genres' and Other Late Essays*）』(1986, p.138)

第 11 章　人生最初の衝撃を調べてみよう

　これまで、あなたはさまざまな問題に対する自分の考えをノートに書き記してきた。中にはかなり昔までさかのぼれるものもあったに違いない。しかし、次のような疑問を抱いているのではないだろうか。「なぜ、自分はわなやジレンマにはまってしまったのだろうか」「この葛藤はどこから生まれたのだろうか」と。

　種のことを考えてみよう。ひとりひとりの人生にさまざまな可能性をもたらす種で、私たちが生まれてからずっと持ち運んできた種のことだ。もし、私たちの本質と呼ばれるものがリンゴの種のような小さな固まりでも、リンゴの木のように大きくなる可能性を持っている。「タブーである話題」に名前をつけて調べるとともに、私たちが持っている「リンゴらしさ」を生み出した幼い頃の自分を理解することが重要になるだろう。第11章では、幼い頃の自分を振り返りつつ、育った環境の影響を受けて色あせてしまった自分自身の「種」が持っている特徴を見つめてほしい。その種を手に持ち、種が何を成し遂げようとしているのかを感じとってみなさい。マイトリー、すなわち自分自身に対する絶対的な優しさの概念も思い出そう。

　あなたが自分の写真が貼ってあるアルバムを見るように、この章を使ってほしい。自分にとってどのような感情が自分らしいものなのかに焦点を当ててほしい。**その感情はどこに向かうだろうか。**

　これから先を読み始める前に、どこか静かな所に座り、自問自答してみよう。覚えていない暗闇の期間を通して、自分に何がもたらされたのか。

箱を開けてみよう

　第11章では、これまで一度も開けたことがない箱をいくつか開けていこうと思う。私たちは、あなたが自分の生い立ちを書くために自分自身のことで初

めて知ることを使おうとしている。事態を悪化させていたものが何かを正確に書くためには、困難がどこから生まれたのかをきちんと知る必要がある。その結果、自分と他者との人間関係に影響を及ぼしている相反的役割がどのような状況にあるかが把握できるはずだ。次に私たちが必要とするのは、毎週自分のことをモニターしながら起こる変化に、適切な目的を与えることである。

　記憶の中には辛く感じるものがある。それは、自分の人生すべてをなんとかしたいと思ってきたことに由来する苦痛である。この章を、過去の亡霊をほじくりだすことばかり考えながらコ・カウンセリング（P.49の訳注参照）として読もうと、あるいはひとりだけで読もうと、あなたのそばに私が座っていると想像してごらんなさい。勇気、さらには自分ならやれるという気持ち、それらを持つように励ます私の笑顔と声をイメージしてみよう。あなたが探し求めているものすべてに対して、からだがどのように反応するかをモニターしながら、「自分が耐えられる範囲内」にあるように、参考として図1.3の図を用いるとよい。私たちがすべきことは、自分が感じている苦痛を受け入れ、それにこれまでとは違った対応ができるような方法を見つけることである。

　心理療法は容易なものではない。だが、最後までやり抜くことができれば、自分のことを信じられるはずだ。自分自身を今より強くする援助となりうるのだ。

自我状態

　すでに自分自身の体験が日ごとに変化していることに、うすうす気づいているのではないだろうか。あなたがあたかも多くの異なる部品で組み立てられていくかのように。自分がよく知っている部品もあれば、まったく知らなかった部品もある。好きな部品もあれば、まったく好きではない部品もあるに違いない。

　私たちのパーソナリティをつくり上げ、行動の仕方に影響を及ぼす多様な自我状態は、人生のさまざまな時点でつくられてきた。その多くは幼少期までさかのぼることが可能だ。世話をしてもらったり成長の手助けをしてもらったりする子どものように、私たちをつくっているひとつひとつの部品は非常に小さいものに思える。そこで私たちはみな、自分の中の混沌とした状況に対処するため、力を持った「対処する自分」、あるいは愛に飢えた状況に対処するため

の「主張する自分」を持とうとする。

　葛藤がどこから生まれたものか理解することは、非常に強い恐怖が――その多くの場合は無意識的にではあるが――、本来の問題を生んだ環境がいまだに影響しているかのように作用していることがわかる。だから、避けたり、切り捨てたり、あるいは特別なやり方で対処しなければ自分の生活が脅かされるかのように考えて、行動してしまう。

　私たちが日常生活で抱く感情やイメージが子どもの頃にどのように芽生え、それがどのように再構成されてきたのかを知ることは、自らが変化していく中で重要な部分となる。だからこそ、今私たちは、隠れたままとなっている部分に光を当てようとして、積極的に行動できるのである。じっと聞き入る耳といたわる心を持ち、傷ついた時点までさかのぼる気持ちを抱くようになることが目的である。この作業は心理療法の中で常に繰り返しなされていく。一般的に、それなりに日常生活を送っている人の中に分け入っていこうとする本はない。しかしこの本は、誤った理解をしてしまった自分を安全に探索していくきっかけを提示し、昔からの前提やメッセージに挑戦し、本来は有益なものになるに違いない隠れた部分を積極的に見いだすことを目指しているのだ。

私は何か変ですか

　過去を振り返る別の理由は、過去のことがしばしば当然のことと思われているからである。多くの人は私に、「みんなこんな風に思っているのではないか」と尋ねる。それは、あたかも「普通」と呼ばれるものを見つけようとしているかのようだ。私は何か変ですか。私がただ大騒ぎをしているだけですか。フロイトは、自分がセラピーを始めた頃にやってきたひとりの青年のことを述べている。フロイトが、毎日やったことを話してくれるように求めたところ、彼は「みんなと同じ。起きて、トイレに行って、着替えて、仕事に行って……」と言うのであった。

　自分の固有性を主張することは、自分自身を現実的に受け入れ、社会的な文脈の中で自分の体験をとらえることにつながる。弟が生まれ、さらには母親が抑うつ状態になった時、自分が早く成長して「小さな母親」にならなければいけないと考えていたかのようだと私がフレダに言ったところ、彼女にさまざまな感情がわき起こってきた。突然、彼女はなぜ自分がすべてのことに責任を感

じたのかを説明し始めた。自分が体験したことがわかると、彼女は救われた。その後、責任を持つか持たないか、自分の自由意志で決めることができるようになった。

PART 6 の残りの部分は、あなたの幼少期の生活に関する長い質問コーナーで構成されている。思い出すことができたら、それをノートに書き留め、よみがえった感情や記憶を絵にしたり、それに色づけしてみるとよい。自分が持っている想像力にまかせて。

もし、記憶が抜けていたり、からだにストレスを感じたり、極端に何か食べたくなったりしたら、その感情をすぐに記録しておくことだ。できるだけ詳しくそのことについて書いておいてほしい。

幼い頃を振り返る

誕生前

子宮内環境が母親と胎児の関係に影響を及ぼすことは周知の事実となってきている。もし母親が抑うつや不安、トラウマによるストレスを受けていると、母体内のコルチゾールの濃度が上昇し、その結果として胎児のコルチゾール濃度も高まってしまう。この濃度を調整することができないと、理解不能な不安を抱えて生まれてくることになる。

生まれた状況と相反的役割

心理療法士の故アンジェラ・ウィルトン（Angela Wilton）は、人がどのようにして生まれてきたかについて研究を行っていた。これは、実際の誕生と同様に、生まれた直後の最初の体験を調べるもので、相反的役割とも関係している。彼女は、自分がどのようにして生まれたか、それが家族にどのような影響を与えたかを調べるため、誕生の秘話や逸話、両親やきょうだい、医師、助産師たちが抱いたイメージなどを用いた。これには、絵も含まれていた。冗談や神話、キャッチフレーズなども、実際の誕生自体の記憶と同様に分析対象として扱った。

さまざまな誕生の様子を調べることにより、彼女は誕生の話をめぐる雰囲気

が、その人と他者との人間関係づくりに映し出されていることに気がついた。たとえば、骨の折れる仕事を長時間して疲れきっていた母親は、子育てを大いに楽しんでいた母親と比べて、乳児と親密な関係をつくれない。このような誕生時の状況は、苦痛に満ちてどうすべきか悩む暗い雰囲気をもたらし、子どもには「魔術的な罪悪感」をもたらす。このような感情は他者との人間関係にも影響を及ぼす。生まれてくる子どもの性別に強い希望を持っていた両親は、希望とは反対の性の子どもが生まれた場合に落胆を隠すのが難しい。このような落胆は、その子どもがとりわけ他者と親しくなろうとした時に自分は価値のない人間だと思わせることにつながり、自分の存在をどうにかして正当化しなければならないと考えるのである。

　子どもが死別や離別した後に生まれた場合、子どもたちは自分が歓迎されたという喜びよりも、死別、離別というその事実との結びつきをつくってしまうことがある。その結果、その子は自分が「暗い影のもとで生まれた」と考えたり、「生まれ代わりの子ども」であるかのように思ってしまう。

　ウィルトンの研究では、過半数の人々は自分たちが生まれてくる最中に母親を傷つけてしまったと考え、その結果、人を傷つけるか、それとも人に傷つけられるのかという相反的関係、いわば自分が生きていることは誰かを傷つけていることだと悩み、罪悪感や補償しなければならないという欲求を抱くようになることが指摘されている。もうひとつの問題である「私たちはふたりでひとり」という考えは、出産が容易であった場合には、父親不在に陥り、母子間の関係が親密すぎて他者が割って入れなくなることである。このような状況では、人間関係において中心的で完璧な役割を演じることを重視する傾向があり、現実的には長く続く穴に落ちてしまう結果となる。大人社会において「ふたりでひとり」という考えを強調すると、過剰に親密になり、依存的になり、過度に理想化して互いに賞賛しあう傾向がある。あるいは逆の場合もあり、自分は完璧に否定されたような気持ちを持ったり、何もかもを「とるに足らないもの」だと言って片づけてしまったりする（図11.1参照）。

　自分は「求められていない」という気持ちは、かかわろうとする気持ちと拒否されるのではないかという気持ちの相反する感覚を引き起こし、拒否されたか、それとも拒否するのかという相反的役割を明白なものにしてしまうのだ。

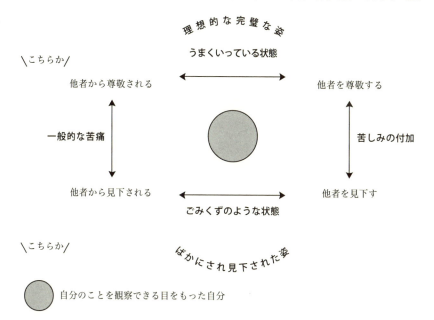

図 11.1　他者を見下し自分を見下す
変化の目的は日常の生活で感じる苦痛に耐えることの学習である。

> ### ヘレン
>
> 　ヘレン（Helen）は、人と親しい人間関係がつくれないという悩みからセラピーにやってきた。彼女は誰かと是が非でも親しくなろうとし、親しくなるとすぐに逃げだしてしまうというパターンを繰り返してきた。彼女の家族には、彼女はどのような時にも「必ずまごつく」という神話があった。子どもというのは最初に頭から生まれてくるものなのだが、彼女は逆子で生まれたからで、そのことを何度となく指摘されていた。彼女の母親は、ヘレンのことを「どうやったってうまくいくはずない」と常に思っていた。そのため、良くない生まれ方をしたので頑固で打ち負かすか、それとも打ち負かされて落ち込むだけなのかという相反的役割を身につけてしまい、結果として他者と親しくなったりしっかり受け止めてもらうことに対して、逆に怒りや敵意を感じるようになってしまった。

誕生という事実は、神秘さの中に包み隠されることがよくある。しかし今日、これは変化している。私の孫のハリーは3歳だが、気難しい目をして私に言った。自分が生まれてくるために母親のお腹が切り開かれのだが、そこにはたくさんの人がいて、自分が引き出されたらみんなが「ハリーじゃないか！」と言ってあふれんばかりの笑顔を向けてくれたというのである。

　人が友人や親戚に自分が生まれた時のこと、幼かった頃のことを尋ね始めるのは、些細なことがらに意味づけをしようとするためであることがわかった。これは、世界中に散らばっている親戚、それには家族内の「厄介者」も含めて、その人たちと連絡をとり、直接会う機会にもなる。

　これらはすべて、運命の不公平さに対して激しい怒りを表現する機会にもなる。これは状況を和らげ、許しをあたえる場合さえある。たとえば、親が未熟であったり病気であったりすると苦難の連続で、誰からもほとんど支援が得られず、社会的な弱者で、貧しく貧相な家に住んでいるだろうことは容易に想像できる。生きていくために、欲求を阻止したり自分とは無関係なものだと幼い頃に自分自身を思い込ませようとしていた感情を表出することが重要で、過去に対する感情を見つめることが成熟に向けた次の動きへの一歩となる。

　私たちの誕生がどのような雰囲気であったかは別の面にも関連しているようだ。つまり、新しい仕事や新しい人間関係を始める、引っ越しをするというような時に、「長く困難な出生」の記憶がよみがえるのである。それは、いらいらした感情で、十分に成熟する前でも生まれなさいというように、あたかも早く出口から出なければならないという気持ちである。生まれてからずっと喉のあたりが痛く、それが何か変化をしようとすると強まると言った人がいた。その後、生まれる時に首にへその緒が巻きついていたことをその人は知ったのであった。

　おそらく、時間がかかって難産だった人ほど、新しいことにどのように立ち向かい、それが何であるかをどのように受け止めているのかを自ら知る必要がある。そのことを意識して知ろうとすることで、自分で対処するためにわずかの援助を得ようとするのか、ゆっくりで面倒な方法であっても自分のペースでやろうとするのかを自ら選択できるのだ。

　次の質問コーナーは、自分自身の誕生がどのようであったか、自分がどのような雰囲気のところに生まれたのかを考える手助けになるようにつくったものである。

質問コーナー：誕生と誕生前

　私たちが自分という無条件の存在を初めて知ったのは、子宮の中であった。あなたは、何かをするためではなく、自分が存在するためにどれくらいの時間を使ったか。それは週末だけ、毎晩、1日に2時間だけ、休日だけ、それともまったくしなかったのか。

　あなたの欲求はどれくらい抑え込まれていたか。自宅や部屋や建物などそれ自体があなたの人生を反映している。その場所は、あなたにとって居心地のよい所か。そこのどこが好きか。健康の維持にとって、それが介護サービス車であろうとテントであろうと小屋であろうと、私たちはみな安全と適切な制約を必要としている。

　どれくらいの時間、あなたは眠ることを許されていたか。十分に眠ったか、ほんの少しだけ眠ったか、それとも長い時間眠ったか。日常生活の中で、眠りを制限されるようなことはあったか（たとえば、起きなさいとか眠るなといった、自分の内から発せられるような声が聞こえたことがあるか）。日常生活を振り返り、許されたのかどうかは別にして、どのように眠ったのかを思い出してごらんなさい。乳児や十代の若者は眠る時間が長い。あたかも急激に起こる精神的な成長と暗闇を伴った身体的な変化のバランスをとり、それ以外の時間は休む必要が生じるためであるかのように。

　どれくらいの時間、自分のことを思って時間を使ったか。暖まるため、安心するため、自分を守るために。

　音楽やダンスやサウンドなど、生活の中にリズム感があったか。自分が生活の中でリズム的なものに触れたと考えられる最後はいつか。今日か、昨日か、先週か、それとも先月か、あるいは昨年か。もっとも頻繁に触れる機会があったのはどこか。海か、季節ごとの移り変わりを見に行った田舎か。それが自分にとってどれくらい良い影響を及ぼしたか。いつもか、時々か、ほとんどなかったか、それともまったくなかったか。

　実際の誕生の時のことをどれくらい知っているか。正常な出産だったか、鉗子で引き出されたか、それとも帝王切開であったか。出産は軽かったか、大変であったか。母乳か、人工乳か。

多胎出産

　多胎出産とは、子宮という同じ空間を数人の子どもで共有して生きてきた場合をいう。状況によっては、占有できる空間の広さや他者から受ける注意の量に関して、競争関係や競合関係を生み出す。また、さまざまな強い感情がわき起こることもある。たとえば、人生を分かち合っている他者に対して強い愛情や密着感を感じたり、他者が自分より愛されているように感じると強い憎しみや嫉妬心が芽生え、正義の味方の存在が脅かされているかのように思う。多胎出産の子どもの多くは、母親がいくら一生懸命に働いても実際には親から十分な養育行動を受けることができないため、孤独を感じ、母親にとって自分自身が特別な存在なのだと感じることはまれになってしまう。しかし、たとえずかであっても規則的な養育があれば、「自己」という自分自身の感覚を確たるものにできるだけの手助けになりうる。

　多胎出産の多くで、とくに今日のガラス管を用いた新しい受精方法によって複数の受精卵が母体に戻される場合には、死産も起こる。ひとりかそれ以上の子どもが生まれ、ひとりもしくはそれ以上の子どもが亡くなる。これは、胎内で大事に育ててきたすべての胎児の死という衝撃に見舞われないように、いくつかの受精卵が生き残るようにする方策の結果であり、医療従事者が非常に感謝されている方法でもある。もしも自分が双子のうちの生き残ったほうであったら、そのことを鋭く感じ取ってしまうという逸話がある。もしも双子の一方が亡くなると、その子がやろうとしていたことが達成できなくなり、生き残ったほうの子どもには生き残ってしまったという不安定な罪悪感が残るかもしれない。このような恐怖感は意識できないものだが、無意識のあたりに人知れず存在し続け、生きることに対する私たちの自由を蝕んでいくのかもしれない。

養子縁組

　養子縁組では、ある女性が出産し、生まれたその日から別の人、場合によっては複数の人に最初の数年間育てられる。最初は互いに見知らぬ人であるが、その人と密接なつながりがつくられ、その人が発する新しい信号を学ぶ。今では私たちの誰もが、心理学的に健常な発達を遂げるためには最初の数年間が重

要だということを知っている。多くの人に養育を受け、多くの異なる「母親」がいて、何回も引っ越しをしたような人は、安定して構造化されたアタッチメントが築けず、自尊心も欠如するように思われる。しかし、優しさだけしかない養育であっても体験していれば、生後早期の環境は保証されうる。自己探求の過程で、自分が置かれていた環境の負の側面ばかりに注目してしまった場合でも、親切にしてくれたり助けてくれた人の記憶が引き出され、その人が世話をしてくれて、自分の持っている価値に目を向けさせてくれたと語ることがしばしば起こる。

ジェームズ

　ジェームズ（James）は、子どもの家と呼ばれる施設に数年間入る前、数人の養父母に育てられ、友だちも少なく、ごく限られた人間関係の中で非常に規則正しくありふれた生活を送ってきた。彼は色彩感覚が優れていた。色のついたソックスをはき、魅力的なネクタイとハンカチを身につけていた。私が彼の身なりについて感想を述べたところ、彼は驚いた顔をして当惑してしまった。自分の「おしゃれ」をからかわれたと思った彼は、これまでのようなおしゃれをやめようとしたのである。しかし彼はよく考えることで、自分はこの色とこのデザインが好きだし、美しいものに興味がいくことを再認識したのである。彼は、マーケットでガラスや銀でできた小物を上手に選ぶこつを知っていたが、ある意味ではそれは「よくないもの」だと自分では思っていた。彼が養母に育てられていた時期、地域サービスとして彼が訪問していた老婆から「ひどい扱い」を受けたことが影響を及ぼしているということだった。彼は、自分たちのように望まれずに生まれた赤ちゃんや老人が社会から「見捨てられた」存在であることを憎んだ。しかし、この老婆の家にはアラジンの洞穴のような部屋があり彼が（自然に生まれてきた）興味を示したところ、老婆がほめてくれた。それは、幼い頃の数年間で、彼がただ1回だけ他者から注意を向けられ認められた体験であった。その記憶は、自分にとって最適な親や養母を得ようとしていたものの、厄介な競争社会の中で生きてきた中で忘れていたものだった。それは、自分がどれくらいの優しさを享受できていたのか、自分は誰なのかを考えていた時に呼び覚まされ、彼の自尊心を高めることにつながった。彼は、色や形に対する自分の価値観を見いだし、デザインの勉強をするた

> めに夜間の学校に通うことになった。

養子縁組をされた多くの人たちは、たとえ実の両親が生きていたとしても、自分たちは拒否されたという感情を抱き続ける。1955年6月、『ロンドンのいつもの夜 (*The London Evening Standard*)』におけるアン・ドゥ・カーシー (Anne de Courcy) とのインタヴューにおいて、著者のジョン・トレンハイル (John Trenhaile) は、養子縁組した子どもの多くが、情熱を傾けることができないという罪を償おうともがきながらも、期待以上の学業成績を残していることを述べている。

　……試験には落ちてしまうし、それどころか試験が課されていたことすら知らなかったのです。
　……私の場合、言葉では言い表せないほどひどいことをしたので、本当の母親は私のことを養子として出してしまったのだと思っていました。でも、そのことがわかるまでに長い長い時間がかかりました。

養子縁組されたことがある人の中には、自分から見捨てて拒否するのか、それとも他者に見捨てられ拒否され価値のないものだと考えるのかという相反的役割を抱き続ける場合がある。これは、安心感に対する執念とも言えるような関心となって表現され、物に執着したり、対象物をチェックする儀式を繰り返したり、人と感情的な結びつきをつくることを恐れたりする。あるいは、場合によって努力するのか、それとも懸命に努力するのかという相反的役割に陥っていると、そこには反抗が含まれ、自分自身を「愛すべき存在」として扱ってくれるかどうかを確かめようとあらゆるものを調べ出す。

生みの親と養子縁組してからの親を、良い人と悪い人、あるいは理想的な人とその次くらいに理想的な人というように分けてしまう人がいる。生みの親は理想化されるかもしれないが（デイブを参照、p.224）、親を2種類に分けてしまうのはその後の関係に多大な影響を及ぼし、「予期せぬ障害」を生み出したりする。たとえば、実際にはありえないような理想化された「現実」を熱望するあまり、「2番目に良いものが最良のもの」というパターンができあがってしまう。養子縁組した子どもが自分の生みの親を探し求めるようになると、自

己探求を求めて受けたセラピーによって癒されるばかりではなく、実際の親は理想とはほど遠いことがわかり、このような区分けを解決できるチャンスともなる。

あなたは、自分自身をどのように思っているかということの基礎に下記のいずれかがあるか。

- 私は無意識のうちに行動してしまう。それはあたかも自分が、
  - 価値のないものであるかのように
  - 見捨てられたかのように
  - 生まれてきただけでいじめられるかのように
  - 拒否されたかのように

養子縁組がうまくいった人、あるいは養父母に心の底から感謝している人の多くも、うまくいかなかった人と同じように強く感じており、それを言い表せないことに罪悪感を感じている。彼らは養父母に対して感謝し、忠誠を尽くさなければならないと感じており、もしも自分の生みの親を探そうとしたら養父母を傷つけ気持ちを害してしまうと思っている。感謝していたとしても親探しをしたことによって、「養育してくれた」親やその親のイメージを傷つけてしまうかのように感じ、期待やあこがれを台無しにしてしまうと考える。このような考えは、その後の人生において、自分の過去に目を向けたり、今までとは違った見方で自分の態度を考えようとした時にあらわになることが多い。その結果、このような期待を解放させる方法を見つけることができ、実の親が与えられなかった自分の人生を受け入れることが可能になる。

> **質問コーナー：私たちが初めて受けた歓迎**
>
> ☐ あなたは期待されて生まれた子どもか。つまり、望まれた子どもか。
> ☐ あなたが男の子か女の子かは重要な問題であったか。
> ☐ あなたが生まれた時、両親は結婚してから何年くらい経っていたか。
> ☐ あなたは家族の中でどのような社会的地位であったか、つまり、長子か、ひとりっ子か、中間子か、末っ子か。
> ☐ おそらくめったに話題にはあがらないものだが、きょうだいに流産や

> 死産、亡くなってしまった子はいたか。
> □ 写真や聞かされた話から、生まれた時、両手を広げ笑顔いっぱいで迎えられたと思うか。
> □ あなたの存在は、たくさんの期待を集めたものであったか。たとえば、長男、長女、孫、混血の子、年齢差がある子として。あるいは、称号や財産、さらには家族のビジネスなどの相続者として。
> □ あなたの誕生は、失われた命や落胆の埋め合わせをしようとするものであったか。
> □ あなたは、伝統を受け継いだり、逆に伝統を壊すことを暗に期待されていたか。たとえば、ゲイのカップルの子どものように、両親の受けている制約を取り除くまったく新しいものとして。

世界の中の自分という感覚を育てる

子ども時代

　相反的役割とは、自分自身あるいは他者とどのような関係をつくるかを表す内在化されたパターンといえる。このような役割は胎児期に始まり、誕生と乳児期を経て、論理的な思考が可能になる前の子ども時代にもっとも強くなる。私たちの子ども時代は、主として自分のからだを通して体験が積み重ねられる。ここで言う体験とは、熱い、冷たい、濡れた、汚れた、不満な、空腹、空虚、十分といった感覚であったり、優しくつかむ、しっかりつかむ、荒っぽくつかむ、あるいは逆にまったくつかまないなどの運動であったり、優しく触る、なだめるように触る、愛するように触る、荒っぽく触る、怒ったように触る、厳しく触る、あるいは逆にまったく触らないというような接触であったりする。子どもの頃はまだ非常に依存的で傷つきやすいため、その頃の私たちは自分の安全を確保するのに重要だと思っていたものが脅かされるようなことがあると、さまざまな不安を体験することになった。ウィニコット (Winnicott, 1979) は、「原始的苦痛」という言葉を用いて、以前の状態に戻ってしまうことへの恐怖、棄てられることへの恐怖という点で、幼児期の耐え難い不安について述べている。

　私たちが幼かった頃、日常生活はきちんと保証されており、私たちの恐怖は和らげられ、不安も大きく高まることはなかった。そのような中で、私たちは

たくさんのことを学んだ。出かけた人は必ず戻ってくること、人を愛し愛されることは安心感につながること、私たちには安全で逃げ場となるような場所があることなどである。乳児から子ども時代にかけての時期、言い換えれば誕生から数年の間に、私たちは自分自身と他者との間に適切な境界をつくったのである。

　生まれて最初に体験した環境が養育環境としては好ましくなく、無視されたり、敵意を抱かれたり、不適切であったりすると、そこで生じた不安によって私たちの発達は阻害されてしまう。とはいえ、私たちはそのような環境に順応することも学ぶが、思考過程や自他の分化が十分に形成される前であるために、敵意を感じるとすぐにそれに対抗するという防御が働き、自分が体験したことを個々の区画に分けてしまい、統一した自己がつくれないことになる。このことは、自閉的で無気力的であり、自分ではどうしようもない感情によって打ちのめされたような状態を引き起こすので、もがいたり、叫び声をあげるしかない。さらに、うれしくないできごとと期待どおりのできごとを、良いものと「悪い」ものというように明確に区分してしまうため、完全に良い、あるいは完全に悪いというような二者択一的な判断しかしなくなり、その中間がなくなってしまったパターンをつくるのである。

投影

　誕生から7歳頃までに、これまでに述べたような背景のもとで自我が発達する。健康的な自我が形づくられ、私たちが世界を見て操作するレンズとしてそれが使えるように、私たちは自分がどのように育ってきたのかを「ほどほどに理解する」ことが必要である。さらに、自分が愛されたからこそ人を愛せる、好かれたからこそ人を好きになれる、受け入れてもらえたからこそ人を受け入れることができると考える必要がある。たとえ自分たちが「悪者」であるとしても、他者から拒否されないことを知ることが大切なのである。ひとりの人を同時に怒り愛すること、あるいは相手を憎まずに相手の怒りを受け止めることは、不可能でないとはしても難しいことだ。もし、「善」と他者に対して抱いた否定的な感情を投影させた「悪」を区別してしまうと、他者を自分たちに反抗する悪い人物、混沌とした憎らしい存在だとみなしかねない。このような感情は、雇い主や友人、親戚などに向けられることが多い。そのような人は、解

決不能な困難な問題や幼少期から拒否してきた部分を、私たちにあえて突きつけるような人物である。

もし親や保護者が非常に注意深く防御的なために、私たちの生後初期の環境が「あまりにも窮屈」であったら、私たちはほとんど外の世界を体験することができず、大人社会に対処する術を獲得できないままになる。その結果、人生そのものや自分の素質に不安を抱え、危険なことに立ち向かうのを躊躇し、チャレンジするのを避けてしまい、自分の殻に閉じこもらざるをえなくなる。制限し支配するのか、それとも制限され押しつぶされるのかという相反的役割がつくられ、「自分がやらなければならないとしても、自分はやりたくない」というジレンマに陥る。誰かと一体化してしまいたくなるかもしれない。

もしまったくと言っていいほど興味がなかったり、成長に適した環境が失われてしまったりしたら、自分の基盤がなくなったかのように感じ、「落ち込んで」しまい、その後に抑うつが現れ、自我の強度や自尊心が失われ、自分の居場所はなくなったと感じるであろう。

幼少期の記憶を集め直すこととその影響

次は、自分の幼少期に関する情報を収集し、振り返るためのエクササイズと質問である。

> **エクササイズ**
>
> 図11.2は、家系図の描き方の例である。自分のやり方でかまわないので、自分の家系図を作成してみよう。人によって違う色や違う形を用いるとよい。ひとりひとりの横に、生年月日、職業、体格、性格など、あなたが重要だと思ったことを書き添えよう。できあがった家系図を見ると、家族のひとりひとりが果たす相反的役割を示した言葉が見つかるのではないだろうか。

しばらくの間、目を閉じ、幼かった頃の自分はどのような子どもだったのか、育った環境はどのようだったかを思い出しなさい。非常に束縛され閉ざされた家庭であったのか、それともだらしないルーズな家庭であったのか。自分の母

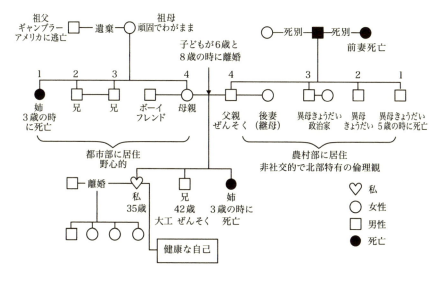

図11.2 家系図

親あるいは母親的な存在の人を思い出そう。その人はどのような人であったか。自分と比べると、どのような感じであったか。幼い頃の生活はどのようなものであったか。幼い頃の自分自身はどのような感じの子どもであったか。

> **エクササイズ**
>
> 多くの人は、生まれて間もない頃の記憶がほとんどない。まったくない人もいる。だが、セラピーをしたり、セルフモニタリングをしたりしていって初めて、よみがえってくる初期の記憶もある。自分が思い出せるもっとも幼い時の記憶は何か。それを絵で描き、色や陰影もつけてみなさい。何が起こり、誰に起こり、そこに誰がいたか。その時の情景を可能な限り詳しく書き留めなさい。みなは何を着ていたか。布地の材質はどうか。辺りの臭いはどうだったか。音は。さらに目を閉じて、思い出の場所を探索しよう。自分は何を着ていたか。地面を踏みしめて、自分は何と小さな存在であったかを感じよう。実際に、絵を見ると自分は小さな人間として描かれているはずだ。何が起こったか、その時どのような感じがしたかを書いておこう。振り返ってみた時に自分自身が感じたことは、いつもの相反的役割と同じであっただろうか。

このことを思い出したら、それを文章や絵で表して書き留めておこう。さらに、自分が思い描いた幼い頃の生活を、頭の中で別の絵として感情や対象や考えや雰囲気に色づけして描いてみよう。このような体験が、自分が子どもの頃、どのような世界に住んでいたのか、生きていくために自分自身がどのような選択をしなければならなかったのかの理解につながる。まだ自分の中で目が向けられていない部分、意識できていない部分、さらには未発達の部分について書いてみよう。

　家族の中であなたは何番目に生まれた子どもであったか。この出生順位は、あなたにどのような影響を与えたか。長子は、どこの家庭でもひとりっ子と同じような感じでスタートすると言われている。すなわち、きょうだいが生まれるまでは「王様または女王様」である。長子である自分の所に「新しい」親がやってきた。親として子どもとかかわった経験のない人である。長子あるいはひとりっ子は、実際の年齢以上に「成長していること」が期待され、年齢以上の責任を求められてしまう。

　これに対して第二子は、長子より甘く扱われることが多い。それは、親がすでに子育てを経験しており、しかも気楽に行えるからだ。もし長子が何かで成功し家族の中で賞賛されると、第二子は自分もそうならなければならないと考えてしまう。あるいは、もし長子が何かのことで親や家族の期待を失わせたら、第二子（これには第二子より後に生まれた子どもがみな該当する）は長子と同じように上の立場に立つことができ、自分はだめな人でできの悪い人間だと長子に感じさせることができる。

　もし中間子で、家族の中で「みなを押しのけて自分が前に出よう」という感覚を持っている場合、立ち位置が曖昧で、「立ち位置自体がなくなった」かのような状況に陥る。末っ子は本当に自由であるが、無視され、何かをしても当たり前のこととみなされがちである。末っ子は必要以上に甘やかされる。それは、家族という巣から離れる最後の子どもだからである。もし過剰なほどに甘やかされ、かわいがられ過ぎていたら、大人へと成長して自立するのが困難になる。

幼少期の健康な自己を調べる

遊び

子どもらしく遊ぶことを許されていたか。どのような遊びをしたか。どのようなゲームをし、どのようなおもちゃがあり、どのような話をしたのか思い出してみよう。思い出した遊びにどのような特徴があったのかを考え、それが自分にどのような気持ちを抱かせたのかを考えよう。自分が何気なく引きつけられたことは何か、それを表すのに最適な言葉を見つけよう。子どもの時に遊んだゲームについて思い出そうとすると、楽しかったこともあれば、嫌だったこともある。遊びは創造的で、私たちの想像力や色彩感覚、形に対する感覚、イメージを膨らませる力を豊かにさせるものだ。さまざまな感情をうまく表現する方法にもなる。人形に話しかけたり、包帯を使って傷の治療のまねをしたりしながら、その時点での自分の内的世界に語りかける。庭に何かを埋めたり、パンチの練習をしたり、矢を投げたりしながら、自分自身が持っている防御力を確認している。

さて、大人になった今、あなたはどのように遊んでいるか。

あこがれ

どのようなあこがれを持っていたか。何にあこがれたのか。自分自身があこがれを持ったり、心ときめくような場所に行くことができたら、何が自分をそうさせたのかを見てみよう。

幸福さ

次のような感情を抱いたのは人生で何回くらいあったか。

・幸せに感じた時
・楽しかった時
・尊敬された時
・自分が真剣に受けとられていると感じた時
・困ったことになったと感じた時

このような感情をどのように感じたか。
・からだで感じた
・言葉で感じた
どのような感情であったか、その感情を抱いた時に自分自身はどうだったか。

結びつき

自分の人生で、誰かとつながっていると感じたことは何回あったか。人でも、動物でも、状況や仲間でも、自然の一部でも、考え方でもよい。つながっていると感じた時の気持ちを書いてみよう。

あたかも自分自身の心の奥深くから発せられた声によるかのように、学習したのではないのに何かを容易に理解できたように感じたことが何回くらいあったかも書いておこう。

霊的なアウェアネス

自分にとっての霊的な体験とは何か、それが自分自身にどのように影響したか。

健康な自己

自分自身の健康な自己に関して知ったことはすべて、自分が書いたことがらやダイアグラムやセルフモニタリングに活かされている。本書の後のほうで、問題となっている相反的役割について図を描いた時に、自分の健康な自己を忘れずに書き加えよう。

エクササイズ：自分の家系図を描くためにいろいろな物を使おう

家族のひとりひとりを表すようなたくさんの物、たとえば貝殻、石、板、ガラスなどを楽しみながら集めてみよう。自分が好きな物を選び、それを最初に床に置こう。それから、他の家族ひとりひとりを象徴するような物を置こう。これには、親の再婚による血縁関係のない家族、養父母、片親違いのきょうだい、おじ、祖父母、ペットの動物、場合によっては家族同然の隣人なども含む。それらの物を、変化の時を表すように動かして並べ

替えよう。たとえば、片方の親が病気になったり亡くなったり、あなたが学校に入学したり、きょうだいが生まれたり、家族に誰かが加わったりした時である。私たちは家族の中で起こったことを思い出せるが、それがどれくらい昔のことであったかは覚えていない。

　幼かった頃の自分の家族の雰囲気を表すような物は、果たして何か。

エクササイズ：幼い頃に世話をしてくれた人の特質

　自分が幼かった頃に関わった主要な人物をひとりかふたり、名前を書き出してみよう。そして、それぞれの人物の主な特徴を、その下に縦に並べて書いてみよう。その人の好きなものや嫌いなもの、その人が言っていたことや抱いていた夢などである。

　食事の時間

　食事の時間は、家族の情報を収集するのに非常に役立つ。家族の中で何が起こっているかを数多く教えてくれるものだ。
・食事の時間はどのようであったか。食事は家族と一緒に食べたか、それとも別々に食べたか。
・食事に関連して、準備をする、着席する、器を洗う、手を洗う、感謝の言葉を言うなどの儀式はあったか。
・好きな料理とあまり好きでなかった料理を思い出そう。
・どのような習慣、恐れ、難しさ、あるいは楽しみの記憶が、家族での食事の体験から出てくるか。

　お祝い

　誕生日とかクリスマスとか、自分にとって良い思い出のお祝いと、それほど良くない思い出のお祝いが何のお祝いであったのか、それを思い出そう。
・お祝いには、どのような客が来たか。

親戚

- 親戚には誰がいるか。自分の家系図を思い出してみよう。
- その中の誰と仲が良かったか。
- 親族間の不和。それはどのようなものか。その経緯、内容、神話はどのようなものか。
- いまだに続いているか。それを固定化させてしまったのは誰か。
- 対等に接するのを邪魔してしまったり、陰で笑っていたり、あざ笑ったり、無視したような人はいたか。
- 社会の大規模な変革や経済の変化が起こった時、その変化に何も「対処」できなかった親戚はどのようにしていたか。

　○軽蔑された
　○恥をかかされた
　○排斥された
　○ばかにされていた
　○親切にしてもらっていた
　○寛大に扱われていた
　○快く接してもらっていた

宗教

- 家族ではどのような宗教を持っていたか。何を信じていたか。
- 宗教について自由に話しあわれたか。
- 成長にともなって自分自身の考えを持つことを許されたか。
- 宗教、たとえば神、イエス、アッラー、シバの考えは自分にとって重要か。それはどのようなものか。

　○驚きを与えるもの
　○安心感を与えるもの
　○すばらしいもの

- 幼い頃に体験した宗教や宗教的な考えに関するものの中で、今も生き続けて

いるものは何か。

　○罪
　○罪悪感
　○愛情
　○規律
　○奇跡
　○畏敬の念
　○信念

　　学校

　小学校はどのようであったか、中学校はどのようであったか、高等学校はどのようであったか。

・学校での最初の1日はどのような感じであったか。
・準備をしたか、それとも準備はしなかったか。
・誰が学校に連れて行ってくれたか。
・自分自身は、次のことに対してどのような感じを受けたか。

　○先生に対して
　○他の子どもに対して
　○教室に対して
　○課題に対して

・子どもの頃の学校生活に関わるものの中で、今の自分に残っているものは何か。
・次のものにどのように対処したか。

　○授業に関して
　○校庭に関して
　○他の子どもに関して
　○教師に関して

- 逃げ出したり帰宅したくなったりしたか。
- 両親は、学校と PTA の対話について教師と対話をどのように持とうとしたか。
- 学校の給食を食べたか、それとも持参した弁当を食べたか。
- 自分は他の子どもと違っていると感じたか。もし感じたなら、それはなぜか。また、どのようなことに関してそう思ったか。

   ○ 服
   ○ 髪の毛
   ○ 清潔さ
   ○ 両親
   ○ 住んでいたところ
   ○ 肌の色
   ○ 宗教
   ○ 賢さ
   ○ 賢くないこと
   ○ 別の言語を話すこと
   ○ 他の人が言っていることが理解できないこと

- 同級生より背が高かったか、それとも低かったか。これには問題があったか。
- 兄や姉の歩く速さについていくことはできたか。
- 学校のことで母親は手助けしてくれたか。あるいは手助けしてくれたのは父親であったか。
- 成績をほめられたか。あるいは誰も何も言ってくれなかったか。ご褒美は何であったか。
- 自分だけで登校したか、それとも誰かと一緒に登校したか。
- 弟や妹の世話をしたか。それは嫌だったか。
- もし学校で嫌なことが起こり、いじめられたり、けんかをしたり、からかわれたり、冷やかされたり、あるいは職員から不公平な扱いを受けた時に、誰にそのことを話したか。
- もし家の中で嫌なことが起こったら、自分の話を聞いてくれるような人は学

校にいたか。
・放課後、帰宅する時はどのような気持ちであったか。

　　友情

・友だちを家に連れてきたことはあるか。
・その友だちに家族はどのように接したか。
・両親の道徳観や倫理観は、自分の友だちの評価に影響したか。
・自分が好きな友人に対して親が低い評価を与えたか。そのような場合、あなたがしたのはどれか。

　○友だちへの忠誠を誓って、親とは考え方が違うままにしておいた
　○いずれにしても友情を優先させた。ただし、秘密にしておいた
　○親の言いなりになり友だちから離れた

・特定の仲間のグループに入ることは許されたか。それは、何歳くらいのことであったか。

　　お金

・両親がどれくらいのお金を稼いでいるかを知っていたか。
・小遣いをもらっていたか。自分でお金を稼がなければならなかったか。
・お金は何にとって重要だと思うか。

　○蓄えるため
　○何か物を買うため
　○力を持つため

・自分の家族には、お金に対する神話があったか。お金についてはまったく話しあわれなかったか、それとも必要以上に話されたか。
・お金に困っていたか、貧しかったか。もしもそうなら、どのように感じたか。

　○みんなも同じ
　○悲しい

○不名誉だ
○自尊心を傷つけられた
○苦痛に満ちた

> **エクササイズ**
>
> 　家族の金銭感覚やお金の使い方から、どのような有意義なことを学んだかをノートに書こう。

　自分の金銭感覚を振り返ってみて、ここ数年でお金をどのように使ったかを考えてみよう。

・お金があったら、それを持ち続けるべきだと考えるか。
・お金に対して恐怖感があるか。
・お金が身につかないか。
・お金は、どんなに稼いでも、もらっても、十分ではないか。
・お金がないことを憎んでいるか。軽蔑しているか。
・お金がないことを話すのは恥ずかしいか。お金のことを話すことができないか。
・お金に関する事柄に関して、満足しているか。

才能と資質

　多くの人は、誰かに見てもらおうとか、わかってほしいとは思っていないために、本当は自分が何が得意なのかを知らずに成長する。第6章の「予期せぬ障害と自分で自分をだめにしてしまう障害」で、自分の家族の誰よりもすばらしい卓越した技量や資質を持った人にねたみを抱くことを見てきた。だからこそ私たちは、自分の才能に罪悪感を抱き、それを隠したり、開花したりしないように押さえつけてきた。

　あなたは、どのような才能がほしいか。リストアップしなさい。たとえば、コミュニケーション力、他者の話を聴く力、人とうまく関係をつくる力、忍耐力、親切さ、分析力、まとめる力、直観力、もちろんスポーツや国語、理科、販売する力、物を作る力、読解力、朗読の才能など。そして、これを健康な自己に加えよう。

あなたの才能に気づいた時、家族はどのようなことを言ったか。

・すてきだねと言った
・すばらしいねと言った
・励ましてくれた
・まったく意に介してくれなかった
・才能を否定した
・何かがうまくできると、「おもいあがるなよ」とか「みせびらかしやがって」とか言った。
・他の人や自分たち、あるいは亡くなった人たちと比較された

　私たちが得意なことを、両親は必ずしも正しく理解しているとは限らない。私たちが料理が得意であっても、親は機械いじりに熱中していたりする。私たちが詩を書くのを好んでいても、家族は職を得ることだけに腐心していたりする。他者には才能がどのように開花するかが理解できないので、私たちの才能や興味には無頓着であるかのように見える。自動車レースの優勝者であるバリー・シーン（Barry Sheene）が学んでいた学校の先生は、通知表に「バリーは一生オートバイをいじっているわけにはいかないことを学ばなければならない」と書いた。
　体格が向上していた頃、具体的には4歳から12歳頃までを振り返り、自分が何に興味を持っていたのかを考え、それを書き留めておこう。誘惑されたもの、逆にやめてしまったものも書いておこう。

　自分が引きつけられたものをリストアップし、現在でも生活の一部となっているものを書いてみよう。

・もし、やめてしまったとしたら、どうすれば復活させられるか。
・家族の中で、実は正反対であったものはあるか。つまり、才能がないにもかかわらず、探し求めていたような場合である。

　きわだって優れた才能を持っている親の中には、子どもも自分と同じように才能を発揮して、自分としては満足できなかった面までをも満たしてくれるだ

ろうと考える人がいる。

・あなたは、親の夢を優先するために一生懸命働かなければならないと考えるか。
・あなたはそれを変えたいか。

性的関心とジェンダー

　家族の考え方を踏まえながら、自分自身の性的関心がどのようにつくられたのかを考えてみよう。

・あなたの家族では、どのような身体的接触がなされていたか。それは、次のどれか。

　○接触によって勇気づけられた
　○接触を許すことができなかった
　○許せる接触と許せない接触の境目がはっきりとせずに、大抵は許してしまっていた

・自分のからだに自信を持とうとしたか、それとも自分のからだが恥ずかしかったか。
・何歳の時に、初めて性的なことに目覚めたか。
・家族と性について自由に話せたか。話したかったか。もしもそうでなければ、あなたはどのように考えていたか。
・あなたは性のことについて話したか。

　○学校で話した
　○家で話した
　○きょうだいと話した
　○他の親族と話した

・性に関する話を聞いた時、あなたはどうしたか。
・家族の中では、女性であればこうすべき、男性であればこうすべきというよ

うに、性に対する態度が決まっていたか。
- 成長するにつれて、あなたが聞いた性に関する神話を書き出してみよう。
- 同性愛について話したことはあるか。もし話したことがあるなら、どのような内容であったか。そのことについて、あなた自身はどのように考えたか。
- もしあなたが異性よりも同性の人たちにより愛着を感じるとしたら、それに気づいたのはいつか、どうして気がついたか。
- そのことを誰かに話してパートナーを見つけることができたか、あるいはまだ隠したままか。
- 多くの人たちが「自分は性のことで失敗を繰り返してきた」とよく言う。あなたの場合は、どうか。もしそうであるなら、自分のことや性的なことに関してどのようなことに悩んでいるか、それをリストアップしてみよう。

    ○ いつも感情的なけんかをして終わりを迎えてしまう
    ○ 自分も満足し、他者も満足し、両方とも満足して親近感を覚える。
    ○ 恥ずかしい思いをする
    ○ 屈辱的な思いをする
    ○ 逃げ出したくなる
    ○ 怒りや落胆を生じさせる
    ○ 怖い思いをさせられる

- あなたのからだ、あなたの性、あなたの性的な面について言及されたことを、振り返ってみよう。
- もし、子どもの頃に性的な虐待を受けていたら、そのことは今のあなたにどのような影響を与えているか。

    ○ 罪悪感を抱き、自分は汚れた存在だと思わされている
    ○ 誰かと親密な関係をつくるために必要な安心感を抱くことができない
    ○ 不純異性交遊や飲酒といった反社会的な問題行動をしてしまう
    ○ 誰かが自分のことを虐待するのを許してしまう

近親相姦や性的虐待を受けた人を助ける特別な機関はたくさんある。そのひとつに連絡するとよい。カウンセラーやセラピストを見つければ、このような

もっとも困難で苦痛に満ちた心の傷を癒す手だてを考えてくれるだろう。そして、あなたの過去を注意深く見つめ、あなたへの確信と同情をもって接してくれるに違いない。どのようなセラピストを選べばよいかは PART 9 で考える。

　病気

・病気はあなたの家族に影響を及ぼしたか。家族の中のひとり、たとえばあなたは、家族の中で病気になることが多かったか。
・家族がかかった病気のリストをつくってみよう。病気の日時や期間、入院期間なども含めること。
・自分自身がかかった病気をすべてリストアップしよう。いつ、どのような体験をしたのかも含めること。
・病気は、どのように伝えられたか。どのような手術をするか、どのような薬を用いるか、どのような医者が対応するかなどを、敬意をもって伝えられたか。あるいは、見舞いに来てくれた乳母や祖父母や近所の人に任せるといった傲慢な態度で伝えられたか。
・病気になったら、誰が世話をしてくれたか。あなたの病気はどのように対処されたか。自分に起こったことについて、あなたはどの程度知らされていたか。

　幼い子どもが入院すると、場合によって、子どもたちは本当の親のことを忘れてしまい、悲しみから自分を守ってくれる存在として看護師や医療スタッフのほうに愛着を示すことがある。病気による数多くの親子分離について考え、どうしてそのようなことが起こったのか考えてみよう。

・もし誰かと遊んだのであれば、親と離れている間は誰と遊んだか。
・両親に関して、どのような幻想を抱いていたか。

　苦痛や悩みを抱えていたと子どもが言っても、それを信じようとしない親もいる。これは子どもにとっては非常に辛いことだ。多くの単親家庭の子どもでは、その親が家庭で唯一の稼ぎ手で、食事の時間の合間に仕事に出かけることになる。そのため、子どもが病気にかかることは前途多難な状況となり、子どもがいなければどうにかなったものをとばかりに、否定された感じが子どもに

残る。

- 自分が病気になった時のことを考えてみよう。
- あなたは、あたかも自分の病気が日常生活を乱す厄介なものであるかのように、ぞんざいに扱われたか。

親の病気

　子どもたちは、「お父さんの心臓の音」や「お母さんのゼーゼーいう呼吸」が怖いと言うことがある。これは、自分たちの行動の仕方によって、病状がさらに悪化するのではないかと思っているからだ。だから子どもたちは、大きな声を出して笑ったり、騒がしくしたり、むちゃくちゃな行動をしたり、いたずらをしたり、朝起きてすぐに親と一緒にベッドの上を転がったりするようなことはしない。症状が悪くなり、さらに悪化すれば死んでしまうかもしれないからである。

- あなたは親がどのような病気にかかったのかを知っていたか。それとも、秘密であったり、言うことがはばかられたり、押し隠されていたか。
- 親の病気は、親と一緒にいたり、何かを一緒に楽しんだりすることを妨げる要因となったか。

　匂いや包帯、水薬、クリーム、義手や義足などの人工補綴物、咳、ゼーゼーいう呼吸の音、騒々しさ、病院のパジャマなど、子ども時代に受けた印象が忘れずに持続し、それらが寄せ集めとなって記憶に残ることがある。健康と病気に関する神話は、状況を適切に説明してもらえなかったこの時点から生まれるのである。

- 誰かが病気にかかったという体験は、自分自身の健康や病気、どうすることもできない感情を支配したいという気持ち、生と死に対する考え方にどのような影響をもたらしたか。

事故

　事故は、子ども時代の記憶の中で印象に残りやすい。火事、やけど、落下、

頭や膝を打つ、擦り傷、刺し傷、異物の飲み込み、嚙まれるといった事故は、私たちの記憶の中で際立ったもので、どのように対応するかというその後の対処法に影響を及ぼす。だから過剰なほど注意を払ったり、反抗的な態度をとったり、向こう見ずなことをしたりする。子ども時代の事故は、親の怒りや不満と結びついている。「道路で自転車に乗っちゃだめって言ったでしょ」「お隣のイヌと遊ぶんじゃないよと言ったでしょ」という具合に。このような恐怖や危険、苦痛や非難をともなうパニック状態、不承認、拒絶などは、自分が悪かった、自分がばかだったと実際に思わせる。

　泥だらけになったり、洋服を裂いてしまって叱られたりした子どもの中には、自分のことはすべて自分ででき、大人のやり方で責任をとれるようになるまでに時間がかかる場合がある。フランシス（Frances）は、一年以上抑うつ症で悩んでいた。それから数か月後、彼女がまだ 10 歳にもなっていなかった頃、数週間の入院が必要となるような重いやけどを 2 回負った経験があることがわかった。このような体験の中で、彼女にとって視覚的にも情動的にもきわめて強い印象を残した記憶は、母親の表情や母親の抱いた不安や心配に関するものであった。自分には子どもがたくさんいて、そのうちのひとりの子どもはやけどを負ってしまったということで負い目を感じていたのであった。だから娘であるフランシスは、何事にも決して不満は言わない、どのようなことが起こってもそれは自分の責任であると思おうと誓い、自分が抱いた感情を他者のせいにすることはできなかった。その後の人生で体調がすぐれなくなると、感じたままを言うことも誰かに助けを求めることもできず、結果として抑うつ状態に陥るのであった。

エクササイズ

　家族の中で、どのような事故が起こったか、それをどのようにとらえたかを書き記そう。それを日付の順番に並べよう。もしも必要であれば、入院のことや受けた治療について尋ねてみよう。

死

　あなたが子どもの頃、あるいは青年期の頃、家族の中であなたに重大な影響

を及ぼした死はあったか。もしも亡くなった人が父親あるいは母親であったら、267〜272ページの「父を失う」「母を失う」のところに進みなさい。

あなたが失った人のことについて、何かしら書いてみるとよい。その時に失ったもっとも大きなものは何か。もっともなつかしく感じられるものは何か。その人物からあなたが学んだ世界のこと、あなた自身のことについて書いてみよう。否定的なものだけではなく、肯定的なものもあるだろう。

・亡くなったという事実を、あなたの家族はどのようにとらえたか。亡くなったことについて話したか。
・亡くなったという事実をいつ知ったか。
・どのように、どこで亡くなったのかを教えてもらったか。
・葬儀に参列し、花を手向け、手伝いをすることを許されたか。
・死について、あなたは話すことができたか。あなたが感じたことを自由に表現し、質問することはできたか。あるいは、何も言わず静かにするように言われたか。誰かのことを心配してあげるように言われたか。

記憶のアルバムを開いて、誰かが亡くなってしまった家族の中で、まだ小さかった頃の自分を想像してごらんなさい。すてきな洋服を着て、家の中を動き回っていた自分のことを想像してみよう。その子どもの隣に、おとなの姿で立っている自分を想像しよう。その時の子どもの気持ちがわかるだろうか。その時、あなたは：

・自閉的になる
・黙る
・食欲がなくなる
・あたりにある物を投げる
・叫び声をあげる
・悪夢にうなされる
・寝つきが悪くなる
・大人や柔らかいおもちゃに抱きつくようになる
・ある特定の場所に引きつけられるようになる
・何となく体調が悪くなる

・亡くなった人の夢を見たり、その人の声が聞こえたり、生き返ったかのように姿が見えたりする

亡くなって数年が経過してから、その人はどのように語られたか。

・二度と語られることはなかった
・語る時には必ず涙が出て気持ちがざわついた
・その人のことは話さないようにと言われていた

命日には何かしたか。あなたはそれに参列したか。
今日、このような死はあなたの記憶の中にどれくらい残っており、どれくらいが消え失せてしまったか。
幼い頃に家族の誰かが亡くなり、それを誰かに話すことも嘆くこともできないと、「魔術的な罪悪感」を生み出すことがあり、それがその後の人生を無意識的に傷つけることになる。とても幼かった時の場合には、亡くなった原因が自分にあるかのように思ったりする。重い病気にかかったり、親やきょうだいがみじめな生活をしたことなども、自分のせいだと思ってしまう。私たちは亡くなった人に対して否定的な感情を持つことがある。まだ自分が幼くて考え方が未熟であるために、このような否定的な感情は亡くなった人と関連するものだと考えてしまう（このような魔術的な罪悪感は、実際は自分が悪いのではないのにもかかわらず抱くことから「魔術的な」と表現されるが）。再び見つめ直してそれから自らが解き放たれようと決めるまでは、この魔術的な罪悪感が数年間にわたって続くことになる。
私たちは、自分が生きて行くためにも魔術的な罪悪感という感覚を発達させていく。私たちと親しい人が亡くなってしまう一方で、私たちは生きながらえる。私たちには生きていくだけの価値があるのか。時々、自分は生きる価値がないと思うことがある。このような考えは、家族の中に障害を抱えていたり、非常に重い病気にかかった親やきょうだいがいる場合にも芽生えやすい。私たちは、自分たちの健康や幸福、成功や幸せが親の犠牲の上に成り立つものであり、自分たちが成長し自分たちの人生を声高に主張すればするほど他者の生存を拒否することになるように考えてしまい、そうする代わりに自分たちの可能性を制限し、抑えつけ、あたかも病気であるかのように振る舞う。これは、自

分たちの幸せは誰かの生活が不幸せになることによってのみ成り立つ、という非常に好ましくない考え方である。このような考え方は無意識のうちに私たちの心の中に住みつき、自らを危険にさらし、自分で自分をだめにしてしまい、事態をさまざまに変化させてしまう。その結果、私たちは自分の可能性を十分に発揮できず、自分には何ができるかを十分に考えることもできなくなる。変化していく中で、自分自身のために何かを伝えていこうと考えた場合、不安感や罪悪感に直面しなければならない。しかし、自分を受容することや自分の視野を広く保つことで得ることが可能な報酬は、その後の人生で非常に大きな意味を持つ。

　もし、(8歳以下というように) 非常に幼い頃に親が亡くなると、そのことに罪悪感を感じることがある。とりわけ、残っているほうの親が好きで、親の死から何かを「得ようとする」ことに不安を感じている場合である。そのような時、私たちは亡くなった親を理想化したり、英雄崇拝したりすることで、魔術的な罪悪感を覆い隠そうとする。

父を失う

　幼い頃に父親を失った男性は、他者、とりわけ年長の男性と人間関係をつくるのが下手なことがあり、父親の死後に立派な男性のモデルになりうる人がいない場合はなおさらである。時には、自分の考える男らしさが固定化して新しく書き換えられることなく、そのまま大人へと成長してしまうことがある。ある男性が私に言った。「まるで自分が男になるのを待ち続けているみたいだ。未だにそんなことを考える。とはいえ、もう自分は45歳になってしまった」と。父親がいなくなったことを必要以上に補わなければならないと考える男性もいる。父親を失った自分は、今までよりも責任感を持ち、権力を持ち、強く、そして成功しなければならないというのだ。このような感覚は、息子を夫の身代わりのようにとらえる未亡人となった母親によってますます強められる。このことは、亡くなった父親と同じようにならなければならないと考えてしまい、自分のことを客観的にとらえることが可能になる時までは、そのような感覚を持ちながら生きざるを得ないことを意味している。子どもたちの心の中には「父親のいない男」という気持ちが常にある。子どもたちが言わなかったとしても、その後の人生でこの気持ちが維持され続け、孤独や悲しさ、良き助言者から捨てられたような気持ちに襲われ、さらには一番になるべきだ、友だちをつく

らなければならないといった気持ちがきわめて強くなり、自分が考える男らしさとは何かを十分に考えようとしなくなる。父親のいない男というこの部分に目を向けることは、失ったことを嘆き悲しむことの一部として重要で、これなしには決して達成できないものだ。少年が外見的にはひとりの男性となった少年のために少年自身が父親を思い返す時、そこには成長の過程で必要となる重要な変化が起こったといえる。

　幼い頃に父親を失った女性は、成長してから男性と自由に関係をつくることが難しい。というのは、相手の男性を失うことが怖いからである。亡くなった人がヒーローになることがある。そのために女性にとっては、父親以上にヒーローとして恥じない行動ができる男性を見つけるのが難しい。理想を掲げすぎてしまうと、それに合う男性はいない。女性はますます意気消沈し、なぜなのかを考えようともせずに「完璧な」男性を求め続ける。

　親の死は、子どもたちから家族というもの、家族の重要性、ライフスタイルを奪い去ってしまう。親が早くに亡くなってしまったために、両親の家族のことを何も知らない人をたくさん知っている。先立たれた配偶者は、亡くなった相手のことを思い出すのが辛く、家族とも話題にしようとせず、さらには再婚でもすれば亡くなった人のことを話す機会はまったく失われるからだ。昔の写真を見たり、亡くなった親のことを知っている人に手紙を書いたりした時に、その親が本当は好きだったことが後になってからわかることもある。そして、その親の特徴や好みを知り、自分たちの一部になっていると考えることも可能になる。忘れられ隠されてきた亡くなった親の個性を再確認することで、残された子どもはその親が好きになり、自分は何か変だ、変わっていると思っていたけれども本当は違うのだということがわかる。

アリス

　48歳のアリス（Alice）は、父親の死後、母親が連絡を取らなかったために、これまでに一度も会ったことがなかった数多くの親戚をロシアで見つけることができた。親戚たちは、音楽や踊ること、黒い色、物悲しい詩を好むことを知った。これらは、母親が彼女にやめさせようとしたものであり、自分でも好ましくない、外向きで上辺だけのもののように思っていた。が、自分がやりたかったことが実は父親ゆずりのものであったことがわか

り、それが彼女にとって最良の贈り物となった。

アン

　セラピーの中でアン（Anne）は、子どもの頃に両親と一緒に写った自分の写真をたくさん持ってきた。父親は彼女が3歳の時に自殺した。このことは、これまでいっさい話すことはなかった。父親は、「かなりのワル」だったようだ。そのため、彼女は自分にはよくない血が流れているだけではなく、父親は自分の近くにいたのにもかかわらず十分に世話をしてくれなかったと信じ込んでいた。

　偶然、父親の友人のひとりが見つかった。彼は入院して戦場での砲弾ショック（戦場での極度の精神的な緊張によって起こる神経症症状のこと）の治療を受けていたが、この友人から父親の最後のその数日間のできごとを知ることができた。父は、ドイツとフランスで多くの人々を殺したことに責任感を感じていた。これは父の良心には耐えられないことで、自分への憎しみと激しい苦痛から、8階の窓から飛び降りてしまったのだという。この友人は、戦争の恐ろしさや、父親のように自分がすべきことは何かについて自問してしまうような敏感で感受性豊かな人に何の支援もないことを話してくれたのだった。

　アンは平和主義者であったことから、このような現実は父親の性格に対するとらえかたを大きく変化させた。ある日、彼女はセッションに昔の写真を数枚持ってきた（おばの机の引き出しで見つけたそうだ）。そこには、小さかった彼女を抱いている父親が写っていた。アンの腕はしっかりと父親の首にまとわりつき、彼女は晴れやかな笑顔をしていた。彼は自慢のできる父親、そのイメージどおりの人物で、彼女のことを地球上でもっとも大切な存在として扱ってくれていた。突然、彼女の目に涙がこみ上げてきた。彼女が言ったことは、「私は、父親に愛されていたと思います。たとえ私がずっと長い間、父親のことをそのように思っていなかったとしても」。このような現実は、彼女に明らかな変化をもたらした。彼女は、かつて存在していた父親に拒否されることへの恐れをうまく処理しなければならず、これまでは何かが起こるとそれを拒絶するかのように読書に逃げ込んでいたが、多様な体験を積むことによって、自分自身の中により確固たる核となりうるものを形づくる動きが始まったといえる。

母を失う

　幼い頃に母親を失うと、きわめて悲しい日々がやってくる。母親、あるいは母親代わりであった人は、いわば私たちが植えつけられた地球のような存在である。生まれてからの2年間ほど、私たちは母親から献身的な養育を受け、就学前までの期間、身の回りの世話をしてもらい、食事も与えてもらう。母親は、感情的な世界と物理的な世界の両方で安全を保証してくれる人物である。その母親を失うと、そのもっとも基本的な世界が閉ざされてしまう。たとえ誰かが母親代わりになって世話をしてくれたとしても、好きかどうかには関係なく、その人物と連帯感をつくることは難しい。実際は母親が家族の中心にいるので、母親が亡くなると家族の生活は崩壊し、子どもたちは援助してくれる人が見つかるまで、どこか別の家庭や施設に預けられることになる。

　母親の喪失は、その後も何年にもわたって大きなギャップとなって影響を及ぼす。私たちの一部分は、母親が亡くなった時点から「固まったまま」となる。自分にとって相容れない世界の中でどのように生きていけばよいかに迷い苦しみ、本能や感情、直観で彩られた生活が今以上に発展することはない。成長してから、「母親からの養育」を受けられなかったことで、本来は絶えず続く発達の過程が止まってしまったことを知る。そして、自分自身が母親らしい人物になろうとするか、あるいは逆に、失ったことによる苦しみを知ったがために母親的な振る舞いを避けようとする。

　幼い頃に母親を失った男性は、母性的な影響を受けずに育ったため、自分の中に女性らしい面を培うことが難しく、女性と人間関係をつくろうとしてもぎこちなくなってしまう。これを補う方法は何であろうとも心の傷は深く、その悲しみからの解放が重要となる。

> **質問コーナー：母を失う／父を失う**
>
> 　父親あるいは母親が亡くなったのは、あなたが何歳の時か。
> 　もしも可能であれば、その時点までの自分の日常生活について書き記してみよう。住んでいた場所、自分の部屋、おもちゃ、遊び時間、学校、雰囲気など。

父親あるいは母親のことでもっとも古い記憶は何か。もしも可能であれば、できるだけ詳細に絵に描いてみよう。
　父親または母親の死を適切に嘆き悲しんだと思うか。
　何かしらの方法で、その悲嘆を感じさせないことはできるか。

☐ 死亡したという事実に関する知識、たとえば、日時、埋葬場所、死因などを教えないことにより
☐ 亡くなった親のこと、その親のことをどのように思っていたか、その親がなつかしいかどうかなどについてしっかりと話そうとしないことにより
☐ 親が亡くなったことの原因は自分にはないのだから、親の死が受け入れられない

　亡くなった親は、自分自身の中にどのような形で生き続けるか。本質として考えられるのは、

☐ 自分の生き方
☐ 自分の仕事
☐ 家族
☐ 考え方
☐ 宗教
☐ 希望

　あなたは、キャンドルを持って、親の死を受け入れ、今も愛情深く亡くなった親のことを考えているか。あるいは、不謹慎にも亡くなった親が生きたかったように、さもなければ親が自分に望むように生きていくか。
　亡くなった親は無意識のうちに、あなたの生活の中で生き続けているか。

☐ 夢の中で
☐ 自分がこれからどう「あるべき」かを考える中で
☐ 「魔術的な罪悪感」を介して
☐ 自分で自分を動かすのではなく、あなたを駆り立てる力として

　その親の死を償わなければならないと思うか。

> 　もし自分が母親らしいこと、父親らしいことをしてもらえなかったと感じるなら、このことは自分の人生においてどのような形で現れるか。
> 　もし誰かが親らしいことをしてくれたら、今であれば、その人物との関係はどうなるか。
>
> ☐ 感謝
> ☐ 幸せ
> ☐ 満足
> ☐ 憤り
> ☐ 怒り

　ノートの新しいページを開き、親が亡くなったあとに自分が親から受けた肯定的なこと、そして否定的なことを書き留めてみよう。
　「母親的」あるいは「父親的」な育てられ方をどれくらい受けてきたか。自分のことは自分でしたか。あなたの場合はどうか。

・親切だった
・やさしかった
・励ましてくれた
・不快だった
・無視された
・多くのことを要求された

　必要とされれば、これらのことを変えられるか。

親の人間関係

・あなたの親はふたりとも幸せであったか。もし違うというのなら、なぜそのことを知っているのか。
・一緒にいた時、あるいはどちらか一方が在宅の時にもうひとりの親が帰ってきた時、どのような雰囲気だったか。
・あなたが生まれた時、両親は結婚して何年目であったか。
・両親はどうやって出会ったか。

- あなたをどのように育てるかに関して、両親の考えは一致していたか。それとも、この部分は父親、この部分は母親というように分けていたか。
- 身体的には良い関係を築いていたか。お互いに触れたり、抱き合ったりしていたか。お互いに性的に精力的だったか。このような考えを持つのは嫌であったか。親が愛しあうところを想像できるか。
- 一般的な人としてではなく、「ママとパパ」として、いてほしかったか。
- どちらか一方の親が好きであったか。このことが、家族の生活にどのように影響したか。
- 両親が一緒にいるのは「子どものためだ」というように感じたか。
- 一方の親を守るため、自分が仲介しなければならないと感じたか。

　このような行為の多くは、たとえ意識していなかったとしても、自動的になされることが多い。好きなほうの親と自分が並んでいる姿を考える時は、もうひとりの親がいること自体を無意識のうちに拒否してしまっている。アルコール依存症の親を持つ多くの子どもたちは、そうではないほうの健全な親のこと、あるいは家族全体が汚名を着せられることから守ろうとする。が、そうしたところで後になってわかるのは、依存症の人とパートナーになるか、自分自身が依存症に陥る危険性があるということだけである。加えて言えば、自らの魂がアルコール依存症の親とそうではない親のふたりと自分との三者関係でバランスをとろうと躍起になっている。これは、自分たちが何を拒否しているかを周囲にあからさまに主張しているようなものである。

離婚と離別
　結婚やパートナー選びに失敗すると、その影響は常に子どもに及ぶ。親は、小さな子どもにとっては岩のように動じず、安全を守ってくれる存在である。にもかかわらず、これが脅かされると困惑してしまう。その後で親がどのように子どもとかかわったかによって副次的な効果は弱められ、どのような援助をしたかにより子どもは罪悪感や自分だけ置き去りにされたように感じないで済む。そうすれば、「あなたの母親の問題であって、あなたの問題ではないのよ」と親が言ったとしても、拒絶感は起こらない。
　思春期の初めの頃に父親がいなくなった少女にとって、成熟が始まる時期に大人の女性へと成長するのを拒否するような感情に見舞われることがある。少

年の場合はと言うと、父親と母親の間で揺れ動き、自分の父親に会いたいし、その一方で母親を守る父親としての自分の新しい役割に気づくのである。より幼い子どもの場合、新しい家と新しい家族に慣れなければならず、その一方で実の父か母と週末だけ一緒に過ごさなければならないというように、ふたつの家族の間で揺れ動く。実際に何が起こったのかの記憶は残らないが、離別によって生じた雰囲気の変化や感情だけは吸収されて心に残るであろう。

　母親が家庭からいなくなる場合、子どもたちは自分たちが良い子でなかったので母親は家を出ていったと感じる。あるいは、事態を十分に把握できないため、自分は捨てられたという感覚が残る。もしも母親が家族の日常生活で中心的な存在であったら、抜け殻だけ残ったような感じになり、家庭の雰囲気は冷たくなり、すべてを受け入れてもらえる場所ではなくなってしまう。

　もし、両親が離婚したり、離別をしていたら：

・それはあなたが何歳の時だったか。
・それが起こった時に、誰があなたに話してくれたか。
・その時にどのように感じたか。
・最初に沸き起こった感情は何か。恐れか。そのことを誰かに話したか。そのことを聞いてもらえたか。
・その時点で生活はどのように変化したか。自宅、学校、友だちのことも含めて。
・両親に会いに行ったか。
・家の中の雰囲気が息苦しくなったり、親同士があなたの注意を引こうとして、競争したりすることがあったか。
・どちらかの側につかなければならないと思ったか。家族の誰かが、あなたの近くに来てくれたか。
・ほとんど会わない親がなつかしかったか。もっともなつかしいと思ったものは何か。
・心の中に怒りを感じたか。おそらく、その気持ちを表現することはしなかっただろうが、今になって違う形で表すとしたらどうなるか。激しい怒りの爆発、かんしゃく、物を壊す、頭をたたく、叫ぶ、つばを吐くなど。未だに、その怒りを感じるか。

- 誰かの過ちだったと思ったか。
- 自分自身を非難したか。
- 兄弟、姉妹、あるいは家族の誰かに、そのことを話したか。
- もしあなたが、一方の親だけと過ごして成長したら、不在の親に対してどのような幻想を抱いたか。もしあったとしたら、両方の親とどのような親子関係をつくるか。
- いなくなった親には、どのようなことを言いたいか。

    ○ 今も愛している
    ○ あこがれている
    ○ 軽蔑している
    ○ のろっている
    ○ 文句を言いたい
    ○ ヒーローあるいはヒロインのように思う

- この体験は、成長した後に、あなたの態度や、いなくなった親と異性あるいは同性の人物との人間関係づくりにどのような影響をもたらしたか。
- 単親家庭の子どもになったことに、どのような感情を持ったか。

    ○ みんなとは違う感じがした
    ○ 奪われた気がした
    ○ 敵意を感じた
    ○ 恥ずかしかった
    ○ まごついた
    ○ 何か変だった
    ○ とても楽しいことだった
    ○ 冒険であった
    ○ 特別な感じがした

- もし、どちらか一方の親が再婚した場合、自分にどのような影響を与えたか。自分自身とその親との関係は変わったか。そうであれば、どのように変わったか。失ったものは何か、得たものは何か。親となった新しい人の連れ子な

ど、新しい家族となった人はいるか。家族の中で自分が占める位置は変化したと思うか。
・離別や離婚という体験が自分にどのような影響をもたらしたか。関係をつくったり約束したりすることに神経質になってはいないか。あるいは、まったく以前と変わりないか。

PART 7

自分を変える

　私たちが新しく理解したばかりのことは言葉では表しにくいし、そのことを適切な言葉に置き換えるまでは、他の人には未知のままとなる。自分自身と対話をし、毎日繰り返し日記をつける中で出てきた言葉を記録することが、表現力を高めることになる。自分のために自己との対話を言葉で表すと、内面で感じたことを外に表出する手助けとなる。

　　　　　　ニジェール・ウェリングスとエリザベス・ワイルド・マコーミック
　　　　　　(Nigel Wellings and Elizabeth Wilde McCormick)
　　　　　　『失うものは何もない (*Nothing to Lose*)』(2005, p.162)

第12章　生い立ちを書く

　これまでの人生がどのようなものであったか、あなたは自分のノートにたくさんの文章や絵やアイデアを書き記してきただろう。おそらく、秘密が隠された数多くの箱を開けてきたように思っているかもしれない。中には長い間しっかりと蓋を閉じたままのものもあったに違いない。他者に関することでも自分自身に関することでも、どのようにすれば自分が自己と対話できるかがわかったであろう。これまではまったく気づかなかったような苦痛に満ちた人生のできごとに対して、わずかながらでも心配を抱えてしまったかもしれない。たとえそのような心配事がたくさんあっても、恐れることはない。自分が生まれながら持っている自己調節力を信じよう。本書をなぜ手にとったかを思い出し、自分の人生をより丁寧に見つめてみることだ。

　本書の次の段階として、自分自身がこれまで生きてきた経験をいかに有益に、かつ可能であれば創造的に役立てるか、その方法を提示する。自分の中でわき起こる自己との対話に耳を傾け、自分にどのようなことが起こったのか、それにどのように対処したのかを文章にしてみよう。書くことによって、自分自身の中に健康な自己をつくり出し、それを元気づけることにつながるだろう。

　中には自分のことは決して書かないと断言する人もいる。そのような人は自分の将来を見つめることができず、結果として何も始まらない。私からすると、何を書いても常に評価されるような学校に通っていた頃から続く生まれつきの恐怖があったとしても、心の中に存在し続けているイメージを再び見つめ直し、自分自身の創造力に組み入れていく中でその恐怖が徐々に和らいでいく様子は非常に驚くべきものである。次の節は、他の誰かのためではなく、自分自身のためのものだ。あなたがカウンセリングやコ・カウンセリングを受けている場合でなければ、書き上げたものを誰かに見せる必要はない。金賞をくれたり、ダンスキャップ（昔、劣等生などが罰として学校でかぶらされた円錐形の紙の帽子）をかぶらされたりはしないから大丈夫だ。自分自身を特徴づけるような考えやイメージ、比喩などが思い浮か

べば、それを文章にすればよい。

書き始めるにあたって

　まず、大きな紙1枚と小さなインデックスカード数枚を用意しよう。これまでにたくさんのことを記入してきた自分のノートを手に持ったら、それをぱらぱらとめくり、それぞれのページを見てごらんなさい。言葉や形、イメージ、言い回しなどが目に飛び込んでくる。あるいは、繰り返し使っていたような特定の単語も見つかるに違いない。衝撃的なものとか、自意識に深く関わるものがあっても心配することはない。目についた言い回しが単純であればあるほど、これまでの人生、つまり発達の過程がより明確になり、変化を目指すにあたって自分の心の中にとどめておくイメージもより強くなる。以下に挙げた7人が書いた生い立ちの中で出てくる言い回しとはこのようなものだ。

　火山の上に座っているようだ、死がすぐそこまでせまっている、野蛮なジャネットと冷静なジャネット、ブラックホール、現実を直視しようとしない態度、厄介な問題、みなし子、忙しいリジー、イスの後ろに隠れている子ども、スリップして心配気、ワンワン、「小さい私に何が……?」、トレッドミルのところ、おびえて固まった、自動的に、「私は本当は知っている」、など。

　自分の場合はどうであったかを考え、大きな紙に思いつくまま書いたり、カードにひとつずつ書き留めたりしてみよう。もうこれ以上は出てこないと思ったら、それぞれの言い回しやイメージにさらに細かな点を書き添えてみよう。たとえば、「私は……のような家庭で育った」「私の人生はすべて……のように感じる」「早くから私は……だったという感じがしていた」「幼い頃の記憶はほとんどないが、自分にどのようなことが起こっていたのかに疑問を持ち始めていたところで、自分が家族の中で……のような立場にいたことが推測できる」などである。できる限り詳しく書いてみよう。実際に起こったことでも、記憶に残っていることでも、自覚しているようなことでもかまわない。

　自分には重要な経験や自分にとって好ましいできごとがあると考えたら、あなたのことを目にかけてくれている人、あるいはコ・カウンセラーに、幼かった頃の環境や経験が、自己概念、さらにはこの世の中での生き方にどのような影響をもたらしているのかを尋ね、分析してもらおう。その過程で、「○○だから私は××をしなければならない」というように、何かをする必然性が生ま

れる。これは、他者に対してこれまでとは違った態度で接するようにさせ、新しい対処法で行動するように仕向けるものだ。だから、あなたの物語はこのような感じで始まる。たとえば——

　私の人生の大半は、誰かが自分のことをばかにしているのではないかという不安につきまとわれていました。この感覚は子ども時代にまでさかのぼることができるように思うのです。私がまだとても幼かった頃のことです。きょうだいはみな賢くて、一番下が私でした。きょうだいたちは私のことを、「おばかなお人形ちゃん」とか「のろまな馬車」などと呼んでいました。私はといえば、無力感に苛まれ、意気消沈です。きょうだいの後ろを走っていて、一生懸命に追いつこうとばかりしていました。遠出する時には一緒に連れて行ってくれるように頼んだりするのですが、みな笑うばかりで、「女の子なんか連れては行かないよ」と言うだけでした。両親はふたりとも仕事で1日中外出しており、忙しくて私が言うことをまったく聞いてくれませんでした。両親は自分たちが不在の時、きょうだいたちが私の面倒をみてくれることを期待していました。私は、このような期待が私の内にある自尊心を低めることにつながり、もっと攻撃的で男っぽくなろうとしたのです。私はできる限りのことをしてみました。乱暴者を演じ、みだらなジョークも飛ばしました。でも、内面の私は傷つき、悲しみ、誰かに気づいてほしかったのです。しかし、何の魔法も起こらず、自分が男っぽく見られる必要がないようなところでも、他の人、とりわけ男性と親しくなる方法がわからなかったのです。私は、時々あえて厳しい表情をするのをやめようとも考え、自然に出てきた感情を表そうとしました。これは危険なことでしたが、自分を変えることができ、ありのままの姿でいられるはずです。でもその一方で、他人のジョークの的となったのでした。私がお酒を飲み過ぎてしまうのも、このことと関連しているのです。

　困難を乗り越える時に役立ったことというと、今思えば貴重で、あなたを助けてくれたことを書くのだということを忘れないでほしい。また、うまくいってうれしかったことも書こう。それがあなたの健康な自己をつくることにつながっていく。

　最後の段階は、思い込んでいた自分の運命を終わらせることで、それには自

分が変えようと思っていること、それを達成するためにまず何から始めようとするかについて書くことである。どの相反的役割がもっとも問題を有しており、制約的であったか。どれをさらに発展させる必要があるか。回避したり満足させたり、隔離したり否定的に考えたりというようなわなを認識し、それに挑戦することも必要になる。すべては、恐怖に立ち向かうことだ。ジレンマの場合は、生活様式をいびつな状態からバランスのとれた状態に変化させることが必要だ。これによって、両極端の生活様式から第三の生き方が見えてくる。予期せぬ障害や自己破壊的な行動の場合は、私たちが自分の幸せを無意識のうちに台無しにしてしまった時のことを知ることが必要である。変わっていく状態を表すダイアグラムを描くことは、混乱を落ち着かせるのに効果的だ。自分にとってもっとも問題のある相反的役割に名前をつけ、自分がつくり上げたい相反的役割にも名前をつけてみよう。すべての変化は、私たちが恐怖から学んだことを含んでおり、過去からずっと持ち続けているものに挑戦するような体験を再び組み立て直すことを意味している。

　自分の生い立ちを散文形式で書きたいと思うかもしれない。あるいはスケッチや絵、漫画などで描くほうが好きかもしれない。もしかしたら、意識の流れのままに詩を書くのが好きだったりするかもしれない。フローチャートや、自分の人生を根から枝へという流れで示した樹形図、成長の過程で起こったことを単語やイメージで描くこともできる。

　生い立ちを書くことは私たちにとって重要な体験になる。とくに、セラピーの時、あるいはコ・カウンセリングの時にそれを声に出して読むと、非常に感動的でさえある。大抵は自分にとって人生はどのようなものであったか、自分自身や他者に対して幼い頃につくられた態度が今の自分にどのような影響をもたらしているかを、正面から聞く最初の機会となる。さらに、これまで信じきっていたこと、つまり消し去ることができない足跡とか、自分ではどうすることもできないまでに強固になった習慣から抜け出すことができる。私たちの人生を左右しているものが何かを初めて見る機会である。生い立ちを書けば、事態がどのような状況にあり、自分が目指す変化を起こすにはどのような段階を踏めばよいかをより明確にとらえる助けにもなる。

7人の生い立ち

以下には、許可を得た上で7人の生い立ちを掲載した。すべてセラピーを受けている人たちである。名前と職業はプライバシー保護の観点から変えた。それぞれがいかに違った状況で生きており、いかにして自分らしさを保とうとしていたかがわかるだろう。どのように生い立ちを書くかに関して、いろいろな考えが浮かぶだろう。

シルビア

　私は目をしっかりと見開いた状態で生まれたようです。長子として成長しました。欲しい物は何でも手に入りました。父からは特別に愛されていたと思います。そのことは、父が家にいた時などに感じました。祖母からも愛されていました。でも、誰かがひざに乗せてくれたとか、ころんだらすぐ手を貸してくれたとかがどうしても思い出せないのです。私はいつもイスの後ろに隠れているような子どもでした。母は、どうしても子どもが欲しかったわけではないようで、おそらく私は足手まといだったのだと思います。

　今、感じることは、私にとっての子ども時代は非常に苦痛に満ちたもので、安心して自分の感情を表出できるような状況であったとは思えないため、自分の感情を遠くに置いていたのだと思います。つまり、知的な面では自分をよく見せつつ、抜け目なく、天賦の才能を使いながら他の人を観察して何かしらコメントを言うか、あるいは物事をしっかりと支配するかのどちらかです。自分ではどうすることもできないような不安や驚きを感じたり、怒りが生まれそうになった時に、この支配するというところが人間関係にも現れてしまうのです。自分のために自分の生き方を主張することができなくなっているように思います。おそらく、心の奥深くに苦痛を抱えていていつもイスの後ろに隠れているような子どもであった私は、誰かに認めてもらいたかったのです。たとえ苦痛に満ちた経験をすることになったとしても、自分の感情は遠くに置いておくという生き方を放棄する必要があったのです。私は人としてますます角がとれて統合され、現実の感情から不安を抱きつつ逃げるのではなく、自分の人生を主張することができるようになったに違いありません。

ジャネット

　私は、優しい家族の中で、最年少の子どもとして育ちましたから、自分は特別な存在であるかのように思っていました。家族関係はとてもよく、この関係を壊すようなことが起こると狼狽します。「自分のことは自分でやるわよ」と怒鳴ってしまったことがありました。その時、家族を傷つけてしまったと思い、悪いことをしてしまったと本当に思いました。神は私を非難し、私に何か悪いことが起こるように仕向けるだろうと思ったのです。

　今、私は自分の感情を抑え、人に満足してもらえるように精一杯の努力をし、良き母、良き妻、良き娘となるように心がけながら生活をしています。ですから、誰かを傷つけたりするようなことはありません。もし私が何か問題を起こしたら、他の人たちは私と話をするのを止めてしまうでしょう。それは、私にとっては怖いことです。扁桃腺がはれて病院に行った7歳の時、姉たちが私との面会を許されなかった時からずっと、私の中に残っている思いです。私が覚えているのは、孤独感と怖れです。パニック発作がなぜ起こるかを考えてみると、何かが喉に刺さっているかのように感じるのです（これは、扁桃腺を取り去った後の痛みと同じようなものです）。怒りのような強い感情も現れることがありました。これは喉にひっかかっているためにうまく言えず、言葉で表現するのが怖かったからです。でも、人を傷つけてしまうから、それを表現するのをためらってしまったのです。

　ここ2年程の間にさまざまなことが起こりました。それは、私にとって特別な存在であった家族の安心を脅かすものでした。母の病気、夫のマイクの父の死、それに（娘の）シャンがイヌに噛まれたことです。これらは私の安心感を根底から揺り動かし、あたかも火山の淵に座っているかのように、死がすぐそこまで来ているかのように、何かが起こっていると思いました。何か悪いことが起こり、私は死ぬのではないかと非常に不安になったのです。このことが原因で、おそらく私はパニック発作を起こしたのでしょう。校庭で大けがをしてあわてふためいた少年のように、外で起こったことが発端となったのです。その時、私はブラックホールのようなものを体験しました。何も感じることができなかった

のです。不安や恐怖があまりにも大きすぎて、自分の周りに広がる世界から自分というものが切り離されてしまったのです。

　おそらく私は、死の恐怖を抱いていたのだと思います。私の人生はもう通り過ぎていってしまい、つかみ損なったかのように感じたからです。良い母親になろうとしましたが、私にはなにひとつ実際にはできませんでした。多分、自分がやりたいようにやったら周りの人たちを傷つけてしまうので、自分を優先させるなどありえないことだと思って、落ち込んでいたのです。でも私、考えたんです。ジャネットにもいろいろな面があって、外に現れたがっている自分や、自分自身を表現したい自分がいると思うのです。だから、野蛮なジャネットのところは消し去ろうと思うのです。ただ、それには自分というひとりがまとまりのある存在となり、私のすべての面を受け入れ、そのような自分を好きになり、自分の感情を素直に表現することが必要です。こういった努力をすることで、周囲の人たちを傷つけず、周りの世界ともこれまでのように関わっていきたいと思っていることを再認識する必要があるのです。

ステファニー

　私が生まれたのは、家族の中で問題を抱えているような家庭でした。祖父は父が8歳の時に亡くなりました。祖母は、父が14歳だった時に、父の目の前で亡くなったそうです。私の母は、何でも表面上はうまくやるような家族の中で育ちました。父もそうでしたが、母もきょうだいの中でひとりだけ大学を出ていて、兄や姉を幼くして亡くしたので、ある意味では両親の夢をかなえなければならない存在でした。

　私の家では、兄のバリーと妹のジェニファーが特別存在として扱われていました。バリーは長男で、幼い頃に死にかけたことがあるのを理由に、好き勝手なことをしている放蕩息子のような人でした。ジェニファーが特別扱いされたのは、一番の年少だったからという理由と、太っていたために誰もが優しくしなければならないと考えていたからです。私はふたりの中間に生まれました。家族からは悪魔の妖精が生まれたかのように思われたので、何をしてもそれでいいと言われることはありません

でした。幼い子どものようにジュースをこぼせば、たとえ一生懸命謝ったとしても許してはもらえない罪とされてしまっていました。6歳の時には「不器用」とか「面倒な子」というレッテルを貼られ、そのレッテルは私の心に未だに突き刺さったままです。それ以来、私は常に注意深くやろう、地雷のような父の怒りに触れないようにしようと努力してきました。この賢い対処法を知ったことで、うまく生きていって、誉められようとしたのですが、そのような考えはいつも打ち砕かれてしまうのでした。ですから、私に花を咲かせることはないと思っていました。育てられることもなく、まともに成長することもできず、つぼみのままで終わってしまう存在です。

その結果、私は「完璧になるべきだ」というわなにはまってしまったのです。みんなに受け入れてもらうために、完璧を目指したのです。決して満足感を得ることはできませんでしたが、それでもがんばろうと努力しました。でも、実際にはうまくいかず、どうすることもできず、自分はだめな人間だという感覚が強くなるだけでした。それで、私はもう一度、前よりもっと頑張りました。

私がとった別の対処法は、何があっても耐えること、どれだけ痛めつけられても立ち直ること、たとえ本心は違っていても常に明るくしていることでした。しかしこれは、ますます私を傷つけることになり、もう自分は何の価値もないと考えるしかできなくなったのです。

これと同じようなことが、人間関係の中で起こるのです。相手が男性の場合、自分の望みを決してかなえてくれそうにない人、私にとっては何の価値もないような人、私自身がますます傷ついてしまうような人、そういった人を探し求めてしまうのです。このような問題がからだに現れ、ヘルペスに罹ってしまいました。自分が好きなことや楽しいことが何でもできるものの、異性間での問題をますます大きくしてしまうのです。それで男の人たちは私から離れていってしまい、結果としてもう自分は完璧にだめな人間だと思わざるを得なくなるのです。私が父に「手紙」を書いた時にも、同じような感じになりました。手紙というのは、このような感じです。「私は、あなたの娘であるということを見つめ直してみようと思ったのです。私の心に浮かんだことは、幼かった頃のできごと

です。あなたは私の服を切り裂いて、心臓と胃の真ん中あたりに気まぐれが詰まった箱を置き、ゆっくりとかつ慎重に縫い合わせたのです。それ以来、私は二度と安心感や善良さや満足感を得ることができなくなり、からだの中心部分は腐ってしまったかのように感じるのです。……」

　同性である女性との人間関係の場合、ギブ・アンド・テイクといった平衡状態の中で私に与えられた役割は与えることだけで、これは実際に自分がしてもらうのと同じくらい価値があるものだということがわかりました。私は、自分のことを植物に見立ててみました。からだを成長させるのに必要なさまざまな種類の栄養を自ら求める存在です。だからこそ、誰かにしてもらうだけの価値が自分にはないと確信していたのです。たぶん、このようなパターンを変えるのにセラピーが役立つはずです。女性との人間関係の場合、まるで無理矢理に薬を飲み込まされて誰かの意のままになり、わなにはまったように感じたとしても、他の人からしてもらいなさいと言ってくれる人がいたことも事実です。

　家族の中でよく言われていたことのひとつは、「ステファニーの唯一の問題は、あなたがステファニーということだ」でした。自分らしくしようと思えば思うほど限りなく身動きがとれなくなることを、自分でもわかろうとしました。だからこそ、もう誰にも聞いてもらえず、誰とも関係をつくらないと心に決めたのです。私は今でも、本当の自分を誰かに温かく受け入れてもらい、認めてもらいたがっている貧乏な子どものようなものです。でも、この貧乏性をあからさまにするだけの勇気がありませんでした。だから周囲とうまくやりながら行動し、注意深く歩き、言う前によく考えようとしているのです。貧乏性がにじみ出たり、激しい混乱を引き起こしたりするのが怖いのです。不器用で何ひとつできないというように判断され、自分を運命づけてしまっているのです。私は役割を演じたかったのです。でも、実際には意地が悪く不満ばかり言っているトロル（地下や洞穴に住み、巨人としてもあるいは小人としても描かれる北欧の伝説に登場する超自然的な怪物）のような役割しか演じられないのです。

　私はよく自分の感情を知的に処理しようとしました。つまり言葉を注意深く選ぶので、周囲の人を圧倒するようなことはありません。でも、苦痛に満ちた感情であったとしても自分の感情はしっかりと伝えたいの

です。それに、たとえば詩で表現したように、自分の得意なことはよく知っているつもりです。自分にはわずかであっても良いところはあるので、それで本当のステファニーを愛情こめてつくり上げることができるはずです。そうすれば、兄のバリーにも優しくできます。私のことを安易に善悪のみで判断しない身近で特別な母親の温かい面や創造的な面、賞賛できる面を認めることができ、私にとってもそれらの面が身近で本当に自分らしいものになるはずです。地雷原であったとしても「天使のような全体を見渡す力」を新しく身につけられるのです。いわば、トスカーナ地方の風景を描いた寓話の絵のようなものです。地雷を埋めた場所で横になっている父の上を私は地雷を見ずに飛び回りながら、父に野次を飛ばしているのです。

　私には、しなびかかったつぼみを信じる必要があります。実際には良質で自分の意思を持ったつぼみであり、成長する可能性もあるし、それだけの力もあるつぼみで、栄養が得られれば花開くつぼみで、幸運な犠牲者と呼ぶほかないようなつぼみです。

　私は、自らの善良さを捨て去らずに、誰かに与えるのと同じように、自分も誰かにしてもらうことを学ぶ必要があるのです。自分の足でしっかりと立てるのだということを知る必要があるのです。そうすれば、これまでのようなおどおどしていた自分から、自立した明るいステファニーになれるのです。

アリステア

　私は幼い頃の記憶がまったくなく、その頃の感情の大半は心の奥深くに抑え込んでしまっている可能性があります。私から見ると、父はかなり厳格な権威主義者で、滅多に家には帰ってこないほど研究に打ち込んでいた科学者でした。母は、抑うつ症のために大半の時間をベッドで過ごしており、何もかもをいつも後回しにしようとしていました。寄宿学校に入っている賢い兄がいて、兄の後に続くようにという期待にプレッシャーを感じていました。私は寄宿学校に入る直前、8歳の時ですが、校庭で友だち、それも一番速く走れるその子とかけっこをしていてひどい

体験をしました。滑って、レンガの壁に頭をひどく打ちつけてしまい、入院したのです。自宅に戻ったのは数か月後でした。私は、両親が見舞いに来たという記憶がないのです。あるのはひどい孤独感と、学校に行くことへの恐怖感だけでした。覚えていたのは、私が寄宿学校を卒業するまで結婚せずにいた乳母のことだけで、彼女が私の世話をしてくれました。

　私が思うに、幼い頃は温かい感情に飢えた状態で、子どもらしい感情を表現することはできませんでした。飢えていて拒否しているのか、それとも飢えさせられ拒否されたのかという自然な反応は、さまざまな感情を引き起こしました。傷つき、怒り、見捨てられたと感じていました。それに貧しさや嫉妬心、執念深さも抱き、破壊的でもありました。自分の感情を表現する場がなかったのです。感情に対処するため、ひたすらコントロールすることを学びました。自分が何か得ることができそうな唯一の対処法は学校の成績だけでした。ですから、常に一番の成績を取ろうとしたのです。そんな私を見た母は、「感じたことを言ってごらんなさい」と言うのですが、そのような言葉を私は信じませんでした。父は「がんばれ」と言うだけでした。

　学校に通っていた頃、私は自分自身のことをしっかりわかっていて、自分は善良な人間だと思っていました。というのも、いろいろなことがうまくいっていましたし、守られていたからです。でも、家庭での生活はとても厄介なものでした。離婚に向けて怒りが高まっている両親とともに生活し続けなければならなかったからです。再び私は孤独感と寂しさを感じるようになり、自分の将来の職業選択に関して相談に乗ってもらえなかったことの責任を大人たちに向けたのでした。

　こういったことすべてが、私の感情や欲求をことなかれ主義にさせてしまったのです。常に一番にならなければならないと思い、それができなくなったらおしまいだと思っていました。一番になった時でさえ、満足感や喜びは感じられず、勝ち続けるしかないという絶望感だけでした。そこで、トレッドミルの上を走り続けるような生活に自分を縛りつけていました。が、私の中の夢見る自分を振り返るだけの余裕もありませんでした。この満ち足りなさから私は病気、喪失、死を怖れるようになったのです。それは、自分の生活を支配し、勝つことだけを考えた強い欲求によって、自由な生き方が一気に消し去られてしまったかのようでした。このまま続けていたら事態はますます悪化し、レンガの壁に頭を打

ちつけるだけのように思ったのです。最近、ある曲に非常に感動しました。それは『みなし子』と呼ばれている曲でした。私は今、子どもの頃に抱いた苦痛をゆっくりと思い出してみようと考えています。その頃の家のことや雰囲気を受け入れ、セラピーの中で、話したり、絵にしたり、色づけしてみようと思うのです。まずは不安や恐れをほとんど抱かないような意識できている部分から、次には私が恐れている厄介な問題のことをも思い出してみようと思います。思い出してみれば、自分が恐怖や悲しみをしっかりと見据え、今はうまくいっているものも、より適切なバランスがとれて自分の選択が全体として満足できるように感じられるまでは一時的には失わなければならないことがわかるはずです。厄介な問題が詰まった箱を開けるだけの勇気を持とうと思います。そうしなければ、そこから逃げ、自分を疲れさせ、健康を害することになってしまうからです。

フレダ

　私はふたり姉妹の姉で、両親は仕事に精を出していて、社会的にも経済的にも成功を収めていた家族です。父は南アフリカからの移民で、母の家系は北アフリカ系でした。ふたりとも言葉のアクセントが強く、自分たちがどのように話しているかに敏感で、それをなくそうとやっきになっていました。妹と私は、6歳の時に話し方教室に連れて行かれました。車での行き帰りには母音の練習をしたり、声を出して読む練習をしなければなりませんでした。うまくできないとひどく叱られたので、食事は発音を直された辛い思い出しかありません。

　私と妹の間には、生後数日でなくなってしまった男の子がいました。母はその事実を乗り越えることができず、常に落ち込み、悲しげに見えました。

　父は、「いつまで落ち込んでいるんだ。どうにかなる、なるようになるさ」とよく言っていました。そう言われると母は黙ってしまい、頬を涙が伝わるだけでした。私は、両親がその男の子を愛していたのだと思います。でも、そのことに対する反応が私と妹では違っていたのです。私はできるだけ自分のことを気に入ってもらおうと、両親が望むことをし、両親が期待するような人になろうとしました。ところが妹は、本当は賢

い子なのですが、両親から励みになる言葉を受けたことがありませんでした。彼女は両親が常に男の子の分も埋め合わせをするかのように自分に期待をかけていたと思っていたのでした。賢いのに、どういうわけか失敗していました。試験を受けてもうまくいかず、大学も中退し、本当は満足のいかないような仕事をしていました。

　男の子が亡くなった時の母親の様子は思い出せません。覚えているのは、ぶつぶつ言ったりひそひそささやくような声ばかりです。ただ、何を言っているのかはわかりませんでしたが。出産はあらゆる痛みの中でもっとも痛いものだと、母は私たちに繰り返し言い聞かせました。ですから、誰かが妊娠するといつも、黙って何も言わなくなってしまうのでした。思い返してみると、母は極端な感情しか抱けなかったように思います。私は、子どもを失うというような悲しい体験は決してしたくないといつも思うのです。ですから、自分が感じたことに蓋をして、実際には何かを感じたとしてもそれに気づかないようになってしまったのです。私の中で感情はどこか、しかも非常に遠いところに行ってしまったのです。

　私が7歳だった時、妹が病気がちになりました。ほとんどいつも病気にかかっていましたが、誰ひとりとして原因が妹自身にあることがわかっていませんでした。妹は心気症だと診断されました。14歳になった時には拒食症になり、その連絡を学校からもらったことから、私たちは家族揃って精神科を受診しました。とても嫌な体験でした。母は泣きながら、「なぜこんなことになったの」と妹に言うのですが、父は「何でもしてあげたではないか」と言っていました。私は、一生懸命に状況を好転させようとしても、それがとても難しいことは感じていました。私は、安心感を保てるように、誰かに聴いてもらおうとしました。その頃になって、自分も困難な事態に対処するように期待され始めました。私は多少は賢く、運動も得意でしたし、それまでもたくさんのことを期待されていました。ですから、家族の自慢になれたはずですが、自分ではまったくそうは思えませんでした。そう思った理由のひとつは、食べるのを止められずに体重がかなり増えていたからでした。非常に恥ずかしく、ダイエットを試し、ランニングもして体重を減らそうとしたのですが、かえってますます食べるだけになってしまいました。ところで、両親は子どもがふたりいたことを恥じていて、休日といっても楽しいことはまったくありませんでした。ですから私は読書をすることに逃げ道を求めようとしましたが、そうすると自己中心的だとか恩知らずだとか言われたのです。母は、自分のそばにいつも私が座っていて、私と何かをしたかったのです。

第12章 生い立ちを書く

　父は、私が何かをしたくなり、妹に食事を勧めると、とても喜びました。でも、それ以外には、本当は私のことをあきらめていたに違いありません。だって私には何ひとつ自慢できるところはなかったのですから。
　私は、自分がこれまで小さな子どもではなかったのだということを知ったのでした。自分には自由で楽しい時間がたくさんあるとはもう思えません。私はしっかりとした大人にならなければならなかったのですが、楽しい夢を抱けなかったことからそのような生活もかなわなくなりました。これではいけないと思い、過剰なほどに慎重に生きるようになりました。自分がすべきこと以上のことをし、ごく普通のこき使われる人になったのです。心の中のむなしさを満たそうと過食になりました。それは基本的に、自分は誰かに仕えるか誰かのために何かする以外に、自分には何もできないという気持ちがあったからです。過剰に食べることは自分のことを頭から抑えつけるのと同じで、悩んだ気持ちを埋め合わせできるからです。夫と喧嘩をした時や、こちらが率先してやったにもかかわらず他者からは当然のことのように思われた時などは、大抵過食をしていました。それに、あまりにも強い罪悪感を感じたり、自分自身にうんざりしたりした時には、いつもより遠くまでランニングをし、下剤を飲んで体重が増えないようにもしました。
　私の結婚相手は、両親の嫌な面を併せ持ったような人でした。要するに、気分の落ち込みが激しいごろつきのような人です。私は、その人に気に入ってもらおうと一生懸命仕えましたが、愛情はほとんど感じませんでした。子イヌのように彼の言いなりになったことで、彼をますますごろつきにさせることになりました。きっと良いことがあるはずだ、自分だってその権利があるはずだとは思えなくなり、私は召使いのようになったのです。自分が自分自身にとって何か良いことをすべきだという心の中から沸き起こる声を知った時に、「何なの……こんな小さな私に何をするの」と殉教者のような気持ちを抱いたのです。

　他の人たちが成功したり、自由に生活したりしている姿を見るとねたましく思いますが、何かが後ろから私をひっぱるのです。私は小さな弟が亡くなる前のことを思い出したいのです。弟が亡くなると同時に、私の中の何かも死んでしまったように思うからです。褒められたり愛されたりするために、常に他の人を優先しなければならないと考えるのは、もうやめようと思います。食べ物がいっぱいつまった、そしてそれゆえに罰を受けるむなしさにもがき苦しむかわりに、自分が男の子でないこ

と、母親の抑うつや妹の拒食症、そしてそれが一向に改善されないことへの罪悪感から自分自身を解放したいのです。そうなんです。だから、時々ものすごく怒りたくなるのです。この感情は何なのか。恐れることなく自分の感情をどう表現すればよいかがわからず、何かに怒りを抱かざるをえなかったのです。本当は、お腹の底から笑いたいのです。

マーチン

　子どもの頃、私は母の生活の中心にいたように思います。両親は歳がいってから結婚しました。私はひとりっ子です。父は私が子どもの頃はほとんど仕事で出かけて忙しくしており、私が父のそばにいたとしても、ほとんど関心を示してくれませんでした。父は未だに気難しく、人と話をするのが不得意です。母からすれば、父はあまり知的ではなく、父が言ったりやったりすることをあざ笑っていました。母は私のことを、男はこうでなければならないという、少なくとも彼女にとっての理想の姿を満たすものとして見ていたように思います。私は何事においても中心的な存在になるように求められましたし、すべてを確実にこなし、一生懸命に働き、善良でなければならないと無意識のうちに思っていました。それは、たぶん母が夫に対して抱いた落胆を補うためであり、またおそらく自分が愛され受け入れられたという確信を得るためでした。その結果、孤独や不安を抱くことになりました。そのように感じていることを表現することもできずにひどくうんざりしましたし、爪を嚙んでくやしがったものです。それで、自分のことを恥じていました。否定的な感情や怒りの感情はともに好ましいものではありません。私は幼くして、頭をよぎる何か否定的なものはすべて、どこかに押しやってしまおうという習慣を学んだのです。自分のしたことすべてに注意を払い、絶えず自分のやったことを評価することを学んだのです。さらに、自分の考えに恥じないように行動し、自分がどうあるべきかというイメージに合わないような考えを抱いてはいけないことも学びました。

　それはある意味、トレッドミルの上に乗ったまま成長するようなものです。一生懸命に働かなければならない、という私の考えに従って行動すべきだと繰り返し経験したことが背景にあります。私は、すべての人のために自分ができるあらゆることをすべきだと思います。それは、他

の人から期待されていることにこたえなければいけないと思うからです。そうしなければ認められることもなく、評価されることもありません。

　母が亡くなって以来、生活の仕方が変化し始めました。表面的には自分では決して認められないような感情、他の人のために自分の生活すべてを捧げるということへの自然な憤り、それがあることを知ったのです。私は自分が怒りや否定的な感情を抱いていたことに驚かされました。というのは、バランスを取りながら生きてきた私という存在自体を、それらが脅かすように思えたからです。私は、考えが右往左往してしまい、自分ではコントロールできないように思えたのです。このような感情の多くが、子どもの頃から抑えつけてきたものだということがわかりました。といっても、自然で普通に抱くような感情です。でも、これまでは認めてこなかった感情ですから、説得力もあれば、逆に恐れもあります。自分の中で起こっていることをぜひともコントロールしたい、と思っていることがわかりました。いつか私が「魔術的に回復」を遂げることができたら、それは私自身が目覚め、すべてを見渡せた時です。もしも回復できなかったとしたら、それは私が意気消沈して望みを失い、自分の中で起こっていることに罪悪感を感じ、すべてがうまくいくにはどうしたらよいか探しあぐねている時に違いありません。

　自分に起こっていることを認めることはとても難しいです。でも今は過渡期で、制約のある生き延びようとする自己の中から活発に動きだそうとする部分も持っています。それは非常にわずかですから、もっとしっかりしたものにしなければなりませんし、知的にも感情的にも自分が考えたことを言うことが大切なのです。変化しようとする自分の力をもっと信じ、洞察力を使い、平穏を求める自分の内なる声に耳を傾ける必要があるのです。私の信条を言えば、「まずは静かに耳を傾けよ。そうすれば、わかる」です。私にとってもっとも大きな障害は、誰かに怒ったり、ねたんだり、さからったり、いらいらした時、嫌悪感や罪悪感をすぐに感じてしまうことです。自分に起こったあらゆることに積極的に関わることが必要で、そうすればいろいろな選択肢も考えられ、影響力を失ってしまった自分の中のさまざまな面を知ることにもなります。力強く支配するのか、それとも罪悪感を抱きながら服従するかという相反的役割を乗り越えることが、これらを達成する上で私には最大の難関です。時々、我が身の無力さのせいにしてしまい、いつも通りの対処法を始めてしまうのです。私は、自分自身がひとりの人間として受け入れられ支持されていると感じられるように、自分で自分に気づき、受け入れ、支持しよ

うとがんばっています。自分の欠点も、感情も、問題点も何もかもです。自分には柔軟に対応でき、誰かに頼らなくてもやっていけるだけの強いものを持っているのです。

スザンナ

スザンナは、対人関係の問題があってセラピーにやってきた。彼女にすれば、自分の中の別々の人格が対人関係を始めたり終わらせたりするように感じていた。これは、彼女をいらつかせ、疲れさせていた。彼女は最近15年つきあったパートナーと別れたが、親しい人を失ってしまい、前のパートナーの煩わしさやひとりになってしまったという孤独感から、元の人間関係に後戻りしてしまったように感じていた。自分らしさを求めた「自由獲得への努力」は大きな躍進だと彼女は感じていたが、それは過去から今まで続く他者やパートナーとの親密な人間関係に付随するさまざまな未解決の問題に直面しなければならないことを意味していた。以下は、私たちが一緒になってつくったこれからの課題を抜粋したものである。

　私たちは、人間関係の中で体験したことを振り返り、特定の「他者」との関係づくりに影響している相反的役割を理解するようにしました。加えて、自分らしさという感覚を失ったとしても、親しげに振る舞うか、あるいはひとりになって他者との関係を断ち切っても自由でいるかというジレンマを理解することも目指したのです。とりわけ先週の木曜日にパートナーであったピートと別れて以来、このジレンマとどのように向き合ってきたかを考えてきました。

　どのように対処するかという自分自身のやり方は、かなり厳格であった子ども時代にまでさかのぼることができます。あなたは恥ずかしがりやの子どもで、心配性の母親に手綱を握られているかのように過ごしていました。母親のことを優先させ、母親が幸せでいるためだけを考えて、自分の気持ちは表現しないでいたのです。もし、母親の言いなりになりたくなければ、自立しなければならなかったのです。自立、さらには家族がどのように生きていくかを決めることは、「自分らしさをつくる」――より一般的に言えば自分の生活の中で「自分らしさを調べチェックする」ことの恐れにもつながります。

　ジョンとの結婚の結末はさんざんなもので、傷つけられ裏切られたこ

とによって落胆した感情が未だにまざまざとよみがえります。混乱した状況への恐れを封じ込めていたことによる思いに違いありません。結婚の結末は、「自分らしさを表してはいけない」という恐れを抑え込んでしまい、必要以上の非難や責任を転嫁されたかのようです。本当は望んでいた安全な基地を子どもたちに与えることができなかったことに罪悪感を抱き、恥ずかしささえ感じていました。

離婚してからは、次のパートナーであるピートの言いなりで、親密な関係を築こうという彼の欲求に最初は戸惑いました。これは、あなたへの「助けの手」であり、何年間も求めていた安心感と満足感、さらには創造性や幸せの訪れでもあります。しかし、自分の欲求を表現することに対して常に息苦しさも感じていました。

他の人の考えを優先しなければならないという感情とバランスを保つには、束縛から解放されることが必要です。束縛が公然となっている集団やネットワークに参加すると、「もし私が参加しなかったら、こうはならなかっただろう」と考えたりします。仕事がうまくいっているのかどうか不安に感じたり、自分よりも成果があがっている仲間を見てねたんだりもします。自由に振る舞うことには、他の人を傷つけたり、あなたと関わりのある人から卑劣だと思われるのではないかといった恐れをともないますし、深い喪失感や孤独感が残るだけです。

私たちは、誰かと健全な関係をつくっていこうとする時には、「自分らしさ」を表現することに不安を抱かないようにする必要があると思います。このことは、どのように対処するかが自由に決められなかったり、関係をこじらせないようにするためだけに相手の条件にしたがわなければならないような時になれば、わかるに違いありません。

私は、自分自身への気配りは、努力することによって一時的に得るのではなく、永続的なものにしていかなければならないと考えています。これは、自分の感情や衝動を改めていくには、新しい対処法を学ぶ必要があることを意味しています。

あなたが最初の頃のセッションの中で語った夢、あなたとあなたのマネージャーがそれぞれ足の長さを測定した結果が同じであったという夢ですが、そこではすでにあなたの中に存在していた自己決定権を肯定的かつ希望的なものとしています。あなたが言うマネージャーは、感受性が鋭く、開放的で非常にすてきな人物で、自分らしさを見つけ、それをさらに伸ばしていくために必要なあなた自身の力強さを表していると見ることができます。

認知分析療法の終わりには、セラピストと患者は「別れの手紙」を交換する。これは16回のセッションを通して自分が何をしてきたのかを述べたものである。私からスザンナに宛てた別れの手紙では夢のことを述べた。

　セラピーの最初の方で語ってくれた、足の長さを計ったらマネージャーと同じだったことがわかったという夢のことです。私たちは、この夢が肯定的で将来に望みをつなぐエネルギーを持っており、すでにあなたの中につくられている力強さを持った自己決定権を象徴していることを話しました。セラピーの変化の目的のひとつは、自分自身を許し余裕を抱くことができるだけの権利を与えることであり、それを試してみることであり、自分らしさをつくりそれらの統合を学ぶことです。
　ピートとの関係が終わったことにともなって生まれた多くの悲しみを、私たちは分け合ってきました。セッションが始まると、数分間のマインドフルネスの中でこのことを考えてきました。不安げな質問もありました。「私がやっているのは正しいことなのか」という疑問です。その後には、「自由になろう」という非常に強い欲求が芽生えてきました。「助けの手」を差し伸べてくれるような親密な関係を失った悲しみがあり、その後で、援助の手が「一時的に自分を支える腕」にもなりうることを知ったのです。あなたが軽蔑した目で見られ、ピートを苦しませているのではないかと考えてしまう恐れがありました。その一方で、自分らしさとは何かを自問することも起こりました。
　ですから、セラピーでの作業はあなたと「他者」との人間関係を再認識することであり、自分がどのようにして自己という感覚を失ってしまったのか、他者の欲求を優先したことで消え失せてしまった自分の感情は何かに気づくことでした。人間関係から学んだことを心配性の母親とどのように結びつけてしまったかについて考えてきました。その母親は、物事はうまく処理すべきだと考えており、母親の考えていた通りのことが起こった時だけ手助けをしてくれるような人でした。あなたにとっては、安心の欲求を獲得することも、罪悪感やわがままな面を除いた自分らしさをつくり上げることも、いずれも難しかったのです。このようなパターンを理解するには、「気楽に生活できないこと」が原因となって不快に感じていることを明確にするとともに、そのような感情を抱いている自分を大切にしなければなりません。事態をうまく乗り切っていると感じるためには、今までは存在すら知らなかった自分の欲求が生み出したギャッ

プが、実は自分が「どうすべきであるか」という理想像に過ぎないことも理解すべきです。このように考えると、自分の感情を認識し受容するのは非常に賢明なことだと言えるでしょう。あなたは、次のように言ったはずです。「自由は自分の中からわき起こってくるものです。自分が何を感じているかという現実を受け入れ、周囲の人たちが『どうすべきか』を考えるのではなく、その人たちと同じように事態を見つめることが必要です。まさに今、満足感を得るために、自分の中には不安や悲しみ、強い期待があるのです。だからこそ、私は待つ必要があるのです」。

　8回目のセッションでは、なくしたバッグの夢について話してくれました。この夢を見たことによって抱いた悲しさを、私たちは互いに分け合いました。その夢の中で、自分がどのような人だったのかを十分に振り返ることもできました。さらにこの夢には、別のふたつの夢も登場しました。この夢は、危険なことが起こるのではないかという不安を反映したもので、最初の夢のように、バランスを保つように働く要因でもあります。そのうちのひとつはもうひとりからプレッシャーを受けており、海岸の崖をよじ登りながら脅かされているあなた自身です。崖の角を回りきったあたりで砂浜に飛び降り、危険を脱したと感じたのです。

　「安心感が失われてしまったこと」に対して、支配でき融合した演じ方をするか、あるいは傷ついた被害者となって文句ばかり言ういじめっ子になるかという相反的役割は、弱めることが可能です。大いに楽しもうとする自分の欲求を知り、自分を支える「助けの手」を育てていく中で、自分のために積極的に動こうとする心理学的な立ち位置もつくられるはずです。

　ピートと別れた後でのセラピーは、このような自己に対する新しい見方を確実なものにするためのものでした。新しいダイアグラムも描き、そのダイアグラムに書き込みもしました。「自分が持っている援助の手を成長させること、自分の欲求を支持すること、何の偏見もなしに自分らしさに気づくこと」です。つまり、自分の世界、自分の対処法、どうすれば安心した生活ができるかをイメージすることなのです。自分らしさを明確にし、次の段階にどうやって進むかを考え、自分のために今なすべきことは何かを決めることに多くのエネルギーを注ぐ必要があるのです。

　最後のセッションは、自己の再探求の始まりとなるものです。他の人から自分が何と言われているのかわからない、「他者」が自分をどのように判断し自分に何を求めているのかがわからない、そのようなことへの不安が源にあります。私たちがこのような相反的役割を分担し合い、何

と言われているのかわからないと言うだけではなく、その実態を知ろうとすることの必要性を指摘しました。お互いにこの相反的役割を分担しあえる時間が持てたことがうれしかったです。

スザンナが書いた「別れの手紙」は次のようなものであった。

　ふたつの重要な夢によって、私は失われてしまっていた自分自身を取り返すため、自暴自棄になっていた自分の考え、本当は、私の大切で失われ盗まれた自己を取り戻したいという気持ちに触れることができました。これからは「気楽に」過ごしたいです。荒れ狂った海の上にそびえ立つ崖から飛び降りることによって足下のしっかりとした砂の感触を経験し、「安心感を抱く」ことによって、危険や恐怖、他の人からの要求から逃れられる夢を見ました。私は目の前に広がる自分という広大な世界を見つめようとしたのです。緑色の世界が広がり、はるか遠くまで見渡せる世界で、そこには道もなければ何の制約もありません。色づけをしながら、再びよみがえった自分への興味や関心を描いてみようと思います。
　もし、私がセラピーを受ける前に肺を検査していたら、今は肺活量が大きく増えているに違いありません。私は息を吐き出すことと同時に吸うこと、雰囲気に合わせること、そして自分自身に力を与えるようにすることを学びました。セラピーを終えるにあたり、自分ひとりでやっていけるのかということ、それに「他の人」が抱いた疑問や要求や期待に私がどれくらい痛めつけられてしまうか、どれくらい不安を感じて疲れきってしまうのかがわからなくて不安が高まってきていました。でも、わかったのです。セラピーで体験したことはすべて私の中に残っており、私は守られている中を自分の足で歩いていけばよいのです。絶対的な優しさを意味するマイトリーという概念は、非常に重要だと思います。私は、自分の人生が永遠に続くとは思っていませんが、自分自身の考え、感情、内省、行動などを受け入れ続けようと思います。時には見えなくなってしまうこともあるかもしれませんが、信頼と感謝の気持ちを持って歩んでいきたいと考えています。この対処法をずっと続けていき、より良い人生に向けた新しい旅、生き方の変化に向けた道筋をつくっていきたいと思います、このような贈り物をいただき、ありがとうございます。私はこれが私にとって永遠のもので、これから始まる新しい人生を導いてくれるもの、変化を先導してくれるものだと思います。

読者のみなさんは、ここで紹介した人たちの生い立ちが人それぞれで、そのイメージや表現する文章、個々の体験に大きな個人差があることに気づいたであろう。**自分の生い立ちは自分だけのものであり、どのようなものであってもそれは自分の生い立ちだと主張し、それを振り返る必要がある。**生い立ちには、自分がすべてのことを知らないのだから仮定として考えたものであったとしても、それを今どのように感じ、過去をどのように振り返るかという重要な要素を含んでいる（実際はどのようであったかがわかったとしても、誰もがそのできごとを同じようにとらえられるわけではない）。生い立ちには、自分の人生で起こったできごとをどのようにとらえているか、どのようなことに安心感が抱けるか、将来どのようになりたいかといったことを含めてほしい。

第 13 章　問題を起こす対処法自体に目を向け、それを変えることを目的にしよう

　この本を読み進める中で、「他者を優先したり、ある行為を避けたりするような方法で対処すれば自分は大丈夫だ」というような幼い頃の無意識的な信念に、どのように対応すべきかを考えてきた。そうすると、孤独感を抱き、従わされるか回避するかというわなにはまることとなり、選択肢が制限されたり、あるいは落ち込んでしまうかもしれない。他者を優先させることは生存のための重要な要素であるが、このような古い信念や対処法が私たちの日常生活での振る舞い方を規定し、私たちの可能性を制限してしまっている。
　第 13 章では、私たちが当たり前だと思ってしまっている対処法を見直し、実際にはどのような変化を目指すべきなのかを考える。私たちは、シルビアやジャネット、アリステアが、問題となっている対処法をどのようにしてダイアグラムで示したか、さらにはどのように変化すればよいかを見定めていったのかを調べていこう。そして、第 14 章では、アリステア、マーチン、フレダ、そしてスザンナたちが、問題を起こしている連鎖がどのようにして肥大したのかに注目しながら、作成したダイアグラムをどのように活用したのかを見ていこうと思う。
　あなたは、変化するための方法や変化の目的を見極めるため、あるいは問題となっている連鎖を認識するためにダイアグラムを作成するかもしれない。いったんダイアグラムを作成したら、常に持ち歩くとよいだろう。何か行きづまったかのように感じたり、かつての対処法や問題が再び起こりそうになったと感じた時、それらを好転させることができるからだ。好ましくない連鎖のどこに今自分がいるのかがわかることが変化の始まりとなる。とはいえ、これまでやってきた連鎖をたどっていくのは非常に困難である。**たとえ長い時間がかかっても、決して止めたり後戻りしたりしてはいけない。**第 12 章や第 13 章を読んで、自分の生活の中で修正や変化が必要な領域がどこであるか、それに注

意を集中させる方法がわかるはずだ。

　重要なことは、私たちが変えようとしているのは、わなやジレンマ、予期せぬ障害、不安定な状態を生じさせている過去に学んだ対処法であることを思い出すことである。それらが私たちの生活の可能性を狭め、問題を起こしている。どのような問題が好ましくない対処法を生み出したのかではなく、身につけてしまったその対処法そのものに焦点を当てることがきわめて重要である。表には見えないところに症状の鍵があることを忘れないようにしよう。たとえば摂食障害という問題を抱えていた場合、その根本にあるのは、すべてをだめにしてしまうのではないかという恐れを抑え込んできたこと、あるいは拒否されるのではないかという恐れのために怒りを溜め込んできたことにあるのかもしれない。それこそが今明らかにし、変化させなければならない対処法なのである。対処法を変えて、問題となっている症状を改善させようではないか。

　この他にも重要なことがある。現実的なこと、ほんの些細なことからやってみよう。骨の折れるようなことからではなく、自分ができることから始めることだ。ほんの小さなことからでも変化させることができれば、それが波及効果をもたらして、次の変化が生まれる。

シルビア

　シルビア（Sylvia）が焦点を当てた問題となっている対処法と変化の目的を図13.1に示した。

　シルビアは、何か作業をしている時に他の人に怒りが爆発しそうになったら、自分のことを振り返るように決めた。彼女は、自分が落ち込んだり悲しくなったり、あるいは自分の人生に何の意味も見いだせなくなった時にも、自分自身を見つめるようにした。彼女が子ども時代を振り返って記述したこと（282ページ）を活用して、彼女の心の中にはとても創造的な面があることに気づいた。彼女が「暴れん坊」と呼んだ面である。毎日、この暴れん坊とふれあうことにより、シルビアは落ち込むことを減らし、「成果」だけを求める自分の対処法をやめさせ、自分自身をひとりの「全体」として意識することができるようになった。欲求不満もかなり減り、怒りが爆発することもほとんどなくなったのである。

問題となっている対処法：子どもの頃に感じた苦痛を振り返るか、それともそれを「望遠鏡」で見ることで現実を避けてしまうか。
変化の目的：イスの後ろに隠れているような状況から脱して大人になったシルビアをわかってもらうことで、安心感を抱く。
問題となっている対処法：「成果重視のわな」を「望遠鏡で間接的に見る」

変化の目的：まず最初に、自分自身をひとりの全体として価値を見いだし愛すること、そして自分自身が発する声に耳を傾けること。
問題となっている対処法：周囲の人に耳を傾けずかたくなになることで自分を支配するか、あるいは後ろ髪を引かれているように感じつつ支配されるか。
変化の目的：自分自身の強さに気づき、それを信じること。あまりにも深刻に考えすぎて事態を悪化させないこと。

図 13.1　シルビアの怒りが爆発する背景にある問題となっている対処法

ジャネット

ジャネット（Janet）が描いた図（図13.2）は、問題となっている対処法と変化の目的に焦点を絞ったものである。彼女は数週間にわたってセルフモニタリングを行い、すべてを変化させることに成功した。ジャネットは、パニック障害を患っていたことから祖父母に支援を求め、短期心理療法を受けた。「他の人が望むことをしなければならない」というわな、「自分は事態を必ず悪化させてしまう」というわな、そして事態を抑え込み続ければ状況を混乱させてしまうというジレンマで悩んでいることがわかった。

さらに、非常に強く極端なもので自分でも支配できないような感情を自分が抱き、その感情も大きく揺らいで感情が空白状態になっていることを知った。

4か月の間、自分の生い立ちをもとに対応の仕方や変化の目的を熟考した後、ジャネットは精神安定剤を飲まなくても生活できるようになった。心理療法を受けて、死やパニック発作への恐怖を抱かせるような罪悪感から解放された。セラピストに宛てて最後に書いた「別れの手紙」の中で、彼女は、「今もこれからも思い通りにいかない日々が続く」が、自分が感じたことを常に言えるようになり、今までのように何ひとつ言えなかったことから解放され、自由になったことがうれしいと書いた。

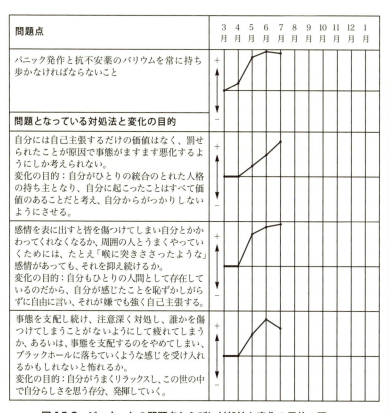

図13.2　ジャネットの問題点ならびに対処法と変化の目的の図

> ### アリステア
>
> アリステア（Alistair）が立ち向かわなければならない問題点となっている対処法と変化の目的とは、以下の通りである。
>
> 問題点１：高血圧症と慢性疲労
> 対処法：不安や恐怖、病気、死などと闘うための働き過ぎ。自分の時間が持てず、車の中でも週末でも、不安感が漏れ出してくる。
> 変化の目的：不安もはかなさも、自分が受け入れるだけの余裕をつくる。５分間のリラクゼーションを練習する。
>
> 問題点２：永遠に回転する籠に乗っているように感じ、抑うつ症に陥っている。
> 対処法：勝つために常に努力し、失敗したとか適切ではなかったという感情にうまく対処する。
> 変化の目的：
> 　(a)「厄介な問題」であることを認識すること。「厄介な問題」に対処するために積極的に関わりを持とうとしていることを認識する。
> 　(b) これらの感情がどのようにして今まで抑え込まれてきたのかを知ること。
>
> 問題点３：どうしても他の人とはリラックスして一緒にやれない。
> 対処法／変化の目的：毎日30分間ずつ自己を振り返り、気がついたことを書き留める。
>
> アリステアも自分のために、主要なわなをダイアグラムに描いてみた（図14.4, p.317）。彼の生い立ちは前述した通りである。

あなたが数か月にわたって改善すべきいくつかの問題点と変化の目的について検討するなら、巻末の評価表かウェブサイトに載せてある評定シートをコピーして使うとよい。５つの部分に分かれており、12週にわたって続く認知分析療法を受けたら、毎回のセッションで語るべきことがらである。生い立ちを書くことから始まっている。毎週、自分がどのように考えたのかを図で示すの

第 13 章　問題を起こす対処法自体に目を向け、それを変えることを目的にしよう　305

である。最初は**認識**すること、次に**停止させ修正する**こと、そして最後は**変化の目的**を達成することである。**表に現れている症状や問題点を改めることは、少なくとも最初は重要な変化の目的ではない。**

　覚えておいてほしいのは、今まで行ってきた対処法それ自体がどのようであったかをより明確に知ることが変化の目的であり、1 日に 30 分間だけでよいから自分を振り返る時間に使ってほしいのである。問題が何かに気づくことができれば、変化を目指した目的の達成に向けてより適切な対応が可能になり、どうして変化を目指したのかを考えることもできる。たとえばスザンナの場合、彼女の最初の目的は対人関係の中で「溶け込むこと」への不安や別れることで相手を傷つけてしまうという恐れに耐えることであったが、自己への気づきを数週間練習した後には、自分の感情や直観が語りかけることに素直に耳を傾けることこそが目的であると知った。彼女は、「考えてもみなかったことでも、今なら感じ取ることができる」と言ったが、自分自身の正真正銘の感情を受け入れられることこそがきわめて重要だ。これは、古い習慣を知り、それに対抗しようとした時になって初めてわかる。健康な自己が広がり始め、私たちが獲得した余裕と自己への気づきが、予想外にも自らの支えとなるのである。

　アリステアは、1 日に 30 分間ずつの自己の振り返りを行ったことで、これまでとは違って余裕を感じられるようになった。彼は、自分を支えるのに音楽を、起こったことを書き続けるために詩を選んだ。次の段階は、これらの感情を受け入れられるようになり、それらを統合し、創造的な日常生活を送るために活用することで、最終的には多様な感情と調和した生活をすることである。

リンダ

　リンダ（Linda）が抱えていた問題は、自分自身の感情のことと同時に、他者を信頼できないことであった。彼女は、心理療法に対する今の気持ちを次のように書いてくれた。

　　私が CAT を受けに来たのは、頭の中があまりにも混乱してごちゃごちゃだったからです。自分で自分のことを「変人」だと思いました。なぜ自分の人生がこれほどまでに恐ろしく混乱した状態になってしまったのか、私には理解できませんでした。父が重い精神障害を患っていたことから、子ども時代は厄介なことが続いていました。ですから、手助けを

して母親を支えるのに多くの時間が割かれていました。それに学校では、さんざんいじめられてもいました。

　10代後半になってから摂食障害と抑うつが起こり、それ以来悩み続けています。抑うつそのものは弱まってきていますが、自分のからだに後戻りできないほどのダメージを与え、ほかならぬ自分の存在自体を左右してしまう摂食障害が今は大きな問題となっています。多くの人は、それは体型を意識するからであって、治療は腹にたまるようなものを食べればよいと言うのです。誰もが、しかも医療スタッフまでも、体重を増やすことだけに目を向けています。これも重要な点のひとつですが、自分が自分ではなく「拒食症のリンダ」という存在になってしまったこと自体が問題なのです。自分が誰で、どのような人間なのかがわからなくなってしまったのです。人間関係がことのほか厄介に感じられて、誰かと気持ちを通じさせることなどできないように思えてしまうのです。世捨て人になってしまい、親と同居し、パートタイムの仕事だけを続ける、そんな人間になってしまったのです。

　セラピストと何回かCATのセッションをした後で、これまではわからず何も対処してこなかったような過去の問題が明白になりました。自分を守ろうとしてさまざまな行動をしてきましたが、セッションが進むにつれて、ゆっくりとですが防御が解かれ始め、自信が芽生え始めてきたのです。何年間も頭の中をぐるぐる巡っていたすべてのことに対して、感情がほとばしるようになりました。自分との対話をしてもひどく批判的で、自分は価値のない存在だという気持ちを引き起こすだけでした。間抜けで精神的な能力が不足しているという考えを強め、自分への怒りを長引かせていたのです。

　自分の過去を他者に伝えるのは難しく、自分が受け入れてもらっていることを知って驚きました。再構成化の過程で私がもらった手紙は、注目するものでした。「大人としての人間関係を発展させるのに、人をどうやって信頼してよいのかわからない」と書いてあったのです。自分では他の人から認めてもらおうと、気づいたことはしっかりとやっていました。相互交渉ができている限りは、うまく対処できていました。でも、他の人たちが性的なことを私に求めていることがわかってしまうと、恐怖が芽生え、自分に近づいてくる人から逃げ、拒絶してしまうのです。このことを私は深く後悔し、自己批判をしたのです。

　次にわかったことは、「恐怖への対処の仕方がわかっただけで、自分は恐怖を抑えつけられない」という考え方をしていたことです。これは、

第 13 章　問題を起こす対処法自体に目を向け、それを変えることを目的にしよう　307

　父親の病気と関連しています。幼かった頃、母親を守ることが私の務めでした。事態をさらに悪化させる怖れがあったため、父の病気のことは決して誰にも言いませんでしたし、精神疾患の烙印を押されること、そしてそのことで自分たちが判断されてしまうことを怖れていました。私は強くなければならず、ひとりで感情を抑え込んでいなければなりませんでした。不幸なことに、終わりのない猜疑心が忍び寄って来て、自分をコントロールすることを邪魔し始めたのです。親密な関係を避け、自分を防衛し、世界を狭めてしまうような健康上の問題も起こってきたのです。

　私たちは、他の人とどのように関わるかという新しい方法を見つけようとしました。そこでは本当のリンダを表現できることが大事で、他の人が求めるような自分になるのではないのです。私たちは、自分の病気に注目はしませんでした。気分が落ち込んだら健康のことだけを話すようにしたのです。

　私は、もう自分が「抑うつ症と拒食症になったリンダ」ではないことに気がつきました。私の症状は、子どもの頃から抱いている自分ではどうすることもできない感情を避けて通ろうとすることや、精神疾患を患っている父親がいることが問題の源となっているのです。どうしようとも、これらの感情を消し去ることはできません。このことがわかってからは耳には心地よい音楽が聞こえ、みんなが私のことを架空の人間ではなく生身の人間として扱ってくれるようになり、病気を通して自分のことを見つめ、本当の自分を探すようになったのです。一番大きな恐怖は、自分も精神的に不安定になっているのではないか、何ひとつ望みを抱くことができないのではないかというものでした。今は、私もひとりの人間であることをみんながわかってくれています。

　一緒に作業を進めていく中で、自分には魂があるだけでなく生きた心があることにも気づいたので、感情を肯定的に受け止めることができました。この感情を、写真を撮ったり詩を書いたりというスキルを使って表現できることがわかったのです。まさに「本当のリンダ」から感情が自由にわき起こってくるように思えました。

　私が挑戦したもうひとつの課題は、誰ひとりとして、そして何ひとつとして 100％ の完璧はないということでした。私はいつも完璧を求め続けており、そのために完璧に達しなかった時には落胆していました。ですから、「ほどほどでよいのだ」という言葉をじっくりと考えてきたのでした。

CATを受けた時間の中で私が学んだもっとも重要なことのひとつは、自分の思いを声に出してよいということ、恐怖や情動をうちに秘めたすべての問題を抑え込んでしまう必要などないということでした。私は、あなたとあなたが抱えている問題をも受け止めてくれる信頼にたる純粋な人たちが「いてくれる」ことを学びました。私がすべきことは、自分と協調しながら自分の話に耳を傾けてくれる、そういった人を探すことでした。

最後のセッションで、私は「さよなら」の詩を書きました。24回にわたるセッションにかけた時間と労力に心からの感謝を込めて書いたものです。セラピストに対しては、ひとりの友人として尊敬してきました。心の底からの信頼をつくることができ、さらには私のパーソナリティがはっきりと現れるように仕向けてくれたことは、私にとって幸運でした。

さよなら

何と言ったらよいのか……ようやく親しくなることができたのに。

でもまた再び、自分が言うべきこと、やるべきことは終えたので、ひとりで外の世界に向かっていきます。

私たちの出会いはさまざまな思いを抱かせ、中にはすでにわかっていたものもありました。

でもここに来てあなたに話すことは、特権でもあり名誉でもありました。

わかったことのひとつは、自分のやり方をもっとありのままに表現してよいということでした。

私はドラマの花形女優では必ずしもありませんし、舞台に立ったことすらありません。

33年間、自分を疑い、自分のことを厳しく批判してきました。

自分は良くない人間だと簡単に考えてしまい、頭の中は恥ずかしさでいっぱいでした。

自分が父親と同じ病気になるのではないかと心配でした。

そんな悪魔のような考えがあったので、容易に自分は悪い人間と思ってしまうのです。

スティーブのように、24週間ずっとあなたに秘密を打ち明けてきました。

考えたことを口に出す機会ができ、ここでは何を話しても自由なのです。

話すことで自分が自由になれる、そのことの重要性を自分でわかっていませんでした。

そのかわり沈黙の中でひとり闘っていました。実際に自分を傷つけながらでしたが。

何もかも完璧にしなければならないという錯覚とともに生きていたことに気づきました。

それはありえないことだとわかっても、日常生活では同じことを繰り返していたのです。

自分の地図の中のどこか新しい場所に向かって、どのように向かっていけばよいのでしょうか。

自分が「ほどほどだ」と思えるような場所で、たいしたものではないと自分では軽視してしまっていたような場所です。

時間をかけて、その場所へ向かう手段を見つけたいのです。

その場所に行っても、もうあなたと話すことはできません。本当にあなたのことを懐かしく思うでしょう。

何が起こるか心配でなりません。私の話を親身になって聞いてくれる友人を、まだ見つけられていないからです。

私がいろいろなことを考え、いろいろな問題を起こしたので、私の人生は好転させるのがとても大変です。

でも今は少なくとも、私の痛みを家族がなぜ癒せなかったのかが納得できました。

激しく降る雨のように生き生きとした外の世界に、誰かと向きあわなければいけないのです。

私は「さよなら」という言葉が憎いです。あなたが遠くへ行ってしまい、亡くなってしまうように感じるからです。

でも、あなたがたとえ生きていたとしても、私の人生で主役を演じることはできません。

私たちが話したことすべてに、私自身が同意したわけではありません。

自分で挑戦し、笑い、冗談を言うのが好きです。そうすれば、あなたが会いに来てくれそうだからです。

私のことをひとりの生身の人間として受け入れてくれる人に会いたいです。

私の恐ろしげな欠点によって拒絶されないように、熱心なファンを持つようなものです。

私は自分がやっていることを恥ずかしく思う必要がないとだんだんとわかってきました。

外に出て隠れる必要はないのです。みなこのような私のことを受け入

れてくれるのですから。
　私の過去をすべてわかってくれたことに、今、「ありがとう」と言いたいです。
　心の最も奥深くにある考えを共有し、たくさん笑ったことを楽しみましょう。
　でも、私のことを受け入れてもらえたことで、魂の中に隠れていた感情が呼び覚まされました。
　別の面を表すこと、それを誇りに思うこと、そして私のすべてを表すことに自信を与えてくれました。

(Linda, 2009)

(リンダの事例のすべては www.uk.sagepub.com/change4 で見ることができる)

第 14 章　ポケットの中にダイアグラムを入れておこう

　第 14 章では、心の中にある葛藤にどのように対処するかを表すダイアグラムの描き方について考える。ダイアグラムを描いてみると、自分自身がさまざまな感情や重大な苦痛にどのように対処してきたのかを正確に理解するのに非常に役立つ。

　相反的役割は状況に応じて急に変化する傾向があり、そのことを理解しておかなければならないが、このような相反的役割を表すような言葉を見つけることが最初に必要となる。その次に必要になるのは、幼い頃に受けたパターンや努力したりなだめてきたりしたパターンに対処する方法を考えることである。このように考えてみると、自分にとって重大な苦痛とは何かを思い出し、わなやジレンマ、予期せぬ障害、不安定な状態のひとつひとつがその苦痛をどのように維持しているのか、より深刻な情動的な苦痛から私たちを解放させることができない連鎖に、私たちがいかにとらわれてしまっているのかを見極める必要がある。

　心理療法で記録されたファイルや性格構造検査（付録 3 に記載されたウェブサイトで紹介されている PSQ 参照）からわかったことを説明する状況を想定して、ダイアグラムを書き始めよう。まずは一緒に、苦痛の源となっている相反的役割や対処法を表す最適な言葉を見つけよう。図 14.1 にあるように、最初にふたつか 3 つの箱を描いてみる。自分にとって問題となっていると思われる相反的役割をいくつか選ぶ。ひとつの箱に健康な自己と健康な相反的役割を書き込む。たとえば、耳を傾けるのか耳を傾けられるのか、親切にするのか親切にされるのか、介護をするのか介護をされるのか、などである。

　重大な苦痛をもたらす感情をどのように書けばよいかで迷うかもしれない。フレダは、自分には価値がなく拒絶されているという自らの苦痛を奪われるか奪うかという相反的役割があるからだと書いた。利用するのか利用されるのかとも書いた。彼女は、父からも母からも絶対的な愛を受けたことがなく、「親

312　PART 7　自分を変える

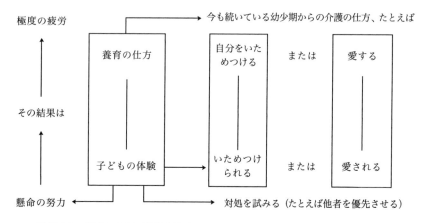

図 14.1　学習した相反的役割をもとにした「介護の仕方と子どもの反応」の例

のような役を演じる子ども」という立場を幼いときからとらざるをえず、母親の喪失感と抑うつの原因が自分にあると考え、魔術的な罪悪感を抱いていた。また、怒りが自分自身に向けられ、それを表出する唯一の手段が摂食障害であったことから、抑え込み支配するのか、抑え込まれ支配され制限されるのかという状況になっていることも理解していた。つまり、拒絶するのか価値がないとして拒絶されるのか、あるいは慰めながら支配するのか支配されたままで罪悪感を保ち続けるのかという中で、決めかねる状況に陥っていたのである。

　苦痛を表現する言葉を探すには、自分の中にある最大の恐怖や、あまりにも強い苦痛のために圧倒されてしまった経験を振り返る必要がある。子どもの頃に戻ったことを想像し、自分が体験した苦痛を表すような言葉を見つけてみよう。身につけていた対処法を使って、その苦痛から逃げようとしていた時の感情が出てくるに違いない。

　そのような言葉の例を挙げてみると、

　　怖かった、おびえた、失った、無視された、忘れられた、奪われた、虐待された、捨てられた、拒絶された、孤独であった、痛かった（身体的、精神的、感情的に）、怒った、怒り狂った、激怒した、つばを吐いた、金切り声をあげた、叫び声をあげた、泣いた、鋭く叫びたてた、陥れられた、いじめられた、じらされた、しいたげられた、憧れた、待たされた（母や父や誰かに抱きしめてもらうため、再び愛されるため、抱き上げてもらうた

め、介護をしてもらうため)、空腹、飢え、むなしさ、貧しい、一生懸命

　自分の心の中にずっとあったことを表す最適な言葉を探してほしい。自分がどのような感情を抱いていたかを表すために、別の言葉を選ぶのもよい。もしも探すのが難しければ、今挙げたような言葉やアイデアを自分なりによく考えてみよう。それが、自分にとっての苦痛をどのように表現すればよいかを自分自身に無意識のうちに伝えることになる。苦痛を長年抱き続けてきた相反的役割は、自然に発生したものである。それはイメージや言葉、あるいは夢となって生まれた。あるいは、自分が抱いていた感情に触れ、正確な記述をしようとした時に、その言葉に出会うかもしれない。

　私たちが抱いた苦痛がどのような特徴を持っているかは、その苦痛を維持している相反的役割が何であるかを表現することによって述べることが可能な場合もある。たとえば、あまりにも多くを求めようとする完璧主義者の相反的役割は、厳しい判断を下す自己にどう対処するかというもので、そこで体験される苦痛は恥であり価値のないものに過ぎない。

　自分のダイアグラムをつくる次の段階は、わなやジレンマや予期せぬ障害をつくり出してきた重大な苦痛が、どのようにして生き続けてきたのかを記述することであり、次に何が起こるかという連鎖を示す矢印を書き入れることである。自分らしく生きていこうとすると、重大な苦痛を呼び起こすような好ましくない連鎖に再突入しがちである。

フレダ

　フレダのダイアグラム（図14.2）を見ると、拒絶されたり奪い去られたりといった苦痛に対して、最初は他者を優先させることで対処していたが、抑うつ感を抱き自分に価値が見いだせなくなったりして、もはや自分の感情をなだめすかすことさえできなくなって、ついには過食によって対処していたことがわかるだろう。彼女のダイアグラムにはどのような対処法を用いていたかを示してあるが、幼かった頃には効果的であっても大人になると実際には悪循環のわなにはまってしまうようなものや、ジレンマに陥るようなものもある。かつてやっていた対処法は、結局のところ心の中に苦痛を呼び起こさせただけである。

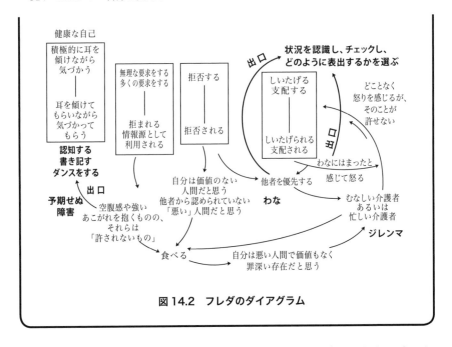

図14.2　フレダのダイアグラム

　フレダは、「他者が望むように行動する」というわなが自分の抑うつ症をなかなか治らないものにしており、それが自分の生活を制約していることがわかった。ダイアグラムを毎日活用することで、自分がどのような状況で困難や葛藤を感じているのかを正確に知ることができた。むなしさ、それに罪悪感を生み出した「自分は悪者だ」という感情に対処するための過食は、自分で自分を罰するような行為であり、孤独感を感じるだけである。彼女は自分が持っていた創造的な技能をあえて使わないようにして、自分の生活を「狭めて」しまっていたのである。自分がつくった地図から脱出するための出口は、自分の人生は自分で決めるというように、自分なら対処できるという能力を信じることを通してわかるものだ。だからこそ、他者のために自らをなだめすかしつつ対処するのではなく、自分自身あるいは具体的には自分の生活をどうしたいかという将来に向けた枠組みをつくっていく自然な技能としてとらえられ始めたのである。

　自分のダイアグラムは、複雑なものにしてはいけない。自分のためになることこそがもっとも重要なのだ。

　もし何かを避けているのがわかったら、図14.3に示したマーチンの回避の

ダイアグラムのように、どうして避けているのか、その本当の感情を見つけ出そう。これからの人生で避け続けるにはどのような方法があるか、記入してみよう。

マーチン

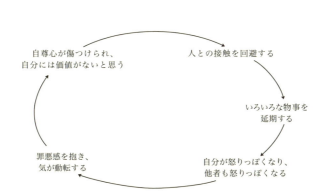

図 14.3 マーチンがとった回避のダイアグラム

　マーチン（Martin）は、気分が大きく変動することと強迫観念で悩んでおり、とりわけ「洗礼」という言葉に夢中になっていた。彼は抑うつ症が始まる1年前に洗礼を受け、自分自身の欲求や献身的な態度を示すことがきわめて重要なことがらとなっていた。しかし、妻や母の要望に反して洗礼を受けたと考えていたため、そのことに常に罪悪感を感じていた。彼が描いたダイアグラムには、自分から見て「完璧」であったり強者であると思った他者を優先するか、あるいは「完璧」と思われるような水準に達するように自ら一生懸命働くか、生き延びようと考えた自己がそのどちらを選ぶのかを示している。両方のやり方とも、健康な自己が自由に活動し自然な発達を遂げるのを妨げてしまい、危険なほどまで疲労困憊させうる。彼が悩んだのは、本来の自分らしさを追求するのか、あるいは母や妻のような自分の人生できわめて重要で影響力の強いふたりの人物と、罪悪感を感じたとしても争うのかであった。母の死後、彼の抑うつ症がもっとも強くなり始めた。母親からの強い呪縛から解き放たれたとはしても、未だに彼

の中では制約するか制約されるかという相反的役割の間で悩んだままであったのだ。このことがパニックを引き起こし、自分らしくなりたいと自由を求めていたことに罪悪感を感じた。ただし彼の罪悪感は意識的なものではなかった。だからこそ、ダイアグラムを書いたのであって、いろいろなできごと、いろいろな人々に対して否定的な感情を常に抱いてしまったことがどれくらいひどいことなのかが理解できた。どれほど些細なものであっても否定的な考えを持った時にはいつも、自分に対して嫌悪感を抱くか、あるいは「洗礼」を受けたのだからという理由で自分を否定して、罪の意識を感じていた。

　抑うつ症になってからのもっともすばらしい体験のひとつは、抑うつ症から脱出する道筋を見つけたことである。たとえ「洗礼」という言葉が絶対的なものとして自分が「善良」ではない罰として用いられたとしても、マーチンは、彼の本当の自己が「再び生まれ」、罪悪感なしに怒りの感情を自由に表現できるようになることが必要であった。

　マーチンは、自分の気分が非常に大きく揺れ動くのを食い止めるように自らを支配してみたところ、夫婦関係の中で自分自身の自由な動きを制約してしまう妻のやり方がどのようなものであるのかを明らかにできた。それによって、もともとは母から受けていた制約を妻が受け継いでしまったこともわかった。自分が自由に行動できないことが、かえって自分は守られて安心できると思わせてしまい、妻と別れて自分の判断で行動しなければならない状況になると、彼はパニックに陥ることになる。同時に、このような制約を受けたら、彼は腹を立て、わなにはまったと感じ、また元の「小さな少年」に後戻りすることにもなりうる。長い時間をかけて彼はこのような変化を実現させ、今では罪悪感を持つこともなく、幅広い感情を抱けるようになった。意味のある人生を送るためには、彼は「完璧」を求めようとしなかったし、世の中の中心にいようともしなかった。

アリステア

　アリステアは、今でも生い立ちとダイアグラムを書き続けている（図14.4参照）。彼は、過剰なほどの努力を続けて自らを支配し続けてきたため、自分を振り返る時間もなければ、頭に思い浮かんだことを普通に考え

第14章 ポケットの中にダイアグラムを入れておこう 317

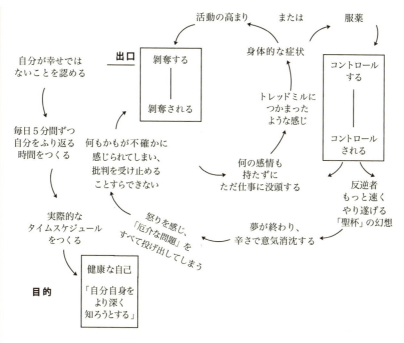

図14.4 アリステアのダイアグラム

ることもできなかった。彼は、幼い頃に自らの意思で動こうとする気持ち
をすべて抑え込まなければならなかった。その理由の大半は、家族の雰囲
気が非常に張りつめた感じであり、それに両親がほとんど不在だったから
だ。彼は非常に賢い年長者であった。だから、もし勝つために自分が努力
しなかったら、無視され、「落伍者」と見られてしまうことを早くに悟って
しまっていた。そのため、自分がしっかりと支配できないような感情を抱
いたらだめだと考えていた。私たちと出会った時、彼は感情の支配がきか
なくなることを恐れて、感情の表出を完璧に閉ざしてしまっていた。だが、
「奇妙な考え」や夢、健康な自己に関する非合理的な恐怖、さらにはふたり
の親しかった友人が突然亡くなって激しい恐れを抱いたことで、それらの
感情が「漏れ出してきた」。
　アリステアは、今では、自分がどれほど不幸であったかを認識し、自分
の人生の中でどのように対処していけばよいかを見つめることができてい
る。このような認識ができたことで、自分の仕事を振り返ることも可能に
なった（彼は、毎朝5時から14時間の労働をしていたのである）。以前

の彼は「自動的」に動くだけであった。そのため、内面での欲求が原因で十二指腸潰瘍のような健康上の問題を起こしたのだ。しかし彼は、ゆっくり潰瘍を治癒させようとは考えず、ストレスが高まったことでこのような症状となって現れたことの全体像をとらえようとはしなかった。自分の欲求や大変な状況にあることを否定し続けたら、さらに深刻な身体的危機を招いてしまったに違いない。

カレン

カレン（Karen）のダイアグラムを図 14.5 に示した。カレンは、薬物の過剰摂取を繰り返した後、心理療法を勧められてやってきた。彼女は、男性とすぐに確実な関係を築こうとするために、数週間後には劇的な幕切れを迎えてしまう。カレンはまだ 18 歳にすぎなかったが、過去 2 年ほどの間に不慮の事故に 5 回ほどかかわってしまっていた。彼女の家族は不安定な生活をしていて、彼女は 4 歳の時に養女に出され、8 歳の時には関係の不和が続いていたカップルの養女となった。彼女の周りには家族や友だちがい

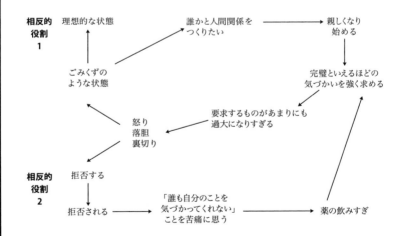

図 14.5　カレンが描いたダイアグラム
ふたつの相反的役割が示すパターンの相違を示している。

たものの、どこに行っても決して安定した関係ではなかった。ふたりの「叔父」からは性的虐待を受け、混乱した感情を自ら支配しようと過食と拒食を繰り返すようになった。その結果、中学校に入学する時点までには友人関係はすべてなくなり、自分は価値のない人間で誰かから愛されることなど決してないと思うようになってしまっていた。実際、誰ひとりとして彼女を必要としていなかったし、愛することもなかった。彼女が自分と同一視したものはロマンチックな小説上の話であり、私たちが「完璧な養育の仕方」と呼ぶような愛情に満ちた理想的な関係だった。

ダイアグラムを描いたことで、彼女は薬物の過剰な摂取を招いた人間関係に関わる反応様式がどうであったのかが容易に理解できた。ある程度の精神的な安定をもたらしたが、結果として今の対処法がなぜ、どのようにして生まれたのかがわかり、自分が愛情を持って接してもらえるような対応をするようになった。このダイアグラムは、過食と拒食にどのような対処法が関係しているのかをカレン自身が理解する助けとなった。彼女がセラピーを通してやり始めたことで、幼い頃に体験した喪失と剥奪の悲しみが理想の姿とどのように置き換わったのか、どうして愛情のある対応をしてもらえずに自分の欲求を満たせなくなったのかを考えるようになった。

スザンナ

私たちは第12章でスザンナ（Susannah）の生い立ちを知った。図14.6（a）を見ると、セラピーを通して彼女が何をしてきたのかがわかる。図14.6（b）を見ると、マインドフルネスによって自己の振り返りを行いながら、どのようにして健康な自己を探求し、それを充実させてきたか、感情的な欲求を満たすため、象徴的な言葉でいえば「自分を支える自分の腕」をどのように活用しているかがわかる。スザンナは、このふたつ目のダイアグラムをポケットの中に入れて持ち歩き、ばらばらになった自分を結びつけるマインドフルネスに注意を払うことをいつでも思い出せるように、自己のケアに用いた。

320　PART 7　自分を変える

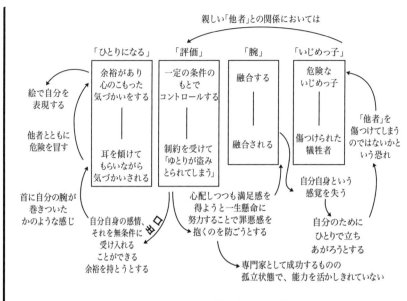

図 14.6（a）　スザンナが描いた最初のダイアグラム

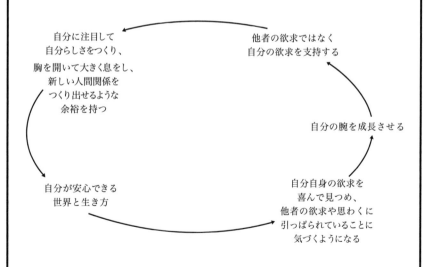

図 14.6（b）　セラピーを受けた後のスザンナの健康な自己を示したダイアグラム

この章で示したそれぞれのダイアグラムをもう一度見てみよう。各段階からは矢印が伸び、次の段階につながっている。わなの場合、対処法は感情的な苦痛に戻ることであり、時には大きく遠回りして戻っている。AかBか、あるいはAをしたらBになってしまうといったジレンマの場合も不均衡状態をもたらし、これが苦痛に戻る原因となる。予期せぬ障害は、四六時中その苦痛を抱き続ける傾向にある。そこからの出口は、古い対処法をただたんに止め、その方法を再認識することで可能になる。古い対処法を修正し、これまでとは違ったやり方を試してみる。出てみれば、心に余裕を持ちつつ自己を振り返る時間が生まれる。このことも、健康な自己を豊かにする始まりとなる。

　もし自分がばらばらになっていて常に変化している自分の状態を理解しようとしたら、まずは PART 5 に戻りグラハムとデイブが描いたそのダイアグラムを見るとよい。色のついた紙を探し、一番上に「健康な自己」と書き、その下に「観察している自分と観察されている自分」を書く。次に、色のついた紙かカードをたくさん用意し、相反的役割を行っていることがわかった自分の状態を1枚にひとつずつ書いていく。以前は気がつかなかった状態に気づいた時のために、白紙のカードも用意しておく。それらを集め、次の状態に導くようなものがあるかどうかを見る。もしもそのようなものが見つかったら、状態同士を矢印で結ぶ。自分が特別な状態にいることがわかると、矢印を逆にたどっていけば、どうしてそのような状態になってしまうのかがわかるはずだ。明確な状態がなく混乱していることがわかったら、今自分は健康な自己の状態にあると考えるようにし、自分のことを観察している自分をイメージし、そこに注意を集中させるようにするのだ。時間をかけると、このような状態からの別の出口も見えてくるだろう。

第15章　変化していくための方法

　これまでは自分の生い立ちをどのように記すか、変化するという目標を達成するには問題にどのように対処するか、変化を目指してそこから脱出するためのダイアグラムをどうつくっていくかについて述べてきた。さらには、これらのダイアグラムを毎日よく見て、問題となった領域について自分自身を振り返ることを勧めてきた。
　自分が次にどうすべきかを考えることは、私たち自身が探し求めている変化をどのように達成するかということでもある。私たちが繰り返してきた習慣がこれからもずっと続くようなら、どのように変えていけばよいのだろうか。3つの点で考えてみよう。

　1．人間の心は、通常考えられているよりも、はるか遠くまで見通したり、探索したり、鍛錬したりすることができる。ひとたび自己への気づきや気づきを強めるマインドフルネスの訓練を始めると、これまで考えていた以上に自分を知ることができる。
　2．波及効果である。池に小さな石を投げ入れれば、波紋が遠くまで達する。たとえわなやジレンマのような小さなことでも変化させれば、それ以外の面でも自然と変化していくものだ。
　3．古代の老荘思想のような哲学的思考や現代の心理学は、ともに自然を理解しようとする。人間も自然の一部とみなされ、自然は孤立状態を避ける。ホメオスタシスの原理は運動とバランスを意味し、固定したり不均衡状態になったりすることを阻止する。人生は私たちを刺激して、バランスをとるようにさせる。私たちを目覚めさせ、自己への気づきを高める。もし私たちが、この原理に関して「時代の流れに従おうとする」のであれば、明と暗、陽と陰、灰色と青というような色相が異なる色を包括するような方法を見いだすことができる。

第 15 章　変化していくための方法

　おそらくあなたは「精神的な衝撃」を受け、だからこそ今この本を読んでいるのだ。この本自体があなたを目覚めさせるであろう。またおそらく、すでにわずかながら知ってはいるものの言葉になっていないようなことが明確になるだろう。もし変化を求め、変化によって健康な自己が今よりも雄大なものになるなら、この空間を充実させることが自分を支えることにつながる。だからこそ私たちは、しばしば変化の恐怖にとりつかれてしまい、他者の思うことに制約される。仏教哲学によれば、私たちは、自分が求めるものをすでにすべて持っており、持っていることがわかっていないに過ぎない。私たちが自分を映す鏡の汚れを拭き取れば、自分自身をより明確に知るための良いスタートが切れる。

　意識して自分を変化させるにはさまざまな方法がある。支援してくれる心理療法にも多様な技法がある。本章では、これらの点について見ていこう。**変化に向けた唯一絶対という方法などはない。もっとも良い方法は、自分を変化させることができた方法なのである。**

　ここでは、変化を起こさせる方法を、**能動的**な方法とその結果として**間接的**に起こることに焦点をあてた方法に分けてみた。

変化を起こさせる方法

セルフモニタリング

　私たちは、本書を通してセルフモニタリングの方法について述べ、今までとは違った対処法に早く気づけるように考えてきた。抑圧的や否定的な考え、「誰かが望むことを率先してやる」というわなのように、何か特別な面を振り返ってみるのが最善の方法である。持ち運びができて、簡単に書き留められるような小さなノートを買おう。わなにひっかかったりジレンマに陥ったりしていることがわかったら、日時と場所、もし誰かと一緒であったらその人の名前、どのようなことが起こったのか、**そのとき何を考えどのような感情を抱いたのかを書き留めておこう。**まずは1週間、このノートを使ってみることである。数週間このモニタリングを続ければ、自分の中である種の限られた対処法

しか取っていないことがわかるはずだ。

　セルフモニタリングの主要な目的は、自分がどのような対処法をとっているのかに今より敏感に気づかせることである。気づきが高まれば、あるできごとによって自分や他者の反応がどうなるかを敏感に感じ取れるようになる。と同時に、ひとたびどのような対応がなされているのかが理解できれば、やがては変化の過程を停止させたり進ませたりさせることも可能になる。

　では、何をモニタリングするか。不適切な考え、奇妙な文章、違和感のある感じかた、強迫的な言葉や行為、頭痛や耳鳴りや首の痛みや吐き気といった身体症状、健忘症、離人症（自分が自分でないような、自分という感覚を失った状態）、不安、恐怖感、外出の拒否、食事のとりかた、突然の気分の変化。これらをモニタリングすれば、自分自身が今よりも明確に見えてくるに違いない。

　変化を始めるにあたって自分用のノートを手に入れて、記入したらそれを読んでみて、繰り返し使われる言葉や文章をひとつかふたつ選び出しなさい。また、どのようなテーマ、人物、日時や場所がモニタリングによって繰り返し出てきたのかを考えてみよう。たとえばセルフモニタリングを通して、自分の意思を表明できなくなるといつでも耳鳴りが強くなることを知った人もいる。ただ受け身でいたり、自分をなぐさめる手段になるだけではなく、自分自身を積極的に表現するきっかけとなるはずだ。

記録をつける

　大きなノート、あるいは特別な種類のノート、もしくは固い表紙のエクササイズ帳を使って自分が考えたことや夢、アイデアなどを書いてみよう。これは、自分の内面の変化、具体的には感じたことや体験したこと、周囲の物事に対して抱いた考え、自分を深く知ろうとしていく中で起こったことなどを記録するためのものである。感情が高ぶったり、何かアイデアが浮かんだりした時などはまさに、毎日喜んでここに記録をつけていくだろう。

　自分のことを振り返ったり評価することもあれば、危機を感じたり意気消沈したりすることもある。さらには、シンボルや隠喩やイメージを使って表現しようとする場合もあるだろう。詩や散文を書いたり、心に浮かんだりしたこと、まさに溢れ出ようとしていたものをありのまま書く人もいる。自分に起こったことをとりとめもなく書いたり、絵にしたり、色づけしたりするのが好きな人

もいる。どのような表現方法であれ、たとえ周囲からは奇異に見えたとしても、それをやめてはいけない。自分がやりたいように、自分の内面で起こったことを記録してみよう。最初のうちはよくわからずうまくできないかもしれないが、やっていく中で時には書いたものを見返したりするうちに、自分の内的世界ときわめて重要な結びつきを持っていることが理解でき、自分が探していたものの持つ意味がわかるはずだ。

マインドフルネス

　本書の最初のほうで述べたマインドフルネスは、東洋の精神修行から生まれた古典的な練習法である。現代の西洋社会でも、その意義が認識されてきている。練習それ自体は、自己への意識の集中からなる。マインドフルネスの対象を何にするかを選び、変化させたり支配したりしようとはせずに、それに意識を集中させる。マインドフルネスの対象は、音やイメージ、感覚、身体、あるいは呼吸であるかもしれない。マインドフルネスの目的は精神過程、つまり私たちの多くが罹っている何でも早くやろうとする急ぎ病をゆっくりとしたものにさせることにある。マインドフルネスの練習では、さまざまな考えが浮かんだり消えたりすることを許し、そのような考えに自ら気づき、「まさに今抱いているものだ」としてそれらの考えを理解し、マインドフルネスの対象に立ち返らせる。考えたことに従って行動することを求めていないので、自分の考えが絶対だと思わないようになる。マインドフルネスが達成されてもたいしたことには思えないかもしれないが、時間をかけて実践していく中で平穏が得られ、自分の生活に対する見方がより明晰になる。マインドフルネスは、能動的な方法というよりも結果として起こる変化を重視しており、どこかに出かけ、何かを達成することを目指して考案されたものではない。アマンダ（p.195 参照）が抑うつ状態に陥った時に見いだしたように、「どこかに出かけ、何かができるようになれば、その時に抑うつから解放される」ことを目指している。

　ベトナムの禅仏教徒で教師でもあるティック・ニャット・ハンは、マインドフルネスの練習によって充実感が高まると著作の中で述べており、講演の中で話もしている。彼が言うのは、自分の中の健康な自己に立ち戻ろうということだ。この練習によって、自分の健康な自己が豊かになり、危機を感じた時に自分が考えたことや感じたことばかりに心が奪われてしまうのではなく、そのよ

うな時こそ練習を続けるほうがよいことが学べる。これは、危機に際して動揺しないとか、何も感じなくなるというのではない。マインドフルネスは、自分が体験したことを感じ、処理し、表現する手段を提案する。たとえそれが目的ではないにせよ、私たちの生活に平和や安静をもたらしてくれる。

アマンダとスザンナのふたりが困難な感情を抱いてしまっている現状への対処法を考える時に、マインドフルネスをどのように活用したかが読み取れるだろう。

付録2と関連するウェブサイト（www.uk.sagepub.com/change4）では、呼吸のマインドフルネス、無条件の優しさとその優しさを愛する瞑想、さらにはからだとイスのエクササイズなど、自分で試すことができるマインドフルネスの実践法が紹介されている。

本書でマインドフルネスの学び方についてこれ以上詳しく述べることは難しいが、ウェブサイト上に参考図書を紹介してあるので参考になるに違いない。

フォーカシング

マインドフルネスに近いもうひとつの練習法がフォーカシングである。フォーカシングは、自分が体験したことを生き生きとしたものとして残しやすくする。この技法は、（カール・ロジャーズ〈Carl Rogers〉の弟子である）ユージン・ジェンドリン（Eugene Gendlin, 1996）によって開発され、マインドフルネスと密接に関連していることを指摘したジョン・ウェルウッド（John Welwood）によりさらに洗練されたものとなった。ここでは、苦痛を言葉にならない意味のある言葉、言い換えればフェルト・センス（フォーカシングの過程で気づく体の内部に生じるある特別な感じで、言葉やイメージでは表現することはできないが、確かな身体感覚として感じることができるもの）を通して結びつける。フォーカシング簡便法では、判断し変化させようとすることなしに最初に表現されたものを繰り返し探求しながら、からだの感覚や感情や言葉をそのままの状態に保つように求める。ニジェール・ウェリングス（Nigel Wellings）による『失うものは何もない（Nothing to Lose）』では、次のように書かれている。

フォーカシングは、瞬間瞬間でなされ、私たちの自己への気づきを実際の体験に近づけていく。まさに今私は、喉が締めつけられるような感じがしており、がみがみ声になっている。もし私がこのままにしていたら、こ

れまでは隠れていたおどおどした感じがより強くなるだろう。だが、それも次第に消え失せていくはずだ。このように、フォーカシングの技法を1分間用いるだけで、私はふたつのことを知ることができた。本当に自分を悩ませていたものは何かということと、自分が直接体験したことがどのように始まりどのように終わりを迎えるかを目撃したことである。(Wellings and Wilde McCormick, 2005)

以下はフォーカシングで用いられる段階で、自分で行ってもよいし、コ・カウンセラーとともに行ってもよい。

1．間を置く

私たちは、最近どのようなことが気になっているかと自問する。そうすると、何かしら「気がかりなこと」が浮かんでくる。自分のからだ、とりわけ胴や胸、みぞおちの部分の様子を自分なりに観察し、その根本のところに何があるかに注意を集中させる。そして、フェルト・センスが出てくるかどうかを見る。もしも複数のフェルト・センスが出てきたら、より多くの注意を払う必要があるものを見つめるようにする。

2．フェルト・センス

もしもフェルト・センスが明確にならなければ、今はそれでよいとする。気になっているものの曖昧なままになっているものを見つめるようにする。ただし、それがより明確なものになるように、適切な心理的距離は保っておく必要がある。

3．見出しをつける

次に、気になっていることがどのようなものかを見極める。曖昧なフェルト・センスから生まれる言葉や句、イメージを大切にする。困った、厄介だ、うなった、尻込みした、もう十分だといったフェルト・センスの質を表すような言葉である。言葉が出てくるように、可能な限りフェルト・センスをそのままにしておく。(なお、ここでの作業は概念的に言葉を選んだりラベルづけをしたりするのとは異なる)

4．共鳴させる

言葉や句やイメージが、本当にフェルト・センスに対してぴったりするかどうかをチェックする。変化はこの過程の中で起こる。完全にぴったりあうまで、

丹念に選ぶ作業を続けなさい。ぴったりあうと、小さくため息が出たり、「これだ」という感覚が起こったりする。そのための時間は惜しまず、身体的なフェルト・センスがどのように現れているかをもとに、感情が完璧にぴったりするまで続ける。

5．問いかける

私たちに実際に何か起こることと意識的に連動させながらエネルギーの解放を行うと、自分が今置かれている状況がより深く理解できる。さらに私たちは自分に問いかける。「このフェルト・センスが必要としているのは何か」。その答えが合理的な考えからではなく、フェルト・センス自体から出てくることが重要である。時間を十分にかけてもよい。その答えがフェルト・センスから発せられた時に、フェルト・シフトが起こる。これは、身体的な満足感と結びつきをつくれたという感覚をともなっている。

6．受容する

たとえ大きくても小さくても、体験し、分かち合えた過程を受け容れよう。この時点ではまだ明確ではないが、本当の受容は時間経過によってなされるようになる。

7．振り返る

毎日、意識的に振り返る時間を持とう。コ・カウンセリングでは、ともにフォーカシングを行っている者も同じ状態になっているかどうかをチェックしてみよう。

イメージ、視覚化、能動的な想像、そして身体の変化

自分の想像力を効果的かつ安全に活用しうる場面は数多くある。たとえ多くの人が「自分には想像力がない」と口では言ったとしても、実際にはすべての人が持っている力である。あなたの想像力を調べてみよう。数分間目を閉じ、上体を反らしてイスに座り、想像してみよう。果物かごからレモンをひとつ取り出した。レモンをまな板の上に置き、引き出しから鋭いナイフを取り出した。ナイフでレモンを半分に切った。そのひとつをつまんで、口の中に入れた。何が起こるか考えてみよう。口の中には唾液が出ているか。顔をしかめているか。舌は丸まっているか。もしもそれが起こっていたら、からだ全体で自分がレモンをかじった時の反応を想像したのである。視覚的にはレモンがないのだから、

そのような反応はどこからきたのか。まさに想像力なのである。

　否定的な考えや自分にダメージを与えるような見方は、私たちの思考と、より具体的でより劇的なものにさせる想像力を結びつけることによって永続的なものになる。恐怖症や不安傾向がある場合にもっとも繰り返されやすい否定的な考えは、「それは、また起こる」という言葉に現れる。恐怖を抱き、その恐怖から逃れようとしている人の多くは、「もし、……」というように、自分に起こることを想像する。彼らは、こうも言うだろう。「それはできないよ。……病気になってしまう。……落ち込んでしまうよ。……だれかが私の後でやってくれるよ」。私たちが抱くイメージには、試験の日の女子生徒のように最悪の問題を想像するような場合から、病理学的に問題があるほどの嫉妬心を抱いた夫婦が架空の愛人を思い描いているような場合まである。

　芸術や音楽の世界を除けば、想像力はしばしば余計なものとして排除されたり、取るに足らないものと思われたりしている。だから、「想像力なんて……」と言われる。そうでなければ、非科学的なゆえに想像は危険なものだと考える。医療や心理学では日陰に置かれているような言葉だ。想像力は、恐れられることも多い。この10年ほど、心理学やセラピーの領域では「偽記憶」について論議されてきた。これはセラピーの中で出てくる想像や体験が文字通り真実を示すものなのかどうか、セラピストによって想像の過程が誤って解釈された結果なのではないかということに論議の重点が置かれている。記憶は常に選択的であり、気まぐれな特徴を持っている。イメージと感覚は、フォーカシングの節で見たように、それ自身が意味のある個人的な世界が背景にある。私たちが必要としているのは、その想像したものの使い方である。自分の想像力が生み出したものを過剰に評価したり不当に扱ったりしないこと、あるいは出てきたイメージや感覚を文字どおりに扱うことが必要になる。

　もしあなたがこの本のエクササイズを通して困難で苦痛に満ちた記憶を思い出したら、つまりフラッシュバックを起こしたら、とくに暴力や虐待の場合は、とてもゆっくりとした速さでエクササイズを進めることだ。それに、安心でき、あなたの欲求を重んじてくれて、一緒にやってくれるのにふさわしい人を探してみよう。

　想像には大きな力があり、何かがきっかけとなって、何年も前のできごとのイメージを思い出させる。レモンを想像しただけで、どのようにして唾液分泌が起こったのかをみてきた。想像するだけで、広場恐怖の怖さやパニック発作

の不安が再現される。もし、想像したからこのようなことが生じたのなら、変化を起こす源として使うことも可能であり、肯定的に活用させることができる。

　自分のノートを手に取って読んでみよう。よく使ったイメージや言葉、よく用いた「私は……のように感じました」とか「それはまさに……のようでした」といった表現があるに違いない。自分がイメージを抱き、すでに想像の世界に入っていることがわかるはずだ。たとえば、散歩に出かけたら、木や植物の名前を見つけたり鳥の種類を数えたりするのではなく、その風景をじっくりと見てみよう。誰かがあなたに話しかけようとしたら、テレビの中の姿であれ実際の姿であれ、体型や肌の色など自分が抱いていたイメージにあう人を想像してみよう。音楽を聴こうとすると、床に横になって音楽がもたらすイメージを思い描く。読書をするなら、フィクションや恋愛小説、詩、童話、絵本など、おもしろいもの、不思議なもの、笑い出すようなものを読む。このように想像の領域に入ることは、合理的で論理的な思考や焦点を絞った考え方から抜け出すことを意味している。

想像力を肯定的かつ安全に活用するには

想起による問題の再構成

　もうすでにあなたは、自分の生い立ちを語りダイアグラムを描くのに自分の想像力を使っている。どのようなことが困難であったか、いくつか考えてみよう。もしあなたが、「他の人が望むように行動する」というわなに陥っていることがわかったら、その人のことを優先すべきだといつも考えてしまう人と一緒にいる場面を想像し、その人に自分が「いいえ」と言っている状況を考えてごらんなさい。自分のためにそのような場面、部屋でもどこかの場所でもよいので好きな色や好きな形で飾り、それを思い描くのである。その場所のどこにどのように自分は立つのか、あるいは座るのか、何を着るのか、自由に選んでよい。自分の両手と両足を使って、何をしたか。お互いに顔が見える場所に、その人がいるとしよう。あなたとその人は同じくらいの身長か、それともあなたのほうが背が高いか（以前に述べたように、もしも相手のことを常に見上げることが多い場合には、相手を自分よりも上位、自分自身を下位に位置づけ

ることが多い)。この人とちょっとした会話をしよう。自分が責任ある立場にあるかのように話してみよう。つまり、相手の欲求や質問に反応するために待つのではなく、自分が本当に言いたいことを言う。あなたがやりたくないことをやるように求められたとしよう。微笑みながら、「お力になりたいのは山々ですが、今はどうしてもできません」と言う。これを声を出して練習してみよう。何回も言おう。これと同じような状況はほかにもいろいろあるだろう。まずは相手の顔を見よう。あなたをなだめるようにいつもしてきた表情や仕草がどのようなものかに注意を向けてみよう。その表情や仕草に対して、「今はできません」と言うのである。もう1回言ってみよう。これを、想像上の人物ではなく、実際の人に対して練習してみよう。

　もし、「自分を優先しないほうがよい」といったわなに陥っていることがわかったら、考えられうる最も強い恐怖を感じる状況を想像してみるとよい。そのイメージをよく観察し、そこに含まれるすべての要因を書き出してみよう。想像したのは誰のことか、それはどこか、どのような恐怖か、これからどうなると思うか。それに加えて、あなたはどうしたいか。頭の中でイメージしてみよう。自分が壁の上にとまっているハエだと考えてみよう。ハエになった自分の様子を十分に想像するには、観察者という立場に立って自分が想像の世界に入る準備をしなければならない。友だちをひとり、あるいは何か自分にとって特別な物をひとつ選ぼう。これがお守りだ。あなたが望めば、常に一緒についてきてくれる。これから始まる恐怖に満ちた旅に向けて、身につけるものを選ぼう。人によっては、鎧や兜、毛皮、かわいいドレス、ヒーローが着るものを選ぶ。また、自分にはどのような特徴があるとよいかを考えてみよう。たとえば、度胸がある、人を惹きつける、くつろいでいる、ユーモアがあるなど。好きな洋服を着て、このような特徴を兼ね備えた自分を想像してみるのだ。周りからは、どのような人に見えているだろうか。誰かと会うため、自分らしく着飾った様子を思い出してみよう。一部の特徴だけ変えた自分を想像してみよう。自分が好きなように変えて想像してみることだ。もっとも効果的な特徴がわかれば、それを日常生活でのイメージづくりに使えばよい。たったひとつの特徴が、周囲から排除されるのではないかという恐怖から自分自身を制約していた状況から、新しい自分へと変える手助けとなる。

イメージを活用する

「こっちにするかあっちにするか」というジレンマは、まったく異なるふたつのイメージをもたらす。過去に陥ったジレンマを見つめ、想像力を駆使してそのジレンマにどう対処するかをじっと考える。ジレンマを解決したらどのような感じを抱いたか、そのイメージや形や色がわかるか、考えてみよう。

トレイシー

トレイシー（Tracey）は、「他の人に与えられるだけ与える」「他の人が望むようにやる」ことによって感情を抑圧し、自分をめちゃめちゃにしてしまっていることがわかった。それに、対人関係から生じる主要なジレンマを、すべてをたたき壊すハンマーか何にでも形を変えうる模型用の粘土であるかのように感じていたことが理解できた。彼女は、自分の人生は模型用粘土みたいなもので、他者に捧げ、他者が望むことをしていたと感じた。しかし、もしも自分が本当に感じていることを言ったり、何らかの方法で自己主張をしたら、自分はハンマーになったかのように感じた。1週間が経ち、ジレンマの両極端の持つ肯定的な意味をも考慮した中立的な立場に、自ら立つことができた。つまり彼女のイメージ、新しい立ち位置と目的は、「弾力のある鋼」のようになることであった。

私たちは、自分がどのようなイメージを抱いているかにいったん気がつくと、それを探し求める必要性が生まれる。それには、いくつかの方法がある。

イメージ化

目を閉じたまま、横になっても座ってもよいので、心に浮かぶイメージを見つめてみよう。そのイメージは、どのような形、色、大きさ、何からできているか、もしあったとしたら周囲にあるものは何か、年齢や性別はどうか、どのような役割を果たしているか、どのような感じがするか、どのように表せるかなど、イメージが持っているすべての細かな特徴を挙げてみよう。赤色のしみ

が見つかれば、さらに詳しく調べよう。どのような種類の赤色か、しみの形はどうか、滲むか滲まないか、周りに何か他の特徴はないか、しみの正体がわかるか、何か思いつくものはないか。それぞれの答えから、何か手がかりが得られるだろう。いずれにせよ、**抱いたイメージは自分自身に言葉で言ってみよう**。そのための時間もつくるのである。ただ、強制はしない。

　もしあなたが誰かとコ・カウンセリングをしているのなら、自らを静かに励ましながらイメージをできるだけ長く抱き続けてみるのだ。つまり、イメージがあなたに伝えるのとまったく同じ言い方で、そのイメージをそのまま繰り返すのだ。イメージをふくらませ、その意味を広げていくために、簡単な質問をしてあげよう。

　イメージ化の方法を使えば、どのようにしてイメージを抱けばいいかも、イメージのどのようなところを取り上げるのがよいかということもわかる。ふたつ以上のイメージを同時に考えることも可能である。ふたつのイメージを並べて見ることもできるし、ひとつずつ順番に感じることもできる。そして、イメージ化したり、表現する言語を変えてみたりすれば、自らがどのように変化しようとしているのか、自らが互いに何を必要としているのかもわかる。

色づけと描画

　イメージは、絵を描いてみると定着させることも可能だ。自発的かつ気負わずにやってみてほしい。あなたが自発的に描いた絵は、美術の授業時間ではないので、評価したりはしない。多くの人は、自分の絵は抱いたイメージが持っている豊かさや躍動感を表現できていないと気にする。しかし、描画によって私たちが探しているものは、イメージの特徴やその細かな面である。イメージが鮮やかなうちに、できるだけすぐに色づけしたり描画をしたりするとよい。解釈や意味づけは、その後でよい。時には、何かが起こってイメージの衝撃が明瞭になった時に初めて、イメージの正確な特徴がわかる。自分のイメージを生活の一部分として創造的に活用できるようになったら、他者が抱いたイメージや洞察したことも活用や意味づけが可能となる。そのため、将来、うまく事が進まずにもがいたり困難さを感じたりした場合の支えとなりうるものが自分の中にあると感じるであろう。

　描画や色づけの多くは、遊ぶ時と同じように床の上で、何の制約も受けずに

自由に行う。色づけや描画と同様に、粘土、プラスティシン（工作用粘土）、プレイ・ドー（小麦粉粘土）、パピエマシェ（張り子の材料）、それに簡単な素材があれば、何でも好きな物をつくることができる。ある女性は、自分のいろいろな面を表したお面をつくり、そのような面を理解する助けとして使ってもいた。

　雑誌や新聞に載っている写真も、自分の内面で体験したイメージや感情を取り出すのに使える。これらは私たちがつくったイメージそのものではないが、記憶や感情を呼び起こしたり伝えたりすることが可能で、このような方法も好んで用いられている。写真や絵を切り取り、紙の上に貼りつけてコラージュのようにしたり、ジレンマやわなの特徴を場所ごとに分けて示した輪のようにすることもよいかもしれない。

　自分にぴったりするイメージにたどり着いたら、毎日見ることができるどこかに貼っておこう。たとえば財布の中、日記帳、炊事道具を入れた棚の上、風呂場の鏡の近くなどだ。自分がたどりついたイメージに自信を持とう。それを自分で評価してはいけない。ただし、誰か他の人が行う評価には注意を向けておこう。

身体的変化を通してわなとジレンマを探る

　イメージや感情は、それらを抱いたときの姿勢などでも決まってくる。私たちは立ったり、座ったり、横になったりし、イメージや感情を表現する姿勢をとろう。今の姿勢を維持し、その姿勢をとっている自分が発する言葉に耳を傾けよう。

　ある女性が、自分が抱いたすさまじい緊張が何だったのかを、この技法を使って考えようとした。自分の感情をもっともよく表すような姿勢をとり、からだが自由に表現できるようにしたところ、彼女は文字通り壁をよじ登ろうとした。それはあまりにも突飛な行動であったし、自分のからだが降ってわいたように行動したために、彼女は強いショックを受けた。

　別の女性は自分のジレンマを、「玄関マットか、そうでなければ玄関マットの所で人を巧みに誘っているフューリズ（ギリシャ神話に出てくる復讐の女神でヘビの頭髪を持つ三姉妹）」のひとりであるかのようで、自分のからだの上をみんなが歩いているような感じがしたと言った。色や形などどのような玄関マットかと尋ねたところ、彼女は、「柔らかくて茶色をしていて、上に『ようこそ』と書いてあった」と答えた。一方、

第15章 変化していくための方法 335

フューリズに対しては、ぐるぐる回し、ののしり、ひっかき、蹴り、やじったりした。実際のところ、彼女にとってのフューリズは表に出てくることはなく抑圧されたままであったため、それを怖れて彼女を玄関マットとなるように仕向けることとなっていた。このエクササイズで、ジレンマに陥っている彼女はふたつの自分の間を数分ごとに行き来した。そうこうするうちに第三の自分が現れ始め、自分から直立した姿勢になり、前を見つめ、腕を自由に動かし、背筋を伸ばし、膝もしなやかに動かすようになった。そして、「これで大丈夫。自分が思うまま速くも動けるし、じっと静かにもしていられる」と言った。この第三の自分が現れて、自分をコントロールでき、自分で選択することができた。残りのふたつの自分では、わなにはめられ、首根っこをつかまれ、白黒をつけるような極端な選択以外にはできないジレンマに陥っているとしか感じられなかった。

　私たちは、状況に応じて自分のからだが実際にしていることから自分の感情に何が起こっているかを探ることもある。不得意な人と話をする場合、立っているか座っているかというように自分がどのような接し方をしているかに気づくと、思いがけなかった自分の感情に気づくこともある。ひとりでいる時も誰かと一緒にいる時でも、自分がどのような姿勢でいるかがわかれば、からだを通して無意識的に表現している自分の感情を客観的に見つめられるようになる。私たちの口からは、「元気ですよ」と言いながら目は死んだ状態で悲しげであったり、からだは苦痛によってがんじがらめの状態であるにもかかわらず元気そうな言葉を発したりするように、まったく異なるふたつの話が出てくる場合もある。

　この節から、身体言語を観察すると、それがふたつの方法で活用できることがわかった。すなわち、（1）自分のからだ、あるいは他者のからだがすることの全般に注意を向けること、（2）イメージや感情をもとにしたドラマを具体化し、あふれんばかりの感情を表し、変化をもたらすために身体言語を直接的に活用すること。たとえば、自分の日常生活が同じことの繰り返しでしかなされていないことを話そうとする場合には腕をしっかりと組んでしまうのに対して、何か新しいことに挑戦しているような時には同じ腕でありながら大きく広げるといったほんの些細な変化であっても、実際的な変化を起こすことは可能だ。からだの動きが変化し、それを日常生活に取り入れたのである。玄関マットになることを選んだ女性でも、二度と再び「ようこそ」とは言わないであ

ろうし、フューリズに放り出されることもない。自分のからだと直接的な関係ができあがった時、起こったことが記憶として残るようになる。

　自分のからだや自分が抱いたイメージについて考えてみた時に、何の感情も抱けない部分があることに気づく。この**幼い子どもの自己**は、自分自身の年齢や感情の状態がどうであったのかを表している。だから、この部分へ意識を集中させて子ども時代に戻って考え、それが自分にどのようなことを訴えてくるかを自問することが重要である。状況を可能な限り簡潔にしておこう。「今自分が身につけているものは何か」「今まさに自分は何を見ているのか」「何と言おうとしているのか」といった質問は、これまで耳を傾けてこなかった部分を安全に保っていく助けとなる。役に立たない多くの信念は、自分自身が持っている子ども時代の意識の中に生き続けている。もし、子どもの部分が持っている力強さや言葉による表現にかかわることが可能であるなら、役に立たない信念から自分を解き放つ助けになるに違いない。もしあなたがコ・カウンセリングを受けているなら、このように感じるのではないだろうか。「なぜそのような役に立たない信念を抱いたのかがわからない。でも、子どもの自分が最善を尽くしたこと、それで良かったこと、今のままで十分だということを、私はよくわかっている」。

対象を通してわなやジレンマ、それ以外の問題を探る

　いろいろなものが詰まった小さな箱をつくりなさい。そこには、自分が好きな物、好きではない物、貝や石やおもちゃや棒やガラスのように関心を持たなかった物、飾り、卵などの食べ物、室内や家の周囲にあるがらくたなどを入れる。床を片づけてスペースをつくり、箱から中の物を選んで、床の上に置く。空いた所には布かじゅうたんを敷く。このスペースの中で、あなた自身のドラマが語られようとしている。さあ、ひとりでも良いし、コ・カウンセラーと一緒でもよいから、床の上に座って始めてみよう（ひとりでも、誰かと一緒でも楽しくできるエクササイズである）。

　あなたを苦しめるようなわな、ジレンマ、決めごと、家族の様子や人間関係を決めよう。最初に、自分らしさを表すような物をひとつ選ぼう。あまり深刻に考える必要はない。今の自分を表現できるような物を選んでみよう（もし過去を表したいなら、過去の自分でよい）。しばらくの間、その選んだ物を手に

持ち、それからどのような感情が芽生えるかに注目しよう。準備ができたら、それを床のスペースの中央に置く。次に、これから始まろうとしている自分のドラマに登場する誰かひとりを表す物をひとつ選んでみよう。

　それは、父や母、おじ、おば、兄弟姉妹、友人、仲間、恋人、隣人、動物で、いずれもあなたが望む誰でもよい。物を選んだら、それをよく見て、先ほど決めた人物を表す物としてなぜそれを選択したのか、それはどのような特徴があるのかを考えてみよう。もし、これらのことがすぐに出てこなかったとしても、ドラマが進行していく中で出てくるに違いない。

　あなたのドラマに登場すると思われる人が全員終わるまで、それぞれの人を表す物を選ぼう。その人が今の自分の生活の中でどのような存在かを想像し、今自分が思い出している情景の中でその人がしていたことを考えながら、ひとつずつ選んだ物を床に置いてみよう。置いた物同士の間隔を見て、それが何を意味しているかを考えてみよう。もし近くに置いたら、その人たちはどれくらい近い存在であるのか。その近さを妨害しているような人はいないか。もしも離して置いたらどうだろう。もしかなり離して置いたら、離したことの意味を考えよう。あなたがきょうだいと一緒にいる時の昔の情景を思い出してみよう。誰かが家を出たり、誰かが入院したり、あるいは誰か新しい人が加わったりというように、情景に変化が起こった時にどのような感情を抱いただろうか。あらゆる場面を想定して物を置いたら、それらはあるドラマを形成したといえる。ひとつひとつの物がどの人物を表すかに注目するのではなく、そのドラマの中で起こること自体が大きな衝撃を与えるに違いない。

　このエクササイズで抱く強い感情は非常に変わったもので、選択した物がつくり出すドラマによって引き起こされる。たとえば、選んだものがすべて同じような大きさや材質で、次にまったく違う物を選んだり、最初に選んだ物はすべて同じ形態であったのに、次には異なる物を選んだりする。その時、形態のすべてが変わる。材質がまったく違っていれば、仲間同士ではないだろう。ある人物あるいはその人物を象徴するある物と対話をするため、床のスペースを何回も飛び跳ねて移動しなければならないことがわかるだろう。

　選んだ物によって起こるさまざまなできごとは、家族の構造を表すのに効果的なものだ。ふたつか3つか、大きさと形はどうか、近づきやすい人とそうでない人は誰か、変化したり移動するのに必要なものは何か、ある物を別の物の所に移すには何が必要か、あなたの姉のようにしっかり閉じている貝殻に接近

しようとするのを阻止している父親、あるいはあなたのおじさんが縛っている1本の紐がどのように感じられるか。

　何か特定のできごとに注目すると、次には「どうすればよかったのか」と質問することになる。あなたが置いた物たちが教えてくれるだろう。

　このエクササイズは30分以上やってはいけない。強い影響を及ぼすからだ。さまざまな情報を与えてくれ、今の自分の生活においてそれぞれの物とどのようなパターンで接すればよいかを教えてくれる。

決して送ることのない手紙を書く

　すでに亡くなってしまったり、なかなか会えない人に言えなかったことがたくさんある場合に、このエクササイズは有効である。「ママへ……」という書き出しで、あるいは書きたいと思った人宛に手紙を書こう。それから、自分が感じたことを書くのだ。たとえば、「私はあなたに手紙を書こうと思います。というのは、あなたが私に伝えたかったことが何かをどのような言葉で表現すればよいかがこれまでわからなかったからです」とか「あなたは、私をずっとひどい目にあわせてきたと思っています」などである。手紙を書く中で、これまであえて表現するのを避けてきた自分の感情をすべて吐露することとなる。あたかも心が破裂したかのように書くのである。自分が抱いている痛みや強い欲望、信念などをさらけ出すのである。その人物があなたに伝えたかった、あるいはあなたの人生にもたらしてくれたことをきちんと表現する最後の機会だと思って、手紙を書こう。こんな言葉やイメージを使ってはいけないのではないかなどと、おじけづくことはない。どのようなことがあっても罪悪感を感じる必要もないし、不満や不平やうぬぼれを抱いたからといって非難されることもない。この手紙は相手の人物に送ることは決してないが、存命中のその人物と活気に満ちた会話をしているかのように書く必要がある。その人が生きている間に伝えられなかったことを残念に思っている気持ちを伝えたかった、という感謝と愛情を記した手紙である。あるいは、第12章でステファニーが触れたような苦痛や否定的な感情に満ちあふれた、決して送られることのない手紙であるかもしれない。ここでは、彼女が父親宛に書いた手紙を紹介する。

お父さんへ

　お父さんがいなかったら私の人生はどのようだったろうかと考えてみようと思いました。でも、非常に重いものが私からなくなっていく感じがする以外は、何ひとつ想像できませんでした。重荷がなくなった生活、お母さんがいなくなった生活を想像しようとすると、私の世話をちゃんとしてくれているよその家のお母さんは想像できるのでした。

　私は、あなたの娘であるということを見つめ直してみようと思ったのです。私の心に浮かんだことは、幼かった頃のできごとです。あなたは私の服を切り裂いて、心臓と胃の真ん中あたりに厄介な問題が詰まった箱を置き、ゆっくりとかつ慎重に縫い合わせたのです。それ以来、私は二度と安心感や善良さや満足感を得ることができなくなり、からだの中心部分は腐ってしまったかのように感じるのです。これは私にとって衝撃的なことでした。あなたを憎み、批判するために自分のからだに怒りをぶつけ、非難しているかのようです。あなたは歳よりもふけて、とても痛ましくさえ見え、私のところにやってきて気まぐれの木を植えていくようなひどい人にはまったく見えません。あなたには非常に申し訳ないのですが、私のほうがかわいそうに思えてしまって、頭の中が混乱しています。

　私は、十分と言えるほど拷問を受けてきたと思っており、あなたにどこか遠くに行ってほしいと考えています。あなたとお母さんは、私の男性関係を批判していましたが、あなたがたひとりひとりが人間関係づくりのモデルとなったのです。私のことを憎み、他者を嫌い、批判するだけで、私が元気でいて自分たちの欲求すべてに従うことだけを求めている人を信頼し愛することを学ばなければならなかったのでした。

　最近になってジャックおじさんの家にいた時のことでした。子どもに対して怖い存在だとおじさんのことを思っていました。その晩はおじさんの家に泊まったのですが、おじさんは私が喜びそうなことをしてくれようとしました。何か飲もうと言い、コーヒーをいれてくれました。それも私が何かするというような条件もつけずに。いいことをしたと、彼は良い気分になりました。が、私は泣いてしまったのです。これまでの27年間、私の本当の父親は私に対してコーヒーをいれるというような愛情のこもったほんの些細な行為ですら、一度たりともしてはくれなかったからです。

　罪悪感やいろいろなものが混在した感情はさておき、あなたが完璧なろくでなしだったと言うべきだと思うのです。私の中は怒りで充満しており、それが多くの人、とりわけ私が出会った男性すべてに対して湧き出てしまうのです。あなたが私にしたあらゆる接し方が、私の身についてしまったのです。私の脳を調教し、

知性をむしばんでしまったのです。このようなことなら、あなたがおもしろがるような話がいくらでも出てきます。もし、誰かが私にひどい扱いをしても、守ってもらおうとあなたを呼ぶことができませんでした。逆にその人たちの味方をするからです。しかし、憎しみと怒りの頂点にあっては、ユーモアといっても上辺だけのものでしかありません。

あなたは、そのような小さくて哀れさを感じさせる人であり、自分自身が幸せや満足感を抱く機会を失っているだけでは満ち足りない人ですから、私にも同じようになることを求めたのです。あなたをずたずたにしてやりたかったです。あなたへの憎しみが高じて、すべてのものにむかつきました。奇妙に思うかも知れませんが、あなたのことを子どもである私よりも小さくて哀れに思えるのです。あなたが私に向けた怒りの断片で、あなたをずたずたにしてやりたいと思うのです。それに、私が15歳になった時から、自分のあらゆる欲求を完璧なまでに満たそうと、お母さんに無理強いをしましたね。お母さんは、あなたのすべての欲求を確実に処理する曲芸師のようでした。今でもそうです。

あなたとの生活は、地雷原の中で生きているようなものでした。バリーには最初から自分のやり方を通すことを許しましたが、私にはそうはさせてくれませんでしたね。必ず私がビリになるような、非常にわかりやすいわなを何回か仕掛けてくれました。ジェニファーは、注意しながら地雷に触れないようにしていました。ふたりは、今では地雷を設ける側になりましたが、私はというと、未だに地雷を避けながら歩いているのです。

私は、違うお父さんだったら良かったのにと思います。人類の半分は男性だからこそ、私や私の人生を受け入れてもらえる男性が出てくると信じたいと思います。

問題と目的が達成に向けて進行しているかどうかモニタリングをする

付録にも示したウェブサイトを参考にして、自分の問題と目的を含めたチャートを書いてみよう。この評定を毎日つける。日記帳や小さなノートにはさんでおけば、毎日必ず見て、自分の目的が何であったのかが確認できる。毎週1回はチャートをじっくりとよく見て、もしあれば、どれくらいの目的が達成できたか印をつける。「変化なし」「良い」「悪い」を線で結ぶ。自分の達成水準をどのように感じているかを記録していくことが必要になる。週を追うごとに進んでいき、印をつけていくと図ができあがっていく。数週間経つうちに、好

転するところもあれば、悪化するところも出てくる。1週間が経って、なぜこのようなことになったのかがしっかりと理解できてくると、評定が低下してくる。目的達成に向けた意欲をそぐようなことが起こり、その結果、かつてのパターンが再発してしまうからだ。だが、落胆することはない。変化しようとする自分の欲求を理解する手助けとなるように、それらの情報をうまく使えばよい。そして、奮闘している自分に同情するのだ。私たちは、わなや予期せぬ障害をいつも検証しながら目的達成に向けて前進していたのに、誰かがそれを先に成し遂げてしまい自らの達成が困難になることもある。より強く主張されたりすると、暗礁に乗り上げてしまったかのようにも感じる。どのような状況かをチャートに書いてみれば、このような問題があることがわかり、そこに焦点を向ける手助けとなるだろう。

　自分がしていることを評価する必要はない。できるだけ高い評価をすべての面でしようとする必要もない。状況はどうなっているのか、現実的な見方ができてくればよい。自分に課した目的が、現実から遊離しないようにすることだ。わなにかからないようにするとか、もっと自分の言いたいことを主張するというように、よりわかりやすい目的から始めれば、より困難な問題にも挑戦しようという勇気が湧いてくるだろう。たとえば、依存することへの恐怖、突然の気分の変動、不安や身体症状を伴うからだの奥深くに溜め込まれた困難さなどである。

　変化が確実なものになるには、それがゆっくりと全体的になされることが必要である。慌てずに、自分が達成すべき課題に静かに注意を集中させてみる。重要な変化はすでに起こっている。自分を振り返り、自分のことを観察すればわかるだろう。この変化は、すでに実を結んでいるかもしれない。いったん小さなことでも変化させることができたら、別の問題や自分の中にある課題や困難を別の視点から細かく述べた新しいチャートを描きたくなるだろう。

夢

　夢は無意識が発する言葉であり、イメージやモチーフ、ストーリー、感情を介して意識の世界に到達した未だ発見されていない題材が奏でる協奏曲である。私たちはみな毎晩夢を見るが、ほとんどの夢は覚えていない。重要な夢を見た時に目覚め、何かが起こったことを知る。夢で呼び覚まされた感情は、目

覚めた後でも、一日中、そしてその先も残り続ける。夢には有益な洞察が含まれている。夢は、私たちに無意識的な欲望やシンボル、完了していない仕事に気づかせることにより、意識へ調和的な影響を及ぼす。

自分の夢をどのように考えるか

　自分が見た夢をノートに記録しよう。たとえ真夜中であっても、目が覚めたらすぐに書いておくことだ。もし夢の最中に目が覚めたら、それは重要だ。朝になってから記録すればよいと考えて眠ってしまったら、夢は無意識の中に消えてしまう。もし夢からのメッセージが重要なら、また同じ夢を見るはずだ。夢が発する言葉に耳を傾けられるようになると、心の中で抑えられていたものが解放されるとともに、わなやジレンマからの出口や第三の立場を教えてくれることになり、バランスを回復させる手助けとなる。

　夢をノートに書いたら、夢の特徴、イメージ、モチーフがどのようであるかを考えよう。夢から感じたイメージを記録しておこう。夢の中の時間と場所はどうだろう。今のことなのか、それとも昔のことなのか。もし、夢の中で出てきたとしたら、自分は何歳か。時刻と、その意味も考えてみよう。朝、午後、夕方、それとも夜のことか。

　夢について考えた時のもっとも重要な疑問は、**この夢は自分にとってどのような意味を持つかである**。夢の中の自分は17歳で実際には35歳であったら、17歳の自分のどのような面が夢の中で象徴されたのであろうか。自分にとって、この17歳というのは何を表しているのか。何が思い出されたのか。17という数字は何か重要な意味があるのか。17歳の記憶やその意味づけは、今考えると、自分の人生の中でどのような意味を持っているのか。なぜ今、17歳の頃に戻ることが必要であったのか。

　この方法によって、他の側面やシンボルやイメージが続いて思い出されたら、夢をより深く理解する手助けとなる。もし夢の中に家が出てきたら、その家はどのような色、形、大きさか。その家になじみはあるか。その家はどこの国や場所だと思うか。その家は、自分、つまり夢を見ている人とはどのような関係にあるのか。

フレダ

　フレダ（Freda）は夢を多く見たことから、自分の夢に興味を抱き、夢や神話やおとぎ話に関する本を読み始めた。動物のモチーフが夢の中にたくさん現れた。とくに子ジカやカエルが大好きだった。ある晩、彼女はこれらの動物が彼女の無意識の暗闇の中に追放される夢を見た。これらの動物は、彼女が自分の好ましくない面だと考えていた所を象徴していた。彼女が自分に対して使った言葉は、「ゼリーみたいにふにゃふにゃ、のろま、痛ましい、それに負け犬」であった。夢にはそれらの面が繰り返し出てきたために、彼女も自分を何度となく見つめることとなった。彼女は動物たちの純真さ、生まれながら持っている性質を気に入っていることに気づいた。つまり、動物たちは自然に生きる術を知っていたのだ。夢の中での動物たちが持っているエネルギーや生活様式を知り、それを受け入れることができたので、彼女もいろいろな活動ができるようになり始めた。ダンス教室に通ったり、日記を書き始めたりした。むなしさを減らすため、度を過ごした遊びをしようという衝動も減った。彼女は満足感を抱き、田舎での生活を楽しみ始めた。

　自分の夢をより深く理解することの別の重要な面は、夢の中で出てきた事柄の順番を考えることである。夢の中は通常の時間経過とは違う。夢の中での死は、必ずしも致命的な死を意味するものではない。夢の中の死は象徴的な死であり、さまざまな面で解釈できる。つまり、終末、転換、絶滅、脱落、自分が持っているある側面が無になることなどである。

　夢の中の順番を詳しく見て、できごとやイメージの間の関連性を理解できるかどうか考えよう。たとえば、「夢の中で、老婆が急な丘から自転車に乗って下ってきた。丘の麓で、花束を持った少女に不意に止められた。老婆は、次の坂を上がる勢いが欲しかったので実はこのまま走っていきたかったが、子どもの花束を買うことにした。その後、丘を上がるのに苦労し始めたものの、できるだけゆっくりと上ったので、回りの景色がいつも以上によく見えた」。夢の順番は、「夢を見ている人の一面」を表している老婆が、少女と一緒にいることのいらだちを抑えなければならず、そのために、走っている時に見える風景が別の風景に見えたことを示している。少女が花束を持っているという情景は

丘を上がる前に出てきており、上がることの大変さを示す前に少女と出会う必要があった。

　時々、続き物の夢を見ることがある。一晩でそのすべてを見ることもある。このような場合、一連の夢によって、あるテーマやアイデアを伝えようとしている。あと少しで意識されそうな無意識の過程に、私たちの意識を向けさせるひとつのやり方である。

　夢は、驚愕させたり、はっとさせたり、力を与えるようなイメージを引き出し、私たちが合理的に知っているものとは似ても似つかぬものを生み出す。夢を見た時、そこに隠されていた重要なイメージが何であるかを、日常生活と関連づける前にしっかりと認識し理解していることが望まれる。あなたが夢の中で見たものの特徴を絵で描いたり、色づけをしたり、身振りで示したりしてみよう。もしも夢に困惑したり非常に不安に感じたりするものがあるようだったら、それを誰かに話せばよい。夢の中で見たものは自分が嫌いなものを象徴しているかもしれないが、まずは夢を丹念に調べ、その内容を理解し、意識されれば、決して驚嘆や絶望感を抱くようなものではないはずだ。

アマンダ

　アマンダ（Amanda）は、気分がひどく落ち込んだ時にふたつの重要な夢を見た。それは、自らの自殺衝動に注意を向けるものであった。ある夢では、彼女は回りにいる人たちからもっと飲めと言われるまま一緒に錠剤を飲んでいた。錠剤を飲み続けることは夢の中では簡単なことに思えた。この夢は、静かに無意識の中に消えていった。夢は、目覚めた時に感情を高ぶらせることがある。目が覚めた時、アマンダは、夢の中で錠剤を気楽に飲んだことに強い不安を感じた。彼女は電話でセラピストと話したことを思い出した。その時、セラピストはアマンダが自分の人生をどうすべきかは自分なりにきちんとわかっており、重要なことは自分自身で選択をすることなのだと話した。彼女は、自分が隠していた錠剤をすべて薬局のごみ箱に捨ててしまうようにセラピストから言われたと思い込んでいたが、実際はセラピストからこうすべきだとか、こうすべきではないなどについて何も言われていなかったのである。

　別の夢は、誰かが彼女のことを窒息させようとしている夢であった。あ

> る晩、その夢を再び見た。治療を目的としてセラピストと行ったロールプレイングのセッションの中で、その夢のことを考えた。セラピストは、枕を持ってアマンダに近づき、アマンダは腕の力でそれを押しのけようとした。彼女は、自分自身がもっと自己主張できるようにし、「いいえ」と言ってはいけないとするような力に屈せずに「いいえ」と言えるように努力した。そうすることで、しばらくの間は、窒息させられる夢を見ることはなかった。それから1年ほど経って、再びその夢を見るようになった。つまり、未だに「いいえ」と言えないようにする力に抵抗することができなかったのである。彼女はこの夢に驚くというのではなく、非常に強い怒りを抱いた。同時に、自分は以前よりも強くなったこと、夢それ自体は自分に危害を与えるものではないことを知った。アマンダは、セラピーを受け、その夢を想起する作業を通して、心の奥深くにしまっていた怒りの感情を受け入れることができるようになった。そうすることで、自分に舞い戻ってきて自殺を引き起こすような非常に強い怒りの感情から解放されたことを、身をもって感じることができたのであった。

もし自分の夢、あるいは自分の人生で夢がどのような働きを持つのかをもっと知りたいならば、ウェブサイトに載せた本を読んでみるとよい。

主張することと攻撃すること

変化すると、自分が抱えているすべてのわなやジレンマや予期せぬ障害を、抑え込むのではなく常に際立たせることになる。このことにもっと注意を向けるべきだ。俎上に上げ、しっかりと見つめ、修正し、新しいやり方を試みる機会として見てほしい。自分のアイデアや考え、欲求、願望を、もっと主張する必要があるだろう。主張と攻撃は混同されやすく、自己を表現することに躊躇しがちだが、このような混乱は一時的に起こりうるものだ。となると、主張したり、欲求を直接表すことは難しいと思うだろう。自分が「他者のわなを傷つけてしまうのではないかという恐怖」を持っていることに気づくに違いない。自分が感じたことをそのまま言うことが、他者を傷つける可能性があることも知っておくべきだ。あるいは、攻撃的な人だとか、あまりにも「ずうずうしい」と見られることに恐怖を感じるかもしれない。古い考え方を確認して

おこう。自分自身がどのような人間であるかを他者にわかってもらう方法をもっと洗練させよう。そうすれば、自分が求めていること、どのように自分の感情を表現すればよいかが明確になる。もし、信念を修正できないために主張することを止めたら、他の人たちは無視するかあるいはそれが当たり前だと思うだろう。それは、私たちが何を考え、何を感じているのかを、彼らが本当にわかっていないからである。

　私たちすべてにとって、主張することはまぎれもなく良いことである。私たちのことをひとりの人間として尊敬しないような人には、抵抗するか、あるいはまったく関わらないようにするべきだ。

　主張することがいかにすばらしいかがわかることが、変化するための重要な要素となる。それが自分に欠けていたスキルであり、習得する必要性がわかれば、さまざまな場で練習したり獲得したりすることが可能になる。このスキルを練習するグループやクラスに参加すると、自分が目指した変化が確実なものになるに違いない。生身の人間やグループに「いいえ」と言ったり、自分が考えていることを言うような練習をしたり、その人に新しく考えたアイデアをテストしてみたりすることが、変化を持続させ維持する重要な方法となる。

PART 8

他者との関係の中で変わってみよう

　平穏な結婚生活を送るための秘訣のひとつは、パートナーをひとりの他者として受け入れることだ。誰でも相手に対して言いたいことはある。相手への過剰な期待はフラストレーションを起こし、落胆につながる。

　　　　　スーザン・ニーダム（Susan Needham, ロンドン結婚相談所協議会理事長
　　　　　　　　　　　　　　　　　　　　　　　　　　　　1990〜1995）

第16章　愛は決して満たされない

　人間関係は、とかく私たちひとりひとりの生き方を危機に追い込む。それが仕事上のつきあい、職場の仲間や家族内の関係であろうと、はたまた友人関係であろうとも同じだ。しかも親密な関係であればあるほど、大きな苦痛を押しつけることもある。それは、親密になったり、頼られたり、必要とされることへの恐れであったり、拒否されたり無視されたり、嫉妬心や妬みを抱かれるのではないかという恐れである。これまでに自分なりにつくってきた人間関係を修正し、パートナーとの人間関係をうまくやっていくことができれば、人との関係づくりを楽しめるように変化することが可能になる。
　全般的に見れば、私たちが他者と関係をつくるやり方は単純明快だ。だが、義務や宗教的な信念、社会的な伝統、それに愛情は、私たちが生きている今という時間の中で関係を維持するのには必ずしも十分ではない。人々が関係をつくってともに生きていくための基礎は、新しい出会いをすることにある。離婚率の上昇や私生児の増加の背景には、ともに家族はいらないという感覚があり、人間関係づくりがうまくいっていない姿を指し示している。本書は政治的な問題や社会学的な問題を論議するものではないが、自分自身あるいは他者とより柔軟な関係をいかにつくるかに、認知分析療法は貢献できる可能性を持っている。相反的役割の働きを理解することによって、他者との関係をもつれさせてしまった点を変えることができるのだ。

結婚生活における理想と現実

　アーロン・ベック（Aaron Beck, 1988）は著書『愛は決して満たされない（*Love is Never Enough*）』の中で、結婚や親密な関係が他の一般的な人間関係といかに異なるかを述べている。その中で、誰かを愛する気持ちが強いと、それが無条件の愛や忠誠や支持を求めて眠っていた願望をどのように目覚めさせ

るのか、期待や欲望をどのように引き起こさせるのかを記している。これらは愛と受容の理想のイメージにもとづいていることが多い。理想はあらゆる期待の中にあって関係を始めるのに有効であるが、他者がかなえられないほどの不可能で非現実的な基準を設けてしまうこともある。幼い頃に喪失を経験したり十分な絆を築けなかった人では、過剰なほどの理想的イメージをつくりあげることもあり、自らの不足部分を補う意味からも人間関係はこうでなければならないと考えてしまったりする。このようなイメージを夢見ている限り、「これから先の人生は幸せに違いない」という考えは悲惨な日常生活を乗り越えていく支援をしてくれるが、他者と関係をつくっていくための基盤とはなりえない。このような関係をつくる「べき」だという過剰なほど理想化した考えがあると、パートナーはそのような多様な期待や欲望に応えられるとは限らなくなる。そうなると関係はにっちもさっちもいかなくなり、幻滅した、失敗だったとお互いのせいにする。そして、それぞれが相反的役割を演じきれなくなり、関係が破綻してしまい、柔軟な対応をするだけの余裕がなくなる。関係は表面的なもので推移し、ふたりがつくりうる深い関係に達することは不可能になる。パートナーとの関係は、心の底から満足できることが必要であるが、皮膚の色も育ちも違う他者とそれなりに生きることができてしまうと、もう私たちは改心しようと思わなくなる。

　相手に恋することと性的な魅力があることは、ふたりが互いに惹きつけあう最初のきっかけとなる（だが、それが重要なのだ！）。ふたりがどのようにして一緒に生活し、互いの違いを理解し関係を継続していくことの困難さを受け止めていけるかは、精神的な成熟度、寛容さ、忍耐、それにユーモアを持っているかどうかを見極めるテストとなる。もし自分勝手な考えや動き方だけをしていれば、多分、自分とは非常に異なる他者と上手に関係を構築できるだけの柔軟性を欠いていることとなる。これまでの信念が不要になったり傷ついてしまったりした時にそれを修正することが、ふたりの関係を発展させる始まりとなる。

　相反的役割を調べていくと、対処法が変わらない限り、古い信念に縛られて苦痛を維持するだけの子どもの頃に獲得した自己がパートナー選びをしてしまうことは容易に理解できるだろう。虐げられた子ども時代の自己を持っていると、自分のことを縛りつけるような人に魅かれる傾向にあり、相手にそのように対処することを求めがちである。ふたりの間に思いやりがあったとしても、

古い、今では時代遅れになってしまった対処法が残っていれば、ふたりの関係は損なわれてしまう。子どもの頃に無視された経験から、ふたりの関係を過剰に理想化してしまうような人では融和と思いやりが続くであろうが、同時に、捨てられるのではないかという不安も抱く。彼らは、相手が逃げ出してしまいそうなほど不可能なことを要求するため、最後には誰もが無視されひとりになるのだから親しくなるのは無意味だという自分の信念を確認するだけになってしまう。修正しなければならないのは、満たされない時にどうするかという対処の方法である。打ち解け合って完璧といえるような関係に憧れる代わりに、子ども時代に形づくられた自己を認識し、まずは手厚く対応することが必要である。そうすれば、誰かが必ずどうにかしてくれるはずだとは思わなくなる。関係を支配し、痛みを維持させる対処法は、ともに修正されなければならないのである。

私たちは、本書の中で他者がどのようにして人間関係をつくっていくかを見てきた。誰かと親しくなろうとすると、「母親」のようになったり「父親」のようになったりして、相手の世話を焼いたり、自分の意のままにあやつろうとしたり、あるいは親しくなろうという自分の欲求を否定し、そして結局はこき使われ、孤独に陥る人がいることを知った。さらに、自分の思い通りにならないような恐怖がすべての関係づくりに影響を及ぼしており、遅かれ早かれ感情を爆発させてしまう場をつくってしまうことを見てきた。これは、そのような状況を避けようと自分を支配する対処法をも大混乱に陥らせることになる。

愛するふたりへの提案

この節は、パートナーとどのような関係をつくるかに関心を持ち、望ましい方向に変化させようとしているカップルのためのものである。まずは、ひとりひとりが自分自身の独自の対処法を身につけよう。

第3章の「人間関係の中で生じるさまざまな問題やジレンマ」を読んでみよう。次に、第14章で紹介した方法を使って、自分の相反的役割をダイアグラムにしてみよう。状況が悪化したと思われるような時に、自分はパートナーに対してどのような感情を抱いていたかを知る助けとなるであろう。いじけてしまった子どものようだったのか、それともかんかんに怒った親のようだったのか、殉教者ぶった批判的な介護者なのか、それとも足を踏み鳴らして大きな音

をたてて逃げていくような始末の悪い子どもなのか。

　どのような時に苦痛で落ち込んだのか、どのような状況で苦痛の言葉が許せる範囲を越えてしまったのかなどについて、（誰かに相談することなしに）自分ひとりで1週間ほど記録してみよう。仮定をしたり判断を下したりするのではなく、たんに記録として書き残すのである。わなやジレンマ、予期せぬ障害に関して述べた章を読んだら、それが自分に当てはまるかどうか、苦痛に対処するためにどのような方法をこれまでの人生で多く用いてきたかをノートに書いてみよう。

　相手が自分のパートナーであったらどうするかを予測しながら、わなやジレンマや予期せぬ障害をしっかり検討しよう。その上で、自分たちが互いをどのように見ていたのか、わなやジレンマや予期せぬ障害の捉え方が、ふたりの間でどのように異なっていたのかを一緒に見つめ直してみよう。

　PART 6「自分に関する情報を集める」のように、まず最初に当時に舞い戻って、最初に出会った所でパートナーにどのような魅力を感じたかを書き出すことは良いかもしれない。当時、こうした魅力に何を期待していたか。これらを書いた上で、次に、今はこのような特徴をどのように感じているかを書き加えられるように、行をつけたしてほしい。もしも見方が変わっていたら、よく考えてみてほしい。あなたが相手のある面に魅かれたのは、その特徴が好きだったから親しくなろうとしたのであり、ふたりともその特徴をもっと発展させたいと考えたからであるはずだ。

自分とは違うからこそ愛し合ったフランシスとマイクの場合

　フランシス（Frances）はひとりっ子で、非常に厳格な家庭で育った。大家族でわいわいがやがやと過ごし、楽しいことが大好きな家族の中で育ったマイク（Mike）と出会った時、彼女は自分が経験したことがないものを持っている彼にすぐに魅力を感じた。だがフランシスの両親は、マイクのことを神の教えに背いた落ちこぼれとしか考えていなかった。そのため、フランシスにとってマイクとの生活は厳格な両親への反抗であり、自分自身が身につけてしまったまじめさへの挑戦でもあった。彼女はマイクに自分の孤独を癒し、もっと自発的に何事にもチャレンジできるように支えてくれるように望んだ。このような生活は彼女にとって健康に生きるため

の究極の選択肢であった。ところが数年が経った頃、親子関係がしっくりいっていない両親とはまったく異なる生活を自分が選んだことへの罪悪感で、どうすることもできなくなっていることに気づいた。彼女には、自分の今の幸せは両親の犠牲の上に成り立っているようにさえ感じていた。彼女は、キッチンに寂しく立ち尽くしている両親と、その一方で夜中にダンスをして夢中になっている自分の姿を想像した。このような現実は彼女を不安にさせたが、それを思い切ってマイクに打ち明けようとはしなかった。というのも、自分の唯一の楽しみを奪われたくなかったからであった。だが、パニック発作が起こって外出ができなくなり、ひとりでベッドに横になろうと帰宅せざるをえなくなり始めていた。結局は、自分は外出もできず楽しむことさえできないと考えるようになってしまった。フランシスが抱いている「魔術的な罪悪感」を修正し、マイクと自分の両親に対して、これまで自分がどのように生きてきたかを語ることが、彼女自身が選んだ人生を主張していくきっかけとなった。

似た者同士だからこそ愛し合ったビルとエミリーの場合

　ビル（Bill）がエミリー（Emily）を伴侶として選んだのは、彼女が自分の母親と似ていたからであった。ビルは自分が変わることを嫌っていた。それはボートを左右に揺すっているだけのようにしか見えなかったからである。彼は、自分が仕事から帰った時に家に誰かにいてほしかった。その人に世話をしてもらい、自分に仕えてほしかったのである。どちらかというと冷たい家族関係の中で育ったため、自分の存在価値を感じようにも感じられなかったエミリーにとっては、そのように彼から求められるのはまさに天国のようであった。しかし時は過ぎ、ふたりを結びつけていたのが以前のような「求め、与える」という欲求のままであったため、気持ちが離ればなれになり始めていた。ビルにはエミリーが退屈で手間のかかる人のように思えるようになっていたからだ。これは、まさに悪い意味で自分の母親と同じであった。一方、エミリーはと言えば、彼が自分のことを抑え込もうと思っていることに気づき、怒りが極限に達し始めて不機嫌になっていた。エミリーは、彼が自分の言うことは決して聞いてくれず、常に要求するだけだと思い、彼から離れてひとりで暮らし、職場で好意を抱いている人と浮気することを夢見始めていた。

> もし、ふたりのそれまでのやり方が使えなくなってしまったら、関係は危機的状況に陥り、唯一の解決策はその関係を断ち切ることになってしまう。そうなってはならない。

互いが補い合っていることをふたりともわかっていないフランクとマギーの場合

　フランク（Frank）とマギー（Maggie）は絶えず喧嘩をしていて、一緒に暮らすのが困難なほどの状況に陥っていた。何か言えば後悔し、それがまた次の喧嘩の火をつけるだけであった。数回別居したが、ふたりとも別々に生活することもできなかった。図16.1は、ふたりの関係が当初は親密であったのに、怒りや分離、さらには孤独や和解へと、どのようにして変化したのかを示した図である。

　フランクとマギーは、初めて私のところに来た時には実質的に別居しており、よりを戻す最後の機会ととらえているように見えた。とはいえふたりとも悲観的で、ともに自分だけ良ければよいというように強固な守りの姿勢をとっていた。マギーは驚き、震え、固まってしまっていた。フランクは無関心さを装い、しっかりした様子で冷静であったものの、顔は青ざめ、こわばっているようであった。だが、ふたりが互いの思いを語り終える頃には、ふたりはよりを戻し、お互いに心を動かされるようになっていた。

　最初の頃、ふたりは簡単なセルフモニタリングをやってみた。フランクは自分のこれまでの状況を振り返りながら、「もう十分。これは面倒だ。もうやらない」と思っていた。ところが、マギーのほうは振り返りながら、「もっとやりたい。これでは不十分よ。どうしてこんなことになったのか、これではわからないわ」と思っていた。何かやらなければいけないという行為への衝動が生まれたかのようであった。後から考えれば、わなにはまるべく突き進んでいたのである。ふたりとも、セルフモニタリングが非常に面倒な作業であることがわかった。しかし、徐々にではあるが相手のこれまでの思いを理解し、相手の弱さも受け入れることができるようになり、話をじっくり聴く場をつくり、その後で互いの考えを打ち明けるようになった。最後には、テープレコーダーを使って会話を記録し、ふたりの間でわかったことを一緒に聴いて理解しあう時間を設けたのであった。ふたりはショックを受けることもたびたびあったが、聴いたことによって心も動

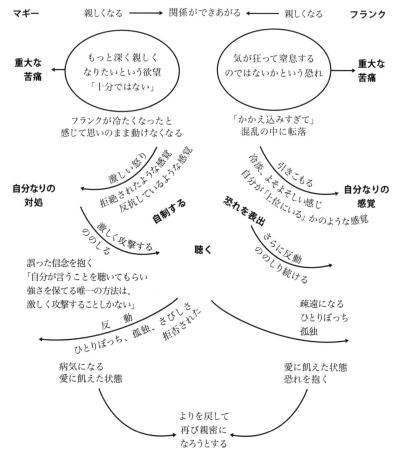

図 16.1　フランクとマギーが陥った人間関係におけるわな

かされた。

　以下の文章は私が書き、セラピーの中でフランクとマギーに読んで聞かせた。

「私たち 3 人は、あなたたちの結婚生活を新たにスタートさせようと考えました。同居していたとしても別居していたとしても、いずれにせよ面倒

な問題を起こしている状況を変えようというのです。あなたがたは、これまでにセラピーを受けてきました。別々にでもやりましたし、一緒にもやりました。ふたりが、カップルとして直面しているジレンマの答えを探すためでした。この探求に向けて多大な時間と労力をかけてきました。それは、より仲良く一緒にいられる方法を見つけ出したいとふたりが願っていることを示しています。が、未だにお互いの愛情を理解するところにまでは至っていません。それぞれの生い立ちを今一度とらえ直すことを、3回のセッションで行いました。ほとんど同じ生い立ちであったことがわかりましたね。あなたがたはふたりとも、傷ついた子どもの部分を持つ知性のある人です。ふたりのご両親、あわせて4人のかたがたは、人生において自己否定や深刻な落胆を経験しています。『魔術的な罪悪感』があなたたちには強く感じられます。幸せに思われないようにすることを学んでしまったのです。魔術的な罪悪感は、誰かを犠牲にして自分が何か良いものを得ることを前提としています。だから、もし自分の欲求のまま何かを得てしまうと、いずれ誰かが傷ついてしまうと考えるのです。

　マギーの場合、自分の生い立ちを今一度捉え直すことを約束しましたね。ところが、その約束をするとすぐに、意識していなかった自分で自分をだめにしてしまう自分が現れてきました。会う約束を5回したのですが、結局は3回しか会えませんでした。それは、まるでマギーが周囲からの支援を得ながら生きることを妨げ、義務を果たし成長し今より幸せになろうとするのを邪魔するかのように見えました。マギーは、自分が良い人間だと感じたいがために、自分から幸せを奪い去り、幸せになろうとする自分を罰するようなパターンに、自分がどうして従ってしまうのかを考えました。マギーには、フランクが優秀で賢く、何もかもがうまくいっていて、自分を適切にコントロールでき、少なくとも自分よりも優れているスーパーマンのように見えましたね。彼女は、自分の欲求は考えようとせずに自分を『批判的』にとらえようとすることにばかり気をとられていたため、意識しないうちに、魔術的な罪悪感という偏見に凝り固まってしまったのです。さらに今回のような事態が起こり、自分が悪いという感じを抱くと、このままの状態を維持しようとする方略に舞い戻ってしまい、結果として反抗的で攻撃的になるか、あるいは受動的になって病気にかかるか、気遣いが必要な状況に陥るのです。

　フランクの人生における自分で自分をだめにしているところは、自分自身の感情を表現するのが下手だと思い込んでしまっていることです。実際、彼はマギーが恐怖を抱いたことに激怒し、悪態をつくきっかけとならない

ように、物事を「慎重に進める」ように強いられていると感じていたのです。幼い頃、彼にとっては自己を支配すること、成功すること、知的に振る舞うことが非常に重要で、感情や感覚は混乱や狂気にともなうものとしか考えていませんでした。彼のこれまでの人生は成功を収めていて、混乱とは無縁であったことは確かです。しかしマギーと親しくなって、考えが変わったのです。彼がマギーに魅かれたのは、さまざまな感情に触れ、それを受け入れられるようになったからです。これができなかった頃は、感情は惰性で生じるもので、たんにくっついてくるものと思っていましたから。ですから不快な感情も我慢していたので、冷たくて鈍感で、最近では、表面的には怒っているようにさえ思われていたのです。

　魔術的な罪悪感は、激しい怒りをともなって現れてきました。あなたたちは互いに、魔術的な罪悪感を消し去るにはどうすればよいかを尋ねたのです。魔術的な罪悪感から解放されるには、結婚というドラマを終えさせればよいというわけではないのです。

　今、あなたがたが自分たちを否定的にとらえている別の問題は、親密さをどのように表せばよいかで右往左往していることです。考えていること、理想的な考え、親密になる方法が、ふたりの間で正反対であるかのように私には見えます。フランクは、親密になることは自己満足を起こさせる知的なものだが、その一方で息苦しさや驚きをも感じさせ、自分でコントロールできないものと思っていました。マギーにとっては、親密になることは、打ち解け合い、常に一緒にいて、満ち足りて安心できるものなのです。これはおそらく、完璧に共存した生活をすることへのあこがれを反映させたものです。もしふたりが、このような対極化した考えを続けていったとしたら、この先も喧嘩が絶えないでしょう。このような考え方が妥当かどうかに疑問を抱き、これが絶対ではないと思えるようになったら、互いが親密になるにはどうすればよいかがわかるはずです。自分を魔術的な罪悪感から解放することは、相手への尊敬と親近感を受け入れ、それを維持することを意味しており、『まるで…だ』などと言って関係づくりを自分から壊さないことです」

　以下は、フランクとマギーが書いた返信の文書である。

どのような家をつくるか

　私たちはみな、過去から多くの義務を課されていて、それが「予期せ

ぬ障害」となっていることを知っています。たとえば、いろいろな理由で互いに親密になれない人がいます。怒りとフラストレーションは、誰かと親しくなろうとする時には常に現れてくるものです。私たちは、たとえ結果として生じる行動が常に満足できないとはしても、他者に対して実際には予期せぬ障害があっても、受け入れるように努力すべきだと言われます。でも、相手の個人的な特徴を否定したり、それを拒否したりしても、何の役にも立ちません。それは他者の価値を下げるものでもあり、結果として自分自身の不幸につながります。

だから、対処が必要になるのです。私たちは、相手とうまく関係を維持する方法を学ばなければなりません。まずは互いを理解し、相手に共感することです。私たちは、素直に後戻りもできますし、生活の空間を自分で使うことも、相手に譲ることもできます。ですから、別居はだめだと言う必要もありませんし、時にはそれが建設的な選択肢にもなります。

最初、相手が大事にしている欲求を実現することが、私たちにとっては難しいことを知りました。このことは、リズ（マコーミックのこと）が自らの論文の中で詳しく述べています。まさに、このような現実を直視できるようになることが前進につながります。私たちは、事態を建設的にとらえ、もっと率先してやらなければなりません。

最終的には自分たちが変わることを決意し、その新しい対処法の活用を今後も続けていくことで、お互いを愛し、相手を必要とするようになれるのです。しかし、これは岩だらけで油断のできない道で、ゆっくりと乗り越えていかなければなりません。大いにやりがいのあるものです。

フランクとマギーは、自分たちの感情に耳を傾け、それを受け入れるのが未だにうまくいってはいない。その感情は、親しくなるのがスムーズにできないことから生じている。彼らの関係づくりがたとえ容易でなくても、ふたりは一緒にいて、より良い関係をつくろうと今も努力している。

ショーンとメアリーの場合

ショーン（Sean）とメアリー（Mary）は、自分たちの関係を脅かすほどの激しい喧嘩を繰り返していたことから、生活を続けるにあたっては他者

の援助が必要な状況になっていた。ひどい口喧嘩が毎日の生活の中で繰り広げられており、すでにどうすることもできない状況に至っていた。そこで、それぞれ自分が陥っているわなやジレンマや予期せぬ障害について考え始め、どのようなことが起こったか、その時に何を感じたか、自分が何を言ったか、そしていつ喧嘩が起こったかなど、詳細な記録をつけるようになった。

ショーンは、幼少期に口やかましい父親に育てられてきた。その父親というのは、自分に非があるのを認めるまでは文句ばかり言っていた。メアリーは、ショーンが自分のしたことに関して絶えず文句ばかり言っていた

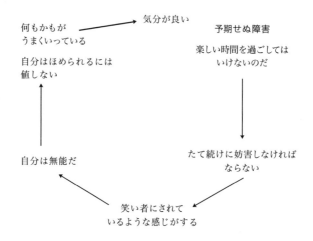

図16.2 (a) ショーンのダイアグラム

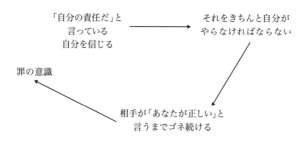

図16.2 (b) メアリーのダイアグラム

ことを知った。その彼女の対処法と言えば、どのような争いでも相手の非難を受け止めることだった。ある日の喧嘩が終わった後で、ふたりは自分たちが陥っている状況を図に示してみた。それが図16.2の(a)と(b)である。

　ある日の喧嘩は、愛に関して笑いながら楽しく冗談を言いつつまさに愛し合おうという時に起こった。メアリーは、自分ではとても楽しいと思うことを言ったはずだ。しかし、それが劇的な結果を生じさせた。突然ショーンは目をそらし、すべての関心を失ったかのような表情になった。そして激しく怒った。あまりにも突然の変化にメアリーは狼狽し、すぐに答えの見いだせないような葛藤状態に陥った。そこでメアリーがふざけた意見を言うと、ショーンは文句ばかり言って、相手を軽蔑する父親のような態度で彼女に接した。メアリーにとっては、ショーンの言動が大きく変わったことが衝撃的であった。彼女は、拒否されないように必死になって取りつくろおうとした。喧嘩の責任をとり、自分が何をしたのかとショーンにしつこく聞いた。だが、このような対応はたんにショーンの感情を高ぶらせるだけであった。彼は苦しみ悩み、自分のせいだと思い込んでしまい、自分が納得できていないとしてもメアリーに謝らなければいけないと思った。喧嘩をした後も、メアリーがあまりにも道徳的なことを口にすることから、ショーンは話をしたくなくなった。それを見てメアリーは愕然とし、落胆してしまったのである。実はこれは、彼女が子どもの頃に体験したこととまさに同じであった。

　ショーンとメアリーは、相手への対応の仕方に及ぼしている幼少期の不適切なコミュニケーションの影響がいかに強かったかをすぐに理解した。そのことが今になって、お互いをしっかり見つめることを妨げていたのである。ショーンにとって、メアリーは活力を奪い自分を拒絶する父親のようであった。一方のメアリーは、間違ったことしかしないと言って自分のことを拒絶する父親のようにショーンを見ていた。ショーンの捉え方が自分とはまったく違っていたことを知って、メアリーは大変なショックを受けた。このようにふたり一緒にセラピーを受けることの意義のひとつは、相手の立場に立って話を聞き、自分が身につけている対処法をじっくり考える機会になる点である。

　次の文章は、ショーンとメアリーが行ったセラピーに焦点をあてて、認知分析療法を行うふたりのセラピストとともに解説したものである。

　ショーンとメアリーのふたりが陥ったわなとジレンマに関して、これまでどのように考えていたのかをその後のセッションで確認した。しかし彼らは、再びとりとめのない喧嘩をだらだらと繰り返し、メアリーがショー

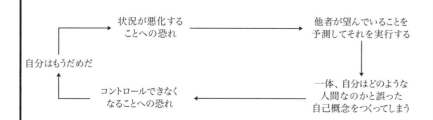

あるいは、彼女が抱いたジレンマという面で考えた時に最初に行う図

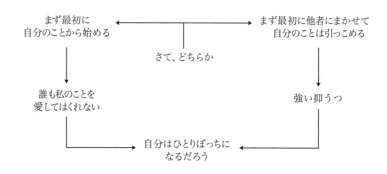

図 16.3 (a)　メアリーが陥ったわなとジレンマのダイアグラム

ンにもっときちんとやるようにと小言を言い続けたのである。それと同時に、自分が求めているものはさておいて、彼が求めているような自分になろうとしていたのである。一方のショーンは、メアリーが何を求め、何を考えているのかには気づいておらず、事態を荒立てずにこの現状を打開することはもはやできないと考えざるをえなかった。その後、ふたりは公園に出かけ、それから仲間の会合に参加することにした。しかしながらショーンは、いつものことながらメアリーの用意ができるのに時間がかかり遅れてしまっていることにますますいらついたため、会合への参加はふたりの間の緊張を強めるだけとなった。このことから、私たちはメアリーが陥っていたわなとジレンマを解明することができた。図16.3 (a) を参照してほしい。

ショーンに起こったと考えられるのは、やはり自分は負けてしまったと感じたことである。これは、父親に関するふたつの重要な記憶を呼び覚ましました。ひとつ目の記憶は、大好きで愉快な叔父のいた田舎に、ショーンが父親とふたりで遊びに行った時のことだった。父親と叔父のふたりは、これからどこに行くかを相談していた。その後ショーンの父親は、さあ行くぞとばかりに、部屋の中央に立って鍵束をジャラジャラ鳴らしながら、準備のできない叔父に対していらつき、いまにも爆発しそうであった。叔父はと言うと、ブーツを履くのにもたついているものの、周囲がいらいらしていることにはまったく無頓着であった。これはふたりの現状と明らかに同じであった。ショーンは、いらいらして我慢しきれなくなった父親と同じであり、メアリーはのんびりしていて計画的に物事を進められない叔父の役割を演じていたといえる。

　ふたつ目の記憶は、自動車の修理工になりたいというショーンの夢に関するものだった。だが彼の父親は、子どもにはもっと尊敬でき、社会的地位のより高い職に就くことを望んでいた。父親には逆らえず、父親が望む職を選択しようとした。しかし、父親の思い通りになることに気が進まないのも事実であった。ショーンは虻蜂取らずに終わり、最終的にはどうにか父親から容認されるのではないかと思えるような職に就いた。もし成功したら、これは父親が認めないものであるが、あたかも彼が自分の願いを遂げたような形になり、父親のねたみだけではなく怒りも招くことになった。その一方で、もしも彼が自分の願いをまったく遂げられなかったら、父親から軽蔑されたに違いない。それは、唯一の解決策がどうにか実行に移されたに過ぎないように見える。このことは、職業の選択ばかりでなく、自宅での行動でも見て取れる。彼は、棚を取りつけたり部屋の模様替えをしたりするなど、何かを始めても中途半端なままどこかに行ってしまい、メアリーのいらだちの原因となっていた。そこで私たちは、彼の父親の記憶がどうして再び介入してきたのかについて考えてみた。それが次ページの図 16.3 (b) である。

　4 回目のセッションで、ふたりの関係のありようが過去の行動様式と関連していることがわかった。たとえば、最初のわなである回避への対応からわかるように、メアリーは、また別れることになってはいけないと考えていた。だから、そうならないように、彼が求めることは何でもするようにしていたのである。このことは、とりわけ母親が亡くなった後では、彼女が妹たちをしつけ、妹たちに満ち足りた生活をさせることを求められた子ども時代とまったく同じであった。

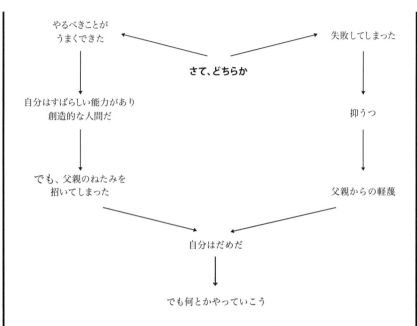

図16.3 (b)　ショーンが陥ったわなのダイアグラム

　ショーンの場合、父親に対して向けられた恐怖は自分が悪かったのだという自己実現的な予言につながり、その後に避けきれない抑うつが生じた。非常に明確になったことは、メアリーとの関係が順調に発展することへの恐怖が、必ずうまくいかなければならないという子ども時代からの確信から生まれたもので、だからこそ彼はそれを壊さなければならなかったのである。

　ショーンとメアリーはふたりとも、自分たちの間には何かしら問題があると非常に強い不安を感じていたものの、それが自分たちにはどうすることもできないものだと思っていた。そこでショーンは、メアリーと別れることによって生まれる辛さを避け、ふたりの楽しい関係が続くようにと自らの創造性をも破壊したのである。そこでメアリーのために、相手の感情の責任を取ろうといつもしてしまう点、自分のパターンに価値を見いだせない点、それによって生じる自らの創造性の破壊という点に注目した。

　6回目から15回目のセッションの要点は、その週にしてしまった喧嘩について一緒に分析すること、さらにはその口論の中でそれぞれの誤った信念がどこでもつれてしまったのかを考えることであった。ショーンとメア

第 16 章　愛は決して満たされない　363

　リーはこれらの検討をしっかりとやったので、かつて自分が経験していないことでも対応が可能であることがわかった。週に1回ずつ行ったセッションは、ふたりにとって相手に対して抱いた怒りの感情を落ち着かせられる安心できる場であり、今後に向けて自分たちがどうすればよいかの術を学ぶ場ともなった。ふたりとも、自分たちがこれまで繰り返し行ってきた対処法を振り返ることは好きで、図を描きながらお互いがどのような状況であったかを指摘していた。ショーンは、このようなセラピーを受けた後で、「本を開くと、頭の中に詰まっていたものが、真っ白なページの上に並んでいるようだ。いかに自分の人生が同じパターンに陥っていたのかがわかる」と言っていた。

　セッションの最初と途中で報告してくれた喧嘩はあまりにもすさまじいもので、ふたりの関係はもうおしまいかと思わせるほどであった。しかしこれは、子ども時代からの行動様式を振り返らせることにつながった。ふたりは、どうしてそれぞれの父親が子どもたちに口を出し、子どもが自分から感情を表すのを止めさせてしまうのかを考えるようになった。8回目のセッションでメアリーは、娘が第三者に対して、自分について真実ではないことを言っていたり、不当で自分を傷つけるような言動をしていることに悩んでいることを語り始めた。私たちは、メアリーがなじみのジレンマに陥っていることを知ったのだった（図 16.3 (c) 参照）。

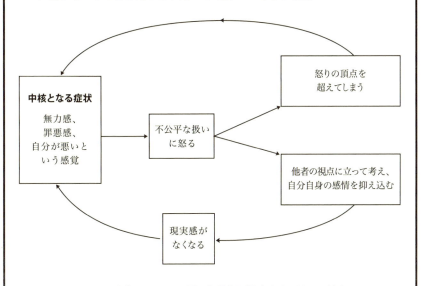

図 16.3 (c)　ショーンの誤った信念に関するメアリーの対応

彼女は、この状況から脱出するには、自分自身の感情を当然のものとしてとらえ、それを表出する必要があることを理解できた。ショーンは、この問題で悩んでいる彼女を見て、やさしく見守り支えることができた。8回目のセッションの終わりに、私たちはふたりにある提案をした。それは、愛する友人が書いたかのように、自分への今の思いを書くことであった。メアリーはすぐに書けて、温かくほとばしる感情を抱いた人物として自分を表現できたように見えた。しかしショーンは、好意的なまなざしで自分を見ることがなかなかできず、自分がどのようになれば好かれるかを文章にするだけであった。自分自身を高く評価するのがいかに難しいかを切実に感じさせる結果となった。彼の父親が文句を言っている声が、今も続いていたのだった。

　9回目のセッションは、今回のセラピーのちょうど中間にあたり、セラピーをもう終わりにしようという気持ちと相まって大きな喧嘩があった。明らかに彼らは、セラピーに来ても何も変わらず、相手への怒りだけが持ち越されると感じていたのである。メアリーが言うには、いつもはセッションの最後になると感じるようなショーンに対する親しみが、今回はまったく湧いてこないというのだ。気分は落ち込み、それがショーンに移ってしまった。彼女はショーンが抑うつ的になっていると感じ、そのことに動揺した彼女は、抑うつから脱出させるために彼を楽しませなければならないのだと考えた。つまり、もしも彼が落ち込んでいたら、それは自分の責任に違いないというのである（これは、メアリーが子どもだった頃の両親との関係とまさに同じだ）。次に彼女が感じたのは、罪悪感と、ショーンが自分に対して批判的だという感情であった（だが実際には、彼はまったくそのような感じを持っていなかった）。メアリーとショーンが互いの気持ちをどうして理解できなかったのかがわかるだろう。彼らもようやく理解でき、相手に自分自身の感情を押しつけていたことを知った。

　ショーンにとっての重大な問題は、この時になって明らかになった。メアリーはセッションに来るにあたって、親友の死によって辛い思いをしたことをあらかじめ伝えてきていた。一方で、このことは自分の父親の死に関して未だ触れてこなかった感情を呼び起こした。彼女は、父親への怒りや自分が傷つけられたことを力強く語り、妹や母親に拒絶された重大な問題をも見いだすことができた。ショーンにとって、このような状況を目の当たりにすることは、喪失や死に対する感情を常にぐっと飲み込んできた自分のパターンを見るかのようで、非常に辛いものであった。彼は、死に対して深い悲しみをあらわにするメアリーを見て、不機嫌になり、いらい

らしていた。私たちを失ってしまうのではないかという思いから、恐怖や怒り、傷つけられるのではないかという怖れをメアリーは表したのであった。ショーンは、その姿を見て驚いたと言っていた。私たちがこの時点で知ったのは、彼の誤った信念が、悲しみを避けようとするいつものパターンを変化させようとはしていなかったことであった。だからこそ、この点がその後のセラピーの中心的な課題となった。だがこの問題に関しては、彼と私たちが同じ考えを持っていたことに気づいた。そこで、この数週間のうちに、この問題を解決するにあたってふたつの重要な段階があることを整理した。すなわち、（1）彼がアイルランドに戻る時に、実際に息子にちゃんと話をすることである。息子に「さよなら」を言うのは非常に辛いことであった。息子のことをとても愛していたからである。（2）セッションを懐かしく思い、私たちの支援なくして自分ではどうすることもできないのではないかと恐れていることを、私たちに話すことができたのである。

　ショーンが途中のセッションで直面したもうひとつの問題は、彼の中の子どもの部分であった。サッカーを観戦したりテレビを見るなど何をしても認めてくれるように、メアリーに常に励ましの言葉を言ってほしかったのである。このパターンは、ショーンとメアリーの間で何度となく繰り返し起こった。母親のようにメアリーがなぐさめ、子どものようにショーンがなぐさめられたのである。

　この時点で、セラピストは、図16.4の(a)と(b)に示したダイアグラムを描いた。

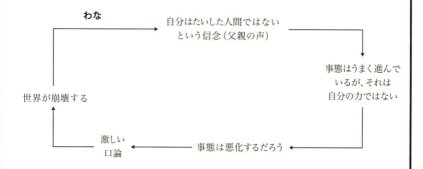

図16.4 (a) セラピストが描いたショーンの誤った信念

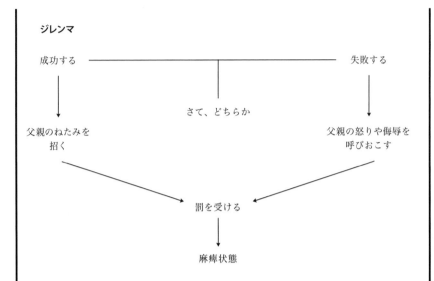

図 16.4 (b) セラピストが描いたショーンのジレンマ

　しかしながら同時に、彼の欲求はメアリーが対応できる範囲をはるかに越えており、起こった喧嘩を振り返ることにした。ただし、メアリーが別の人に目移りすると、嫉妬心とライバル心というショーンの別のパターンが頭をもたげた。ふたりはしばしば電話で話し、これに彼女はかなりの時間をかけた。時には、ショーンがたわむれの恋と呼んだりすることもあった。彼はすねて自閉的になったが、それに対してメアリーは、彼がこうした感情を抱いたことの責任や自らの罪悪感の責任をとらなければと考えたのである。つまり、彼の落ち込みは彼女の責任だというのだ。ふたりはこのようなパターンに陥っていることを認識し、さらにメアリーの注意が他者に向けられると、ショーンには自分が拒否されるのではないかという恐れを抱いていた子ども時代の不安な嫉妬心が呼び覚まされることも理解できた。このような感情は夢の中でも現れ、ショーンがその時のセラピーで話してくれた。彼は、メアリーのそばのイスに座っており、メアリーは隣に座った男性と愛をささやきあっていたのであった。夢の中でショーンは、立ち上がり、メアリーから離れたところに座った。
　飛躍的な前進が、次のセッションで起こった。サッカーの試合がもとになって、些細な喧嘩をした。ショーンとメアリーがふたりでテレビ観戦していた時であった。メアリーは、コマーシャルによる中断の最中に何かを

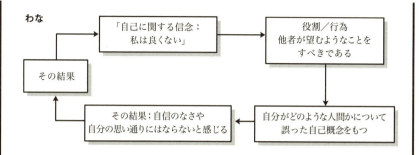

図16.5 (a) セラピストが描いたメアリーのわなのダイアグラム

しに部屋から出たが、試合が再び始まってもショーンが彼女を呼ばなかったのである。ここで良かったことは、メアリーが自分の怒りをなだめ、マゾヒズム的な快感が心の中で大きくなるままにするのではなく、あえて文句を言わなかったことで、これにより喧嘩はエスカレートすることはなかった。このことがあって、ふたりはもう大丈夫だと思えるようになった（図16.5 (a) 参照）。

　同時に直面した別の問題は、ふたりの相違であった。私たちは、状況ごとの対応の仕方でショーンとメアリーにどのような相違があるのかは知っていたし、議論もした。ショーンが彼女とは違ったものの見方をしていると、メアリーは不安になり精神的に不安定になる傾向があったのだ。これは、子ども時代に両親の考えが食い違っていた時に感じた傷と関連したものであった。ふたりは、「自分たちはそれぞれ違っていて、お互いにその違いを受け入れることができる」と言えるようにまでなった。

　12回目と13回目のセッションでは、自分で計画はするもののなかなか完了にまで至らないことに彼自身が落胆している点に、とくに焦点を当てた。彼は、もし自分が目的を持って何かができるなら、自分とメアリーの関係を好転させられるだろうと言った。自分たちがやる日曜大工は完成することもあまりなく、半分やってすぐに横に置かれてしまっていると言って笑い合った。しかし彼には、「何ひとつ十分にできないではないか」という父親の文句がはっきりと聞こえるのであった。この予期せぬ障害から脱出するには、「前進あるのみだ」と彼は言うのであった。

　最後の4回のセッションは、セラピーを終わらせ総括する中で、さまざまな感情があふれてきた。ショーンとメアリーは、息子と娘のところに行く予定をキャンセルしてしまい、子どもたちを裏切ってしまったことが非常

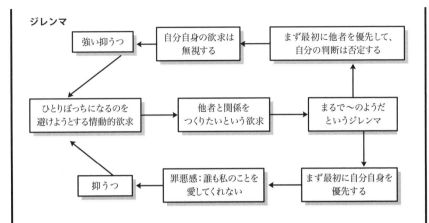

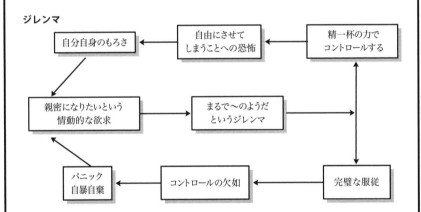

図 16.5（b）メアリーのジレンマに対してセラピストが作成したダイアグラム

に申し訳なかったと言った。このことは、温かく幸せで安心できる家庭をつくろうというメアリーの夢を奪い去るもので、傷ついた自分の気持ちがどのようにショーンに向けられるかを、彼女自身が見つめることとなった。このセッションでは、ふたりの病理学的な面にも焦点が向けられ、激しく怒り傷つき不安を抱いた子どもがどのように感情を爆発させるか、人間関係をどのように破壊するかを検討した。このセッションは、ふたりを落ち着かせるものとなった。メアリーは、「自分より娘のことを優先するのなら戻って来なくていい」とショーンに言った。これに対して「そんなことをしたら、終わりになる」と言うのがショーンであった。メアリーが答えた

ことは、自分は本気ではなかったこと、喧嘩を沈静化することができるはずだというのであった。私たちは、怒って喧嘩をすることも必要だということを気づかせたのだった。

次のセッションで焦点を向けたことは、セッションを終結に向けていくのがいかに大変か、満足感が得られない点をどうするかであった。だがショーンでさえ、これを決めることができた。ショーンは、誰かと電話をかけている最中のメアリーの笑い声に腹が立ったことがあった。そのことを話してみたら、メアリーがよく理解してくれた。ショーンがこのセッションで言ったことは、「私の人生の中で、このセラピーほど強い印象を受けたものは何ひとつない」。

次のセッションで、メアリーは、相手のことを第一に考えるのではなく、自分の関心を優先させたことが3回あったと言った。彼女は、自分のことを優先させることができて意気揚々としており、ショーンにも励ましてもらえた。

最後となったセッションでは、終結させることを非常に強く伝えた。メアリーは、セラピーが受けられなくなることに不安と恐怖を強く抱いた。ショーンは、ふたりで歩んでいくために語り合える時間を多くつくろうと考え、希望に膨らんでいた。これから3か月間は、フォローアップのためにセラピーが受けられることも伝えておいた。

最後のセッションで、ショーンは小さな包みを持ってやってきた。その中には、1枚の絵が入っていたが、これこそが変化することを求め続けてきた彼を支えてきたものであった。私たちは非常に喜んだ。そこで最後に、別れの手紙を交換した。私たちは、それぞれに宛てた文章をまとめてひとつの手紙を書いたのである。彼らを誤らせてしまったパターンが何であったのか、予期せぬ障害やわなやジレンマから抜け出そうと目覚ましい変化をとげたこと、さらにはセラピーを通して私たちが学んだことを指摘した。彼らも、別れの手紙を書いてくれた。ふたりはそれぞれ、今回のセラピーが自分にとってこれからの道標となりうるような体験となったことを述べてくれた。ショーンの手紙はメアリーよりもかなり長文であった。メアリーは自分のものよりもショーンの手紙のほうがはるかに完璧であると考えていたように、相手がもっときちんとやるべきだといかに強く思っていたのかを再確認させるものであった。さらに私たちは、お互いがそれぞれ違っていてもそれで良いことを強調した。ショーンもメアリーも、非常に良い体験が数多くでき、自分たちで喧嘩を阻止できるようになったことが理解できた。そして、気持ちよく生活ができるように自らの創造性を最大限

に活かすことが必要で、それがふたりの関係を支えてくれることがわかった。彼らは、相手への感謝だけではなく、対極にある悲しさをも表現することができた。私たちは、実際に目にすることができたすべての変化、ふたりの勇気、ふたりの努力、辛かったセラピー、それに粘り強さを話し、自分自身のモニタリングをこれからも続けていけるような方策を伝えたのであった。

　ショーンとメアリーがふたりの関係を変化させるのに、認知分析療法は非常に有益であった。ふたりは喧嘩を阻止し、自分たちが陥ったごたごたを笑い飛ばし、時限爆弾のように持ち歩くのではなく、「今、ここで」の体験を直視することが可能になった。全体的にみれば、激しい喧嘩はほとんどなくなった。これは、もともとはセラピーで達成すべき目標のひとつであった。このような変化が起こったのは、ふたりが子ども時代に怒りと妨害をともなう経験をいかに多くしてきたのかを見つめることができたことによって可能になった。それぞれにとって、強権的な父親をなだめることはふたりの前に大きく立ちはだかっていたが、それを取り入れることができたといえる。

　ショーンは、文句ばかり言っている父親の存在が、どのようにしてわなをつくり出し、自らの創造力を活かすのを妨げ、努力を無に帰させたのかを知った。と同時に、彼がメアリーの言うことの中に父親の声を聴いた時には常に、彼女から離れて自分を守ろうとしていたこともわかった。彼は、自分の中にいる子どもの部分にも自信を持たせ、積極的に自分を表現すると同時に、前に進み、自分らしく楽しもうと決めた。

　メアリーは、自分の欲求を優先することで自分が他者から拒否されることを恐れていたのである。表現するのが得意ではなかったので、自分の抱いた感情が批判されて拒否された時にも、自分の欲求は抑え込んだままであったため、自分の欲求を表現するのが難しかった。何を感じたか、とりわけ誰かを失うのではないかという恐れを彼女が表現し始めた時、これは彼女の感情を共有して尊重しようとしていたショーンは大きな影響を与えることとなった。

　ショーンとメアリーは、5年が経った今でもセラピーの中でつくったダイアグラムを用いており、十分なコミュニケーションができているという。

エクササイズ

　自分たちの生い立ちを、別々に第三者の目を通して書いてみよう。つまり、自分を「彼」あるいは「彼女」として書いてみるのである。一歩退いて自分を見つめれば、自己を振り返ることに役立つ。自分たちだけしかいない時に、それぞれが自分が書いた生い立ちを、声に出して相手に読んでみよう。自分を観察する第三者に、作者自身とその人物の生い立ちの背後にある物語を丁重に聴いてもらおう。できるだけ客観的に、そしてじっくりと。

　評価したり、批判したり、異議を唱えたり、個人的なことだととらえたり、規則を過大視したり、合理性だけを求めたりしないで、相手の話を聴いてみる。そのような不適切な聴き方をしてしまうと、否定的にとらえる親のわなにはまってしまうだけである。もし自分が上記の不適切な聴き方をしていたら、そのことを書き留めておくこと。それが後で役に立つ。安易に反応することはない。そこから脱出しようとしたり、生い立ちのドラマを通して自己とコミュニケーションをしようとしたりしている人の声に耳を傾けよう。あなたのパートナーがあなたのことをどのようにとらえているか、ふたりがどのように幼少期を生き抜いてきたかを考えてほしい。

　じっくりと一緒に生い立ちを読み、そして互いの反応を知る時間をつくることだ。

　自分自身の苦痛がどのようなもので、自分がとっている対処法が相手にどのような影響を及ぼしているかを、一緒に書き出してみよう。

　喧嘩をしたり、困難なことに出会ったときなどに、自分が常に行っている対処法をどのように繰り返しているのかを図にしてみよう。以下のことを書いてみよう。

(a) 行動を起こさせる仮説や「誤った信念」。(たとえば、「私が信じているのは……」などと言ったりする場合)

(b) 自分たちの仮定がきっかけとなって、この信念が他者にどのように受け取られるか。(たとえば、「だから、私がやったのは……」などと言ったりする場合)

(c) この仮定がどのような行動に現れるか。(たとえば、「自分は……だと信じている。だから、私……することになった」などと言ったりする場合)

それぞれコピーをとり、難しいと感じたところにチェックをする。最初の1週間は、今何が起こっているのかを互いに観察し、記録しておこう。今はまだ何かを変えようとはしないことだ。自分たちの関係に取り憑いているわなやジレンマにつかまらないように、まずは自分たちの見る目を信じることである。ふたりの間に何が起こり、何が現れ、そして何が現れたがっているかを見ることだ。

もし自分が強い感情を抱いていることがわかったら、そのことを書いてみるとよい。そしてその感情がどこから生じて誰に向けられたものかを考えてみよう。その感情があなたの重大な苦痛とどのように関連しているだろうか。どうしたらその感情を和らげることができるようになるだろうか。

ふたりの関係において、対立するエネルギーを生じさせてきたこれまでのやり方を無視すると、今度は別の事態が起こる。そうなると、自分が相手をどう思っているかをたがいに探り始め、なぜそう思ったのかを互いが言い合うだけの結果に終わってしまう。

エクササイズ

どのような神話が自分のパートナーの実際の考え方や信念を表しているか、彼らが求めている神話はどれかを考えてみよう。

・自分たちの関係を支配していると感じている神話に名前をつけよう。
・自分が相手に求める神話とは何か、書き出してみよう。

PART 9

変化を持続させる

心の平静は、同情のこもった心の理解をともなう。

ジャック・コンフィールド（Jack Kornfield）
『心のこもった道（*A Path with Heart*）』(1993, p.331)

第17章　実践を繰り返しながら変化を持続させる創造的な方法

　本書において、私たちは自分自身、さらには他者に対する考えや思惑に影響を及ぼすような古い信念を変えるべく努力してきた。セルフモニタリングを行い、それを書き留めることは、私たちの心の中におぼろげながら存在していた隠れた考えに光を当てる助けとなり、新たにそれを見つめる機会ともなる。私たちは、明らかに小さな、しかし誤った信念がもたらす影響に驚くことがある。このような気づきがあるからこそ、着実に変化することができる。しかしながら、多くの問題は幼い頃に経験した心の傷から自分を守ろうとして、強固につくられたものが源となっており、これらの防御を変化させることは、そこに関わる恐怖が非常に大きいために困難なものとなっている。私たちは最初に、変化には勇気が必要だと言った。恐怖を避けようとするのではなく、あえて恐怖に立ち向かおうとする勇気、恐怖を低減させるのではなく、恐怖とともに歩もうとする勇気が必要である。しかし、困難な現実に直面し、新しいやり方で対処しようとすると、少なくとも最初の頃は意識を集中させながら日常生活を送らなければならない。

　このままの生活を続けていくことは受動的である。だが、受動的であることと受動的になることとは、同じではない。私たちは現状を持続させることに腐心するとき、新しいやり方に挑戦したり、自分のアイデアの修正をあきらめてしまいがちである。新しく学ぶことは何であれ、それが確実なものになるためには時間も練習も必要だ。もし、古い思考様式が日常生活のあらゆる面にはびこっていると感じても、修正した新しいパターンを獲得するのにどれくらいの時間をかければよいかをあまり考え過ぎない方がよい。学習していく中でもっとも重要な点は、もしも古い習慣やパターンに舞い戻ってしまったら、そのことを認識し、新しい道に再び戻ることである。**もし、かつての状況に戻ってしまったら、もっとも重要なことはもう一度起き上がることであって、今の状況**

を嘆き悲しむことではない。変化を目指して動き始めた自分を支えてくれるような、絶対的な優しさをもって受け入れるかそれとも支持され勇気づけられるのかという新しい相反的役割を獲得するためにも、マイトリーの本質、すなわち絶対的な優しさは、自分自身にとっての良き仲間となるであろう。

　自分が考え方や仮定を変える時、大抵は安堵するのだが、失うものもあるかもしれない。もし、自分が「生き延びること」だけを考えて人間関係をつくっていたとしたら、このような関係のパターンには異議が唱えられるであろう。そのような他者を優先し、譲歩し、気遣うということに慣れてしまっていた人の中には、私たちが想定外の動きをしていることに気づいた時に不満を表す人がいる。落胆し、驚きさえ示すかもしれない。変化は、私たちの生活のすべての面、とりわけ私たちがもっとも身近に感じている面でなされるものだ。配偶者や親友、仲間の反対を感じながら生活するのは困難であるが、このような反抗的な動きは私たちの意欲をそぐものでない。もし反抗に屈してしまうと、古い信念は変えることができないという恐怖と結託したことになり、以前の状況へ舞い戻ってしまい、健康な自己は妥協せざるをえなくなる。

　私がわかったことは、他者が変わろうとしていることの重要性に友人や仲間が気づき、古い好ましくないパターンを消し去るにはどれくらいの援助が必要かを悟った時に、彼らもまた変化できるということだ。関係が固定化したり一方的になってしまったりした時にはとりわけ、状況はますます白熱化する傾向にある。そのような時には、私たちひとりひとりが選択を下さなければならない。だがその選択は、「他者を優先するか、それとも自分を優先するか」になりやすい。もし、現状維持を他者が求めた場合にその人との関係が悪化する危険性があるならば、自分の生活においてその人が本当に必要な人材かどうかを自問する必要があるだろう。私たちには、新しい領域に足を踏み入れ、新しい友人や知人をつくろうと考えなければならない時もあるのだ。

　変化を持続させるもっとも大事なことは、絶え間ない努力とやり遂げようとする決意である。以下に挙げた18項目は、変化を持続させるためのアイデアを示したチェックリストである。すべてを検討することは必ずしも必要ではない。自分にとって役に立ちそうなものを4つか5つピックアップし、それをやってみることだ。自分が選択した変化の動きを続けていくことができるように、このチェックリストを毎日見てほしい。

- 他者が反対し承認しないような場合でさえ、勇気を持ち続け、自分で決めた変化を実行できるような強さを持とう。健康な自己を形づくるのに必要な内的な変化は、他者に害を与えるようなものではない。むしろ、自分が変化したことで他者をも変化をさせうるものである。
- 自分がしていることを信じ、確信をもってやっている自分の姿を見てもらおう。
- 自分がどのような人間であるかを知ろう。他者のように、あるいは他者が望むようになろうとしてはいけない。
- 「痛みを生じさせる壁」を自分の力で乗り越える必要が生まれるような状況は、これから先も何回も訪れることを知ろう。変化することは容易ではない。多くの恐怖が襲ってくる。時には乗り越えることが困難になること、新しくつくった自分の歴史やこれからの目的を維持し守らなければならないことを知っておこう。
- 自分自身のために、あるいは一時的な満足のために、自らの欲求を手放さなければならないなどと考えるのではなく、耐える力を身につけよう。そうしないと、自分が変えようとしている古い習慣にまた舞い戻ってしまうからだ。
- 自分の感情や欲求を褒めたたえよう。褒めるのは好ましくないなどと考えることはよくない。
- 自分の抱いた恐怖を知り、それに対処し、マインドフルネスを実践してみよう。
- 不安を感じていることが何かを知り、それに自分なりに対処しよう。
- 「こんなこと、すべきでなかった。なんて愚か者なんだ」というように、感情で自分を判断してはいけない。
- 自分自身や他者の声を聴く術を学ぼう。自分が言ったことに耳を傾け、声の高さに注意を払おう。自分のからだが自分に言い聞かせていることを聴こう。からだが発する言葉に注意を向けよう。
- 否定的にとらえることの悪影響に気づこう。否定的な考えなど持ってはいけない。否定的な考えを持ったり、その場から逃げようなどと思った時は、しっかりせよ。否定的な考えは追い出してしまおう。
- 肯定的にとらえることや、好感度アップにつながる癒しの効果の重要性を認識しよう。

- C・S・ルイス（C. S. Lewis, 1961）は、現実の危機だけが自分の信念が正しいかどうかを教えてくれると考えた。危機に立ち向かい、自分の信念の正しさを調べてみよう。
- 毎日、笑うことを心がけよう。自分を笑わせようとしたり、自分が楽しいと思える人と一緒にいよう。自分が楽しくなるようなものを、読んだり見たりしよう。
- 日常生活の中での自分のイメージを活用しよう。「……みたい」「……のように思う」などだ。読書していて思いついたシンボルやイメージを有効に使おう。そうすれば、「ああそうだね、これは今の私とまったく同じだ……、これは今まさに私がいる所だ……」と思うに違いない。
- もし、何回も行き詰まったり、臆病になりかけたりしたら、自分自身に言い聞かせよう。「自分はこうなってはいけないのだ」とか「この状況がすべてではない」と。
- 毎日、変化しよう、変化を維持させようとしている自分を認めよう。
- 健康な自己に余裕を与え、その余裕をもって自分自身が経験したことを表現しよう。最初は慣れていないので新鮮かもしれない。でも、それを本来の生き方にしよう。つまり、土壌、光、空気、水を与え、丁寧な世話をすることである。それらが大地に与えられ、そこで未熟な苗木があなたの世話に身を委ね、成長していくのである。

思いやりを育む

　思いやりとは、今悩んでいる症状、さらにはその原因から、自分が感じうるすべてのものが解放されることへの期待である。人間性から切り離すことは難しく、精神的な面で受け継いできたものの中核をなす。偽りのない思いやりは、内面とのふれあいができた時に初めて生まれる。腹や胸のあたりを和らげるものである。思いやりの根本にはマインドフルネスが必要である。これは、からだと感情と精神が揺るぎないものとして一体になっている状態だ。だが、マインドフルネスを意識しながら思いやりを表現することはできない。何かに悩んでいる人に、過剰なほどの思いやりを表してもだめだ。偽りのない思いやりをしてもらえた時に初めて、私たちは硬直しばらばらになってしまった状態から、柔軟で統合された存在に変わることができる。それによってこころの声

に耳を澄まし、これまでの悩みに抵抗することが可能になる。

カレン・アームストロング（Karen Armstrong）は、『思いやりのある人生への12の段階（*Twelve Steps to a Compassionate Life*, 2011）』の中で、次のように述べている。思いやりは、私たちが備えている人間性のごく自然なひとつの面であるが、個人主義、さらには資本主義における競争経済システムの浸透、地球的な規模での部族同士の戦争や対立などにともない、現代の社会では異質なものになってしまった。さらに、私たちの多くは未だ十分に理解できていないが、とりわけ人々を真の思いやりへと導いているデズモンド・ツツやティック・ナット・ハンのような賢人の行動を通して、本当の思いやりの実践がいかに私たちを奮起させ、役に立ち、変化を可能にするかを理解するのだ。

しかし、西洋の人々にとって自分自身を通して思いやりを表すのは難しい。だが、これこそが実践して行く上での主要な基本原理となる。慈悲（メッタ）の実践においては、最初にすべきは自分自身への思いやりである（付録2の慈悲の瞑想の項を参照）。これは、私たちに親愛や愛情を与えてくれる周囲の人々や教師に囲まれている自分自身を想像することで、成し遂げることが可能だ。彼らからの親愛や愛情を感謝して受け取る。そうすることで次には、家族や友人、日常生活で関わる人々、つきあいにくい人々、さらにはすべての人々に思いやりや慈悲を施すことができる。ここで十分に理解しておきたい点は、思いやりの気持ちを他者に純粋に施すためには、自分自身を十分に思いやり、思いやりを施そうとするすべての人々とより広い関係を結ぶ必要があることだ。このことは、私たちの思いやりの気持ちを深化させ、自己中心的で「聖人ぶった」態度を取り除く助けとなる。

もし、主要な慈悲の実践を行ったり、さらには重大な苦痛やそれをもたらした状況に出会うことで、自分を思いやる気持ちを高めることができると、これらの実践こそがCATの出口となる。アレックス（Alex）は、自分が非常に深い抑うつの檻の中にいることがわかった時、次の言葉を言うことで慈悲の実践を行った。「元気になりますように。苦難から逃れられますように。危険から解放されますように」。レオニー（Leonie）は、自分がつくった言葉を使って、出口に向けた実践を行った。「今のままの自分を受け入れよう」。この言葉は彼女を力強くしてくれる実践となった。自分にあった何か短い文章をつくり、それを自分の実践に生かしていくことは可能だ。自分への思いやりは、多くの心理療法の中にも組み入れられてきている。ハーバード大学の心理学者であ

るクリストファー・ゲルマー（Christopher Germer）は自らの著書『自分への思いやりに向けたマインドフルネス（*The Mindful Path to Self-Compassion*, 2009）』の中で、からだを柔軟にさせるような自分への思いやりを高める実践的な方法をいくつか示している。すなわち、考えていることに気づき、それを抑えること、自分が感じたことを受け入れ、霊的なものに対する自分の可能性を感じ取ることである。CATの実践の基礎に、本書で繰り返し述べてきたこと、すなわち受容と絶対的な親愛があることがわかるに違いない。イギリスには、進化心理学の教授ポール・ギルバート（Paul Gilbert）によってつくられた基金がある。彼は生物心理社会学的な研究法を用いており、脳が「自己保全」モードにある時には、思いやりも含めた他の潜在力がほとんど受け入れられなくなるという考えを提起している（Gilbert, 2009）。私たちが何かに非常に強く怒っている時に他者に親切にするのは困難であり、ギルバートの主張は私たち自身にあてはまる考えである。私たちは、自分たちが行っている「逃走－闘争－固着」という自らの反応を理解し、自分の欲求が何かを知る必要がある。それと同時に、親愛の情を表すように努力することが重要である。

　自分自身への思いやりの気持ちは、自分が思いやりを施したすべての人々が自分、私たちの先生、私たちが愛する人に、親切に、そして思いやりを持って接してくれることによって高められる。

　自分自身への思いやりの根に栄養が与えられると、他者にも思いやりを施すことが可能になる。仏教では、涅槃は到達することのできない領域ではなく、4つの果てしない実践を通して人生において成し遂げうるものだと考えている。それがマイトリー（絶対的な優しさ）、カルナー（思いやり。苦難を和らげようとする気持ち）、ムディター（思いやりのこもった喜び、他者の幸福を喜ぶこと）、そしてウペークシャー（すなわち冷静さ、すべての存在を偏りなく平等に愛し受け入れること）である。

自分にあったセラピストを見つける

　本書を読んで、自分もセラピストに相談しようかと考えているのではないだろうか。ここで挙げた事例により、自分も相談に行ったほうがよいと思ったであろう。「良いセラピストとは」という問題は、専門家ばかりでなく素人集団でもいまだ活発な論議となっている。卓越した資格を持った人を誰か見つけら

れたとしても、その人を信頼できないこともある。その人の親切心や優しさに最初は引きつけられるかもしれないが、状況が好転しなくなってはじめて、自分には合っていないことがわかるだけである。社会的に認知された資格を持ったセラピストを見つけることは重要である。というのは、良いとされるすべてのセラピストは、(ある期間内で自分なりの心理療法や分析をしなければならないなど)専門家の規準や公約に該当する必要があるからだ。

もし、認知分析療法から生まれた本書のアイデアに興味を抱いたら、認知分析療法学会に相談をしたくなるだろう。ホームページは www.ACAT.me.uk、連絡先の住所は ACTA, P.O. BOX 6793, Dorchester, DT1 9DL, UK、電話番号は 01305-263511 である。電子メールのアドレスは admin@act.me.uk で、受付時間は月曜から木曜の 9:00 から 17:00 までである。ホームページあるいは学会への電子メールにより、自宅の近くにいる認知分析療法の訓練を受けたセラピストを見つけることができる。このような訓練を受けたセラピストは、イングランド、スコットランド、アイルランド、フィンランド、スペイン、オーストラリア、それに南アメリカにいる。

認知分析療法の訓練を受けたセラピストの数は増加しつつあり、さまざまな職場で活躍している。医師、精神科医、精神科のソーシャルワーカー、地域の看護師、精神科の看護師、産業カウンセラー、ソーシャルワーカー、一般開業医、カウンセラー、心理療法士などで、この本で述べられた方法を用いて、自らの専門性を活かしながら短期のセラピーを行っている。認定されたセラピストは、広範囲にわたるスタンダードとなる事例やさまざまな求めに応じた事例を経験し、さらに定期的にスーパービジョンを受けなければならないという義務もある。

ただし、「完璧」と言えるようなセラピーはない。また「完璧」と言えるようなセラピストもいない。「ほどよい」心理療法であれば、対応可能な範囲内で安全に大抵の事柄を探索でき、同時にすでに自分の中にできている健康な自己を発展させることができるように仕向けてくれるに違いない。

「ほどよい」セラピストとはどのようなセラピストか

良いセラピストは、認定された訓練を修了し、定期的にスーパービジョンも受けており、対等で受容的で、さらには心を開いてクライエントあるいは患者

としてのあなたを受け止めてくれるはずだ。すべてのセラピストは、あなたが自分らしく振る舞うのと同じように、自分自身の個人的な治療スタイルを持っている。治療のパートナーとして働いているなら、相性もあったほうがいいだろう。だが、本書を読むと、相反的役割についてさらに知りたくなるだろうし、その役割が他者をどのように活性化させるかがわかるだろう。心理療法に関する厳格な職能団体では、多くの相反的役割を規定している。これは、研究室内でなされている活動を知ることができ、とても良いことである。それらを徹底的に調べ、安心できる場所でこれまで表現できなかった感情をあらわにし、新しくてより支えになるような相反的役割をつくっていくことが可能である。

ただし、次のようなセラピストを指名する必要はない。

- 最初のセッションで、積極的に、あるいはまったく話をしようとしない。
- 自らの立場を乱用して、あなたのことを圧倒し、実際とはかけ離れた解釈をしようとしたり、ふたりの間の境界を適切に保つことができないようなセラピスト（セラピーの時間を自分のものにしてしまい、たとえば常に遅刻したり、セラピーの最中に電話をかけたり、早く終わらせたりするセラピスト、あるいは気分がしばしば変動するようなセラピストは、あなたが料金を気持ちよく支払えるような心理療法を実行できていないのである）。
- あなたが感じていることやあなた自身の生活に判断を加えたり、軽蔑したりするようなセラピスト。
- 個人的な目的のために、あなたの特定の面にだけ過剰なほどの興味を示すセラピスト。

もしセラピストが自分の体験や自分の生活のことばかり話してくれても、それは役に立たない。個人的な情報の開示が適切なタイミングでなされると、クライエントあるいは患者としてのあなたにとっては絶好のプレゼントにもなりうる。が、あまりにも多くの情報を、あまりにも拙速に出されてしまうと、心理療法という時間の自由さが損なわれ、神聖さも失われてしまいかねない。同じことは、身体接触についても言える。接触が医者による臨床作業の基礎となるのと同じように、身体とのかかわりを重視する心理療法では接触を利用する。だが、接触することについて明確な立場に立っていない心理療法では、混乱を引き起こし、クライエントや患者としての私たちは自らが侵害されたかのよう

に感じるに違いない。心理療法を行う部屋に到着した時や別れ際にあなたを抱きしめるセラピスト、あるいはセッション中にあなたが混乱してきたかのような時に何らかの方法であなたに接触するようなセラピストには、親しみを感じて最初のうちは受け入れることができるものの、徐々に問題や混乱が引き起こされ、動機を間違って解釈してしまったりし、ついには自由な振る舞いができなくなる。とはいえ、あなたを抱きしめるようなことがその状況では適切で、互いに違和感がないこともある。しかし、そのような純粋な動機の場合はまれで、誠実さに欠けるような身体的接触がなされた時には、「温かさ」という名のもとに訳のわからない多くの過ちが起こる。

転移

　心理療法の途中で、セラピストに対して非常に否定的な感情を抱くことがあるかもしれない。怒りや激怒、恐怖、憎しみ、軽蔑、侮辱などである。このような感情のほとんどは「転移」と呼ばれるものである（すなわち、そのような感情は自分に影響を与え、本来はそのような感情を生じさせた人物、場合によっては自分の感情の一部が、セラピストに対して転移したものと考える）。これらの転移は心理療法を行うにあたって有益な部分となる。このような感情を論議し、解釈し、理解すれば、たとえ苦痛に満ちたものであったとしても、それから解放されることにつながるからである。

　CAT は、相反的役割を明らかにするため、治療上の人間関係で求められるある種の転移を予期し、それに命名する有効な治療モデルとなっている。自分自身とセラピストがダイアグラムのどこに今いるのか、どのような連鎖的なループを起こしているのかがわかる。

　もし、自分が否定的な感情や、逆にセラピストに好意を抱くといった厄介な感情を抱いていたら、セラピストにそのことを話し、心理療法の一部にそれを組み込むとよい。もしセラピストがそのような感情を扱おうとしなかったり、たんなる個人的なものとして扱ったり、好ましくないものと非常に厳格にとらえたりしたら、あなたはセラピストに挑戦し対決せざるをえなくなる。この問題が満足のいく結果に至らなかったら、セラピーをやめることも必要になる。

実用上の問題

　多くのセラピーにおける「1時間」とは、50分、55分、あるいは60分をさす。この時間を正しく運用することが重要である。イギリスの国民健康保険制度の多くの分野で、心理療法やカウンセリングによる診療ができるようになっている。個人診療を行っているセラピストは非常に多く、受けた訓練はさまざまである。料金は、1セッションあたり35ポンドから75ポンドまで多様である。セラピストが医師の資格を持っている場合には、料金が高額になる。大多数の良心的なセラピストは、段階的な料金制度を採用している。短期心理療法の良いところは、料金が最初からわかっていて、それも安いことにある。もし、自分の受けている心理療法に満足していなかったり、前述した事項を読んでから心理療法の予約を入れたりするなら、セラピストに相談してみるとよい。セラピストの対応に満足できなかったら、どこか別のセラピストのところに行ってもまったく問題はない。心理療法を受けようとする人は誰でも、それがあまりにも遅くならないうちに、自分が何かしら多少なりとも有益なものを受けていると実感することが必要である。その有益性が、クライエントや患者になりうるすべての人にとって、それほど明確でなかったとしてもである。「消費者」のように、あなたには高く評価され尊敬され助けを得られるようなセラピストを探すだけの権利があるのだ。

　どのセラピストのところに行くかを決めたら、わかったこと、思い描いたこと、個人的な回想、さらには本書を読んで知った現実を自分のノートに書き記し、自分が選んだ場所で、自分の心理療法の過程の一部として、それを使ってみるとよい。

マインドフルネスの実践

　もし、マインドフルネスについてさらに深く勉強したくなったら、自宅近くで行われているマインドフルネスの瞑想グループやコースに参加する機会を見つけ、それを試してみることだ。自分に適した先生を探すとよい。これには時間がかかるかもしれない。自分にあった先生を探そうとすれば、大抵は現れてくるもので、多くは予想外の出会いである。重要なことは、今、まさにこの瞬

間の自分でいられるように、正しい実践を始めることである。関連するウェブサイトの読書案内をもとに自分にあった本を選び、それを読むことから始めるとよいだろう。北ウェールズマインドフルネスの研究実践センター(www.bangor.ac.uk/mindfulness)では、8週間にわたるマインドフルネスを基礎としたストレス低減コースを設定している。これは、遠隔地での学習も可能なようにジョン・カバート・ジンが合宿形式で5日間の瞑想を行わせた研究を基礎としている。これ以外のコースは、オンライン上でも知ることができる（精神衛生基金のウェブサイトを参照のこと。www.bemindful.co.uk/learn/find_a_course)。

PART10

学生、セラピスト、そして コ・カウンセラーのために

　私にとって意外な結果のひとつは、本書の最初にも述べたが、自己理解を広げようとすることを目指した読者に加えて、心理療法を実践している人々も本書を読んでくれたことである。そこで新しく書き加えたこのPART 10では、CATに関する理論的な枠組みとその実際に関して概略を述べることにする。これらは読者に興味を持ってもらうことがねらいであるが、それ以上に心理療法を学ぶ学生や実践家にとっては大きな価値があるに違いない。

第18章　認知分析療法（CAT）の理論と実践

CAT の実践

　CAT は、能動的な心理療法であると定義され、したがって患者もセラピストも積極的に関わることが求められる「忙しい」心理療法だ。どのような結末にするかが開始時点からの課題となっている。セラピストは、CAT という仮設の舞台上で精神的な意味で患者を支え、ふたりのダンサー、つまりセラピストと患者が2種類の異なったダンスをする。

　第1のダンスは、CAT でなされる能動的で焦点を絞った「課題」である。ここでは、過去と現在の結びつきを理解し、それに名前をつける責任をセラピストが担う。

a 　心理療法ファイルを行わせ、自分がどのような反応をしているかに気づかせる。
b 　セルフモニタリングをやり、日記をつけると同時に、「このパターンに陥っていることに最初に気づいたのはいつか」といった質問を通して、自分の生い立ちを思い出させる。
c 　セラピーが今どの段階にあるかに目を向けさせ、「道のりのちょうど半ばまで来た」というようにセッションの回数ごとに名前をつけさせる。
d 　セッションの内容を、わな、ジレンマ、予期せぬ障害、それに不安定な状態に当てはめさせる。
e 　相反的役割に合った言葉や隠喩を見つけ出しながら対話を通してそれを体験させ、それらがセラピーの内と外でどのように生まれ、どのように

第 18 章　認知分析療法（CAT）の理論と実践　387

規定されているかを理解させる。

f　起こりうるわなやジレンマ、それに予期せぬ障害を振り返らせ、それに関して質問をし、それが室内での会話の素材になるようにする。これは、患者の対話をさえぎる意味を持っており、分析的あるいはロジャーズ派の理論をもとに訓練されたセラピストにとっては大きな挑戦といえる。具体的には、「あなたが今、言っていることは、自分をなだめるわなや近づきすぎるジレンマの一部ではないですか」などと言うのである。こう言うと、最初は効果的ないらだちが引き起こる。私たちがすることは、助けは得られないとからだに染み込んでしまったクライエントの対処法にスポットライトを当てること、押し固められてしまった土壌に穴を掘る庭師のようなものだ。

g　過去と現在の人間関係のパターンは互いに補いあっているもので、両者を関連づけてようやく理解が可能になり、手紙のような形によって文章で表した再構成化がなされる。これは、その情報を共有している患者に向かって声を出して読むために書くものだ。さらにセッション中に書いたダイアグラムも、相反的役割とそれに続いて起こる信念や問題となっている対処法を維持している行為を表している。CAT で考案されたこのような道具がセラピーにおける作業の中心となる。セラピストはセッションの中でもセッションの間でも常に考えることが求められ、作成されたダイアグラムによる再構成を読み解き、それを書き留めながら言及していくこととなる。

ここで、アンソニー・ライル博士が本書のこの節のために、以下の文章を特別に寄稿してくれた。

　　CAT を実践する上で、第一、あるいはもっとも重要なセラピストの役割が何かと言えば、患者が抱えている困難さや苦痛を認めることである。患者の生い立ちを再構成すると、最初のうちは相反的役割がうまく機能していなかったことがわかる。つまり、この役割が必要以上に患者を支配してしまっていたのである。このような技法、さらには他の技法によって、正真正銘の人間的で妥協を許さない人間関係をセラピーの中で形づくっていくことが可能になる。あらかじめ決められた制限時間内での作業は、無

益な依存性を身につけるのを妨げ、治療的な変化を速め、より多くの人に活用しうるセラピーにさせるという利点がある。言葉とダイアグラムの両方を使って、何を変えなければならないのかを患者が理解できると、協同的な人間関係ができあがり、セラピーの課題がわかり、患者が自分の心への注目を高められ、責任感が強まることとなる。それによりセラピストは、セラピーの場における人間関係を総動員して、機能不全に陥っている行動パターンにどう対処すればよいかの予測が立てられる。再構成化はそれ自体治療において大きな力を発揮し、直接的に対処しなくても多くの症状や問題行動は徐々に消えていくことにつながる。

第2のダンスは、治療にともなう人間関係それ自体から生まれてくるもので、その非常によく練られた個々の段階がCATの枠組みの中に組み込まれている。第2のダンスでは、室内で会って互いに目を合わせる時間を多くし、言語的および非言語的（声の高低や身振り、表情）な対話を促進させる。これには、マインドフルネスを持ちながら、気づき、見つめ、聴くという微妙な段階を経る必要があり、互いが心の内を語る用意ができていれば、対話やダンスのように相手が次にどのように動くかをふたりが互いに予期できるようになる。これらの段階に影響を及ぼすのは、セラピスト自身の存在、パーソナリティ、趣味、経験、それにセラピスト自身が自己との出会いによってわかったものである。すべてのセラピーと同様に、浮き彫りになったことからセラピストなりのシナリオを語る必要がある。さらに次の段階は、セラピストが展開してきた治療に関わる多様な技法を活用することである。絵画療法、音楽療法、演劇療法のようなさまざまな心理療法の分野、臨床心理学や精神分析学的な技法、人間性心理学にもとづく技法などと並んで、CATを活用することも可能である。スティーブ・ポッターは次のように述べている。「CATは機能が多岐にわたる心理療法で、セラピストは対話形式で問題解決を目指しており、固定的な見方（問題となっている行動様式のようなもの）に陥るか、それとも細かな点に気配りできるかの間で創造的なさまよいを繰り返すことになる。さらに、豊富な言葉のやりとりがなされ、最後には相談室内で体験した個人的な人間関係が培われていく」(Potter and Sutton, 2006)。

境界性パーソナリティ障害により近い患者の場合には、家族療法と同等の作業をする。細心の注意を払いながら、ダイアグラムを共に作成することを通し

て患者の話したことから内面の特徴を知り、それを感じるのである。それを明確にすることができれば、患者は健康になれる。親切な観察者のねらいは、すべてを受け止めることであって、問題をひとつひとつ書き出すようなことではない。このような治療法は、観察するのか観察されるのかという新しい相反的役割を安全に形づくる手助けとなる。

　CATの考え方が理解できると、治療に伴ってまず機能不全に陥っている相反的役割を修正し、支配し、それを排除するという変化が起こる。それは、患者の症状や気分を損なわせている原因であり、否定的な態度や、自分そして他者に対する行動の原因にもなっている。その次に起こるのは、ばらばらになってしまっていた対応法の統合である。そのような変化の後には、再構成化の中で起こったことやセラピストが関心や注意を向けたことの感情的な影響を洞察し、それを支配できるようになる。このような初期に起こる急激な変化は持続していくが、むしろセラピストを理想化させてしまい、後になって幻滅を抱くことになる。問題となっている相反的役割を変化させることに注意を払い続け、患者が日常生活の中でそれらに気づくことは、厄介で困難な課題といえる。セラピストは再構成化の過程やさまざまな手段を使って自らも支援を受け、より混乱している患者の場合はスーパービジョンを受けながら、転移や逆転移を変えていくことになる。困難なセラピーの場合にどうすればよいかは、ライルとカー（Ryle and Kerr, 2002, pp.189-197）の中で、臨床心理学者でありCATの訓練を受けたケイト・フレッシュウォーター（Kate Freshwater）によって指摘されている。このようなやり方で作業することの必要性や、再構成化やスーパービジョンの意味合いを述べており、アイデアやテクニックにとどまらず、セラピーがどのような道徳原理や存在様式を基礎としているのかも示されている。セラピストは、心の底から患者への信頼を繰り返し伝えていくことが必要で、患者の今の能力の範囲内でただ生きるのではなく、有意義な人生を送れるように方向づけることが求められる。しかし、信頼は純粋であり現実的なものでなければならず、無感情であったり逆に感傷的であったりしてはいけない。（この文章はアンソニー・ライル博士が本書のために執筆してくれたものである。）

CATの3段階

治療初期

　CATの最初の4回ないしは5回のセッションでは、その週に日常の世界で自分がしたことや体験したことの結果を、相談室内でセラピストと患者とが体験したこともすべて含めて、語ってもらう。すなわち、情報を収集する。これは再構成化を行うのに必要で、織物を織っていくようなものだ。さらに、自分が行おうとしている相反的役割に気づき、対極的な役割を果たすための言葉を見つける段階でもある。

治療中期

　治療中期は、多くの患者の場合、ゆっくりとした雰囲気で、さらにはより遊び心のあるダンスを体験してリラックスするようになる。再構成化を行ってダイアグラムを描いたことでしっかりとした足場が生まれ、自分の意思で支配できる出口が見えてきたからである。ここでのセッションは、何か新しいものを考え、検討し、試してみることに焦点が向けられる。

治療終期

　11回ないしは12回目のセッションの段階である。16回のセッションを想定したセラピーで終わりが見えてきた頃で、症状が再発したり、あるいは新しい問題が起こったりすることが多い。このようなことが起こると経験の浅いセラピストは自信を失ってしまうかもしれず、残りの時間で焦点を維持していくのが困難になる。患者はどのように対処してよいかわからなくなりがちで、セッションの終了も延期となる。そうなったらダンスを維持し続け、セラピーの終了に関連して生まれた感情や苦痛をあえて積極的に抱きながらセラピーをすることが肝要である。何かを終えようとした時、以前に抱いていた苦痛が表面化するだろうが、それを受け止め、共有し、これまでとは違った新しいやり方を

もとに生きていくことが可能になるはずだ。無理もないことだが、終了が近づくと厄介で驚くべき新事実が患者からもたらされたりする。セラピーの終了が常に重大事項になっていることを示すものであり、より困難で、しばしば重要な鍵となるような根本にあることがらのきわめて重要な断片を示すものである。

治療に関わる人間関係

　心理療法は人間関係を基礎としたもので、関係の維持を目指すのはセラピストの責任であり、とりわけ自己の状態が一貫しておらず破壊的になっている患者の場合にはなおさらである。心理療法は、一緒に活動し、何かを創造し、関係を媒介する手段を使い、それを内面化させるという幼少期に身につけた人間関係を浮き彫りにさせる。CATが目指しているのは、人間関係を通して患者を支えること、さらには自らが体験したことの評価を見直し、体験したこととその意図、結果として起こる行為の間の関連性を明らかにすることである。このような手法は、機能不全に陥っているやり方を書き出して再構成化することからなっている。これは、正確な自己観察の方法を患者に身につけさせると同時に、セラピストには現実的だがなれ合いにはならない関係を維持していくことにもつながらせる。有益なセラピーとは、セラピーでの体験を通して見いだした相反的役割を内面化できるものであり、自己との対話の中に「新しい声」を追加するもので、ひとつひとつのやり方を統合させるものでもある（Ryle, 2001）。ひとりひとりのセラピストにとっては、日頃の訓練や理論的な枠組みを持つことと同様に、自分のセラピスト、スーパーバイザーあるいは教師と呼ばれる人との対話が重要になってくる。セラピーの中に、彼らが発する声や行為が反映されてくる。ダンスをすると、セラピストは自己の特質や受けた傷、過去の体験、それに相反的役割を身につけた傷つきやすい存在となる。私たちは、患者がどこでそのような面を備えてしまったのかを完全に知ることはできない。が、それぞれの患者との出会いを通して、セラピストは自分自身のことを数多く学ぶことになる。他者との人間関係をもとにしたこのようなダンスをすることで、人は双方向的な関わりが可能になる。それによって他者の声に耳を傾け、受容し、適切な対応ができ、結果としてこれまでとは違ったやり方で今度は自分自身に耳を傾け、受容し、対応できるようになる。
　これは、他の人間関係とは異なり非常に親密なもので、専門的な技能によっ

て守られており、セラピーを進めるのに必要な強力で安全な場を形成している。このような人間関係の場が必要となるのは、

> もがき、パーソナリティの分裂、厄介な転移に抵抗するためであり、冷たい風や窒息しそうなほどに過去を包むマント、燃えるような強い怒りに耐えることができる。このような場には空想する力もある。どうだっただろうか、どうありえたであろうかと想像する。自らを明るく照らし、変化し、愛を育むもので、自己を振り返り、自分を再認識するものである。
> (Elizabeth Wilde McCormick, 2000, p.23-24)

私の友人であり仲間でもあるアナリー・カラン（Annalee Curran）は、何年間にもわたってセラピストを務めており、認知分析療法学会の創設者のひとりでもある。患者とかかわる際に心に留めておくべきことについて、彼女がこの第4版のために次のような文章を寄せてくれた。

> 彼らを助けようという思いは、これまで生きてくる中で根本にあった相反的役割そのものに対抗することを通して、彼らがより豊かな人間関係をつくることにつながる。さらには、人生を実り豊かにする相反的役割を見いだすと、人は自分自身に対してより親切になり、他者とどのようにすればより良い人間関係をつくることができ、自己の問題にどのように対処すればよいかの方法がわかる。

からだにも影響を及ぼすセラピー

対話を中心とするセラピーは除くとしても、多くのセラピストは、これまでセラピーの身体面に対する影響を無視してきたと感じている。CATはボディ・サイコセラピーではないが、からだで受け止めた感覚やイメージを通して内面と対話する。たとえ自分のからだが自分とは「分離してしまった」かのように感じた場合でさえ、対話をもとにからだとの関係を保つのである。それは、私たちがからだを通して体験する冷感、温感、皮膚感覚、味覚、嗅覚、それに感情や情動で、このような体験はイメージとなって残る。このような体験に対して後にさまざまな考えが加味され、考えること自体がからだを保護することに

なる。自らのからだを介して、他者に同情する。イメージを抱きながら作業すると、打ちひしがれた気持ちやその時の思いがこもった隠れた記憶を、安心して効果的に結びつける橋ができあがる。イメージが対象を通して生まれ、統合され、形づくられ、体験されると、それは自己への注目がよりなされやすくなる。からだを介さずに外の世界で統合された自分というものをこれまで決して感じられなかった人でも、自分のからだを振り返ることが徐々にできるようになっていく。身体感覚や感情をあふれんばかりに感じていた人では、対象物を活用することで、感情とからだが安心してコミュニケーションをはかれる方法が見つかる。このような想像性は誰もが持ちうるもので、起こったすべてのことを受け入れられる健康な自己の存在を示している。

『ボディ・サイコセラピー（*Body Psychotherapy*）』の中でマーガレット・ランデール（Margaret Landale, 2002）は、次のように述べている。「心理療法的な環境の中でからだに余裕が生まれると、クライエントのからだが発する言葉あるいはボディランゲージを現在進行形の形で観察し始めるようになる。つまり、どのように自分をとらえているか、どのように話をしているか、肌の状態はどうか、どのような身なりか、どのような癖があるかなどである」。もしも治療的な関係が安定して確立されているなら、自分がお決まりの姿勢をし、同じ身振りや言葉を繰り返し、息を吸って止めた時に、自問してみよう。「自分のからだに今まさに起こっていることは何か」、あるいは「もしも腕や胸に痛みを感じたら、それをうまく表現するにはどのように言えばよいか」。

心理学者やセラピストが神経科学の発展に大いに感謝するのは、私たちの生理的状態が外界の知覚を支配し、からだが混沌とした感情に反応していることの理解がますます深まったことである。つまり、闘争、逃走、固着という反応が、私たちの思考を司る前頭前皮質の機能を停止させてしまう（Schore, 2003; Porges, 2005; Seigel, 2007）。このことがわかると、心理的な作業を行うには安心できる環境が必要で、そこでのみ患者は順応して自己探求が可能になると言えるのだ。このような環境は、多くの場合、病院やクリニックの現状とは相容れないものだ。心理教育を行い自己調節（第1章の「恐怖、ストレス、そして自己調節」の項を参照）を学ぶと、高い覚醒水準と資源のもとで自己同士の対話が促進され、その結果として他者との対話も自由になされるに違いない。セラピーの最初のほうで、患者が問題解決に向けて使えるような自分の持っている資源を見つけだし、それと関連づけることができるように援助することは、こ

れまでは検討もされてこなかったが、新しいが場合によっては苦痛をもたらす対話を行うのに必要な「十分に安全」な環境をつくることにもつながる。

　CAT では、相反的役割という考えを導入したまさに最初から気づいていた。私たちの逆転移の感情は、大抵の場合、セラピストのからだの中から湧き起こってくる感情だ。何が起こってきたのかを認識し、それを正確に言葉にすることが、毎日やるべき課題となる。クライエントのからだ、そして私たち自身のからだの中で起こったことに自分自身を合わせていくことが、すべてのセッションを通じて行われる。

　からだに何が起こっているかがわかることは、変化の源がどこかがわかるというだけではなく、セラピーをどのような速さで行い、次に何をなすべきかを考える手だてとなるのできわめて重要である。感情を言葉に表せない失感情症の患者では、これがより本質的なものとなる。コルクは次のように述べている。

　　さまざまな動きはするものの言語表現が困難な患者であっても、言葉では難しいものの、身体運動や絵画の中に自分の内的状態をより正確に表現できる。描画やサイコドラマの活用は、彼らが言葉を発達させるのによい手助けとなる。言葉というものは、効果的なコミュニケーションをするだけでなく、心理療法の中で起こる象徴的な変換にとっても重要なものである。(Van der Kolk et al., 2007, p.193)

マインドフルネスを活用したセラピー

『マインドフルネスとサイコセラピー (Mindfulness and Psychotherapy)』(2005) の中で、著者のクリストファー・ゲルマーは以下のように述べている。「マインドフルネスは、患者の注意を徐々に、そして今まさに起こっている恐怖に向けさせる技法で、自己の受容の程度を高めながら恐怖の詳細を検討していく。マインドフルネスに基づいたアプローチは、不安の治療にとって鍵となる要因に触れさせることが可能になるのである」。彼が言うには、マインドフルネスに基づいたアプローチを行っていくと、恐怖を抱くものとの関係が、怖いから避けるという状況から友好的な関係へと徐々に変化させられる。セラピストは、真のマインドフルネスの3つの要素、すなわち自己への注意、今への集中、そして受容を通して、セラピーにおいてマインドフルネスが起こってい

るかどうかを知る試金石となると言う。
　第8章で見てきたように、アマンダはマインドフルネスに基づいた呼吸法を身につけることがいかに重要であるかがわかった。彼女は3分間呼吸法を朝晩行っている。必要と感じれば毎日行っており、不安を感じた時には単に息を吸い、そして息を吐くという過程に注意を集中させている。抑うつ感を抱くと、からだでは呼吸に対して強いマインドフルネスが生まれ、自分のことを助けてくれる命綱のイメージによって新しい考え方ができるだけのゆとりがつくられる。自殺念慮に対してもっとも際立った変化が生まれ、公園に落ちていた割れた瓶で自分自身を切りつけようと考えたことを思い出したものの、ゆとりができ、瓶のことにはとらわれずに歩いていくという選択ができた。
　「CAT のおもしろさ (*Playfulness in CAT*)」という論文で、ソフィー・ラシュブロックとニコラ・コールター (Sophie Rushbrook and Nicola Coulter, 2010) は、境界性パーソナリティ障害の患者と行ったセラピーについて、以下のように書いている。この患者は、非常に強い抑うつがあって、感情は平板化していた。

　　セラピーの中でさまざまな工夫をしたが、彼女は自分の生い立ちをまだ語っておらず、過去があらわになることへの怖れを抱いていた。セラピストは、最初にマインドフルネスを使ったセッションを始めた。しかしながら患者が解離的な状態になってしまうため、効果は限定的であった。そこでセラピストは、実際にキャッチボールをするマインドフルネスを行ってみるように提案した。そうしたところ、絶妙なボールを受けた時などに、自己に意識を集中させやすくなるように思われた。セラピストとクライエントの両方が思わず笑い声をあげるようになるまで、彼女はセラピストの顔に向かって、セラピストは彼女の顔に向かって投げた。ふたりが会話を再開すると、クライエントはこれまで以上に饒舌になった。さらに彼女の解離状態がますます進んで、ふざけ始めるようになってきた。過去の苦痛から逃れられないが、それを処理し、今抱いている悲しみを軽減することはできた。

　この論文では、マインドフルネスの効用と同時に、その活用には注意が必要であることも述べられている。解離していたり一時的に記憶を失っていたりす

るような患者では、マインドフルネスは細心の注意を払いながら進めることが必要で、マインドフルネスの目的は個人の中核的な面を発達させることにある。このような場合、ボールを使った遊びを通して、感情が変化したことを実感させることに焦点を当てた。患者の覚醒水準が下がっている時には（図1.3, p.37参照）、脳や自律神経系は鎮静ではなく活性化を求めていることをも示している。イギリスに特別基金を創設したポール・ギルバートの研究は、脳が発達することで同情や恩情を感じることが可能になることから、より進化した瞑想的な部分を形成できることを理解すること自体が重要だと示唆している。しかし、逃走や闘争を司る旧哺乳類の脳や爬虫類の脳の活動が優位になると、自分に危害を加えるような人物に対する警戒感を増し、それゆえ親切心も同情も受け入れがたくなってしまう（Gilbert, 2009）。

　セッションの最初と最後で非常に大きな不安を引き起こさない限りは、マインドフルネスに基づく呼吸法を少しの間だけ活用するとよい。私はこれを「余裕を生み出す方法」と呼んでおり、意識を少し緩めるだけで余裕が生まれる。また、「一緒に座って、ここで呼吸をしてみて、沈黙の中で何が起こるか見てみませんか」というような声かけをしたりすることもある。患者の中にはこの方法が気にいって、感情や感覚がわかった後で自分を支えてくれるような言葉が出てきて、いつも自分が陥っていたパターンがどのようなものであったのかが理解できた人もいる。心理療法やカウンセリングへのすべてのアプローチの仕方は、瞑想的で、マインドフルで、恩情のこもったもので、実践の仕方だけではなく、マインドフルネスに満ちた実践になるようなセラピストの技能によって左右される。このようなアプローチは、セラピストの内から湧き起こってくるもので、それだけ単独で学ぶことはできず、今あるアプローチ方法に「付け加えればよい」というものでもない。

CATの理論

CATと相反的役割関係理論

　CATの初期における相反的役割理論は、主としてハリー・ガントリップ

(Harry Guntrip) とロナルド・フェアバーン (Ronald Fairbairn) による対象関係論を認知的に修正したものから生まれた。その後の対象関係論に基づくシーケンス・モデルの発展は、力動的な無意識に関する多くの精神分析学的な仮定を拒否したものであったが、幼少期の対象関係の両極が獲得されるというトーマス・オグデン (Thomas Ogden) の考えも評価を受けて含まれている。このような理解は相反的役割という概念を再出発させ、幼少期の発達におけるCATや転移、逆転移、投影性同一視を別の言葉で説明する時の基本的な要素となった (Ryle, 1985)。ミカエル・レイマン (Mikael Leiman) がヴィゴツキーやバフチンの考えを導入したこと (Leiman, 1994) によって、内面化していく過程が説明され、発達に及ぼす生物学的ならびに社会的な影響がどのように相互に作用し合うか、つまりは自己と対話するという視点が確立された。私たち人間における生物学的な進化は、社会的な文脈を発展させる中で起こったもので、そのため社会を形成するのに非常に開放的になった。CATの理論は症候学的対象関係理論と呼ばれ、幼少期の発達を観察してわかったことと完全に対応した見方をしている。幼少期における乳児と介護者との相互関係を観察した研究から、相互模倣やリズム感を持った動き、表現豊かなコミュニケーションに基づいた介護者と共になされる活動は、人間関係のパターンが多様化し発展することが基礎となっている。このパターンをCATでは相反的役割と呼び、記憶や知覚、感情、意味づけ、予測、それに行為を具現化するものとなっている。社会的および物理的な現実を見つめ、最初はサイン、後には言葉でその意味を伝えることを通して、人間の子どもは文化と関わる (Carpendale & Lewis, 2004)。この過程を通してのみ、感情に適切な注意を向け続けることができ、子どもたちは進化してきた人間の脳が持っている潜在的な力がわかることになる (Donald, 2001)。私たちは社会的な関係や文化の影響を受けているのではなく、それらによってつくり出され、維持されているのである。

　相反的役割法は、その目的にもあるように、他者に対する反応が基礎となっている。加えて言えば、このようなパターンが内面化され、自己の在り方を決定しており、同時になされる対話も内面化されて思考の手段となる。意識的な思考と自己の振り返りは、症候学的な道具となる。これは、幼少期に獲得され、後には言語に依存することになる。

　このような構造を理解するのはセラピストにとっては重要だが、実際はそれ以上の意味合いがある。たとえば臨床的なマネージメントや教育現場では、機

能不全に陥っている相反的役割と結託した反応がよく起こる。自己の変化を中心とする CAT の考え方は、他者と活動しひとりひとりが自己をつくり維持していく際にコミュニケーションが重要な役割を担っていると考える現代心理学が、その前提としているデカルト派の個人主義に対抗しようとしたものである。より一般的な言葉で言うと、CAT のモデルは個人の社会内でのあり方を目指すことによって、文化的な信念や実践が何世代にもわたって受け継がれていく方法を証明し、文化の進化という点では最善と考えられている包括的なダーウィン学派の生物学的進化理論に挑戦するものである。

　セラピストとして実践していく中で、自己との対話を重視する視点は、私たちが力を合わせながら苦心してつくり上げてきた再構成化の方法がいかに重要なものであるかに気づかせてくれる。これは、セラピーの中で行う修復的な対話を内面化させるきっかけをつくってくれる。私たちが常に患者の立場に立ち、彼らが行っている対応方法に報いることができているかどうかを振り返らせ、自分たちが何を語っているかだけではなく、どのように語っているか、文脈の中で何を語っているかをも考えさせてくれる。(Ryle, 2001)

CAT と多重自己状態

　(この節の大半はライル博士の『CAT と境界性パーソナリティ障害 (*CAT and Borderline Personality Disorder*)』(2008, ACAT Reference Library) からの転載の許可を得たもので、アンソニー・ライル博士と認知分析療法学会に感謝する。)

　幼少期に獲得したもっとも重要なパターンは、介護するか無視するか、それとも求めるのか、過剰に支配されて残酷な状態になるかそれとも服従するかという問題と関係している。「自己」は、ひとりひとりが相反的役割を獲得するように、通常は多面的である。異なっているのは、それをどの程度実際に使うかという点である。「正常な」多面性の場合、時間が異なればまったく正反対のパターンが際立つこともあるが、一般的には現れるパターンと意識状態と関連している。しかし、逆境や素質が個人の示す相反的役割を構造的に解離させてしまうような場合とは異なる。そのような時には、自己という感覚が断片的

になって連続したものとは感じられなくなる。臨床場面でもっとも頻繁に出会うタイプの境界性パーソナリティ障害の場合、患者たちは何の前触れもなく状態を変えてしまうものの、そのことをほとんど覚えてはいない。このことは患者を混乱させるだけでなく、あまりにも「機械的」な対応をしてしまったために拒絶されるのではないかと考えさせてしまうために、臨床に関わるスタッフも混乱に陥ることになる。

　このような患者の場合、セラピストや医療スタッフは、解離してしまった相反的パターンを統合させる必要がある。これは、さまざまな相反的役割を言葉で、あるいは図式化することで可能になる。異なる自己の状態に解離が起こってしまったことが明らかになり、その状態間で交替や連携が起こっていることがわかる。自己状態系列のダイアグラムは、患者を支える直接的な治療上の役割もあり、自己の状態に気づき、その状態を変化させ、その結果としてこれまで以上に自己状態を支配できるようにさせる。このことは、ライル博士が述べたように、境界性パーソナリティ障害の多重自己状態モデルの本質的な要素となっている。(PART 5参照)

　境界性パーソナリティ障害の患者の多くは、自分の怒りをコントロールできない。CATは怒りの管理を目指すのではなく、機能不全に陥っている相反的役割が何かを明らかにし、より適応的な対応ができるように怒りのスイッチを自分で調整できるようにさせようとする。このような機能不全は、大抵の場合、幼少期から自分の思い通りにならなかった長期にわたる経験から生まれたもので、怒りを避けようとしがちだ。典型的には、腹を立てながら従ったり、感情的に遠ざかってしまったり、弱みを見せないように回避したりする。これらはみな、自分が満たされていないという感覚や痛みを持続させるもので、それが原因となって怒りが生まれるようになる。自傷行為となって現れるか他者への攻撃となって現れるかには関係なく、このような状態は拒絶されるべきもので、それゆえ満たされない状態が続くことになる。CATは、このようなスイッチを認識し、支配できるようにすると同時に、このようなパターンを変容させることを目指した心理療法なのである。

　境界性パーソナリティ障害 (BPD) の患者ではとりうる相反的役割が狭く、それらがかなり否定的なものとなっており、ほぼすべての事例において、自分が虐げ無視するのかそれともすべてを奪われて犠牲者的状態となるのかというパターンに陥っている。境界性パーソナリティ障害の患者は、自分や他者に虐

待を加えたり加えられたりしているが、彼らはまた回避的であったり迎合的であったり、理想化した役割を演じることもありうる。CATを受けて明らかになった再構成化の結果は、患者の生い立ちの概略を表しており、すべてが関連しあっているかのように感じる過去のできごとに、混沌とした説明を加えたようなものである。責任を明確にし、非合理的な罪悪感に異議を唱え、どのような有害なことが起こったのかを認めることにもなる。生い立ちを語ることは、どのような問題を抱えて困難に陥っているのかを示した自己に関するダイアグラム（第10章のデイブの項を参照）を書くことにつながる。これらは、日常の人間関係の中で検証されるもので、現実に起こっているパターンを理解し、機能不全に陥っている相反的役割がセラピーでの人間関係にどのように影響を及ぼすかを予期することにつながる。根本にあるパターンの変化には「介護する－従属する」「支配する－服従する」「虐待する－犠牲になる」という中核的な次元がかかわっており、先行研究によって明らかにされた境界性パーソナリティ障害の患者の共通した特徴となっている（Ryle and Golynkina, 2000）。ダイアグラムは人によって異なる状態を表しており、状態間の変化を示したものである。混沌とした内外の世界を統合させることで、患者は心を揺り動かされ、積極的に関わるようになる。しかし、大抵の人は理想としつつ強くは抵抗もせず、破壊的で、感情的にかけ離れたような対応方法が機能不全に陥っており、それが明白になったに過ぎない。挑戦するために理解したことや道具を積極的に活用すると、非常に強い感情の入れ替わりが起こり、短時間で変化を生じさせることが可能になるが、自ら動こうとしなくなる場合も起こりうる。とはいえ、安定した変化を成し遂げることが可能で、自殺の危険があったとしても、それが基本的な目的となる。治療を受けていない境界性パーソナリティ障害の患者は、自分がしている危険な対応を行うのを避け、他者と関わりを持たないように自分の感情を維持することを学んでしまう。その結果、たとえセラピーをしても、この種の感情を意図的に支配させる以上のことができなくなってしまう。しかしながら多くの場合、他者から否定的な反応を引き起こしてきた機能が果たしきれていない対処法を変容させ置き換えることの学習は、セラピストによる支持と治療を効果的に活用させ、他者とより満足のいく関係をつくり、変化を持続させる道を開かせるものだ。そのような変化は24回にわたるCATのセッション、そして1か月後、2か月後、3か月後、さらには6か月後の予後面談をすることによって達成が可能である。

CATとその研究

　心理療法としての有効性は、イギリスでは英国国立医療技術評価機構が評価しており、CATはその評価基準を十分に満たしている。認知分析療法学会の理事長であるジェーソン・ヘプル（Jason Hepple）博士は以下のように述べている。

　　CATは、とくに診断を目指したものではない。そのかわり、不安や抑うつ、発達にともなって明白になってくるような行動の障害、人間関係のパターンに焦点を当てる。だが、神経生物学的モデルに対抗しようとするものでもない。抑うつに対する認知行動療法の大半は抗うつ薬の使用に反対していないように、むしろそれを補いうるような別の治療法を模索するもので、CATで重点を置くのは人間関係なのである。しかしながら、精神医学における生物学的ならびに認知的な面の発展によって、診断システムが排他的に構築されてきた。「パニック障害」の場合、パニックに対する認知治療モデルがもしもうまく合わなければ、そもそも「パニック障害」なのか、もしかしたら別のものではないかという疑問が生まれる。CATが出発点となって患者の治療がなされるが、特有の症状や症状群は固有の場、すなわちそのクライエントとそのセラピストの間の人間関係の中で丹念に調べていくべきものなのである。

　CATの効能については数多くの検討がなされている。その詳細は、認知分析療法学会のウェブサイトで知ることができ、以下のような研究も紹介されている。

・境界性パーソナリティ障害の可能性が高まっている青年にCATを適用したオーストラリアのメルボルンにおけるポール・チャーネンら（Paul Chanen, 2008）の研究
・管理が容易ではない1型糖尿病を患っている成人への、CATと糖尿病専門

看護師教育プログラムとの比較（Fosbury et al, 1997）
・不安や気分障害を抱えている成人のための来談者中心療法とCATを比較した研究（Marriott and Kellet, 2009）

　CATが持っている影響の大きさ、ダイアグラムを使って再構成化を試みること、別れの手紙を書くこと、さらには学習障害のある人への適用、集団でCATを用いた会話によるアプローチなどに関して数多くの研究がなされている。

付録1
心理療法ファイル――
自分をより深く理解するための援助

　時として、自分がいつも行っている考え方や行動の仕方自体が問題の原因になることがある。問題解決のためには、自分自身が行っていることが事態をいかに悪化させているのかを認識し、どのように対処すべきかを学ばなければならない。より良い事態に変えていくには、自ら考え行動する新しい方法を理解することが必要になる。

　以下の質問は、私たち自身がどのようなパターンに陥っているかを認識する手助けとなるように考えられたものである。

気分と行動の日記を書こう

　現れたり消えたりしている嫌な症状、悪い気分、消したい考えや行動は、それが起こった時に何が原因なのかに気づくことを学べば、状況を理解し、より良い方向に仕向けることが可能になる。

　もし自分にこの種の症状や問題があったら、日記を書くことから始めよう。日記では、特定の気分や症状や行動に焦点を当て、もしも可能であれば毎日書き記していってほしい。まずは、次のことを記録してみよう。

　1．自分自身や他者、それに問題が起こる前の周囲の状況に、どのような感情を持っていたか。
　2．どのような外界のできごとも、頭に思い浮かんだどのような考えやイメージも、すべて問題が起こった時から続いているもので、いわば原因ともいえる。
　3．自分がかつて考えたこと、抱いたイメージや感情が、問題を生じさせている。

このような事態に陥った時に自分がしたことや考えたことを認識し、それを書き留めることによって、その時どのように行動し考えれば、より望ましい方向に変化させることができたかが理解できるはずである。憤慨したり落ち込んだり身体的な症状が現れるといった嫌な感覚は、誰からの援助も受けられない時に考えたことや行動の結果として生じることが多い。

1〜2週間の間、毎日記録をつけ、セラピストやコ・カウンセラーと記録したことについて話すことは、あなたにとって良い助けとなるに違いない。

心理療法ファイルをやってみよう

以下に挙げたわな、ジレンマ、予期せぬ障害、それに困難な状態に関する詳しい記述を読んで、自分自身が抱いている感覚にどの程度当てはまるか、印をつけてみよう。中には非常によく当てはまるものもあれば、まったく当てはまらないものもあるだろう。もしも書かれている文章が日頃から自分がやっているものであるものの、自分にとっては的確な表現でないなら、当てはまらない言葉を線で消し、自分の日常生活ではどのような状況であるかを書き加えよう。これには**好ましくないやり方や、事態を悪化させるようなやり方はない**。セラピストやコ・カウンセラーと一緒に、どのようなパターンが自分にとって役に立たなかったのかを明らかにし、可能な限り正確にそのことを書き留めるとよい。これは、有益な変化をもたらす第一歩となる。

わな

ある種の思考や行為は「悪循環」を引き起こし、がんばってみたところで、自分の悪かった点を認めるかのように考えたり行動したりする。

以下の説明が非常によく当てはまれば「＋＋」、当てはまれば「＋」、当てはまらなければ「０」をそれぞれ回答欄に記入しよう。

1．他者を傷つけてしまうことを恐れるわな

他者を傷つけてしまうような怒りや攻撃は、好ましくないと考える。そのため、自分の感情や欲求を表現しようとはしない。その結果、無視されたり虐げ

られて、私を怒らせる。だから、怒ることは間違いだと考える。
　⇒回答欄：

2．否定的な思考のわな
　課題や対人関係、社会的な状況などにがんばって挑戦しても、自分がうまく対処できるわけはない、事態は悲惨な結果になるだけだと考える。つまり、自分は事態をいつもめちゃめちゃにしているという恐れを感じている。
　⇒回答欄：

3．不安を感じさせるわな
　課題や対人関係、社会的状況に対処できないと不安に思う気持ちのことで、事態を悪化させるに違いないと心配になり、今の事態を好転させることはできないのではないかという不安を抱く。その結果、パニックになり、ストレスを感じ、疲労困憊する。事態に対する不安感を増強させることになる。
　⇒回答欄：

4．「いいえ」と言えずに自分から喜んではまろうとするわな
　自分自身に確たる自信が持てず、他者の希望に沿って行動することによって他者を優先させ、それでもって好かれようとする。だから、他者に「いいえ」と言って拒否してはいけないと考える。その結果、自分の感情はコントロールできなくなり、他者につけこまれることとなる。だから怒りを感じ、利用されただけだと思うのだが、それでも自分に確信が持てず「いいえ」と言えないために、他者を優先させてしまう。
　⇒回答欄：

5．社会から孤立するわな
　自分は間抜けで退屈するやつだと思われていると考える。これは、社会的状況の中で自信が欠如しているため、不安を抱く要因となる。そのため他者に接近しないようにし、誰かが近寄ってきても無視する。そうなると、他者は嫌なやつだと思い、ますます遠ざかっていく。自分は間抜けで退屈するやつだと自分自身が思い込んでしまっているのだ。
　⇒回答欄：

6．価値を見いだせないわな

自分がほしいもの、必要としているものは、決して手に入らないと考える。たとえ欲求を満たそうとしても、叱られるか、拒否されるか、無視されるかに違いない。自分がのろわれて生まれてきたのではないかと思う。がんばろうという気持ちは消え失せ、望みもなく、無力感を抱く。すべてが不可能であるかのように思い、自殺さえ考える。

⇒**回答欄：**

7．自分はだめだと思ってしまうわな

自分が悪い、自分は弱い、自分に非があると考える。自分にいらだち、狼狽し、すべては自分自身が悪いかのように考える。自分が悪いのだと考えるため、わずかの時間であっても罪の意識を消そうと自傷行為に出る。しかしたとえ自傷行為に出たとしても、自分が悪い、自分は責められるべきだという感覚しか残らない。

⇒**回答欄：**

ジレンマ（誤った選択と可能な選択肢の少なさ）

私たちは、完璧な幸せにつながらないことがわかっていても、それをすることがある。想像できる別の唯一の方法が良くない、あるいは当面の方法よりもさらに良くないと考えるからである。あたかも「もし自分がẊをしたら、Ẏという結果が起こるだろう」というように考えてしまうことがある。このような誤った選択は、二者択一のジレンマ、あるいはもしこうしたらのジレンマといえる。自分がこのような見方をしていることに気がついておらず、これが唯一可能な選択肢であるかのように考えて行動してしまう。以下に述べるような誤った選択肢によって、自分の生活が規定されているかのように実際に行動することはあるか。

以下の説明が非常によく当てはまれば「＋＋」、当てはまれば「＋」、あてはまらなければ「０」をそれぞれ回答欄に記入しよう。

1．狼狽させるジレンマ
　気が滅入った時、自分は気持ちが落ち込んでいるのに誰もそのことに気づいていないため、無視されたり、だまされたり、裏切られたりするから狼狽が起こる。もし反対に自分の思いを表し、時には爆発させると、今度は他者が傷つき、非難を受け、うちひしがれ、驚愕することになる。その結果、自分が攻撃され、拒絶されるに違いないと考える。
　⇒回答欄：

2．剥奪によるジレンマ
　自分は貧乏性だと思う。というのは、自分のことを過度に甘やかして、欲しい物や必要な物は手に入れるものの、そうはしていない他者を見て、罪の意識を持ち、自分は貪欲だと思ってしまう。その結果、自分に腹を立て、悪いことをしたと思い、欲求不満に陥る。もし反対に、自らの欲求を控えると、欲しい物や必要な物を得ることはできない。もし、自分が得た物を他者に分け与えれば、慎み深さと同時に独善的な感じがするが、自分が非難されているようにも感じる。
　⇒回答欄：

3．完全を求めるジレンマ
　たとえ自分では完全に成し遂げようと思っても、十分にできなかったり満足がいかなかったりする。というのは、完全を目指しても、それは不可能であり非常に厳しいからだ。そのため疲労困憊し、自分への怒りが残る。もし反対に、そのままにしておいて何もやらなければ、やらなかったこと自体に罪の意識や怒りを感じ、不満感が残ることとなる。
　⇒回答欄：

4．要求と批判に対処するジレンマ
　いじめられたり非難されたりした場合を考える。他者からの要求にしぶしぶ従うと、わなにはまった、無理矢理やらされた、自分は不幸だ、望みもないと思ってしまう。もし反対に、従わなければ、要求にささやかでも抵抗し、実施を遅らせ、足を引っ張ったことになり、そのことで自分自身が不安を感じる。

しかし、そうすると非難されてしまう。
　⇒回答欄：

　５．さぼるか逆らうかのジレンマ
　いじめられたり非難されたりした場合を考える。他者からの要求にわからないように逆らい、要求されたことはしないでさぼる。そうすると、最後には攻撃され非難される。もし反対に、逆らわなければ、要求にあからさまに逆い、他者を攻撃し、事態を失敗に終わらせる。そうすると絶望的になり、ついにはわなにはまったと感じ、自責感が残る。うわべだけの勝利だ。
　⇒回答欄：

　６．責任感のジレンマ
　過剰な責任感を持つ。というのは、他者を気遣い、世話を焼き、援助を求める期待に応えると、自分は必要とされていると思うが、自分ではわかっていたはずなのに、たんに利用されているだけだとも感じて怒り、わなにはまったと思う。もし反対に、他者への気遣いや世話を焼くことをやめると、他者は何かしてほしいと期待しなくなる。そうなると、自分は必要とされていない、拒否された、自分の果たす役割はないと感じ、結果として孤独感、不安、あるいは無力感を抱く。
　⇒回答欄：

　７．自給自足のジレンマ
　自給自足をするか、何も欲せず何も求めずでいくか。もし、何か欲しい物を求めて手を出せば、大人げないと思い、罪を感じ、分不相応とされる。だから我慢する。もし反対に、欲しい物があっても手に入らなかったり手を出さずにいれば、自分への怒りを感じ、手に入れられなかった口惜しさを感じる（同時に、自分はふつうの人とは違うのだと思い込み、気高さを感じるかもしれない）。だから、欲しい物や必要な物は手に入れるべきで、もっと自己主張すべきだと思う。
　⇒回答欄：

8．不安をコントロールするジレンマ

　起こるかもしれないことに不安を抱く。何かをしたり、考えたり、完璧な順序で計画を立てようとした時、自分の考えた通りに進ませようと細かな点にまで執拗なほどの注意を払う。しかし、このような行為に終わりはないので疲れ果て、うちひしがれてしまう。そのため、どうしようもなくなり、最後はあきらめる。もし反対に、何もせずにやめてしまい、回避したり無視したりして状況がめちゃめちゃになったら、混乱が生じたことで不安になりパニックに陥ると考えてしまう。だから、コントロール力を回復させようと躍起になる。

　⇒回答欄：

9．対人関係でどう対処すれば良いかがわからないことによるジレンマ

　他者にどのように接すればよいかがわからない。というのは、自分に有利なことを多く言ったり、参加しなかったり、順番通りにやろうとしなかったりすると、他者は自分のことを拒絶し、嫌う。そうなると、どうしてよいかわからず、不幸にしか感じられなくなる。もし反対に、一緒になって他者が喜ぶようにやれば、それは利用されるだけで、ついには怒りを感じ自分が傷つくだけである。

　⇒回答欄：

10．承認対感情のジレンマ

　自分の感情を表現したいが、他者から承認されたい。そのため、承認されたり受容されるには、大抵の場合は自分の感情を抑え込まなければならないと考える。抑え込めば、泣くことも、怒ることも、心配することも、浮かれることもなく、受容され承認されるものの、欲求不満が残る。もし反対に、抑え込まずに自分の感情を表現し、自分らしく振る舞い、自分が望むことや欲することをやると、子どもじみていて従順な人間ではないと思ってしまい、怒りを感じる。その結果、他者からは拒否され承認も得られず、自分の考えや欲求など誰も認めてくれないと感じる。

　⇒回答欄：

11．承認対独立のジレンマ

　誰の影響も受けずにいたいと考えるが、他者から承認を得たいとも思う。そ

のためには、承認されたり受け入れてもらえるようなことをすべきだと考える。でも、自分は他者に従うべきで、自分らしく自分のやりたいようにすることはできない。そうすると、認めてもらったと感じるだろうが、同時に欲求不満や哀れさも感じてしまう。もし反対に、自分がしたいことを自分らしくすれば、従順でないと感じるとともに怒りをも抱く。そうすると他者からは拒否され、認められず、賞賛も得られず、受け入れてももらえない。

⇒回答欄：

12. 親しくなったら息切れがするのではないかというジレンマ

もしも他者に受け入れてもらえて、とても親しくなったら、かえって息切れがし、圧倒され、だまされたかのような気持ちさえする。息がつまり、わなにかかり、絶望的にさえ感じる。そうなると、他者との距離を置くようになり、息切れがしないような空間や自由に動ける余裕がほしくなる。でも、同時に孤独や哀れさも感じてしまう。

⇒回答欄：

13. 親しくなったら裏切られるのではないかというジレンマ

親しくなったら、いずれは裏切られるのではないかという不安。その結果、親しくなると簡単にだまされるか利用されるだけだと感じ、怒りや哀れさを抱く。もし反対に、親しくならなければ、安心感を抱くことができる。しかし、同時に孤独や哀れさをも感じる。

⇒回答欄：

14. 親しくなると他者を敬うジレンマ

たくさんの注意を集めたいと考え、だから他者とのつながりを求める。その人を敬い、その人も私を敬ってくれる。それはうれしいものである。だが、往々にして他者との関係は続かずに敬われることもなく、実際は軽蔑さえ抱く。もし反対に、自分が軽蔑され拒絶されていることがわかると、嫌悪感を抱くか、あるいは他者はたいした人間ではないという感覚しか残らず、新しい人間関係を探し求めるようになる。

⇒回答欄：

予期せぬ障害

予期せぬ障害とは、「もっと良い人生を送りたい」というような時、自分自身や自分の家族がもしも若かったらと考えるような時に起こることがある。たとえば、「あなたは、いつもいい子だね」「うちの家族なら決して……しない」というような言い方をされる場合である。予期せぬ障害は、自分たち家族にとって重要な人物からもたらされることがある。その人物は、私たちが変化することを望んでいなかったり、私たちが変化したことで生じる影響に対処できないような人たちである。そのような抵抗は間接的になされることのほうが多い。たとえば、親や夫、あるいは妻が病気になった場合や、状況が好転してきた時にかえって落ち込むような場合である。

別のケースでは、快楽や成功を避けるようにあらかじめ「準備」をしてしまう。もし快楽や成功がやってきても、抑うつを起こしたり、それらを台無しにするなどしてしまい、ある意味では代償を払うことになる。このようなことはかなり頻繁に起こる。子どものように、状況が好転すると罪悪感を感じたり、幸運や成功をねたまれているように感じるからだ。また時には理由もなく、家族の中で起こった問題に、たとえ意識していなくても責任を感じてしまう。この種のパターンをやめれば人生が好転することに気づかせることが有益で、より良い人生を送る権利を認め、それを主張し始めることにつながる。

次のことが自分に当てはまれば、数字を○で囲んでみよう。自分が自分の人生に限界を設けていることがわかるはずだ。

1．他者がどのように反応するかという恐れによるもの。たとえば、成功は妨害すべきだと考える。
(a) 他者から成功を奪っているように見えるから
(b) 他者がわたしをねたんでいるように見えるから
(c) それほど良いものがないように見えるから

2．何か自分自身の内部にあるもの、たとえば自分ではそれに値しないかのように振る舞い、良いことは妨害すべきだと考える。

厄介で不安定な精神状態

自分の行動や体験をコントロールし続けるのが困難な人がいる。というのは、事態が厄介なことに加えて、その事態がみな異なっていると考えるからだ。以下の文が自分にあてはまれば、その数字に○印をつけよう。

1．自分や周囲の人々のことを考えた時に、感情が不安定になりやすい。つまり、ある状態からまったく別の状態に変化することができる。
2．状況によっては、強く、極端で、コントロールできないほどの感情を伴っている。
3．状況によっては、何も感じない、非現実的な感情を抱く、あるいは混乱した感情を抱くことがある。
4．状況によっては、強い罪悪感や自己への怒り、自分自身が傷つくのを欲するような感情が伴うことがある。
5．状況によっては、他者が信じられず、自分を打ちのめして傷つけるのではないかという感情が伴うことがある。
6．状況によっては、理由のない怒りや他者に苦痛を与えたいと思う気持ちが伴うかもしれない。
7．時には、混乱した感情に対処する唯一の方法は、それらを抹消し感情的に他者と距離を置くことである。

多様な状態

他者や周囲の世界に対してどのような感情を持つかは、これまでの体験によって変わる。しかし、このような変化の中には極端なものもあり、時には突然起こったり混乱を引き起こしたりするものもある。そのような場合、実際には多様な状況が繰り返されている。そのことを認識し、その状況を変えることができれば非常に有益だ。図A1.1には、変化させたい多様な状態を挙げた。経験したことがあるものに○印をつけてみよう。言葉の一部を削除したり、逆に追加してもかまわない。図中に挙げられていないものがあれば、空白部分に書き加えてもよい。○印がついた状態同士を線で結んでみよう。

・ゾンビのような状態 ・感情がなく他者との結びつきもなく断絶している状態	・いい気はしないが、負けずにがんばっている状態 ・対処できている状態	・コントロールがきかない状態	・自分がきわめて優秀だと思っている ・他者を見下している ・非凡な才能に気づいていない	・興奮をコントロールしている状態 ・自分自身や日常の生活、さらには他者を支配している状態	・日々の生活が思い通りにいかず、他者にだまされ、信じることができない状態	・秘密を隠している ・恥ずかしい	
・他者を挑発し、いじめ、そそのかし、緊張させている状態	・執着し、血迷い、放棄されることを恐れている状態	・熱狂的なほど活動的な状態 ・多忙すぎて、考えたり感じたりする時間がない	・動揺した状態 ・混乱した状態 ・不安な状態 ・パニック状態 ・自暴自棄の状態	・しっかりと守られているという感覚 ・他者とこの上なく幸せな関係にあるという感覚	・誤解された ・拒絶された ・無視された ・わびしい	・傷ついた状態 ・自尊心が傷つけられた状態 ・挫折した状態 ・常に悪いことが起こっているという感覚	
・自分自身を軽蔑して拒絶する ・自分は役立たずだと思う	・傷つきやすい状態 ・飢餓状態 ・消極的な状態 ・絶望感を抱いた状態 ・援助を待っている状態	・ねたんでいる状態 ・他者が傷つくのを期待している ・他者を陥れたい ・他者を打ちのめしたい	・防御的な状態 ・自分を尊重している状態 ・他者を尊重している状態	・自分自身を傷つけようとする感覚 ・他者を傷つけたい ・危害や損害を与えたい	・要求に屈して慣れている感覚 ・奴隷になったような感覚 ・人にあごで使われているような感覚	・他者への怒りに震えている	
・自分自身に安心できる ・他者と親しくなる	・自分自身を激しく批判する ・他者を激しく批判する	・他者をだましている ・社会のシステムを欺いている ・嘘をついている ・真実を隠している	・望みのない状態 ・誰からも援助が得られない ・人生は無意味だと思う ・死にたいと思う	・他者から一定の距離をおく ・他者から離れた状態 ・あたかも分担して作業しているような状態 ・二重ガラスで外からの刺激を遮断したような状態	・飛び出したい ・逃げ出したい ・逃避したい	・悲嘆に暮れ喪失感にさいなまれている	
・雪辱の機会を探す ・そっと追跡する ・他者を苦しめる ・殺意を持つ	・他者を助け悪人を正す ・輝く鎧を身につけた騎士のような状態	・毒を盛られ汚染されたような状態	・不発弾のような状態	・用心深くなっている ・疑心暗鬼になっている ・嫉妬深くなっている ・妄想的になっている			

図A1.1 さまざまなこころの状態

付録2
マインドフルネスにもとづいたエクササイズと黙想

からだとイスのマインドフルネスに関するエクササイズ

　このエクササイズの一部は、2007年10月、セラピストでありトレーナーでもあるマーガレット・ランデールによって、イギリス南東部のノリッジで行われた認知分析療法専門家養成のための訓練プログラムで実施されたものである。

　イスに腰掛けよう。目はしっかり閉じるか、軽く閉じた状態にする。イスに座っている自分のからだを休ませるように注意を払おう。

　自分のからだとイスが接しているあたりに注意を向けよう。今まさに、イスが自分のからだを支えてくれていることを感じ取ろう。体重を移動させることによって、その感覚がわかるはずだ。イスが支えてくれている自分のからだを通して、心地よい重量感を感じ取ろう。

　呼吸の様子を感じよう。自分のからだ、すなわち首、肩、腕、頭の重さの中に蓄積されている緊張に注意を向けよう。緊張を感じる場所、背中から脊椎、尻、脚、膝、足の裏へと順番に向けていこう。

　数分間、イスに座ったまま、今の体験を続けよう。

　不安を抱いたり、誰からも支援が得られず孤独を感じたりしている時にはいつも、このエクササイズを行うとよい。誰かに気遣ってもらったり、逆に自分が支援したりというような相反的役割を果たしながら、元気さを保っていることがわかるはずだ。

恐怖体験と仲良くなるエクササイズ

　次のエクササイズは前述した呼吸のマインドフルネスを用いたもので、息を吸ったり吐いたりした時に行ってほしい。自分が恐怖を感じるようなものに出会ったら、その恐怖に次のように言ってみよう。

「息を吸えば、恐怖が見える」
「息を吐けば、恐怖は解決できた」

このエクササイズを繰り返し何度もやろう。怒りを感じた時や、孤独を感じた時もやるとよいだろう。

絶対的な親密さと慈悲の瞑想

からだと肩をリラックスさせて、ゆっくり座れる場所を見つけよう。

数分間、呼吸のリズムを感じ、このリズムにしたがってからだをリラックスさせよう。

次に、親切にしてもらったことの記憶やイメージ、たとえ些細なもので構わないので、それを思い出そう。その記憶はからだのどこと関連したものかを考えてみよう。

からだの感覚、ひりひりしたり、解き放たれた感じであったり、柔らかいといったものを感じよう。

息を吸えばこれらの感覚がよみがえり、息を吐けば別の感覚が浮かび上がる。自分の全身でその感覚を感じられるように、感覚を研ぎすませよう。

これらの感覚の中に自分自身をひたらせ、親切にされたことと結びついた感情をとらえよう。

親切にしてもらったことを思い浮かべながら、息を吸い、息を吐き、自分が求めていたエネルギーをそこから享受しよう。

自分自身の中にある安寧と受容の感情を呼び起こそう。

「無知になりませんように」「貪欲になりませんように」「苦しみから解放されますように」「幸せになりますように」と自分自身に言うことが必要だ。

もし自分がすべての人に親切になれるなら、ここで災難から逃れ、新しい自分になるために栄養となるエネルギーをもらおう。

もっと実践をしてみるとよい。あなたの中にやさしさの泉ができたら、それをあなたの好きな所に向けて解き放つことができる。

最初に家族や友人に親切になろう。親切さが見えるようにしよう。

誰かに親切心を向けよう。知っている人にでも、知らない人にでもよい。

自分が不得意と思っている人に親切心を向けよう。

最後には、親切心のエネルギーをあらゆる繊細な感覚の人、動物、植物、そして宇宙全体に向けよう。

付録3
関連するウェブサイトのリスト

　以下の情報源は、http://www.uk.sagepub.com/change4 でダウンロードできる。

1. 心理療法ファイル：自分自身をよりよく理解するために（応用編）
2. 性格構造テスト（PSQ）
3. 自分自身の状態を理解する
4. 自分自身の状態を詳細に記述する
5. マインドフルネスのエクササイズと瞑想（応用編）
6. 個人評定用紙
7. アンソニー・ライル博士によるCBTとCATに関する批評
8. デイブの事例に関するすべての情報
9. ケイリーの事例に関するすべての情報
10. リンダの事例に関するすべての情報
11. シーラの事例に関するすべての情報
12. 読書案内

参考文献

Armstrong, K. (2011) *Twelve Steps to a Compassionate Life.* London: Bodley Head.
Bakhtin, M. (1986) *Speech Genres and Other Late Essays.* Austin, TX: University of Texas Press.
Beck, Aaron (1988) *Love Is Never Enough.* London: Harper & Row.
Carpendale, J.E.M. and Lewis, C. (2004) 'Constructing an understanding of mind: the development of children's understanding of mind within social interaction', *Behavioral and Brain Sciences,* 27, 79–150.
Donald, M. (1991) *Origins of the Modern Mind: Three Stages in the Evolution of Culture and Cognition.* Cambridge, MA and London: Harvard University Press.
Donald, M. (2001) *A Mind So Rare: The Evolution of Human Consciousness.* New York: Norton.
Eichenbaum, L. and Orbach, S. (1985) *Understanding Women.* Harmondsworth: Penguin Books.
Eisenberg, L. and Belfer, M. (2009) 'Prerequisites for global child and adolescent mental health', *Journal of Child Psychology and Psychiatry,* 50 (1–2), 26–35.
Epstein, M. (1998) *Going to Pieces without Falling Apart: A Buddhist Perspective on Wholeness.* New York: Broadway Books.
Fox, J. (1995) *Finding What You Didn't Lose: Expressing Your Truth and Creativity through Poem-Making.* New York: Tarcher Putnam.
Fraser, S. (1989) *My Father's House.* London: Virago.
Friedman, M. and Ulmer, D. (1984) *Treating Type A Behavior and Your Heart.* New York: Knopf.
Gendlin, E. (1996) *Focusing-Oriented Psychotherapy.* New York: Guilford.
Gerhardt, S. (2004) *Why Love Matters: How Affection Shapes a Baby's Brain.* London: Routledge.
Germer, C. (2009) *The Mindful Path to Self-Compassion.* New York: Guilford.
Germer, C., Siegel, R. and Fulton, P. (2005) *Mindfulness and Psychotherapy.* New York: Guilford
Gilbert, P. (2009) *The Compassionate Mind.* London: Constable.
Hamill, M. and Mahoney, K. (2011) 'The long goodbye: Cognitive Analytic Therapy with carers of people with dementia', *British Journal of*

Psychotherapy, 27, 292–304.
Jon Kabat-Zinn (1990) *Full Catastrophe Living*. New York: Delta.
Jon Kabat-Zinn (1994) *Wherever You Go There You Are*. New York: Hyperion.
Kornfield, J. (1993) *A Path with Heart*. New York: Bantam Books.
Landale, M. (2002) 'The use of imagery in body-oriented psychotherapy', in Tree Staunton (ed.), *Body Psychotherapy*. Hove: Brunner–Routledge, pp. 116–32.
Leiman, M. (1994) 'Projective identification as early joint sequences: a Vygotskian addendum to the Procedural Sequence Object Relations Model', *British Journal of Medical Psychology*, 67, 97–106.
Lewis, C.S. (1961) *A Grief Observed*. London: Faber & Faber.
Ogden, P., Minton, K. and Pain, C. (2006) *Trauma and the Body*. New York: WW Norton.
Porges, S.W. (2005) 'Social engagement in attachment: a phylogenetic perspective', *Annals of the New York Academy of Sciences*, 1008, 31–47.
Potter, S. (2004) 'Untying the knots: relational states of mind in Cognitive Analytic Therapy', *Reformulation*, Winter, 3.
Potter, S. and Sutton, L. (2006) 'Making the dialogic clearer in the practice of cognitive analytic therapy'. ACAT Reference Library.
Ryle, A. (1985) 'Cognitive theory, object relations and the self', *British Journal of Medical Psychology*, 58, 1–7.
Ryle, A.(1997). *Cognitive Analytic Therapy and Borderline Personality Disorder: The Model and the Method*. Chichester, Wiley.
Ryle, A. (2001) 'Cognitive Analytic Therapy', *Constructivism in the Human Sciences*, 1&2, 51–8.
Ryle, A. and Golynkina, K. (2000) 'Effectiveness of time limited cognitive analytic therapy for borderline personality disorder: factors associated with outcome', *British Journal of Medical Psychology*, 118, 323–7.
Ryle, A. and Kerr, I.B. (2002) *Introducing Cognitive Analytic Therapy: Principles and Practice*. Chichester, Wiley.
Rushbrook, S. and Coulter, N. (2010) 'Playfulness in CAT', *Reformulation*, Winter, pp. 24–7.
Schore, A. (2003) *Affect Regulation and the Repair of the Self*. New York: WW Norton.
Segal, Z., Williams, M. and Teasdale, J. (2002) *Mindfulness Based Cognitive Therapy for Depression*. New York: Guilford.
Seigel, D. (2007) *The Mindful Brain*. New York: WW Norton.
Seigel, D. (2010a) *Mindsight: The New Science of Transformation*. New York: Random House
Seigel, D. (2010b) *The Mindful Therapist*. New York: WW Norton.
Smith, S. (1983) 'Anger's freeing power', in *The Collected Poems of Stevie Smith* (arranged by James MacGibbon). New York: New Directions.
Thomas, C.A. (2006) *At Hell's Gate*. Boston, MA: Shambhala.

Thoreau, H.D. ([1854] 1988) *Walden*. Princeton, NJ: Princeton University Press.
Trevarthen, C. (1993) 'Playing into reality: conversations with the infant communicator', *Journal of the Squiggle Foundation*, 7, 67-84.
Trevarthen, C. (2001) 'Intrinsic motives for companionship in understanding', *Infant Mental Health Journal*, 22, 95-131.
Tutu, D. (1999) *No Future Without Forgiveness*. New York: Random House.
Van der Kolk, B., McFarlane, A. and Weisaeth, L. (2007) *Traumatic Stress: The Effect of Overwhelming Experience on Mind, Body and Society*. New York: Guilford Press.
Wellings, N. and Wilde McCormick, E. (2005) *Nothing to Lose*. London: Continuum.
Wilde McCormick, E. (2000) 'The Therapeutic Relationship', in E. Wilde McCormick and N. Wellings, *Transpersonal Psychotherapy*. London: Sage.
Wilde McCormick, E. (2002) *Living On the Edge*. London: Continuum/Sage.
Wilde McCormick, E. and Wellings, N. (2000) *Transpersonal Psychotherapy*. London: Sage.
Winnicott, D.W. (1979) *The Maturational Process and Facilitating Environment*. London: Hogarth Press.

訳者あとがき

　本書は、エリザベス・W・マコーミックによる『Change for the Better : Self-Help through Practical Psychotherapy』(第4版) の全訳です。まえがきでも述べられているように、本書は自分自身を変化させようとしているすべての人に絶好の書物で、抑うつや不安、恐怖症、人間関係の困難さといった心の問題と関連する反応パターンが、どのように獲得されたかをわかりやすい言葉で述べています。具体的には、事態をさらに悪化させている個人の内部でなされている対話、すなわち、わな、ジレンマ、予期せぬ障害、不安定な精神状態が心の問題にどのように反映しているのか、それをどのように明らかにしていけばよいかが示されており、自己を知った上で自ら変化しようとする手助けをすることが目的になっています。

　本書に出てくるのは、当然ながら現代のイギリス社会におけるイギリス人の体験談です。しかしながら、登場人物の名前こそカタカナであるものの、その中身は私たち日本人が日常生活で経験しているものとまったくと言っていいほど似ています。自分自身を振り返り、彼らの体験談と重ね合わせ、自らの悩みや問題から逃れるための術を考えてみてほしいと思います。なお、本書のページをめくっていただくとわかるように、解説だけではなく数多くのエクササイズ、それに質問コーナーがあり、より具体的に自分を振り返ることが可能な構成になっています。自分なりにエクササイズや質問コーナーを試し、実践してみていただければ、本書のおもしろさや有益さがより深く理解できるものと思います。

　当初はこの本の第3版を私が手にしていたことから、出版元のセージ社に対して第3版の翻訳を申請して許諾を受けていました。翻訳が終了し、いざ編集作業に入ろうとしていた矢先、第4版が出版されたことがわかりました。そこで編集担当者と協議の上、当然のことながら最新版の第4版の翻訳をすることになりました。第3版と第4版を比べると60ページほど分量が増えており、しかも章立てもかなり入れ替わっており、かなり細部にわたってマコーミックが手を入れ、表現を変え、事例を加えていました。なみなみならぬ著者の思い

がこの改訂のスタイルから感じ取れます。読みやすさという点では、第4版のほうが格段に上だと感じましたが、すべての文章をふたつの版でつきあわせながら確認をしなければならないという大きな負担もありました。

　私は、これまでに心理学関係の本の分担訳ならびに監訳をしたことがあります。しかし、ひとりで1冊すべてを訳したことはありませんでした。そのため、企画の当初は大きな不安もあり、アメリカ英語ではなくイギリス英語という慣れない表現や言い回し、単語に大いに戸惑い、予想外に時間がかかってしまいました。宗教に関する用語も出てくるため、さまざまな辞典にあたって意味の確認等の作業が必要でした。ただ、大学の図書館が仕事の場所であったため、図書館の閉館時にも辞典類を大いに活用できたことが何よりも好都合でした。私の専門は、必ずしも臨床心理学ではありません。そこで、訳文全体について小川和加子さんにチェックをお願いしました。丁寧な校閲をしていただきありがとうございました。とはいえ、訳語の誤り、理解の不足等の問題が多々存在すると思います。読者のみなさんの忌憚のない感想、批評をもとに、改めていくことができればと考えています。

　最後になりましたが、本書の翻訳ならびに出版の機会を与えてくれた福村出版、また本書の出版に向けて緻密な編集作業を行って下さったリトル・ドッグ・プレスの大泉信夫氏に心から感謝する次第です。ありがとうございました。

　　平成 27 年 10 月
　　　　　　　　　　　国立音楽大学附属図書館館長室にて
　　　　　　　　　　　　　　　　　　　　　　　古川　聡

索引

ア行

怒り　11, 31, 34, 47, 54, 56-59, 63, 67, 75, 78, 82, 83, 85-88, 90, 97-100, 103, 104, 112, 114, 117, 121, 123-125, 127, 130, 137, 138, 140, 144-146, 148, 149, 154, 155, 157, 158, 160, 162, 165, 168, 176-178, 180-185, 194-196, 214, 216, 218, 219, 221, 224-230, 239, 240, 247, 261, 264, 272, 274, 282, 283, 285, 288, 292, 293, 301, 302, 306, 312, 316, 317, 339, 340, 345, 352, 353, 356, 357, 361, 363-365, 367, 368, 370, 382, 392, 399, 404, 405, 408-410, 412, 413, 415

生き延びようとする自己　13, 21, 22, 47, 293

イメージ　26, 33, 41, 47, 49, 58, 62, 81, 86, 98, 101, 110, 116, 119, 122-124, 138, 143, 173, 175, 178, 180, 191, 205, 208, 279, 281, 292, 297, 299, 313, 321, 324, 325, 327-336, 338, 341-344, 349, 377, 386, 393, 395, 403, 415

イメージ化　332, 333

ウィルトン，アンジェラ　237, 238

ウェルウッド，ジョン　326

ウペークシャー　379

生い立ち　14, 21, 32, 38, 39, 43, 47, 49, 61, 101, 108, 136, 151, 179, 206, 208, 224, 228, 234, 238, 278, 279, 281, 282, 299, 303, 304, 316, 319, 322, 330-355, 371, 386, 387, 395, 400

幼い子どもの自己　336

思いやり　18, 33, 36, 50, 77, 349, 350, 377-379

カ行

解離　26, 34, 212, 219, 223, 224, 395, 398, 399

解離状態　212, 395

影　40-42, 70, 181, 238

家系図　248, 249, 252, 254

家族の神話　162, 163, 165

葛藤　50, 88, 90, 177, 225, 234, 236, 311, 314, 359

カバート・ジン，ジョン　18

カラン，アナリー　392

カルナー　50, 379

完璧さ　78, 124, 125, 128, 132

完璧な気遣い　68, 78, 79

ギャンブル依存症　134

境界性パーソナリティ障害　220, 229, 231, 388, 395, 398-401

恐怖　35, 36, 40, 41, 55, 56, 65, 70-73, 75-77, 80, 83, 86, 96, 99, 100, 105-107, 111-114, 122, 123, 126-129, 131, 133, 134, 142, 143, 145, 147, 152, 154, 168, 176, 179, 185, 201, 208, 209, 212, 221, 223, 236, 246, 278, 281, 284, 289, 298, 303, 304, 306-308, 312, 317, 323, 329, 331, 341, 345, 350, 355, 362, 365, 369, 374-376, 382, 394, 414, 415

拒食症　135, 205, 208, 290, 292, 306, 307

健康な自己　12-14, 21-23, 26, 39, 50, 59, 61, 62, 64, 84, 206, 214, 215, 219, 251, 252, 258, 278, 280, 305, 311, 315, 317, 319-321, 323, 325, 375-377, 380, 393

コ・カウンセリング　49, 235, 278, 281, 328, 333, 336

コントロール　20, 36, 47, 49, 58, 127, 136, 144, 151, 170, 186, 202, 204, 208, 216, 219, 288, 293, 307, 335, 355, 356, 399, 405, 409, 412, 413

サ行

罪悪感　32, 50, 55, 63, 86, 98, 117, 120, 124-128, 134, 136, 140, 141, 143, 144, 157-159, 161, 162, 166, 168, 170, 194, 199, 203, 204, 207, 214, 224, 230, 238, 242, 245, 255, 258, 261, 266, 267, 271, 273, 295, 296, 303, 312, 314-316, 338, 352, 355, 356, 364, 366, 400, 411, 412
再構成化　16, 39, 200, 306, 387-391, 398, 400, 402
CAT　15-18, 39, 45, 47, 59, 188-190, 195, 199, 200, 204-206, 222, 224, 228, 231, 305, 306, 308, 378, 379, 382, 385-392, 394-402, 416
ジェンドリン，ユージン　326
自我状態　223, 228, 235
自己主張　40, 86, 184, 332, 345, 408
自尊心　50, 67, 70, 74, 79, 81, 83, 115, 117, 119, 188, 200, 218, 243, 248, 258, 280, 413
支配　12, 13, 22, 24, 31, 34, 41, 42, 45, 51, 57-60, 63, 67, 70, 73, 122, 128, 129, 136, 175, 180, 200-205, 213, 223, 230, 231, 248, 263, 282, 288, 293, 297, 302, 303, 312, 316, 317, 319, 325, 350, 356, 387, 389, 390, 393, 398-400, 413
慈悲　378, 415
重大な苦痛　27, 29, 31, 32, 61, 64, 79, 84, 195, 311, 313, 372, 378
出生順位　250
症候学的対象関係理論　397
情動　42, 55-58, 62, 67, 90, 91, 145, 204, 208, 308, 392
ジレンマ　14, 32-34, 40, 49, 67, 71, 72, 75-79, 83-85, 87-89, 91, 92, 124, 125, 127, 128, 130-132, 134-140, 142-145, 147, 150-153, 155-159, 182, 196, 200, 234, 248, 281, 294, 301, 302, 311, 313, 321-323, 332-336, 350, 351, 355, 358-360, 363, 366, 368, 369, 372, 386, 387, 404, 406-410
人生曲線　32, 33, 55
神話　28, 38, 40, 85, 88-91, 150, 160, 162, 163, 165, 237, 239, 254, 257, 261, 263, 343, 372
ストレス　36, 37, 44, 47, 88, 112, 133, 179, 181, 182, 185, 187, 212, 213, 224, 237, 318, 384, 393, 405
精神的な衝撃　323
摂食障害　55, 185, 204-206, 208, 301, 306, 312
セルフモニタリング　48, 86, 97, 98, 102, 103, 105, 131, 180, 249, 252, 302, 323, 324, 353, 374, 386
想像力　66, 161, 237, 251, 328-330, 332
相反的役割　17, 23, 25, 27, 31, 32, 35, 40, 43, 51, 54-63, 65-68, 70, 72, 77, 78, 101, 117, 128, 129, 162, 164, 175, 176, 178, 179, 183-185, 194, 195, 205, 212, 213, 215, 217-219, 221, 235, 237- 239, 244, 246, 248, 249, 252, 281, 293, 294, 297, 298, 311-313, 316, 318, 321, 348-350, 375, 381, 382, 386, 387, 389-392, 394, 396-400, 415
相反的役割法　16, 59, 172, 397

タ行

ダイアグラム　14, 118, 195-197, 201, 202, 218, 219, 228, 230, 252, 281, 297, 300, 304, 311, 313-322, 330, 350, 358, 360, 365, 367, 368, 370, 382, 387, 388, 390, 399, 400, 402
第1のダンス　386
大食症　134
第2のダンス　388

タイプA　80
多胎出産　242
タブーである話題　25, 26, 36, 234
ツツ，デズモンド　53, 93, 378
ティック・ニャット・ハン　18, 325, 378
転移　382, 389, 392, 397
投影　30, 41, 141, 173, 178, 220, 247
どうにもならない感情　180

ナ行

偽記憶　329
認知分析療法　15, 57, 181, 188, 195, 201, 212, 214, 296, 304, 348, 359, 370, 380, 386, 414
ねたみ　63, 82, 148, 167, 168, 216, 258, 361

ハ行

広場恐怖　110-111, 113, 329
不安定な精神状態　14, 32-34, 65, 212, 230, 412
フェルト・センス　326-328
フォーカシング　326-329
分裂　177, 212, 392
ベック，アーロン　348
ヘプル，ジェーソン　401
ほどよい気遣い　79

マ行

マイトリー　50, 51, 234, 298, 375, 379
マインドフルネス　15, 17, 18, 33, 47, 48, 111, 183, 195, 197, 209, 210, 217, 296, 319, 322, 325, 326, 376, 377, 383, 384, 388, 394-396, 414, 416
魔術的な罪悪感　63, 161, 162, 166, 169, 170, 194, 238, 266, 267, 271, 312, 352, 355, 356
慢性疲労症候群　186, 187, 189
ムディター　379

むなしさ　20, 28, 31, 69, 72, 78, 127, 135, 138, 143, 149, 178-180, 214, 223, 224, 228, 291, 313, 314, 343

ヤ行

役割　14, 40, 45, 49, 54, 56, 59, 60, 62, 65, 66, 70, 78, 85, 87-89, 91, 92, 139, 141-143, 172, 178, 205, 214, 216, 219, 220, 238, 246, 274, 286, 332, 361, 381, 387, 390, 398-400, 408
夢　11, 15, 40, 41, 47, 71, 118, 128, 190, 208, 219, 225, 253, 260, 266, 271, 284, 291, 295-298, 313, 317, 324, 341-345, 361, 366, 368
養子縁組　242, 244, 245
予期せぬ障害　32, 34, 161-167, 182, 196, 244, 258, 281, 301, 311, 313, 321, 341, 345, 351, 356-358, 367, 369, 386, 387, 404, 411
抑うつ症　26, 44, 57, 65, 76, 99, 105, 106, 140, 144, 162, 172, 181, 191-193, 195, 198, 199, 206, 207, 222, 264, 287, 304, 307, 314-316
抑うつの弧　192, 193

ラ行

ライル，アンソニー　15-18, 57, 177, 200, 211, 379, 381, 390, 408
離人症　34, 324

ワ行

別れの手紙　202, 203, 296, 298, 303, 369, 402
わな　13, 14, 24, 32-34, 40, 49, 72, 96, 97, 99-101, 103-108, 110, 112-125, 146, 151, 161, 169, 173, 181, 182, 191, 195, 196, 200, 206, 207, 234, 281, 286, 300-302, 304, 311, 313, 314, 316, 321-323, 330,

331, 334-336, 340-342, 345, 351, 353, 354, 358-362, 367, 369-372, 386, 387, 404-408, 410

著　者

エリザベス・W・マコーミック（Elizabeth W. McCormick）

著者は、個人的にも、国立健康センターにおいても 30 年以上にわたり心理療法家として実践に携わってきた。教師であると同時に、トレーナーであり、作家でもある。これまで、社会精神医学、人間性心理学、トランスパーソナル心理学、認知分析療法を学び、長年、心理療法とマインドフルネスの関係、変化に向けた過程に関心を抱いてきた。認知分析療法学会（Association for Cognitive Analytic Therapy）を創設したメンバーのひとりでもあり、数多くの本を著している。

著書 ―― 『The Heart Attack Recovery Book』（1984）、『Surviving Breakdown』（1990）、『Healing The Heart』（1994）、『Living on the Edge』（1997）、『The Pale Green Room』（2011）ほか。

訳　者

古川　聡（FURUKAWA Satoshi）

筑波大学大学院心理学研究科博士課程単位取得満期退学。学術博士（筑波大学）。筑波大学助手、星薬科大学専任講師、国立音楽大学助教授等を経て、現在、国立音楽大学音楽学部教授。同附属図書館館長。

著訳書 ―― 『脳から始めるこころの理解：その時、脳では何が起きているのか』（共著、福村出版）、『脳とこころの不思議な関係：生理心理学入門』（共著、川島書店）、『教育心理学をきわめる 10 のチカラ』（編著、福村出版）、『子どもと親と教師をそだてる教育心理学入門』（共著、丸善）、『教職に活かす教育心理：子どもと学校の今』（編著、福村出版）、『発達心理学：これからの保育を考える』（共編著、丸善）、『こころの探検：行動から心理をさぐる』（単著、丸善）、J. Kincher『ほんとうのウソの本』（監訳、丸善）、P・チャンス、T・G・ハリス編『頭の働きを科学する：学習・記憶・脳』（共訳、マグロウヒル出版）、S・J・ミントン『教育現場で役立つ心理学の基礎：ミントン先生の教育心理学入門』（共訳、福村出版）など。

認知分析療法（CAT）による自己変革のためのマインドフルネス
——あなたはなぜ「わな」や「ジレンマ」にはまってしまうのか？

2015年11月20日　初版第1刷発行

著　者　エリザベス・W・マコーミック
訳　者　古川　聡
発行者　石井昭男
発行所　福村出版株式会社
〒113-0034　東京都文京区湯島2-14-11
電話　03-5812-9702　FAX 03-5812-9705
http://www.fukumura.co.jp

編集協力　リトル・ドッグ・プレス
印刷　モリモト印刷株式会社
製本　協栄製本株式会社

©Satoshi Furukawa 2015
Printed in Japan
ISBN978-4-571-24058-4　C3011
乱丁本・落丁本はお取替え致します。
◎定価はカバーに表示してあります。
※本書の無断複写・転載・引用等を禁じます。

福村出版◆好評図書

安部博史・野中博意・古川 聡 著
脳から始めるこころの理解
●その時,脳では何が起きているのか

◎2,300円　　ISBN978-4-571-21039-6　C3011

こころに問題を抱えている時,脳で何が起こっているのか。日頃の悩みから病まで,こころの謎を解き明かす。

古川 聡 編著
教育心理学をきわめる10のチカラ

◎2,300円　　ISBN978-4-571-22050-0　C3011

教員になるにあたってどのようなチカラを身につける必要があるのか,実践力アップのためのポイントを明示。

S. J. ミントン 著／古川 聡・福田幸男 訳
教育現場で役立つ心理学の基礎
●ミントン先生の教育心理学入門

◎3,200円　　ISBN978-4-571-22053-1　C3011

教員や教職課程の学生向けに,心理学の基礎概念と,いじめ・ストレス・特別な教育的支援等への対処を解説。

J. A. コトラー・J. カールソン 編著／岩壁 茂 監訳
ダイニングテーブルのミイラ
セラピストが語る奇妙な臨床事例
●セラピストはクライエントから何を学ぶのか

◎3,500円　　ISBN978-4-571-24046-1　C3011

信じられない話,奇怪な話,おかしい話,怖い話,心温まる話……,著名なセラピストが経験した印象的な臨床事例。

M. R. ゴールドフリード 編／岩壁 茂・平木典子・福島哲夫・
野末武義・中釜洋子 監訳／門脇陽子・森田由美 訳
変容する臨床家
●現代アメリカを代表するセラピスト16人が語る心理療法統合へのアプローチ

◎5,000円　　ISBN978-4-571-24052-2　C3011

著名なセラピストが語る個人史と心理療法統合への変容の軌跡。現代アメリカの心理療法の流れがみえてくる。

A. F. リーバーマン・P. V. ホーン 著／青木紀久代 監訳／門脇陽子・森田由美 訳
子ども-親心理療法
トラウマを受けた早期愛着関係の修復

◎7,000円　　ISBN978-4-571-24054-6　C3011

DV,離婚,自殺等で早期愛着が傷ついた乳幼児・就学前児童と家族の回復を目指す子ども-親心理療法。

S. S. ハンセン 著／平木典子・今野能志・平 和俊・横山哲夫 監訳／乙須敏紀 訳
キャリア開発と
統合的ライフ・プランニング
●不確実な今を生きる6つの重要課題

◎5,000円　　ISBN978-4-571-24050-8　C3011

グローバルな変化のなかで,人生というキャリアを追求しているキャリア支援の専門家,実践者,研究者に贈る。

◎価格は本体価格です。